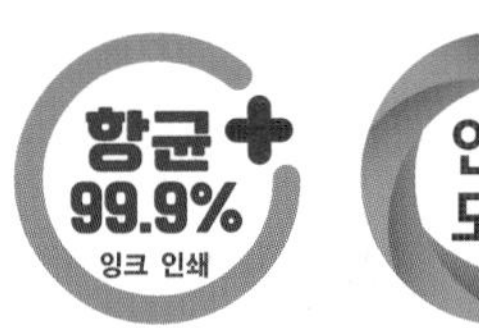

코로나19 바이러스
"친환경 99.9% 항균잉크 인쇄"
전격 도

KB126589

언제 끝날지 모를

99.9% 항균잉크(V-CLEAN 을 도입하여 「**안심도서**」로

독자분들의 건강과 안전을 위해 노력하겠습니다.

항균잉크(V-CLEAN99)의 특징

- 바이러스, 박테리아, 곰팡이 등에 항균효과가 있는 산화아연을 적용
- 산화아연은 한국의 식약처와 미국의 FDA에서 식품첨가물로 인증받아 **강력한 항균력**을 구현하는 소재
- 황색포도상구균과 대장균에 대한 테스트를 완료하여 **99.9%의 강력한 항균효과** 확인
- 잉크 내 중금속, 잔류성 오염물질 등 **유해 물질 저감**

TEST REPORT

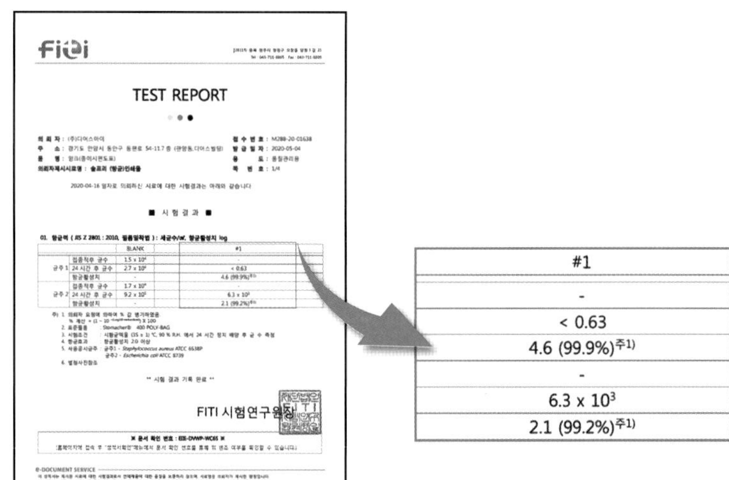
FITI

TEST REPORT

접수번호 : M288-20-01638

발급일자 : 2020-05-04

■ 시험결과 ■

#1
-
< 0.63
4.6 (99.9%)주1)
-
6.3×10^3
2.1 (99.2%)주1)

FITI 시험연구원장

'공기업/대기업, 부사관/ROTC/사관학교'

이제 AI가 사람을 채용하는 시대

win시대로

모바일 AI면접
캠이 없어도 OK

준비하고 연습해서
실제 면접처럼~

다양한 게임으로
실전 완벽 대비

AI가 분석하는
면접 평가서

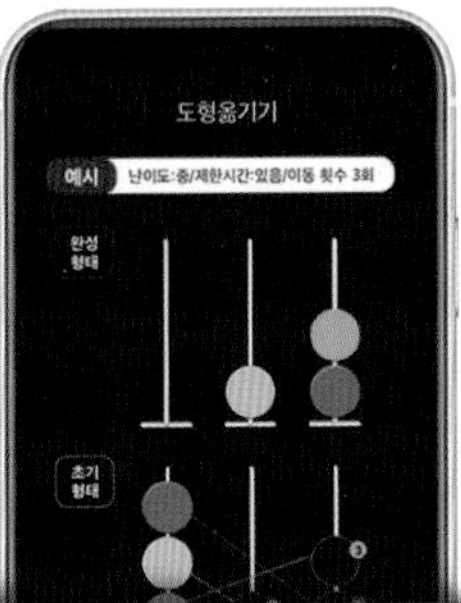

※ 윈시대로는 PC/모바일웹에서 가능합니다.

실제 'AI 면접'에
가장 가까운 체험

동영상으로 보는
셀프 모니터링

단계별 질문 및
AI 게임 트레이닝

면접별 분석 및
피드백 제공

AI면접 쿠폰 사용 안내

1. 윈시대로(www.winsidaero.com) 접속
2. 로그인 또는 회원가입 후 이벤트 페이지 이동
3. 도서에 안내된 쿠폰번호 확인 후 입력
4. [마이페이지]에서 AI면접 실시

※ 무료 쿠폰으로 응시한 면접은 일부 제한된 리포트를 제공합니다.
※ 쿠폰은 등록 후 7일간 이용 가능합니다.

win시대로

www.winsidaero.com

1600-3600 평일 9 ~ 18시 (토 · 공휴일 휴무)

언택트 시대의 새로운 합격전략!

대기업 · 공기업 · 금융권

빅데이터 기반
온라인 모의고사

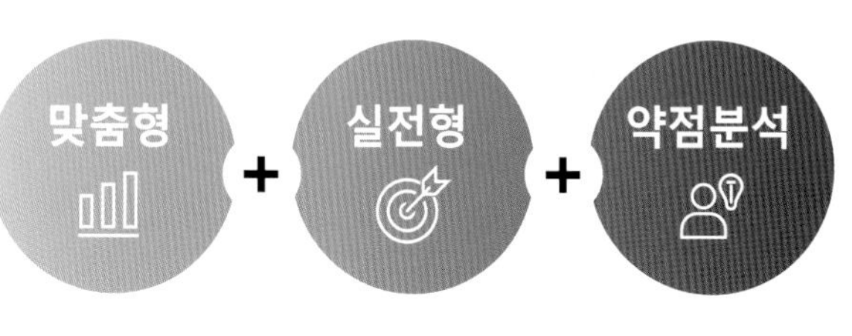

합격시대 홈페이지 접속
(www.sdedu.co.kr/pass_sidae_new)

홈페이지 우측 상단
'쿠폰 입력하고 모의고사 받자'
클릭 → 쿠폰번호 등록

내강의실 → 모의고사
→ 합격시대 모의고사 클릭 후 응시하기

NAVER 시대교육

※ iOS/macOS 운영체제에서는 서비스되지 않습니다.
※ 본 쿠폰은 등록 후 30일간 이용 가능합니다.

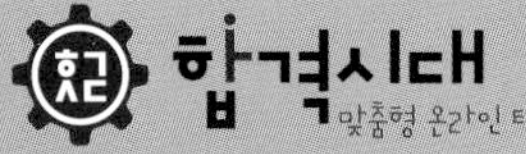

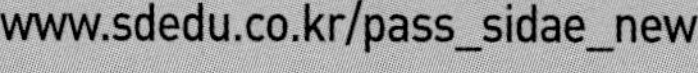
www.sdedu.co.kr/pass_sidae_new

1600-3600 평일 9 ~ 18시 (토 · 공휴일 휴무)

GSAT

삼성온라인 직무적성검사

5급 | 고졸채용

단기완성

5개년 기출문제+무료 5급 특강

Always with you
사람이 길에서 우연하게 만나거나 함께 살아가는 것만이 인연은 아니라고 생각합니다.
책을 펴내는 출판사와 그 책을 읽는 독자의 만남도 소중한 인연입니다.
(주)시대고시기획은 항상 독자의 마음을 헤아리기 위해 노력하고 있습니다.
늘 독자와 함께 하겠습니다.
합격의 공식
시대에듀
잠깐!
자격증 • 공무원 • 금융/보험 • 면허증 • 언어/외국어 • 검정고시/독학사 • 기업체/취업
이 시대의 모든 합격! 시대에듀에서 합격하세요!
www.youtube.com → 시대에듀 → 구독

PREFACE

머리말

삼성 경영철학의 최우선순위는 '인간존중' 이념으로, 삼성은 이를 구현하기 위해 일정한 지적능력과 업무수행능력만 있으면 누구든지 채용시험에 응시할 수 있도록 학력 제한 및 성차별을 제외했다. 이러한 삼성이 요구하는 지적능력과 업무수행능력을 평가하는 제1관문이 바로 삼성 직무적성검사(GSAT)이다.

삼성 직무적성검사는 직군별로 요구되는 일반능력과 지각능력, 사고의 유연성, 창의성 등을 측정해 입사 후 조직 내에서 발휘할 수 있는 직무수행능력과 직무적응력을 평가하는 것을 목적으로 한다.

실제 삼성 직무적성검사 기출문제를 살펴보면 난이도는 높지 않다고 하더라도 평소 꾸준히 준비하지 않으면 쉽게 통과할 수 없도록 구성되어 있다. 더군다나 입사 경쟁률이 날로 높아지는 오늘날과 같은 상황에서는 이에 대해 더욱 철저한 준비가 요구된다. 따라서 삼성 취업을 준비하는 이들에게 도움을 주기 위해 다음과 같이 교재를 구성하였다.

도서의 특징

첫 째 2021년 상반기 ~ 2017년 상반기에 출제된 삼성 직무적성검사 5개년 최신기출문제를 수록하여 출제경향을 한눈에 파악할 수 있도록 하였다.

둘 째 온라인 GSAT 직무적성검사에 맞춰 영역과 문항을 구성하였고, 영역별 핵심이론과 적중예상문제를 통해 보다 체계적으로 공부할 수 있도록 하였다.

셋 째 최종점검 모의고사 2회를 수록하여 시험 직전 자신의 실력을 최종적으로 점검할 수 있도록 하였다.

넷 째 인성검사와 면접 유형 및 실전 대책, 실제 면접을 수록하여 별도의 학습서가 필요하지 않도록 하였다.

'철저한 준비'는 단지 삼성에 입사하기 위해서뿐만 아니라 성공적인 직장생활을 위해서도 요구되는 덕목이다. 항상 준비하는 자세, 이것이 바로 삼성이 요구하는 인재상이다.

끝으로 이 책으로 GSAT 5급을 준비하는 여러분 모두의 건강과 합격을 진심으로 기원한다.

SD적성검사연구소 씀

삼성 이야기

경영이념

인재와 기술을 바탕으로 → 최고의 제품과 서비스를 창출하여 → 인류사회에 공헌한다

핵심가치

기업은 사람이다
삼성의 인재에 대한 믿음

인재제일 인재를 중시하고 키우는 기업문화, '기업이 곧 사람'이라는 신념을 바탕으로 모든 사람이 각자 고유한 역량과 잠재력을 가진 우수한 인재이며 세상을 움직이는 원동력임을 믿습니다.

늘 앞선 변화를 선도한다
삼성의 미래를 창조하는 자세

변화선도 삼성은 현실안주를 퇴보로 인식하고 끊임없는 변화와 혁신을 추구해온 기업입니다. 시대의 흐름을 파악하고 앞선 변화를 통한 창조적인 혁신을 추구합니다.

모두의 이익에 기여를 생각한다
삼성의 철학

상생추구 삼성은 이윤뿐만 아니라 고객, 임직원, 주주, 협력업체를 먼저 생각하는 상생정신을 가지고 있습니다. 국가와 지역사회의 공헌과 인류의 공동의 발전을 위해 노력합니다.

모든 분야에서 최고를 추구한다
삼성을 움직이는 의지의 표현

최고지향 삼성의 역사는 국내에서 세계를, 일류에서 초일류를 지향해 온 최고지향의 역사입니다. 항상 최고에 도전하고 세계최고를 향한 경쟁에서 당당히 승리하기 위해 노력합니다.

언제나 바른길을 간다
삼성인의 곧은 마음가짐

정도경영 삼성은 정과 도를 명확히 구분하여 부정 없는 깨끗한 조직풍토를 유지하는 문화를 가지고 있습니다. 고객과 사회로의 신뢰와 기본과 원칙에 따른 마음가짐을 중시합니다.

인재상

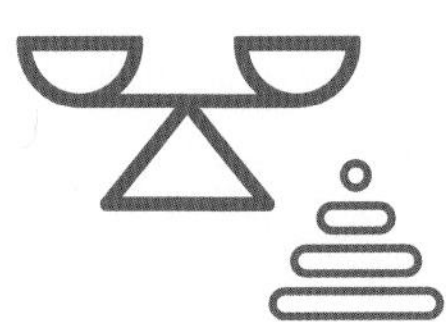

Samsung People

We invite global talent of diverse backgrounds.

삼성은 학력, 성별, 국적, 종교를 차별하지 않고
미래를 이끌어 나갈 인재와 함께 합니다.

Passion
열정

We have an unyielding passion to be the best.

끊임없는 열정으로 미래에 도전하는 인재

Creativity
창의혁신

We pursue innovation through creative ideas for a better future.

창의와 혁신으로 세상을 변화시키는 인재

Integrity
인간미 · 도덕성

We act responsibly as a corporate citizen with honesty and fairness.

정직과 바른 행동으로 역할과 책임을 다하는 인재

신입사원 채용안내

모집시기

연 1~2회 공채 및 수시 채용(시기 미정)

지원방법

❶ 고등학교 졸업 또는 졸업예정자
❷ 군복무 중인 자는 당해 연도 전역 가능한 자
❸ 해외여행에 결격사유가 없는 자

채용전형 절차

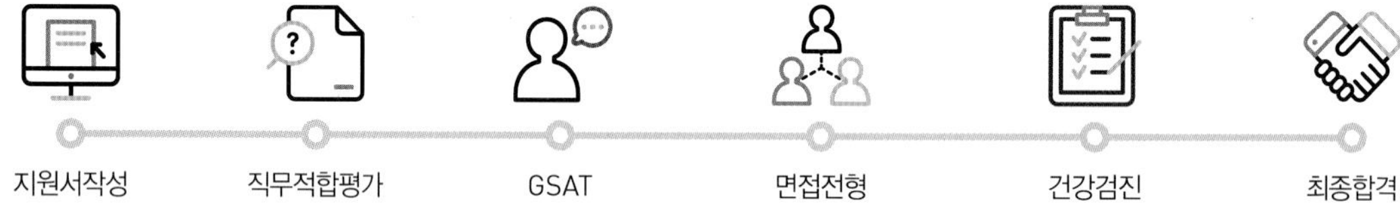

❶ 지원서 작성
⋯› 채용 홈페이지(careers.samsung.co.kr)를 통한 지원서 접수

❷ 서류전형
⋯› 지원자격 및 자기소개서 기반의 심층평가 진행

❸ GSAT(직무적성검사)
⋯› 직무 수행상 요구되는 기본 소양 검증

❹ 면접전형
⋯› 인성 면접 실시(기술직군에 지원한 지원자에 한해 기술 면접도 실시)

❺ 건강검진
⋯› 건강검진 후 최종 입사

※ 채용절차는 채용유형, 채용직무, 채용시기 등에 따라 변동될 수 있으므로 반드시 발표되는 채용공고를 확인하시기 바랍니다.

합격 선배들이 알려주는 GSAT 직무적성검사 합격기

쉬운 만큼 어려웠습니다.

누군가는 시험이 매우 쉽기 때문에 따로 공부할 필요가 없다고 했고, 또 누군가는 시험이 쉽기 때문에 공부해야 한다고 했습니다. 저는 집안사정상 합격이 절박했기 때문에 1점이라도 더 올린다는 마음으로 시험을 준비했던 것 같습니다.

먼저 여러 책을 둘러보아 유형을 확인하고, 책들 중에서 가장 난이도가 높다는 이야기가 많았던 시대고시 책을 구매했습니다. 쉬운 시험을 쉽게 준비하면 큰 의미가 없다고 생각했거든요. 확실히 듣던 대로 쉬운 문제와 어려운 문제가 섞여있는데다 푸는 요령도 없어 처음에는 제 시간에 맞춰 문제를 푸는 것도 버거웠습니다. 그래도 풀다보니 요령이 조금씩 생기기 시작했고, 자신감도 많이 붙었습니다. 실제 시험장에서도 일말의 막힘없이 수월하게 문제를 풀 수 있었고, 다시 문제를 검토할 정도의 여유까지 있었기 때문에 후회 없는 선택이었습니다.

※ 본 독자 후기는 실제 (주)시대고시기획의 도서를 통해 공부하여 합격한 독자들께서 보내주신 후기를 재구성한 것입니다.

이 책의 차례

PART 1 2021년 상반기 ~ 2017년 상반기 최신기출문제

PART 2 기초능력검사

PART 3 최종점검 모의고사

별 책 정답 및 해설

PART 1

2021년 상반기 ~ 2017년 상반기 최신기출문제

CONTENTS

I wish you the best of luck!

(주)시대고시기획
(주)시대교육

www.**sidaegosi**.com

시험정보 · 자료실 · 이벤트
합격을 위한 최고의 선택

시대에듀

www.**sdedu**.co.kr

자격증 · 공무원 · 취업까지
BEST 온라인 강의 제공

CHAPTER

01 2021년 상반기 최신기출문제

정답 및 해설 p.002

※ 최신기출문제는 수험생들의 후기를 통해 (주)시대고시기획에서 복원한 문제로 실제 문제와 다소 차이가 있을 수 있으며, 본 저작물의 무단전재 및 복제를 금합니다.

※ 최신 출제 동향에 따라 수리능력검사, 추리능력검사, 지각능력검사 3과목의 최신기출문제만 수록하였습니다.

01 수리능력검사

※ 다음 식을 계산한 값을 구하시오. **[1~10]**

01

$$\frac{10}{37} \div 5 + 2$$

① $\frac{62}{37}$ ② $\frac{69}{37}$

③ $\frac{76}{37}$ ④ $\frac{81}{37}$

02

$$493 - 24 \times 5$$

① 373 ② 390

③ 874 ④ 276

안심Touch

03

$$9.4 \times 4.8 \div 1.2$$

① 36
② 37.6
③ 38
④ 39.2

04

$$\frac{2}{3} \div 5 + \frac{2}{5} \times 2$$

① $\frac{14}{15}$
② $\frac{4}{5}$
③ $\frac{2}{3}$
④ $\frac{8}{15}$

05

$$1{,}462 + 1{,}305 \times 24$$

① 32,682
② 32,762
③ 32,772
④ 32,782

06

$$(3{,}000-1{,}008)\div 664$$

① 1
② 2
③ 3
④ 4

07

$$454{,}469\div 709+879$$

① 1,471
② 1,492
③ 1,520
④ 1,573

08

$$(48+48+48+48)\times \frac{11}{6}\div \frac{16}{13}$$

① 286
② 289
③ 314
④ 332

PART 1 2021 상 2020 하 2020 상 2019 하 2019 상 2018 하 2018 상 2017 하 2017 상

안심Touch

09

$$5.5\times4+3.6\times5$$

① 40
② 40.5
③ 48.5
④ 50

10

$$746\times650\div25$$

① 19,826
② 18,211
③ 19,396
④ 18,621

02 추리능력검사

※ 다음 〈조건〉을 보고 ?에 들어갈 도형을 고르시오. **[1~2]**

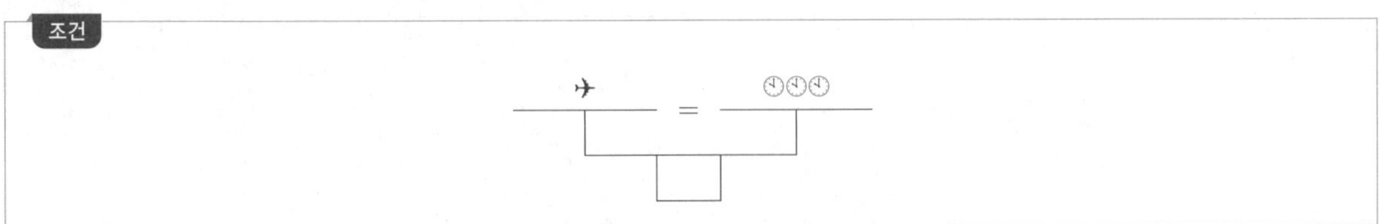

01

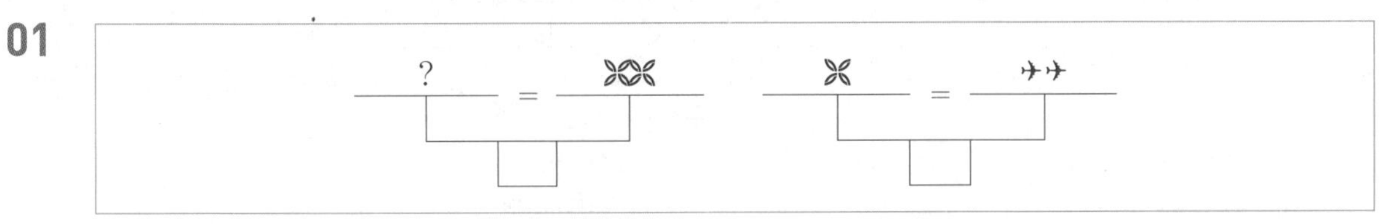

① ✈✈✈🕙🕙🕙🕙　　② 🕙🕙🕙🕙🕙🕙🕙✈

③ 🕙🕙🕙🕙🕙✈✈　　④ 🕙🕙🕙🕙🕙🕙✈✈

02

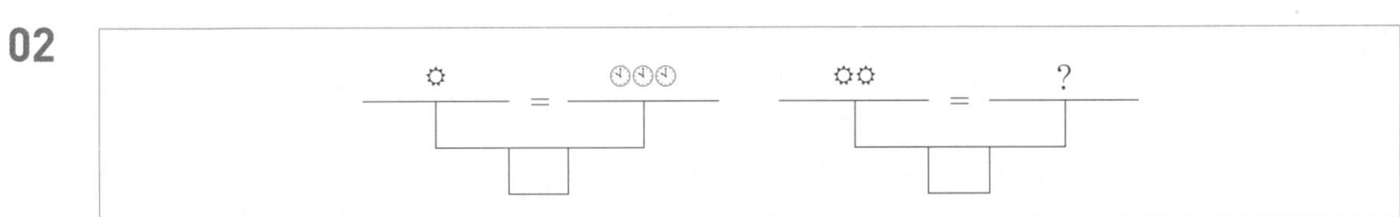

① ✈🕙🕙🕙　　② ✈🕙🕙

③ ✈🕙🕙🕙🕙　　④ ✈✈🕙🕙

※ 다음 〈조건〉을 보고 ?에 들어갈 도형을 고르시오. **[3~4]**

조건

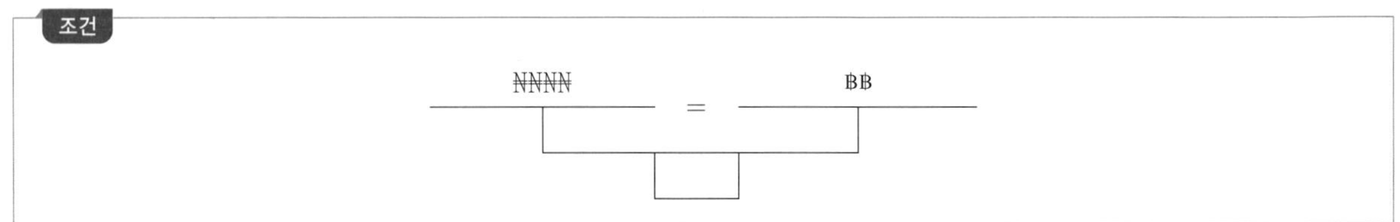

03

$ $ = ?　　$ = ฿฿

① ฿฿₦₦₦₦　　② ฿฿₦₦₦

③ ₦₦₦₦₦₦　　④ ₦₦₦₦₦₦₦

04

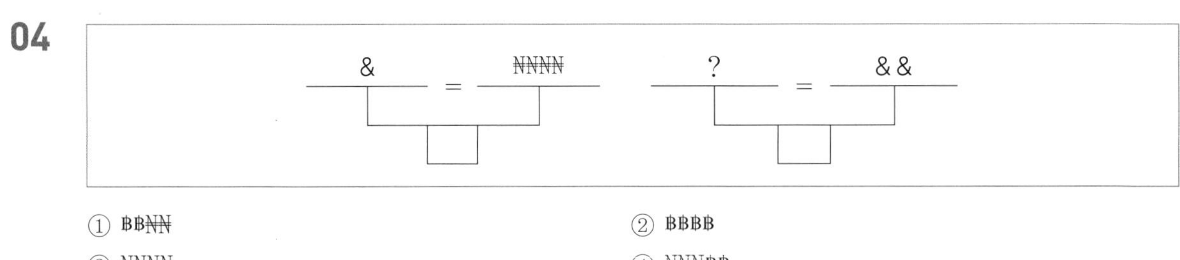

① ฿฿₦₦　　② ฿฿฿฿

③ ₦₦₦₦　　④ ₦₦₦฿฿

※ 다음 〈조건〉을 보고 ?에 들어갈 도형을 고르시오. **[5~6]**

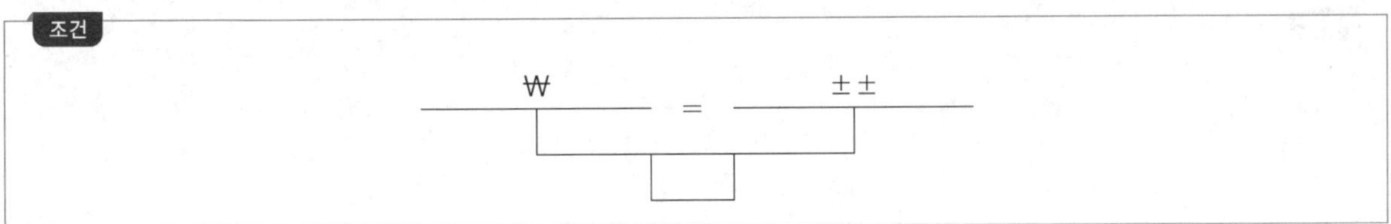

05

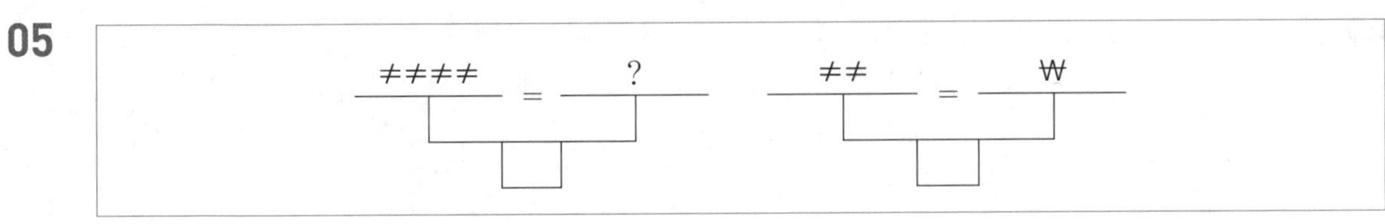

① ±₩±

② ₩±₩

③ ±±±

④ ±±±₩

06

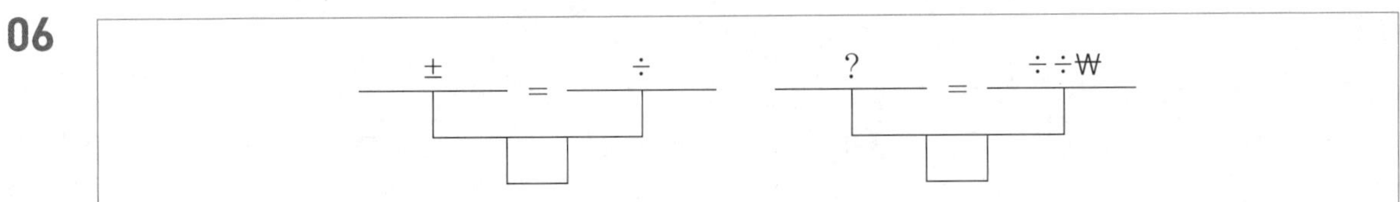

① ±±±

② ±±±±

③ ±±±₩

④ ₩₩±

안심Touch

※ 다음 〈조건〉을 보고 ?에 들어갈 도형을 고르시오. **[7~8]**

조건

07

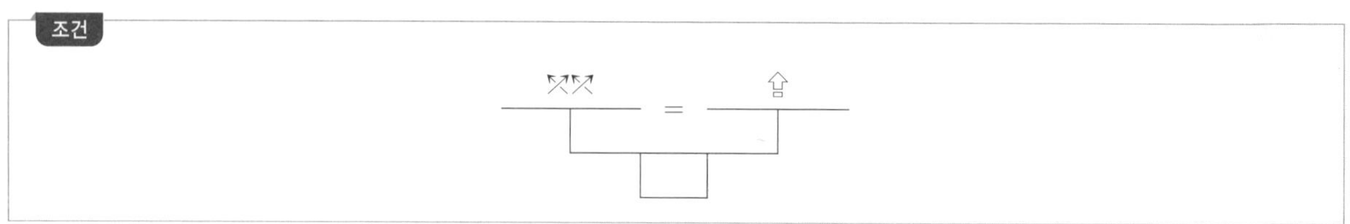

①
②
③
④

08

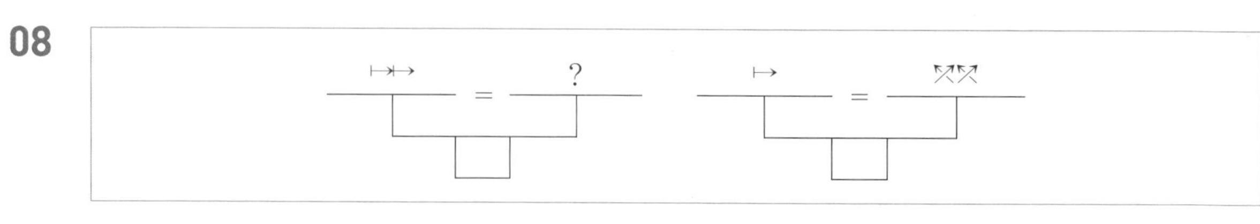

①
②
③
④

※ 다음 〈조건〉을 보고 ?에 들어갈 도형을 고르시오. **[9~10]**

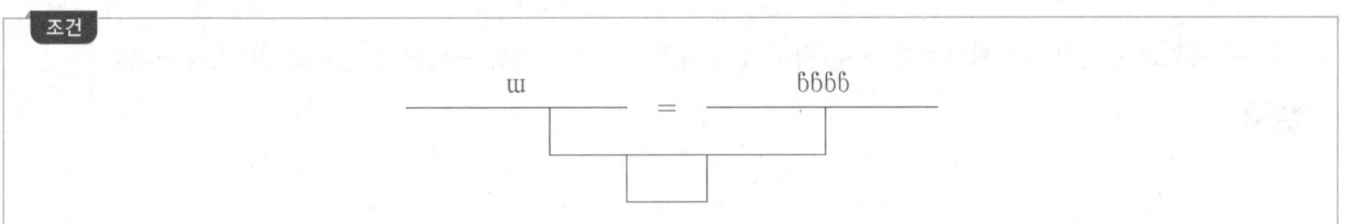

09

? = ãããɯ   ãã = ɓɓ

① ɯɯɓɓ
② ɓɓɓã
③ ɓɓɓãã
④ ɯɓɓɓ

10

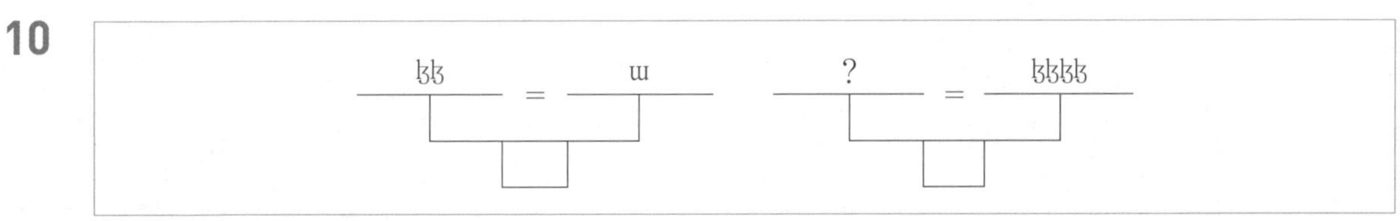

① ɓɓɯ
② ɯɯɓɓɓ
③ ɯɓɓɯ
④ ɓɓɓɓɓɓɓ

03 지각능력검사

※ 제시된 도형과 동일한 도형을 〈보기〉에서 찾아 고르시오(단, 가장 왼쪽 도형을 ①번으로 한다). **[1~4]**

보기
♤ ♠ ♡ ♥

01

♤

① ② ③ ④

02

♡

① ② ③ ④

03

♥

① ② ③ ④

04

♠

① ② ③ ④

※ 제시된 도형과 동일한 도형을 〈보기〉에서 찾아 고르시오(단, 가장 왼쪽 도형을 ①번으로 한다). **[5~8]**

보기

05

① ②
③ ④

06

① ②
③ ④

07

① ②
③ ④

08

① ②
③ ④

안심Touch

CHAPTER

02 2020년 하반기 최신기출문제

정답 및 해설 p.005

01 수리능력검사

※ 다음 식을 계산한 값으로 옳은 것을 고르시오. **[1~3]**

01

(984−216)÷48

① 16　② 17
③ 18　④ 19

02

27×36+438

① 1,210　② 1,310
③ 1,410　④ 1,510

03

1,113÷371+175

① 178　② 188
③ 189　④ 199

04 길이가 40m인 열차가 200m의 터널을 통과하는 데 10초가 걸렸다. 이 열차가 320m인 터널을 통과하는 데 걸리는 시간은 몇 초인가?

① 15초 ② 16초
③ 17초 ④ 18초

05 학교에 가는 데 버스를 타고 갈 확률이 $\frac{1}{3}$, 걸어갈 확률이 $\frac{2}{3}$일 때, 3일 중 첫날은 버스를 타고, 남은 2일은 순서에 상관없이 버스 한 번, 걸어서 한 번 갈 확률은?

① $\frac{1}{27}$ ② $\frac{2}{27}$
③ $\frac{1}{9}$ ④ $\frac{4}{27}$

06 다음은 2015년부터 2020년까지 우리나라 인구성장률과 합계출산율에 대한 자료이다. 다음 중 자료에 대한 설명으로 올바르지 않은 것은?

〈인구성장률〉

(단위 : %)

구분	2015년	2016년	2017년	2018년	2019년	2020년
인구성장률	0.53	0.46	0.63	0.53	0.45	0.39

〈합계출산율〉

(단위 : 명)

구분	2015년	2016년	2017년	2018년	2019년	2020년
합계출산율	1.297	1.187	1.205	1.239	1.172	1.052

※ 합계출산율 : 가임여성 1명이 평생 낳을 것으로 예상되는 평균 출생아 수

① 우리나라 인구성장률은 2017년 이후로 계속해서 감소하고 있다.
② 2016년부터 2017년까지 합계출산율과 인구성장률의 전년 대비 증감추세는 동일하다.
③ 2015년부터 2020년까지 인구성장률과 합계출산율이 두 번째로 높은 해는 2018년이다.
④ 2020년 인구성장률은 2017년 대비 40% 이상 감소하였다.

안심Touch

02 추리능력검사

※ 일정한 규칙으로 수 또는 문자를 나열할 때, 빈칸 안에 들어갈 알맞은 수를 고르시오. **[1~4]**

01

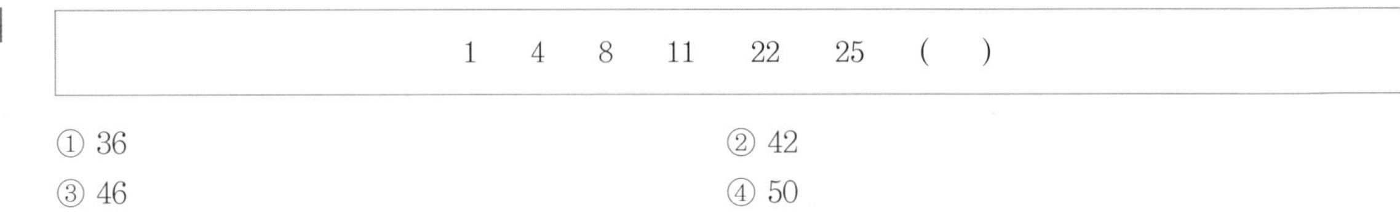

1 4 8 11 22 25 ( )

① 36 ② 42
③ 46 ④ 50

02

1 8 3 2 ( ) 4 3 16 5

① 9 ② 10
③ 12 ④ 13

03

A B C E H ( )

① K ② L
③ M ④ N

04

W T Q ( ) K H

① J ② L
③ M ④ N

05 다음 문장을 읽고 유추할 수 있는 것을 고르면?

- A회사는 고객만족도 조사에서 90점을 받았다.
- B회사의 고객만족도 점수는 A회사보다 5점 높다.
- C회사의 고객만족도 점수는 A회사와 B회사의 평균 점수이다.

① A회사의 점수가 가장 높다.
② A회사의 점수가 C회사의 점수보다 높다.
③ B회사의 점수가 C회사의 점수보다 낮다.
④ A회사의 점수가 가장 낮다.

※ 다음 〈조건〉을 보고 ?에 들어갈 도형을 고르시오. **[6~7]**

조건

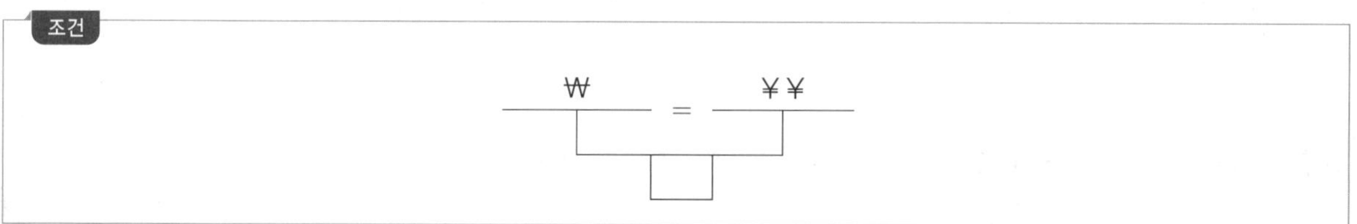

06

$ = ₩ ? = ¥¥¥¥

① ₩₩₩
② $$₩
③ $₩
④ ₩¥¥$

07

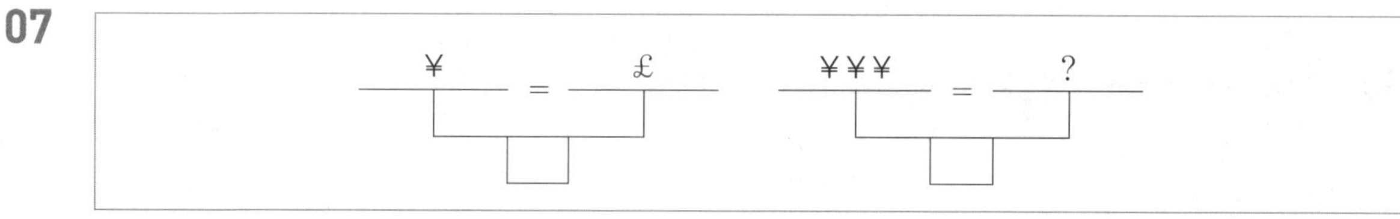

① ₩£
② ₩₩
③ ₩££
④ ££££

03 지각능력검사

01 다음 제시된 문자를 오름차순으로 나열하였을 때 2번째에 오는 문자는?

T ㅌ M ㅁ I ㅇ

① T ② ㅇ
③ M ④ ㅌ

02 다음 제시된 문자를 내림차순으로 나열하였을 때 1번째에 오는 문자는?

ㄱ ㅈ ㄹ ㅠ ㅋ ㅣ

① ㅈ ② ㅠ
③ ㅣ ④ ㅋ

03 다음 제시된 문자를 내림차순으로 나열하였을 때 3번째에 오는 문자는?

아 하 다 자 바 마

① 아 ② 하
③ 다 ④ 자

※ 다음은 자동차 회사인 S사가 2022년까지 자동차 엔진에 시리얼 번호를 부여하는 방식이다. 이어지는 물음에 답하시오. **[4~5]**

첫째 자리 수=제조년												
1997년	1998년	1999년	2000년	2001년	2002년	2003년	2004년	2005년	2006년	2007년	2008년	2009년
V	W	X	Y	1	2	3	4	5	6	7	8	9
2010년	2011년	2012년	2013년	2014년	2015년	2016년	2017년	2018년	2019년	2020년	2021년	2022년
A	B	C	D	E	F	G	H	J	K	L	M	N

둘째 자리 수=제조월											
1월	2월	3월	4월	5월	6월	7월	8월	9월	10월	11월	12월
A	C	E	G	J	L	N	Q	S	U	W	Y
B	D	F	H	K	M	P	R	T	V	X	Z

※ 셋째 자리 수부터 여섯째 자리 수까지는 엔진이 생산된 순서의 번호이다.

04 다음 중 시리얼 번호가 옳게 표시된 것은?

① OQ3258
② LI2316
③ SU3216
④ HS1245

05 1997~2000년, 2014~2018년에 생산된 엔진을 분류하려 할 때 해당되지 않는 엔진의 시리얼 번호는?

① FN4568
② HH2314
③ WS2356
④ DU6548

안심Touch

※ 다음 블록의 개수는 몇 개인지 고르시오. [6~7]

06

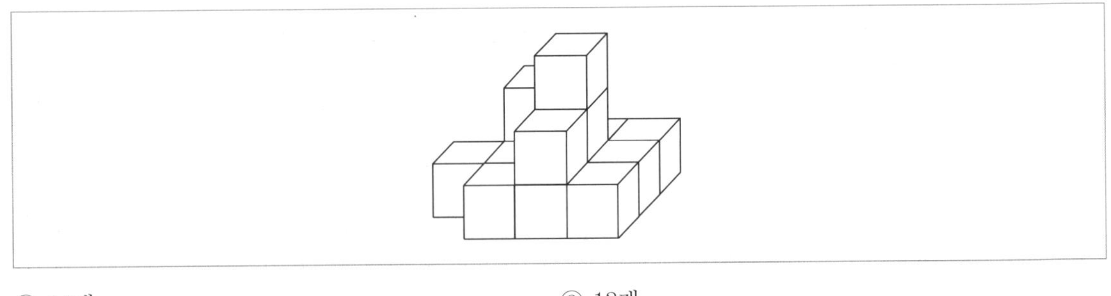

① 14개
② 13개
③ 12개
④ 11개

07

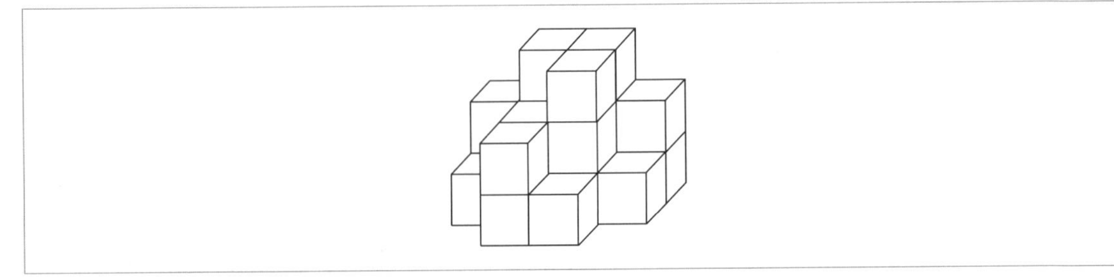

① 23개
② 22개
③ 21개
④ 20개

※ 제시된 문자와 동일한 문자를 〈보기〉에서 찾아 고르시오(단, 가장 왼쪽 문자를 ①번으로 한다). **[8~9]**

보기
♯ ♡ ☾ ♫

08

♡

① ② ③ ④

09

♫

① ② ③ ④

CHAPTER

03 2020년 상반기 최신기출문제

정답 및 해설 p.008

01 수리능력검사

※ 다음 식을 계산한 값으로 옳은 것을 고르시오. **[1~3]**

01

$$14.9\times(3.56-0.24)$$

① 46.417　② 47.427
③ 48.492　④ 49.468

02

$$342\div 6\times 9-120$$

① 313　② 326
③ 330　④ 393

03

$$211\times 5-75\div 15+30$$

① 1,080　② 1,295
③ 1,400　④ 1,525

04 어느 과수원에서 작년에 생산된 사과와 배의 개수를 모두 합하면 500개였다. 올해는 작년보다 사과의 생산량은 절반으로 감소하고 배의 생산량은 두 배로 증가하였다. 올해 사과와 배의 개수를 합하여 모두 700개를 생산했을 때, 올해 생산한 사과의 개수는?

① 100개
② 200개
③ 300개
④ 400개

05 A와 B의 집 사이의 거리는 24km이다. A는 시속 3km, B는 시속 5km로 각자의 집에서 서로에게 동시에 출발하였을 때, 두 사람은 출발한 지 몇 시간 후에 만나게 되는가?

① 1시간
② 2시간
③ 3시간
④ 4시간

06 다음은 A, B, C 세 사람의 신장과 체중을 비교한 자료이다. 자료에 대한 설명으로 옳은 것은?

〈A, B, C 세 사람의 신장·체중 비교표〉

(단위 : cm, kg)

구분	2011년		2015년		2019년	
	신장	체중	신장	체중	신장	체중
A	136	41	152	47	158	52
B	142	45	155	51	163	49
C	138	42	153	48	166	55

① 세 사람 모두 신장과 체중이 계속 증가하였다.
② 세 사람의 연도별 신장 순위와 체중 순위는 동일하다.
③ 2011년 대비 2015년 체중이 가장 많이 증가한 사람은 B이다.
④ 2011년 대비 2019년 신장이 가장 많이 증가한 사람은 C이다.

안심Touch

02 추리능력검사

※ 일정한 규칙으로 수 또는 문자를 나열할 때, 빈칸 안에 들어갈 알맞은 수 또는 문자를 고르시오. **[1~2]**

01

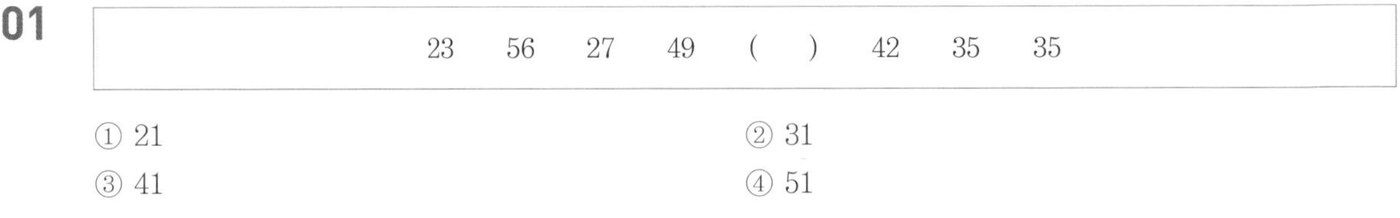

23　56　27　49　(　)　42　35　35

① 21　　② 31
③ 41　　④ 51

02

C　E　I　Q　G　(　)

① K　　② B
③ M　　④ U

03 현수는 가전제품을 구매하기 위해 판매점을 둘러보던 중 S사 제품 판매점을 둘러보게 되었다. 다음 명제로부터 현수가 추론할 수 있는 것은?

- S사의 냉장고 A/S 기간은 세탁기 A/S 기간보다 길다.
- 에어컨의 A/S 기간은 냉장고의 A/S 기간보다 길다.
- 컴퓨터의 A/S 기간은 3년으로 세탁기의 A/S 기간보다 짧다.

① 세탁기의 A/S 기간은 3년 이하이다.
② 세탁기의 A/S 기간이 가장 짧다.
③ 컴퓨터의 A/S 기간이 가장 짧다.
④ 냉장고의 A/S 기간이 가장 길다.

04 다음 [제시문 A]을 읽고 [제시문 B]가 항상 참이면 ①, 거짓이면 ②, 알 수 없으면 ③을 고르면?

[제시문 A]
- 계획을 세우면 시간을 단축할 수 있다.
- 야식을 먹지 못했다면 공연을 못 봤다.
- 일을 빨리 끝마치면 공연을 볼 수 있다.
- 일을 빨리 마치지 못했다면 시간을 단축하지 못한 것이다.

[제시문 B]
계획을 세웠어도 야식을 먹지 못할 수 있다.

① 참　　② 거짓　　③ 알 수 없음

※ 다음 〈조건〉을 보고 ?에 들어갈 도형을 고르시오. **[5~6]**

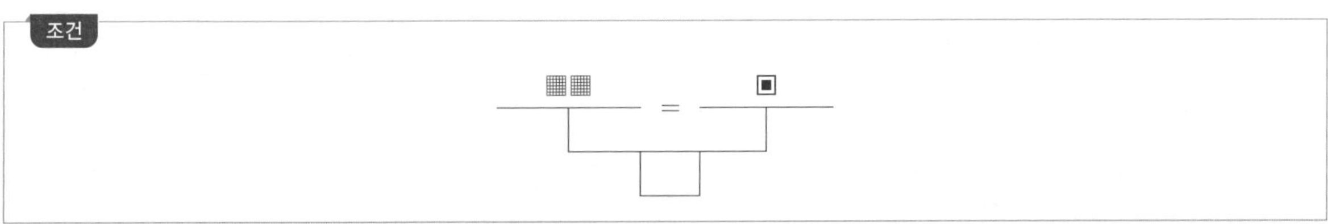

05

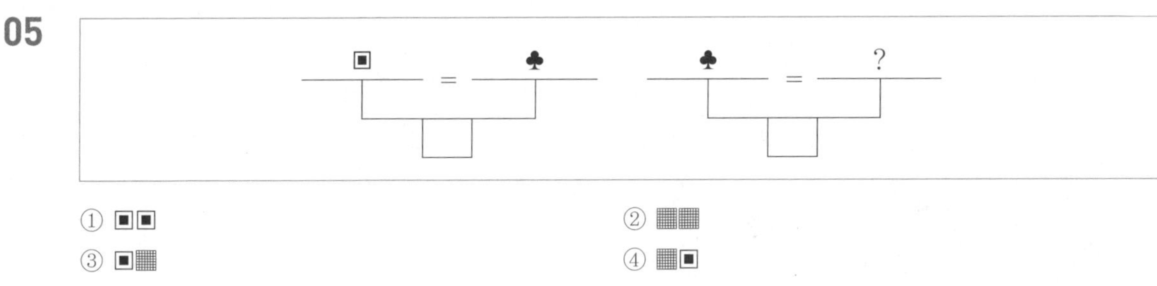

06

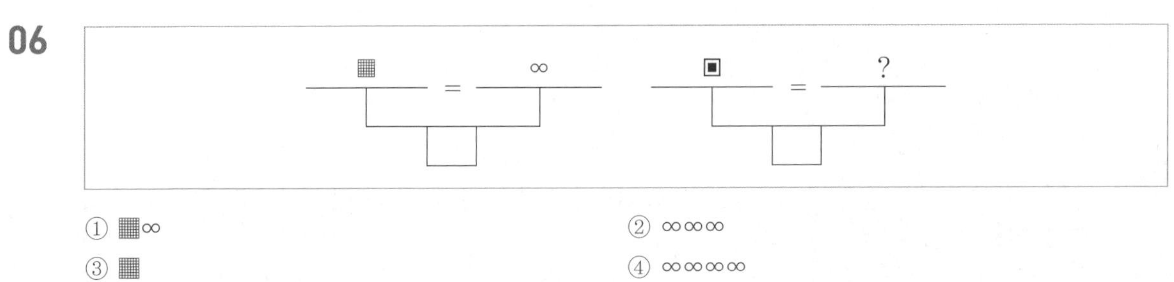

안심Touch

03 지각능력검사

※ 다음 제시된 좌우의 문자 또는 기호를 비교하여 같으면 ①을, 다르면 ②를 고르시오. **[1~2]**

01

AutumnCrisp – AutummCrisp

① 같음 ② 다름

02

(가)(로)(지)(나)(세)(로)(지)(나) – (가)(로)(지)(나)(세)(로)(지)(나)

① 같음 ② 다름

※ 어느 도서관은 원서책의 코드를 다음과 같은 일정한 규칙으로 부여한다. 이어지는 질문에 답하시오. **[3~6]**

〈규칙〉

- 책 제목을 다음의 규칙으로 변환한다.
- 알파벳 모음 a, e, i, o, u를 쌍자음 ㄲ, ㄸ, ㅃ, ㅆ, ㅉ 순서로 변환한다.
- 알파벳 자음의 경우 앞의 14개는 한글 자음 ㄱ, ㄴ, ㄷ …으로, 뒤의 7개는 숫자 1, 2, 3 …으로 변환한다.
- 책 제목의 띄어쓰기한 부분에는 0을 적는다.

  예 summer vacation을 변환할 경우 summer와 vacation 변환한 사이에 0을 붙여준다. '1ㅉㅊㅊㄸㅎ03ㄲㄴㄲ2ㅃㅆㅋ'
- 한글 자음과 쌍자음으로 변환된 알파벳의 각각 뒤에 ㅏ, ㅑ, ㅓ, ㅕ, ㅗ, ㅛ, ㅜ, ㅠ, ㅡ, ㅣ를 뒤에 붙여주며 9개를 초과할 경우 다시 ㅏ, ㅑ, ㅓ … 순서로 계속하여 붙여준다.

  예 summer vacation를 변환할 경우 '1짜챠처쪄호03꾜누뀨2쁘씨카'

03 어느 책의 제목은 'find me'이다. 이 책의 코드는?

① 라버코두츠디
② 라버코두0츠디
③ 라뱌커뎌0초됴
④ 라빠커뎌0초뚀

04 책 제목이 각각 봄, 여름, 가을, 겨울인 계절이름의 책들에 코드를 부여한다고 할 때, 코드가 될 수 없는 것은?(단, 가을을 나타내는 영어는 fall로 한다)

① 1따꺄1써켜
② 1타햐뻐켜모
③ 1짜챠처뗘호
④ 라꺄저져

05 부여받은 책 코드가 '꺄0랴뻐켜또0됴꾸6'인 책의 제목은?

① a long time ago
② once upon a time
③ a fine day
④ in the past

안심Touch

06 숫자로 변환되는 알파벳 자음 s부터 z까지를 영어 그대로 표기하기로 했을 때, Disney Frozen을 변환한 코드는?

① 다빠s커떠y로효쑤z뜌크
② 다빠s커떠y0로효쑤z뜌크
③ 다빠1커떠6로효쑤7뜌크
④ 다빠1커떠60로효쑤7뜌크

※ 제시된 도형과 동일한 도형을 〈보기〉에서 찾아 고르시오(단, 가장 왼쪽 도형을 ①번으로 한다). **[7~8]**

보기
◎ ▶ □ ◐

07

□

① ② ③ ④

08

◐

① ② ③ ④

CHAPTER

04 2019년 하반기 최신기출문제

정답 및 해설 p.011

PART 1 | 2021 상 | 2020 하 | 2020 상 | 2019 하 | 2019 상 | 2018 하 | 2018 상 | 2017 하 | 2017 상

01 수리능력검사

※ 다음 식을 계산한 값으로 옳은 것을 고르시오. **[1~3]**

01

$$(156-13) \div 11$$

① 10 ② 11
③ 12 ④ 13

02

$$46 \times 51 - 63$$

① 2,283 ② 2,346
③ 2,435 ④ 2,561

03

$$0.46 \times 1.5 + 4.46$$

① 4.04 ② 4.96
③ 5.15 ④ 5.44

안심Touch

04 서울에서 부산까지의 거리는 400km이고 서울에서 부산까지 가는 기차는 120km/h의 속력으로 달리며, 역마다 10분씩 정차한다. 서울에서 9시에 출발하여 부산에 13시 10분에 도착했다면, 기차는 가는 도중 몇 개의 역에 정차하였는가?

① 4개　　② 5개
③ 6개　　④ 7개

05 주머니 속에 흰 공 5개, 검은 공 4개가 들어 있다. 여기에서 2개의 공을 꺼낼 때, 모두 흰 공이거나 또는 모두 검은 공일 확률은?

① $\frac{2}{5}$　　② $\frac{4}{9}$
③ $\frac{3}{5}$　　④ $\frac{5}{9}$

06 다음은 연도별 근로자 수 변화 추이에 관한 자료이다. 이에 대한 설명으로 옳지 않은 것은?

〈연도별 근로자 수 변화 추이〉

(단위 : 천 명)

구분	전체	남성		여성	
			비중		비중
2014년	14,290	9,061	63.4%	5,229	36.6%
2015년	15,172	9,467	62.4%	5,705	37.6%
2016년	15,536	9,633	62.0%	5,902	38.0%
2017년	15,763	9,660	61.3%	6,103	38.7%
2018년	16,355	9,925	60.7%	6,430	39.3%

① 매년 남성 근로자 수가 여성 근로자 수보다 많다.
② 2014년 대비 2018년 근로자 수의 증가율은 여성이 남성보다 높다.
③ 2014 ~ 2018년 남성 근로자 수와 여성 근로자 수의 차이는 매년 증가한다.
④ 전체 근로자 중 여성 근로자 수의 비중이 가장 큰 해는 2018년이다.

02 추리능력검사

※ 일정한 규칙으로 수 또는 문자를 나열할 때, 빈칸 안에 들어갈 알맞은 수를 고르시오. **[1~4]**

01

3 16 9 13 15 10 21 ( )

① 4　　② 5
③ 6　　④ 7

02

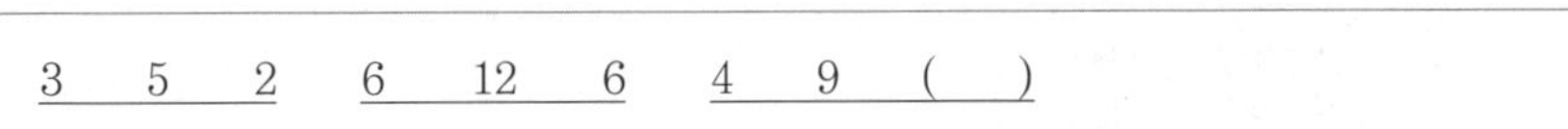
3 5 2 6 12 6 4 9 ( )

① 5　　② 4
③ 3　　④ 2

03

A ㄴ B 三 ㄷ C ⅳ 四 ( ) D

① ㅈ ② 7
③ ㄹ ④ 9

04

ㅜ ㄷ ( ) ㅅ ㅓ ㅋ

① ㅠ ② ㅂ
③ ㅅ ④ ㅗ

05 다음 사실로부터 추론할 수 있는 것은?

- 독수리, 멧돼지, 곰, 노루가 달리기 시합을 했다.
- 독수리는 멧돼지보다 빠르다.
- 곰은 독수리보다 느리지만 노루보다 빠르다.
- 노루는 멧돼지보다 빠르다.

① 노루가 가장 빠르다.
② 노루가 두 번째로 빠르다.
③ 멧돼지가 세 번째로 빠르다.
④ 멧돼지가 가장 느리다.

03 지각능력검사

01 다음 제시된 문자를 오름차순으로 나열하였을 때 6번째에 오는 문자는?

F L Q C G W

① Q ② C
③ G ④ W

02 다음 제시된 문자를 내림차순으로 나열하였을 때 4번째에 오는 문자는?

a ㅕ e ㅓ m ㅡ

① ㅕ ② e
③ m ④ ㅡ

03 다음 제시된 문자를 내림차순으로 나열하였을 때 2번째에 오는 문자는?

호 코 보 로 도 모

① 호 ② 코
③ 보 ④ 로

※ 다음은 화장품 회사인 S사가 제품에 제조번호를 부여하는 방식이다. 이어지는 물음에 답하시오(단, 한 달은 30일로 계산한다). **[4~5]**

〈화장품 제조번호 표기방식〉

```
              ┌→ 제조일자(35번째 날)
        ─────────
S  1  3  0  3  5  2  0
   ─────        ─────
    └→ 제조년도(2013년)  └→ 생산라인 번호(20번)
```

[해석] 2013년 2월 5일 20번 생산라인에서 제조한 화장품

04 S사의 로션의 사용기한은 개봉 전일 때 제조일로부터 3년이다. S사의 로션 제품을 조사하여 사용 가능한 기한이 지난 상품은 처분하려고 할 때, 다음 로션의 제조번호 중 처분대상이 아닌 것은?(단, 처분일은 2019년 10월 31일을 기준으로 한다)

① S1725030　　② S1320030
③ S1423010　　④ S1312040

05 S사의 생산라인 중 30번 생산라인에 문제가 생겼다. 이 생산라인에서 제조된 상품 모두 불량품으로 판정되어 처분하려고 할 때 처분대상인 제조번호는?

① S1530050　　② S1516040
③ S1320030　　④ S1423010

※ 다음 블록의 개수는 몇 개인지 고르시오. [6~7]

06

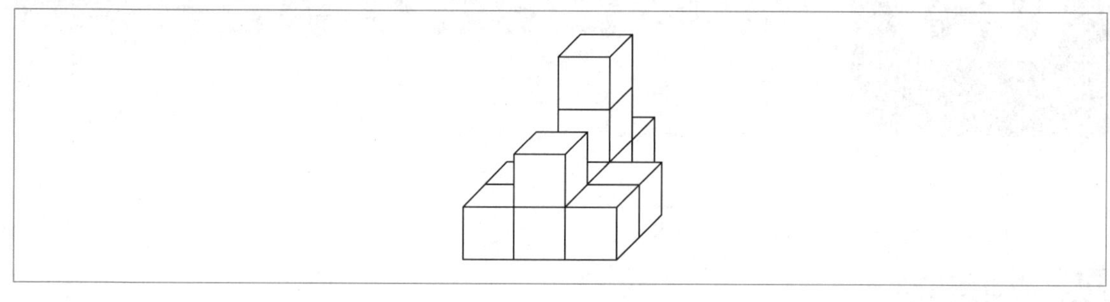

① 10개
② 11개
③ 12개
④ 13개

07

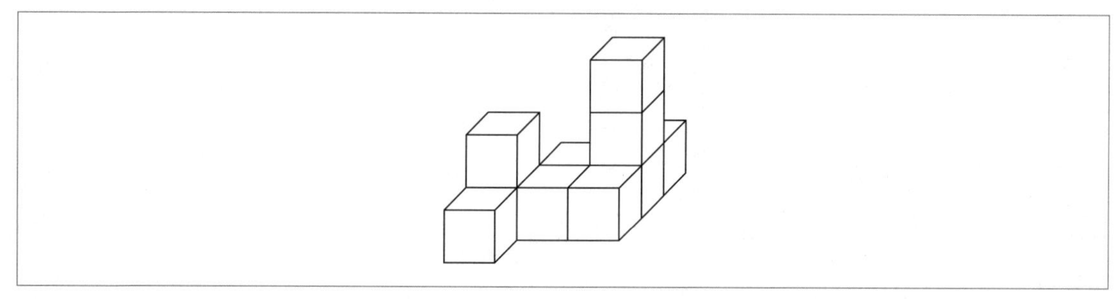

① 10개
② 11개
③ 12개
④ 13개

안심Touch

CHAPTER

05 2019년 상반기 최신기출문제

정답 및 해설 p.013

01 수리능력검사

※ 다음 식을 계산한 값으로 옳은 것을 고르시오. **[1~3]**

01

$33+42\div3$

① 34 ② 41
③ 47 ④ 52

02

$76-16\times3$

① 28 ② 31
③ 34 ④ 37

03

$0.6\times0.24\div3$

① 0.039 ② 0.39
③ 0.048 ④ 0.48

04 5명으로 이루어진 남성 신인 아이돌 그룹의 모든 멤버 나이의 합은 105살이다. 5명 중 3명의 나이는 5명의 평균 나이와 같고, 가장 큰 형의 나이가 24살일 때, 막내의 나이는 몇 살인가?

① 18살 ② 19살
③ 20살 ④ 21살

05 두 지점 A, B 사이를 오토바이로 왕복하는데 갈 때는 시속 80km, 올 때는 시속 60km로 달렸더니 올 때는 갈 때보다 시간이 30분 더 걸렸다. 이때, 두 지점 A, B 사이의 거리는?

① 100km ② 110km
③ 120km ④ 130km

06 다음은 2014년부터 2018년까지 생활 폐기물 처리 현황에 대한 자료이다. 이에 대한 설명으로 옳지 않은 것은? (단, 소수 둘째 자리에서 반올림한다)

〈생활 폐기물 처리 현황〉

(단위 : 톤)

처리방법	2014년	2015년	2016년	2017년	2018년
매립	9,471	8,797	8,391	7,613	7,813
소각	10,309	10,609	11,604	12,331	12,648
재활용	31,126	29,753	28,939	29,784	30,454
합계	50,906	49,159	48,934	49,728	50,915

① 매년 생활 폐기물 처리량 중 재활용 비율이 가장 높다.
② 전년 대비 소각 증가율은 2016년도가 2017년도의 2배 이상이다.
③ 2014 ~ 2018년 소각량 대비 매립량은 60% 이상이다.
④ 생활 폐기물 처리방법 중 매립은 2014년과 2017년 사이에 계속 감소하고 있다.

02 추리능력검사

※ 일정한 규칙으로 수를 나열할 때, 빈칸 안에 들어갈 알맞은 수를 고르시오. **[1~3]**

01

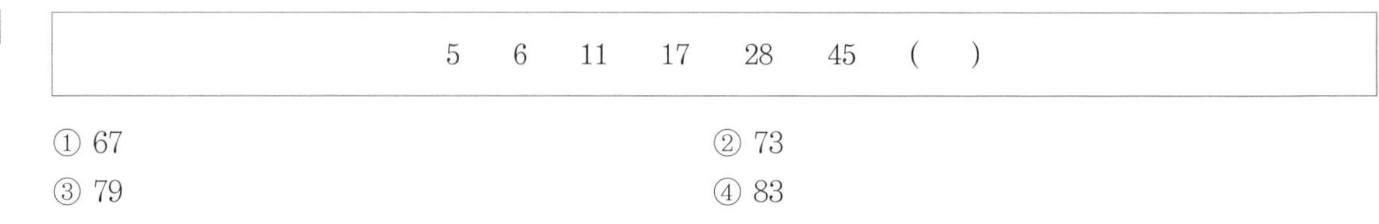

5 6 11 17 28 45 ( )

① 67　　② 73
③ 79　　④ 83

02

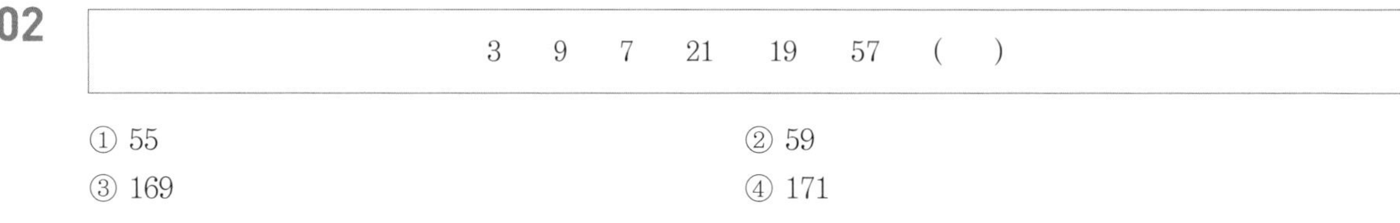

3 9 7 21 19 57 ( )

① 55　　② 59
③ 169　　④ 171

03

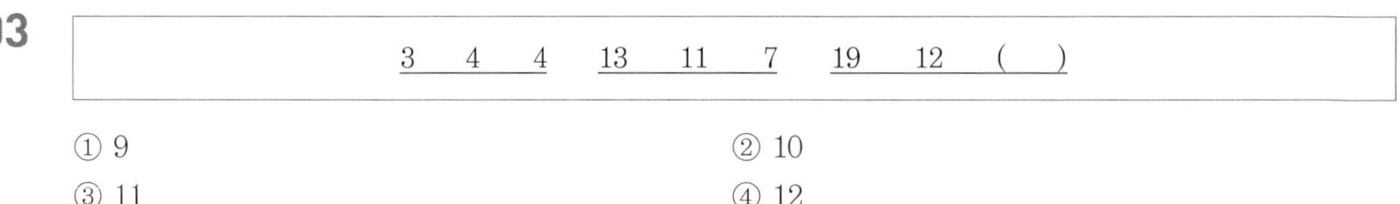

3 4 4　13 11 7　19 12 ( )

① 9　　② 10
③ 11　　④ 12

04 **다음 명제들이 참일 때 옳은 추론이 아닌 것은?**

- 낚시를 좋아하면 회를 좋아한다.
- 매운탕을 좋아하지 않으면 낚시를 좋아하지 않는다.
- 생선구이를 좋아하면 술을 좋아하지 않는다.
- 회를 좋아하면 생선구이를 좋아한다.

① 회를 좋아하지 않으면 낚시를 좋아하지 않는다.
② 낚시를 좋아하면 매운탕을 좋아한다.
③ 술을 좋아하면 회를 좋아하지 않는다.
④ 매운탕을 좋아하지 않으면 술을 좋아하지 않는다.

05 **다음 제시문을 읽고 〈보기〉가 항상 참이면 ①, 거짓이면 ②, 알 수 없으면 ③을 고르시오.**

- 만약 B서점이 문을 열지 않으면, A서점은 문을 연다.
- 만약 B서점이 문을 열면, D서점은 문을 열지 않는다.
- 만약 A서점이 문을 열면, C서점은 문을 열지 않는다.
- 만약 C서점이 문을 열지 않으면, E서점이 문을 연다.

보기

E서점이 공휴일에 문을 열지 않는다면, 공휴일에 문을 여는 서점은 3곳이다.

① 참 ② 거짓 ③ 알 수 없음

06 다음 명제들이 참이라 할 때 옳은 추론은?

- 커피를 마시면 치즈케이크도 먹는다.
- 마카롱을 먹으면 요거트를 먹지 않는다.
- 요거트를 먹지 않으면 커피를 마신다.
- 치즈케이크를 먹으면 초코케이크를 먹지 않는다.
- 아이스크림을 먹지 않으면 초코케이크를 먹는다.

① 마카롱을 먹으면 아이스크림을 먹는다.
② 요거트를 먹지 않으면 초코케이크를 먹는다.
③ 아이스크림을 먹으면 치즈케이크를 먹는다.
④ 커피를 마시지 않으면 초코케이크를 먹는다.

03 지각능력검사

※ 다음 제시된 좌우의 문자 또는 기호를 비교하여 같으면 ①을, 다르면 ②를 고르시오. **[1~3]**

01

ARIXISQOUER – ARIXISQOUER

① 같음 ② 다름

02

♩♬♬♪♩♭♪♭♪ – ♩♬♬♩♪♭♪♭♪

① 같음 ② 다름

03

あかさだなぷゆるんだ – あかざたなぷゆるんだ

① 같음 ② 다름

※ 다음 제시된 문자와 다른 것을 고르시오. [4~6]

04

GKQRUdDLrMFQN

① GKQRUdDLrMFQN
② GKQRUdDLrMFQN
③ GKQRUdDLrMFQN
④ GKQRUbDLnMFQN

05

위이우어잉외이윙옹윙

① 위이우어잉외이윙옹윙
② 위이우어잉외이윙옹윙
③ 위이우이잉외이윙옹윙
④ 위이우어잉외이윙옹윙

06

ⅧⅨ Ⅲ Ⅱ Ⅳ Ⅱ ⅥⅦ

① ⅧⅨ Ⅲ Ⅱ Ⅳ Ⅱ ⅥⅦ
② ⅧⅨ Ⅲ Ⅱ Ⅴ Ⅱ ⅥⅦ
③ ⅧⅨ Ⅲ Ⅱ Ⅳ Ⅱ ⅥⅦ
④ ⅧⅨ Ⅲ Ⅱ Ⅳ Ⅱ ⅥⅦ

CHAPTER

06 2018년 하반기 최신기출문제

정답 및 해설 p.016

01 수리능력검사

※ 다음 식을 계산한 값으로 옳은 것을 고르시오. **[1~3]**

01

$26+84\div7$

① 40 ② 38
③ 16 ④ 18

02

$11\times13-70$

① 71 ② 72
③ 73 ④ 74

03

$0.8\times0.17\div4$

① 0.034 ② 0.34
③ 0.038 ④ 0.38

04 어떤 사탕 공장에 분당 100개의 사탕을 생산할 수 있는 기계 A와 분당 150개의 사탕을 생산할 수 있는 기계 B가 있다. 두 기계가 동시에 가동하여 총 15,000개의 사탕을 만든다면 시간이 얼마나 걸리겠는가?

① 1시간　　② 2시간
③ 3시간　　④ 4시간

05 길이가 40m인 기차가 200m인 터널을 통과하는 데 10초가 걸렸다. 이 기차가 같은 속력으로 440m인 터널을 통과하는 데 걸리는 시간은 몇 초인가?

① 15초　　② 16초
③ 18초　　④ 20초

06 ○○놀이공원은 수능을 마친 수험생과 그 가족들을 대상으로 수능 이벤트를 시행 중이다. ○○놀이공원의 자유이용권 금액과 이벤트 내용은 아래와 같으며, 다음 자료를 참고하여 각 사례에 대한 자유이용권 금액을 계산하고자 할 때 계산한 값으로 적절한 것은?(단, 수험생은 청소년으로 가정한다)

〈○○놀이공원 자유이용권 금액〉

구분		정상가
1일권 (놀이공원 오픈 시부터)	어른	46,000원
	청소년	40,000원
	어린이	36,000원
야간권 (오후 4시 이후부터)	어른	37,000원
	청소년	32,000원
	어린이	28,000원

※ 청소년(만13 ~ 18세), 어린이(36개월 ~ 만12세)
※ 36개월 미만은 무료 이용

〈○○놀이공원 수능 이벤트〉

• 수험생은 15,000원의 할인을, 수험생을 동반한 가족의 경우 1인당 12,000원을 할인받으실 수 있습니다.
※ 수험생임을 인정받기 위하여 반드시 수험표를 지참하여야 합니다.

① 1일권 구매를 원하는 수험생 A와 22세 친누나 B → 56,000원
② 야간권 구매를 원하는 수험생 C와 친구 수험생 D → 32,000원
③ 1일권 구매를 원하는 수험생 E와 부모님 F와 G → 91,000원
④ 야간권 구매를 원하는 수험생 H와 각자 12세, 10세인 친동생 I와 J → 49,000원

02 추리능력검사

※ 일정한 규칙으로 수를 나열할 때, 빈칸 안에 들어갈 알맞은 수를 고르시오. **[1~3]**

01

1 2 3 5 8 13 ( )

① 15
② 17
③ 19
④ 21

02

5 2 30 4 55 8 ( )

① 75
② 80
③ 32
④ 16

03

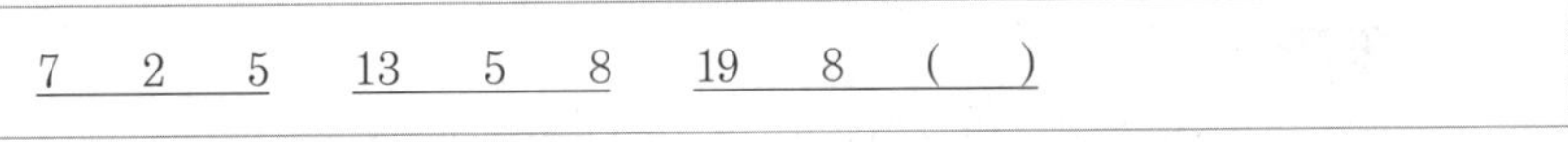
7 2 5 13 5 8 19 8 ( )

① 9
② 10
③ 11
④ 12

04 **주어진 명제가 참일 때 다음 중 반드시 옳은 것은?**

- 편식을 하는 모든 사람은 건강하지 않다.
- 음식을 골고루 먹으면 얼굴빛이 좋다.
- A화장품을 사용하면 얼굴빛이 좋다.
- 미소는 건강하다.

① 미소는 얼굴빛이 좋다.
② 미소는 A화장품을 사용한다.
③ 음식을 골고루 먹으면 건강하다.
④ 편식을 하는 사람은 A화장품을 사용한다.

05 **다음 제시문을 읽고 〈보기〉가 항상 참이면 ①, 거짓이면 ②, 알 수 없으면 ③을 고르시오.**

- 신발장에 신발이 사이즈 별로 220, 230, 240, 250, 260이 있고, 신발의 주인은 A, B, C, D, E이다.
- 같은 신발을 신는 사람을 없으며, 각 신발은 한 켤레이다.
- A는 250을 신는다.
- B는 C보다 작은 것을 신는다.
- D는 A보다 작은 것을 신는다.

보기

B가 230 사이즈의 신발을 신으면 D는 B보다 작은 사이즈를 신는다.

① 참　　② 거짓　　③ 알 수 없음

06 마지막 명제가 참일 때, 다음 빈칸에 들어갈 명제로 가장 적절한 것은?

- 너무 많이 먹으면 살이 찐다.
- ______________________
- 너무 많이 먹으면 둔해진다.

① 둔하다면 적게 먹은 것이다.
② 둔하지 않다면 너무 많이 먹지 않은 것이다.
③ 살이 찌면 둔해진다.
④ 너무 많이 먹어도 살이 찌지 않는다.

안심Touch

03 지각능력검사

※ 다음 제시된 좌우의 문자 또는 기호를 비교하여 같으면 ①을, 다르면 ②를 고르시오. **[1~3]**

01

토트르틀트톡톨통 – 토타르태트톡티통

① 같음 ② 다름

02

£¥₠£$₱₩₤€ – £¥¥£$₱₩₤€

① 같음 ② 다름

03

ЙЩгФСаьэыАя – ЙЩгФСаьэыАя

① 같음 ② 다름

※ 다음 제시된 문자와 다른 것을 고르시오. **[4~6]**

04

실시릿이라이실랄싯실시릿

① 실시릿이라이실랄싯실시릿
② 실시릿이라이실랄싯실시릿
③ 실시릿이라이실랄싯실시릿
④ 실시릿이라이실랄삿실시릿

05

SSkalflaskropKSAMW

① SSkalflaskropKSAMW
② SSkalflasKRopKSAMW
③ SSkalflaskropKSAMW
④ SSkalflaskropKSAMW

06

①
②
③
④

안심Touch

CHAPTER 07

2018년 상반기 최신기출문제

정답 및 해설 p.019

01 수리능력검사

※ 다음 식을 계산한 값으로 옳은 것을 고르시오. **[1~3]**

01

$20+12\times 35$

① 420　　② 440

③ 940　　④ 1,120

02

$11\times 3\times 22$

① 526　　② 626

③ 726　　④ 826

03

$$\frac{3}{4}+\frac{2}{5}-\frac{1}{10}$$

① $1\frac{1}{20}$
② $1\frac{1}{4}$
③ $1\frac{1}{5}$
④ $1\frac{3}{20}$

04 3%의 소금물 100g, 6%의 소금물 200g, 물 xg을 혼합하여 2%의 소금물을 만들었을 때, 넣은 물의 양을 구하면?

① 400g
② 420g
③ 430g
④ 450g

05 3km 떨어진 우체국을 가는데, 처음에는 분속 100m로 걷다가 어느 지점부터 걸음을 빨리해 분속 120m로 걸어갔더니 총 28분이 걸렸다. 분속 100m로 걸은 거리는 몇 km인가?

① 1.8km
② 1.6km
③ 1.4km
④ 1.2km

안심Touch

06 다음 자료는 2017년 11월 말 기준 A지역 청년통장 사업 참여인원에 관한 자료이다. 이에 대한 설명으로 옳은 것은?

〈청년통장 사업에 참여한 근로자의 고용형태별, 직종별, 근무연수별 인원〉

1) 고용형태

(단위 : 명)

전체	정규직	비정규직
6,500	4,591	1,909

2) 직종

(단위 : 명)

전체	제조업	서비스업	숙박 및 음식점업	운수업	도・소매업	건설업	기타
6,500	1,280	2,847	247	58	390	240	1,438

3) 근무연수

(단위 : 명)

전체	6개월 미만	6개월 이상 ~ 1년 미만	1년 이상 ~ 2년 미만	2년 이상
6,500	1,699	1,204	1,583	2,044

〈청년통장 사업별 참여인원 중 유지인원 현황〉

사업명	참여인원	유지인원	중도해지인원
청년통장 I	500	476	24
청년통장 II	1,000	984	16
청년통장 III	5,000	4,984	16
전체	6,500	6,444	56

① 청년통장 사업에 참여한 정규직 근로자 중 제조업과 서비스업을 제외한 직종의 근로자는 450명 미만이다.

② 참여인원 대비 유지인원 비율은 청년통장 I 이 가장 높고 그 다음은 청년통장 II, 청년통장 III의 순이다.

③ 청년통장 사업에 참여한 근로자의 70% 이상이 정규직 근로자이다.

④ 청년통장 사업에 참여한 정규직 근로자 중 근무연수가 2년 이상인 근로자의 비율은 2% 이하이다.

02 추리능력검사

※ 일정한 규칙으로 수를 나열할 때, 빈칸 안에 들어갈 알맞은 숫자를 고르시오. **[1~3]**

01

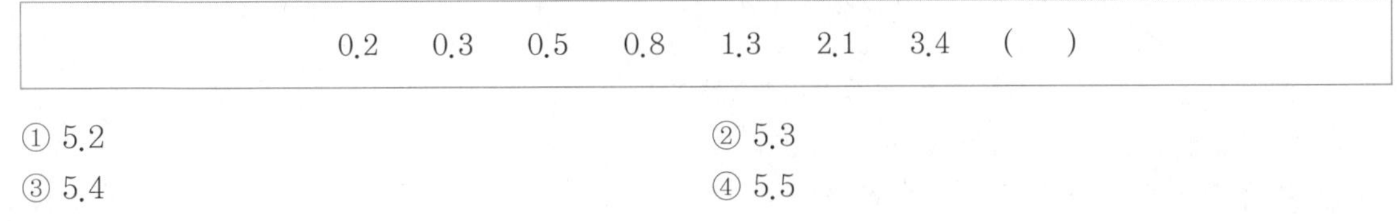

0.2　0.3　0.5　0.8　1.3　2.1　3.4　(　)

① 5.2　② 5.3
③ 5.4　④ 5.5

02

4　4　6　18　22　110　116　(　)

① 719　② 810
③ 811　④ 812

03

4　6　3　7　14　4　1　3　(　)

① 4　② 6
③ 8　④ 10

04 다음을 읽고 바르게 추론한 것은?

- 영주는 영국보다 독일을 더 좋아한다.
- 영주는 프랑스를 이탈리아보다 좋아하지 않는다.
- 영주는 독일과 프랑스 둘 다 똑같이 좋아한다.

① 영주는 영국보다 이탈리아를 더 좋아하지 않는다.
② 영주는 독일보다 이탈리아를 더 좋아한다.
③ 영주는 프랑스보다 영국을 더 좋아한다.
④ 영주는 프랑스를 좋아하지 않는다.

05 제시문 A를 읽고, 제시문 B가 참인지 거짓인지 혹은 알 수 없는지 고르면?

[제시문 A]
- 팝콘을 좋아하면 영화관에 자주 간다.
- 책을 많이 읽지 않으면 치매에 걸릴 확률이 높다.
- 책을 많이 읽으면 영화관에 자주 가지 않는다.

[제시문 B]
치매에 걸릴 확률이 높지 않으면 팝콘을 좋아하지 않는다.

① 참 ② 거짓 ③ 알 수 없음

03 지각능력검사

※ 다음 제시된 좌우의 문자 또는 기호를 비교하여 같으면 ①을, 다르면 ②를 고르시오. **[1~3]**

01

PODJEKSJFVME − PODJEKSJFRME

① 같음 ② 다름

02

◎●○★☆※§ ≒≡▽ − ◎●○★☆※§ ≒≡▽

① 같음 ② 다름

03

1382RELㄷㄴㄱㄹ$& − 1382RELㄷㄴㄱE$&

① 같음 ② 다름

PART 1 2021 상 2020 하 2020 상 2019 하 2019 상 2018 하 2018 상 2017 하 2017 상
안심Touch

※ 다음 제시된 문자와 다른 것을 고르시오. **[4~6]**

04

dkfdkDKFEHJ12984

① dkfdkDKFEHJ12984
② dkfdkDKFEHJ12984
③ dkfdkDKFEHJ12984
④ dkfdkDKFEHJI2984

05

소리아랴다니랴어타추

① 소리아랴다니랴어타추
② 소리아랴다니랴아타추
③ 소리아랴다니랴어타추
④ 소리아랴다니랴어타추

06

9384%_•$ · !•$

① 9384%_•$ · !•$
② 9384%_•$ · !•$
③ 9384%_•& · !•$
④ 9384%_•$ · !•$

CHAPTER

08 2017년 하반기 최신기출문제

정답 및 해설 p.021

01 수리능력검사

※ 다음 식을 계산한 값으로 옳은 것을 고르시오. **[1~3]**

01

$13+14\times9$

① 113 ② 127
③ 139 ④ 145

02

$4\times31\times11$

① 1,364 ② 1,384
③ 1,404 ④ 1,424

03

$0.2+2.6+4.5+8.9$

① 14.2 ② 15.2
③ 16.2 ④ 17.2

안심Touch

04

$$21-4\times16+23\times9$$

① 120 ② 131

③ 144 ④ 164

05

$$\frac{2}{3}\times\frac{2}{5}\div\frac{8}{15}+\frac{1}{6}$$

① $\frac{1}{3}$ ② $\frac{2}{3}$

③ $\frac{1}{2}$ ④ $\frac{5}{6}$

06

84에 어떤 자연수 x를 곱하면 어떤 자연수 y의 제곱이 된다고 할 때, 다음 중 x가 될 수 없는 것은?

① 21 ② 189

③ 315 ④ 525

07 다음은 A국의 4대 범죄 발생 건수 및 검거 건수에 대한 자료이다. 이에 대한 설명으로 옳지 않은 것은?(단, 소수점 둘째자리에서 올림한다)

〈2012 ~ 2016년 4대 범죄 발생 건수 및 검거 건수〉

(단위 : 건, 천 명)

연도 \ 구분	발생 건수	검거 건수	총인구	인구 10만 명당 발생 건수
2012년	15,693	14,492	49,194	31.9
2013년	18,258	16,125	49,364	( )
2014년	19,498	16,404	49,740	39.2
2015년	19,670	16,630	50,051	39.3
2016년	22,310	19,774	50,248	44.4

〈2016년 4대 범죄 유형별 발생 건수 및 검거 건수〉

(단위 : 건)

범죄 유형 \ 구분	발생 건수	검거 건수
강도	5,753	5,481
살인	132	122
절도	14,778	12,525
방화	1,647	1,646
합계	22,310	19,774

① 인구 10만 명당 4대 범죄 발생 건수는 매년 증가한다.

② 2013년 이후 전년 대비 4대 범죄 발생 건수 증가율이 가장 낮은 연도와 전년 대비 4대 범죄 검거 건수 증가율이 가장 낮은 연도는 동일하다.

③ 2016년 발생 건수 대비 검거 건수 비율이 가장 낮은 범죄 유형의 발생 건수는 해당 연도 4대 범죄 발생 건수의 60% 이상이다.

④ 2015년에는 4대 범죄 발생 건수 대비 검거 건수 비율이 80%가 되지 않는다.

02 추리능력검사

※ 일정한 규칙으로 수를 나열할 때, 빈칸 안에 들어갈 알맞은 숫자를 고르시오. **[1~3]**

01

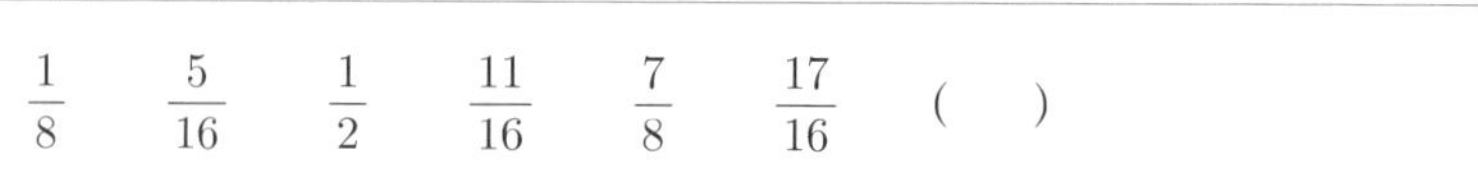

$\frac{1}{8}$ $\frac{5}{16}$ $\frac{1}{2}$ $\frac{11}{16}$ $\frac{7}{8}$ $\frac{17}{16}$ ( )

① $\frac{1}{4}$
② $\frac{3}{4}$
③ $\frac{5}{4}$
④ $\frac{7}{4}$

02

3 2 8 4 3 9 4.5 3.5 ( )

① 7
② 8.5
③ 9
④ 9.5

03

$\underline{2\quad 3\quad 8}$ $\underline{3\quad 5\quad 17}$ $\underline{4\quad 1\quad (\quad)}$

① 5
② 6
③ 7
④ 8

03 지각능력검사

※ 다음 제시된 좌우의 문자 또는 기호를 비교하여 같으면 ①을, 다르면 ②를 고르시오. **[1~3]**

01

ㅇㄷㄱㅈㅂㅍㅊㅌㅋㅎㅅ – ㅇㄷㄱㅈㅂㅍㅊㅌㅋㅎㅅ

① 같음 ② 다름

02

●￥♨♣◐■▲P℃↓※ – ●￥♨♣◐■▶P℃↓※

① 같음 ② 다름

03

기타등등당덩뎡듕칭 – 기타등등당덩뎡듕칭

① 같음 ② 다름

※ 다음 제시된 문자와 다른 것을 고르시오. [4~5]

04

3942723923742

① 3942723923742
② 3942723923742
③ 3942723923742
④ 3942723928742

05

Å￠℃×☆★◎◆◇

① Å￠℃×☆★◎◆◇
② Å￠℃×☆★○◆◇
③ Å￠℃×☆★◎◆◇
④ Å￠℃×☆★◎◆◇

06 다음 그림을 순서대로 배열한 것을 고르면?

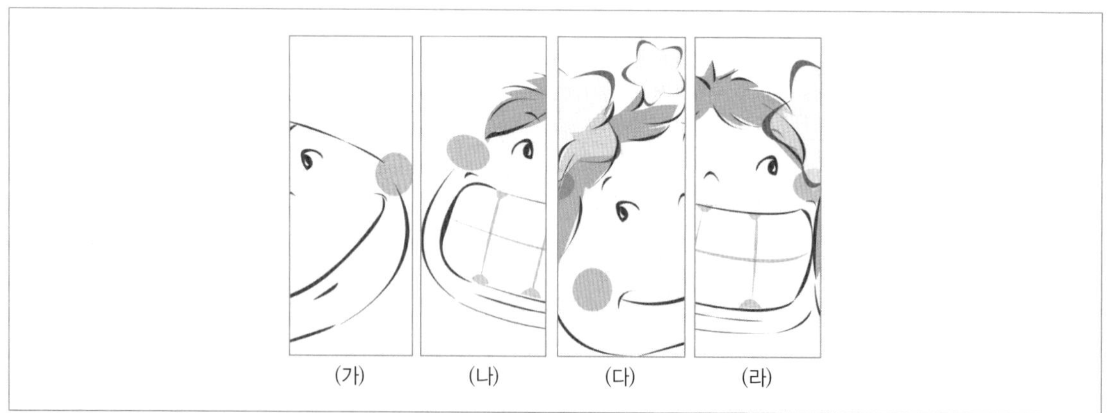

(가) (나) (다) (라)

① (나) – (다) – (라) – (가)
② (나) – (라) – (다) – (가)
③ (다) – (라) – (나) – (가)
④ (나) – (라) – (가) – (다)

07 다음 중 나머지 도형과 다른 것은?

①
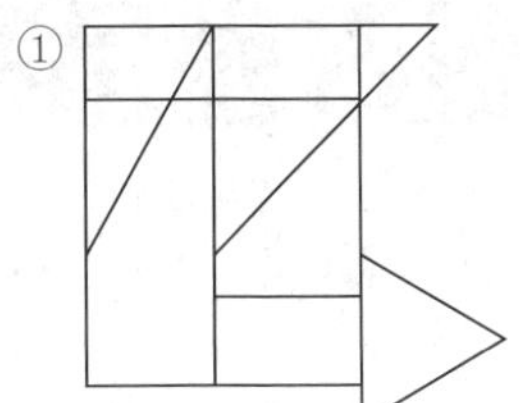

②
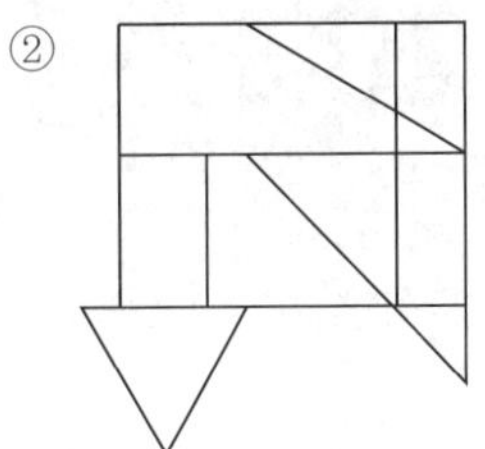

③
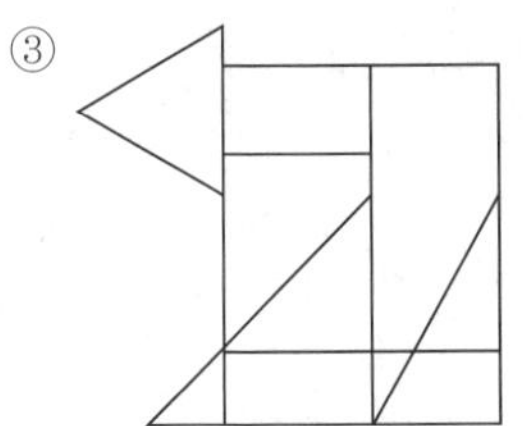

④
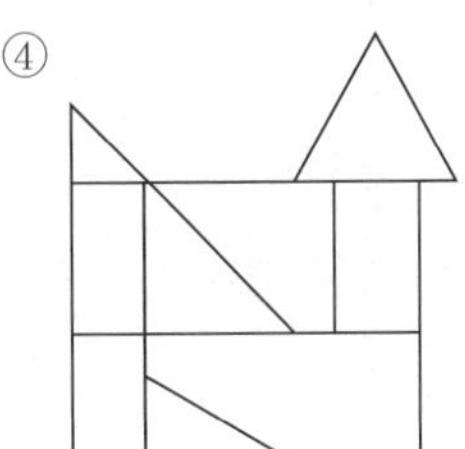

08 다음 블록의 개수는 몇 개인가?

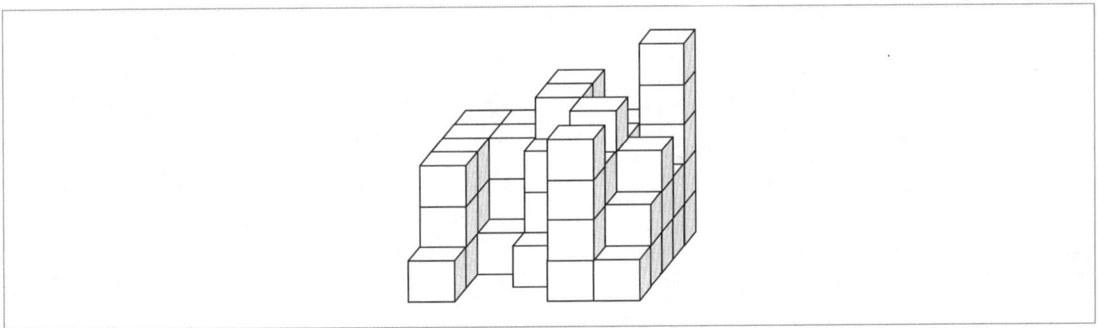

① 60개
② 61개
③ 62개
④ 63개

CHAPTER

09 2017년 상반기 최신기출문제

정답 및 해설 p.024

01 수리능력검사

※ 다음 식을 계산한 값으로 옳은 것을 고르시오. **[1~5]**

01

$$65-117\div13$$

① －4
② 17
③ 23
④ 56

02

$$68\times5+229$$

① 414
② 459
③ 514
④ 569

03

$$7-84\times0.25$$

① －15
② －14
③ －13
④ －12

04

$$6.73\times0.5+4.5$$

① 6.455 ② 7.865
③ 31.35 ④ 33.65

05

$$\frac{5}{6}\times\left(\frac{3}{2}+\frac{6}{7}\right)-1$$

① $\frac{27}{28}$ ② $\frac{25}{28}$
③ $\frac{23}{28}$ ④ $\frac{21}{28}$

06 640의 2푼 3리는?

① 14.72 ② 129.2
③ 129.92 ④ 147.2

07 1,248의 35%는?

① 435.8 ② 436.2
③ 436.8 ④ 437.2

안심Touch

※ 다음은 국내 초·중·고 사교육비 현황에 대한 자료이다. 다음 물음에 답하시오. [8~9]

〈국내 초·중·고 사교육비〉

(단위 : 억 원, 만 원)

구분	2013년		2014년		2015년		2016년	
	총 사교육비	1인당 사교육비	총 사교육비	1인당 사교육비	총 사교육비	1인당 사교육비	총 사교육비	1인당 사교육비
전체	185,960	286.9	182,298	290	178,346	292.9	180,605	307.2
초등학교	77,375	277.9	75,949	278.4	75,287	277.3	77,438	289.2
중학교	75,831	320.6	55,678	324.1	52,384	330.3	48,102	330
고등학교	50,754	268.1	50,671	275.5	50,675	283.4	55,065	314.4

08 2013 ~ 2016년 평균 총 사교육비는 얼마인가?

① 약 18조 1,802억 원
② 약 18조 1,926억 원
③ 약 18조 2,144억 원
④ 약 19조 2,258억 원

09 자료에 대한 설명으로 옳은 것은?

① 초·중·고의 1인당 사교육비는 모두 계속해서 증가하고 있다.
② 고등학교 학생 수는 점점 감소하고 있다.
③ 총 사교육비 중 초등학교 사교육비의 비율은 점점 감소하고 있다.
④ 총 사교육비 액수는 매년 초등학교 > 중학교 > 고등학교, 1인당 사교육비 액수는 중학교 > 초등학교 > 고등학교 순이다.

10 12%의 소금물 500g과 x%의 소금물 300g을 섞었더니 10.5%의 소금물이 되었다. 섞은 소금물의 농도는 몇 %인가?

① 8%　　② 9%
③ 10%　　④ 11%

11 인접해 있는 두 가로등 A, B가 있다. A가로등은 2분 동안 켜져 있다가 이후 1분간 꺼져있고, B가로등은 4분간 켜져 있다가 이후 1분간 꺼진다. 동시에 가로등을 켜서 1시간이 지났을 때, 두 가로등이 동시에 켜져 있던 시간은 몇 분인가?

① 30분　　② 32분
③ 34분　　④ 36분

12 원형 테이블 1개에 남자 4명, 여자 4명이 앉아야 하는데, 동성끼리는 서로 이웃하지 않게 앉으려고 한다. 테이블에 앉는 방법은 총 몇 가지인가?

① 36가지　　② 72가지
③ 144가지　　④ 288가지

안심Touch

02 추리능력검사

※ 일정한 규칙으로 수나 문자를 나열할 때, 빈칸 안에 들어갈 알맞은 수나 문자를 고르시오. **[1~4]**

01

5　6　8　12　20　(　)　68

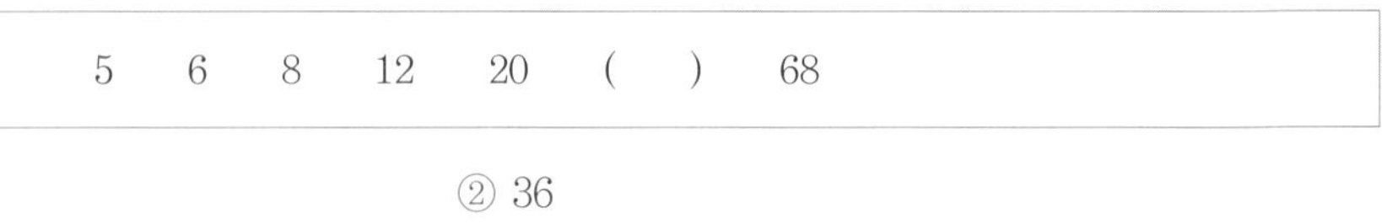

① 32　　② 36
③ 40　　④ 44

02

4　8　10　20　22　44　(　)

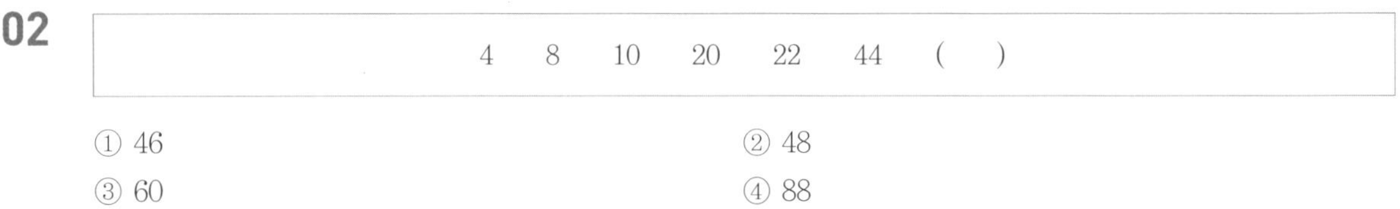

① 46　　② 48
③ 60　　④ 88

03

8　10　9　　−6　12　3　　5　7　(　)

① 4　　② 6
③ 8　　④ 10

04

ㄴ　ㅁ　ㅇ　ㅋ　(　)　ㄷ

① ㅌ　　② ㅍ
③ ㅎ　　④ ㄱ

03 지각능력검사

※ 다음 제시된 좌우의 문자 또는 기호를 비교하여 같으면 ①을, 다르면 ②를 고르시오. **[1~3]**

01

fjdsleoshwqkqe – fjdsleoshwqkqe

① 같음　　② 다름

02

◎▨▷◑♣♧●◈♨▦☎ – ◎▨▷◐♣♧●◈♨▦☎

① 같음　　② 다름

03

티키타리듬에맞춰스핀칸타타 – 티키타리듬에맞춰스핀칸티타

① 같음　　② 다름

※ 다음 제시된 문자와 다른 것을 고르시오. [4~5]

04

5829036328132671

① 5829036328132671
② 5829036328132671
③ 5829036328132671
④ 5829036828132671

05

ⅧⅩⅧⅥⅢ Ⅰ Ⅹ Ⅱ Ⅹ Ⅵ ⅤⅧ

① ⅧⅩⅧⅥⅢ Ⅰ Ⅹ Ⅱ Ⅹ Ⅵ ⅤⅧ
② ⅧⅩⅧⅥⅢ Ⅰ Ⅹ Ⅱ Ⅹ Ⅵ ⅤⅧ
③ ⅧⅩⅧⅥⅢ Ⅰ Ⅹ Ⅰ Ⅹ Ⅵ ⅤⅧ
④ ⅧⅩⅧⅥⅢ Ⅰ Ⅹ Ⅱ Ⅹ Ⅵ ⅤⅧ

06 다음 그림을 순서대로 배열한 것을 고르면?

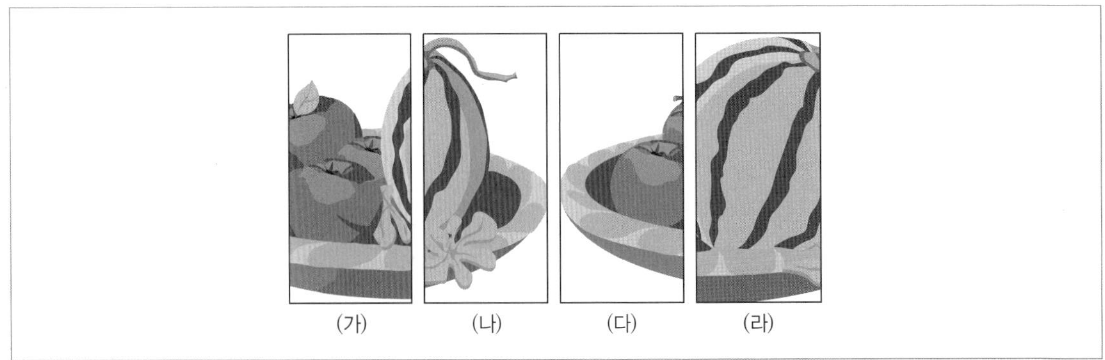

① (라) – (가) – (다) – (나)
② (다) – (가) – (라) – (나)
③ (라) – (나) – (가) – (다)
④ (다) – (가) – (나) – (라)

07 다음 중 제시된 도형과 같은 것은?

①

② 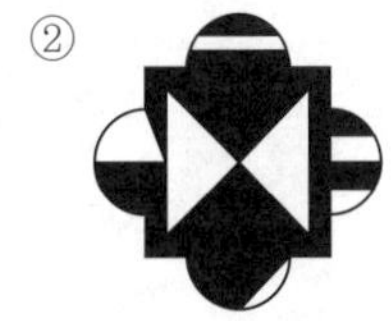

③

④ 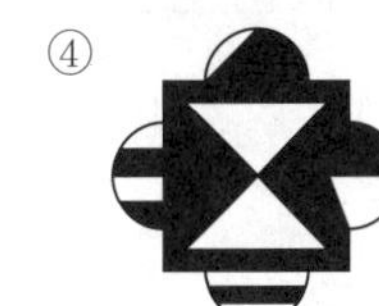

08 다음 중 나머지 도형과 다른 것은?

①

② 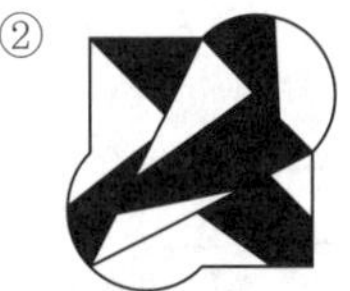

③ 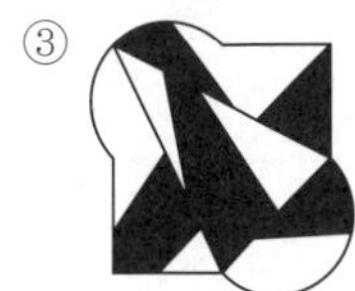

④ 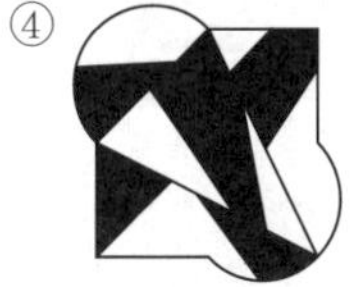

안심Touch

※ 다음 블록의 개수는 몇 개인지 고르시오(단, 블록이 보이지 않는 곳은 있는 것으로 가정한다). **[9~10]**

09

① 72개　② 74개
③ 76개　④ 80개

10

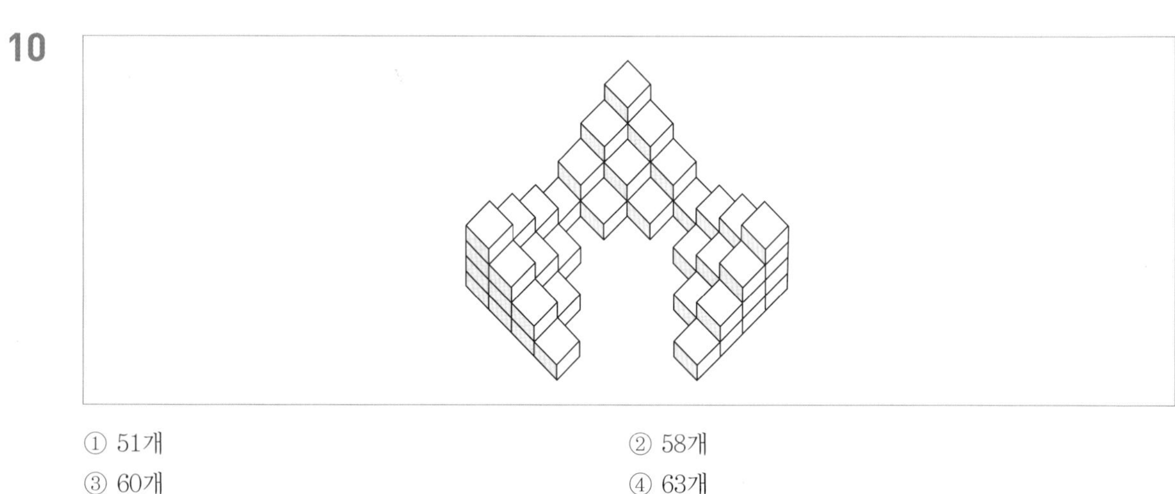

① 51개　② 58개
③ 60개　④ 63개

11 다음 블록을 좌측에서 보았을 때, 보이는 블록의 개수는 몇 개인가?

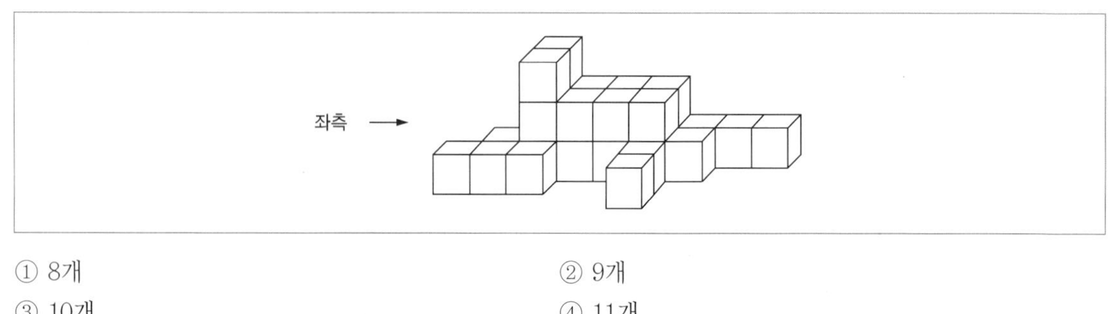

① 8개　② 9개
③ 10개　④ 11개

PART 2

기초능력검사

CONTENTS

I wish you the best of luck!

(주)시대고시기획
(주)시대교육
www.sidaegosi.com
시험정보 · 자료실 · 이벤트
합격을 위한 최고의 선택

시대에듀
www.sdedu.co.kr
자격증 · 공무원 · 취업까지
BEST 온라인 강의 제공

CHAPTER

01 수리능력검사

출제유형

1. 기본계산

정수 · 소수 · 분수의 사칙연산 같은 간단한 계산 문제가 출제된다.

2. 응용계산

거리 · 속도 · 시간, 금액, 농도, 일 등의 방정식 · 부등식 문제, 경우의 수 · 확률과 같은 중학교 수준의 대수 영역 문제가 출제된다.

3. 자료해석

표 또는 그래프가 주어지고, 이를 해석 또는 계산하는 문제가 출제된다. 주로 1개의 자료에 2~4개의 문제가 주어지며, 계산이 복잡하거나 어려운 수학 공식을 이용하는 문제는 출제되지 않는다.

학습전략

1. 기본계산

난도가 높은 유형은 아니나 짧은 시간 안에 많은 문제를 해결해야 하므로, 속도와 정확성이 중요하다. 따라서 평소에 연산 순서와 계산을 빠르고 정확하게 하는 연습이 필요하다.

2. 응용계산

관련 공식은 반드시 암기해두어야 한다. 문제가 복잡해 보인다면, 다른 문제를 먼저 푼 후 시간이 남을 경우 다시 풀어보는 것이 좋고, 간혹 보기를 직접 대입하면 풀리는 경우도 있으므로, 시간이 없을 때는 이 방법을 선택하는 것도 좋은 방법이다.

3. 자료해석

주어진 자료를 처음부터 자세히 보기보다는 전체 구조를 파악하고, 문제에서 필요한 정보들만 그때그때 빠르게 찾아서 풀어야 시간을 단축할 수 있다. 계산 문제는 끝자리까지 정확히 계산하기보다는 보기 간의 차이점을 파악하여, 필요한 부분까지만 계산하는 요령이 필요하다.

CHAPTER 01 핵심이론 수리능력검사

01 기본계산

1. 기본 연산

(1) 사칙연산

① 사칙연산 +, −, ×, ÷

왼쪽을 기준으로 순서대로 계산하되 ×와 ÷를 먼저 계산한 뒤 +와 −를 계산한다.

예 $1+2-3\times4\div2=1+2-12\div2=1+2-6=3-6=-3$

② 괄호연산 ( ), { }, [ ]

소괄호 ( ) → 중괄호 { } → 대괄호 [ ]의 순서대로 계산한다.

예 $[\{(1+2)\times3-4\}\div5]\times6=\{(3\times3-4)\div5\}\times6$

$=\{(9-4)\div5\}\times6=(5\div5)\times6=1\times6=6$

(2) 연산 규칙

크고 복잡한 수들의 연산에는 반드시 쉽게 해결할 수 있는 특성이 있다. 지수법칙, 곱셈공식 등 연산 규칙을 활용하여 문제 내에 숨어 있는 수의 연결고리를 찾아야 한다.

자주 출제되는 곱셈공식

- $a^b\times a^c\div a^d=a^{b+c-d}$
- $ab\times cd=ac\times bd=ad\times bc$
- $a^2-b^2=(a+b)(a-b)$
- $(a+b)(a^2-ab+b^2)=a^3+b^3$
- $(a-b)(a^2+ab+b^2)=a^3-b^3$

2. 식의 계산

(1) 약수 · 소수

① **약수** : 0이 아닌 어떤 정수를 나누어떨어지게 하는 정수

② **소수** : 1과 자기 자신으로만 나누어지는 1보다 큰 양의 정수

예 10 이하의 소수는 2, 3, 5, 7이 있다.

③ **소인수분해** : 주어진 합성수를 소수의 곱의 형태로 나타내는 것

예 $12=2^2\times3$

④ **약수의 개수** : 양의 정수 $N=a^\alpha b^\beta$(a, b는 서로 다른 소수)일 때, N의 약수의 개수는 $(\alpha+1)(\beta+1)$개다.

⑤ **최대공약수** : 2개 이상의 자연수의 공통된 약수 중에서 가장 큰 수

예 GCD(4, 8)=4

⑥ **최소공배수** : 2개 이상의 자연수의 공통된 배수 중에서 가장 작은 수

예 LCM(4, 8)=8

⑦ **서로소** : 1 이외에 공약수를 갖지 않는 두 자연수

예 GCD(3, 7)=1이므로, 3과 7은 서로소이다.

(2) 수의 크기

분수, 지수함수, 로그함수 등 다양한 형태의 문제들이 출제된다. 분모의 통일, 지수의 통일 등 제시된 수를 일정한 형식으로 정리해 해결해야 한다. 연습을 통해 여러 가지 문제의 풀이방법을 익혀 두자.

예 $\sqrt[3]{2}$, $\sqrt[4]{4}$, $\sqrt[5]{8}$ 의 크기 비교

$\sqrt[3]{2}=2^{\frac{1}{3}}$, $\sqrt[4]{4}=4^{\frac{1}{4}}=(2^2)^{\frac{1}{4}}=2^{\frac{1}{2}}$, $\sqrt[5]{8}=8^{\frac{1}{5}}=(2^3)^{\frac{1}{5}}=2^{\frac{3}{5}}$ 이므로

지수의 크기에 따라 $\sqrt[3]{2}<\sqrt[4]{4}<\sqrt[5]{8}$ 임을 알 수 있다.

(3) 수의 특징

주어진 수들의 공통점 찾기, 짝수 및 홀수 연산, 자릿수 등 위에서 다루지 않았거나 복합적인 여러 가지 수의 특징을 가지고 풀이하는 문제들을 모아 놓았다. 주어진 상황에서 제시된 수들의 공통된 특징을 찾는 것이 중요한 만큼 혼동하기 쉬운 수의 자릿수별 개수와 홀수, 짝수의 개수는 꼼꼼하게 체크해가면서 풀어야 한다.

핵심예제

※ 다음 식의 값으로 옳은 것을 구하시오. **[1~2]**

01

$$889 \div 7 + 54 - 18$$

① 166 ② 165
③ 164 ④ 163

해설 $889 \div 7 + 54 - 18 = 127 + 36 = 163$

정답 ④

02

$$\frac{4}{7} \times \frac{5}{6} + \frac{4}{7} \div \frac{3}{22}$$

① $\frac{97}{21}$ ② $\frac{14}{3}$
③ $\frac{95}{21}$ ④ $\frac{16}{3}$

해설 $\frac{4}{7} \times \frac{5}{6} + \frac{4}{7} \div \frac{3}{22} = \frac{20}{42} + \frac{4}{7} \times \frac{22}{3} = \frac{10}{21} + \frac{88}{21} = \frac{98}{21} = \frac{14}{3}$

정답 ②

02 응용계산

01 방정식의 활용

1. 날짜 · 요일 · 시계에 관한 문제

(1) 날짜, 요일

① 1일=24시간=1,440분=86,400초

② 날짜, 요일 관련 문제는 대부분 나머지를 이용해 계산한다.

핵심예제

어느 달의 3월 2일이 금요일일 때, 한 달 후인 4월 2일은 무슨 요일인가?

① 월요일 ② 화요일

③ 수요일 ④ 목요일

해설 3월은 31일까지 있고 일주일은 7일이므로 $31 \div 7 = 4 \cdots 3$
따라서 4월 2일은 금요일부터 3일이 지난 월요일이다.

정답 ①

안심Touch

(2) 시계

① 시침이 1시간 동안 이동하는 각도 : 30°
② 시침이 1분 동안 이동하는 각도 : 0.5°
③ 분침이 1분 동안 이동하는 각도 : 6°

핵심예제

현재 시간이 7시 20분일 때, 시계의 시침과 분침의 작은 각의 각도는?

① 100°
② 105°
③ 110°
④ 115°

해설 시침은 1시간에 30°, 1분에 0.5°씩 움직이고, 분침은 1분에 6°씩 움직인다.
현재 시간이 7시 20분이므로
• 시침이 움직인 각도 : $30\times7+0.5\times20=210+10=220°$
• 분침이 움직인 각도 : $6\times20=120°$
따라서 7시 20분의 작은 각의 각도는 (시침의 각도)−(분침의 각도)이므로 $220-120=100°$이다.

정답 ①

2. 시간 · 거리 · 속력에 관한 문제

시간$=\frac{거리}{속력}$, 거리=속력×시간, 속력$=\frac{거리}{시간}$

핵심예제

영희는 집에서 50km 떨어진 할머니 댁에 가는데, 시속 90km로 버스를 타고 가다가 내려서 시속 5km로 걸어갔더니, 총 1시간 30분이 걸렸다. 영희가 걸어간 거리는 몇 km인가?

① 5km ② 10km
③ 13km ④ 20km

해설 영희가 걸어간 거리를 x라고 하고, 버스를 타고 간 거리를 y라고 하면

- $x+y=50$
- $\frac{x}{5}+\frac{y}{90}=\frac{3}{2} \rightarrow x=5,\ y=45$

따라서 영희가 걸어간 거리는 5km이다.

정답 ①

3. 나이 · 개수에 관한 문제

구하고자 하는 것을 미지수로 놓고 식을 세운다. 동물의 경우 다리의 개수에 유의해야 한다.

핵심예제

할머니와 지수의 나이 차는 55세이고, 아버지와 지수의 나이 차는 20세이다. 지수의 나이가 11세이면 할머니와 아버지 나이의 합은 몇 세인가?

① 96세 ② 97세
③ 98세 ④ 99세

해설
- 할머니의 나이 : 55+11=66세
- 아버지의 나이 : 20+11=31세

따라서 할머니와 아버지 나이의 합은 97세이다.

정답 ②

4. 원가 · 정가에 관한 문제

(1) 정가＝원가＋이익, 이익＝정가－원가

(2) a원에서 b% 할인한 가격 : $a\times\left(1-\frac{b}{100}\right)$

핵심예제

가방의 원가에 40%의 이익을 붙여서 정가를 정한 후, 이벤트로 정가의 25%를 할인하여 물건을 판매하면 1,000원의 이익이 남는다. 이 가방의 원가는 얼마인가?

① 16,000원 ② 18,000원
③ 20,000원 ④ 22,000원

해설 가방의 원가를 x원이라고 하면 정가는 $1.40x$원이고, 할인 판매가는 $1.40x\times0.75=1.05x$원이다.
$1.05x-x=1,000 \rightarrow 0.05x=1,000$
$\therefore\ x=20,000$
따라서 가방의 원가는 20,000원이다.

정답 ③

5. 일 · 톱니바퀴에 관한 문제

(1) 일

전체 일의 양을 1로 놓고, 시간 동안 한 일의 양을 미지수로 놓고 식을 세운다.

핵심예제

S사에 재직 중인 A사원이 혼자 보험안내 자료를 정리하는 데 15일이 걸리고 B사원과 같이 하면 6일 만에 끝낼 수 있다. 이때 B사원 혼자 자료를 정리하는 데 걸리는 시간은 며칠인가?

① 8일　　② 9일
③ 10일　　④ 11일

해설 전체 일의 양을 1이라고 하면 A사원이 혼자 일을 끝내는 데 걸리는 시간은 15일, A, B사원이 같이 할 때는 6일이 걸린다. B사원이 혼자 일하는 데 걸리는 시간을 b일이라고 하면,

$\frac{1}{15}+\frac{1}{b}=\frac{1}{6} \rightarrow \frac{b+15}{15b}=\frac{1}{6} \rightarrow 6b+6\times15=15b \rightarrow 9b=90$

$\therefore b=10$

따라서 B사원 혼자 자료를 정리하는 데 걸리는 시간은 10일이다.

정답 ③

(2) 톱니바퀴

톱니 수×회전수=총 톱니 수

즉, A, B 두 톱니에 대하여, A의 톱니 수×A의 회전수=B의 톱니 수×B의 회전수가 성립한다.

핵심예제

두 개의 톱니바퀴 A, B가 맞물려 회전하고 있다. A의 톱니가 25개이고 B의 톱니가 35개라면 지금 맞물려 있는 톱니가 다시 만나기 위해서는 A가 최소 몇 바퀴 회전해야 하는가?

① 5바퀴　　② 6바퀴
③ 7바퀴　　④ 8바퀴

해설 톱니바퀴가 회전하여 다시 처음의 위치로 돌아오려면 적어도 두 톱니 수의 최소공배수만큼 회전해야 한다.
25와 35의 최소공배수를 구하면 175이다.
따라서 A는 175÷25=7바퀴를 회전해야 한다.

정답 ③

6. 농도에 관한 문제

(1) 농도 $=\frac{\text{용질의 양}}{\text{용액의 양}}\times 100$

(2) 용질의 양 $=\frac{\text{농도}}{100}\times$ 용액의 양

핵심예제

8%의 설탕물 500g이 들어있는 컵을 방에 두고 자고 일어나서 보니 물이 증발하여 농도가 10%가 되었다. 증발한 물의 양은 몇 g인가?(단, 물은 시간당 같은 양이 증발하였다)

① 100g
② 200g
③ 300g
④ 400g

해설 증발된 물의 양을 xg이라 하자.

$\frac{8}{100}\times 500=\frac{10}{100}\times(500-x) \rightarrow 4,000=5,000-10x \rightarrow x=100$

따라서 증발한 물의 양은 100g이다.

정답 ①

7. 수에 관한 문제(I)

(1) 연속하는 세 자연수 : $x-1$, x, $x+1$

(2) 연속하는 세 짝수(홀수) : $x-2$, x, $x+2$

핵심예제

연속하는 세 자연수를 모두 더하면 129일 때, 가장 큰 자연수는?

① 41　　② 42

③ 43　　④ 44

해설 연속하는 세 자연수를 각각 $x-1$, x, $x+1$이라고 하면,

$(x-1)+x+(x+1)=129 \rightarrow 3x=129$

$\therefore x=43$

따라서 가장 큰 자연수는 44이다.

정답 ④

PART 2 수리능력 추리능력 지각능력

8. 수에 관한 문제(II)

(1) 십의 자릿수가 x, 일의 자릿수가 y인 두 자리 자연수 : $10x+y$

이 수에 대해, 십의 자리와 일의 자리를 바꾼 수 : $10y+x$

(2) 백의 자릿수가 x, 십의 자릿수가 y, 일의 자릿수가 z인 세 자리 자연수 : $100x+10y+z$

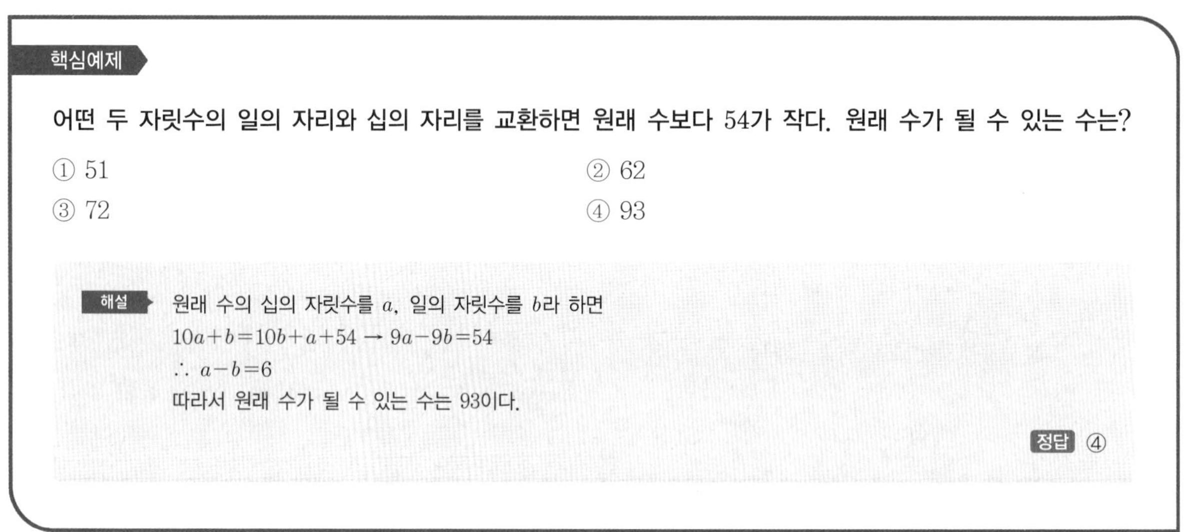

핵심예제

어떤 두 자릿수의 일의 자리와 십의 자리를 교환하면 원래 수보다 54가 작다. 원래 수가 될 수 있는 수는?

① 51　　② 62

③ 72　　④ 93

해설 원래 수의 십의 자릿수를 a, 일의 자릿수를 b라 하면

$10a+b=10b+a+54 \rightarrow 9a-9b=54$

$\therefore a-b=6$

따라서 원래 수가 될 수 있는 수는 93이다.

정답 ④

9. 열차와 터널에 관한 문제

열차가 이동한 거리＝터널의 길이＋열차의 길이

핵심예제

길이가 50m인 열차가 250m의 터널을 통과하는 데 10초가 걸렸다. 이 열차가 310m인 터널을 통과하는 데 걸리는 시간은 몇 초인가?

① 10초 ② 11초

③ 12초 ④ 13초

해설

열차의 이동거리는 250＋50＝300이고, $(\text{속력})=\frac{(\text{거리})}{(\text{시간})}$이므로, 열차의 속력은 $\frac{300}{10}=30$이다.

길이가 310m인 터널을 통과한다고 하였으므로, 총 이동 거리는 310＋50＝360이고, 속력은 30이다.

따라서 열차가 터널을 통과하는데 걸리는 시간은 $\frac{360}{30}=12$초이다.

 ③

10. 증가 · 감소에 관한 문제

(1) x가 a% 증가하면, $\left(1+\frac{a}{100}\right)x$

(2) x가 a% 감소하면, $\left(1-\frac{a}{100}\right)x$

핵심예제

A고등학교의 작년 중국어 수강생은 전체 학생의 20%이다. 올해 전체 학생 수가 1% 증가하고 중국어 수강생이 2% 감소했다면, 올해 중국어 수강생은 전체 학생의 몇 %인가?

① 약 19%
② 약 19.2%
③ 약 19.4%
④ 약 19.6%

해설

작년 전체 학생 수를 x라 하면, 중국어 수강생의 수는 $\frac{1}{5}x$이다.

따라서 올해 1% 증가한 전체 학생 수는 $\frac{101}{100}x$, 2% 감소한 중국어 수강생의 수는 $\frac{1}{5}x\times\frac{98}{100}=\frac{98}{500}x$이므로, 올해 중국어 수강생의 비율은 $\frac{\frac{98}{500}x}{\frac{101}{100}x}\times 100 \fallingdotseq 19.4$%이다.

정답 ③

11. 그 외의 방정식 활용문제

핵심예제

혜민이는 가로 9m, 세로 11m인 집을 넓히려고 한다. 세로는 1m 이상 늘릴 수가 없는 상황에서, 가로를 최소 얼마나 늘려야 면적이 10평만큼 늘어나는 효과를 볼 수 있겠는가?(단, 1평=$3.3m^2$이다)

① 1m
② 2m
③ 3m
④ 4m

해설 원래 면적에서 늘어난 면적은 $10\times3.3=33m^2$이다.
나중 면적−원래 면적=$33m^2$이므로, 늘려야 할 가로 길이를 xm라 하면,
$(9+x)\times(11+1)-9\times11=33 \rightarrow 12x+108-99=33 \rightarrow 12x=24$
$\therefore x=2$
따라서 가로의 길이는 2m 늘려야 한다.

정답 ②

안심Touch

02 부등식의 활용

문제에 '이상', '이하', '최대', '최소' 등이 들어간 경우로 방정식의 활용과 해법이 비슷하다.

핵심예제

01 반도체 부품을 만드는 공장이 있는데 이 공장에는 구형기계와 신형기계, 두 종류의 기계가 있다. 구형기계 3대와 신형기계 5대를 가동했을 때는 1시간에 부품을 4,200개, 구형기계 5대와 신형기계 3대를 가동했을 때는 1시간에 부품을 3,000개를 만들 수 있다. 구형기계와 신형기계 각각 1대씩을 가동했을 때는 1시간에 몇 개의 부품을 만들 수 있는가?

① 900개 ② 1,000개
③ 1,100개 ④ 1,200개

해설 구형기계와 신형기계가 1시간 동안 만들 수 있는 부품의 수를 각각 x개, y개라고 하자.
$3x+5y=4,200$ … ㉠
$5x+3y=3,000$ … ㉡
㉠과 ㉡을 연립하여 식을 정리하면 $x=150$, $y=750$이다.
따라서 $x+y=900$개이다.

정답 ①

02 A가게에서는 감자 한 박스에 10,000원이고 배송비는 무료이며, B가게에서는 한 박스에 8,000원이고 배송비는 3,000원이라고 할 때, 최소한 몇 박스를 사야 B가게에서 사는 것이 A가게에서 사는 것보다 저렴한가?

① 2박스 ② 3박스
③ 4박스 ④ 5박스

해설 감자를 x박스를 산다고 하자.
• A가게에서 드는 돈 : $10,000x$원
• B가게에서 드는 돈 : $(8,000x+3,000)$원
$10,000x>8,000x+3,000$
$\therefore x>1.5$
따라서 최소한 2박스를 사야 B가게에서 사는 것이 A가게에서 사는 것보다 저렴하다.

정답 ①

03 경우의 수, 확률

1. 경우의 수

(1) 경우의 수

어떤 사건이 일어날 수 있는 모든 가짓수

예 주사위 한 개를 던졌을 때, 나올 수 있는 모든 경우의 수는 6가지이다.

(2) 합의 법칙

① 두 사건 A, B가 동시에 일어나지 않을 때, A가 일어나는 경우의 수를 m, B가 일어나는 경우의 수를 n이라고 하면, 사건 A 또는 B가 일어나는 경우의 수는 $m+n$이다.

② '또는', '~이거나'라는 말이 나오면 합의 법칙을 사용한다.

예 한 식당의 점심 메뉴는 김밥 3종류, 라면 2종류, 우동 1종류가 있다. 이 중 한 가지의 메뉴를 고르는 경우의 수는 $3+2+1=6$가지이다.

(3) 곱의 법칙

① A가 일어나는 경우의 수를 m, B가 일어나는 경우의 수를 n이라고 하면, 사건 A와 B가 동시에 일어나는 경우의 수는 $m\times n$이다.

② '그리고', '동시에'라는 말이 나오면 곱의 법칙을 사용한다.

예 집에서 학교를 가는 방법 수는 2가지, 학교에서 집으로 오는 방법 수는 3가지이다. 집에서 학교까지 갔다가 오는 경우의 수는 $2\times3=6$가지이다.

(4) 여러 가지 경우의 수

① 동전 n개를 던졌을 때, 경우의 수 : 2^n

② 주사위 n개를 던졌을 때, 경우의 수 : 6^n

③ 동전 n개와 주사위 m개를 던졌을 때, 경우의 수 : $2^n\times6^m$

예 동전 3개와 주사위 2개를 던졌을 때, 경우의 수는 $2^3\times6^2=288$가지

④ n명을 한 줄로 세우는 경우의 수 : $n!=n\times(n-1)\times(n-2)\times\cdots\times2\times1$

⑤ n명 중, m명을 뽑아 한 줄로 세우는 경우의 수 : ${}_n\mathrm{P}_m=n\times(n-1)\times\cdots\times(n-m+1)$

예 5명을 한 줄로 세우는 경우의 수는 $5\times4\times3\times2\times1=120$가지, 5명 중 3명을 뽑아 한 줄로 세우는 경우의 수는 $5\times4\times3=60$가지

⑥ n명을 한 줄로 세울 때, m명을 이웃하여 세우는 경우의 수 : $(n-m+1)!\times m!$

예 갑, 을, 병, 정, 무 5명을 한 줄로 세우는데, 을, 병이 이웃하여 서는 경우의 수는 $4!\times2!=4\times3\times2\times1\times2\times1=48$가지

⑦ 0이 아닌 서로 다른 한 자리 숫자가 적힌 n장의 카드에서, m장을 뽑아 만들 수 있는 m자리 정수의 개수 : ${}_n\mathrm{P}_m$

예 0이 아닌 서로 다른 한 자리 숫자가 적힌 4장의 카드에서, 3장을 뽑아 만들 수 있는 3자리 정수의 개수 : ${}_4\mathrm{P}_3=4\times3\times2=24$가지

⑧ 0을 포함한 서로 다른 한 자리 숫자가 적힌 n장의 카드에서, m장을 뽑아 만들 수 있는 m자리 정수의 개수 : $(n-1)\times{}_{n-1}P_{m-1}$

예 0을 포함한 서로 다른 한 자리 숫자가 적힌 6장의 카드에서, 3장을 뽑아 만들 수 있는 3자리 정수의 개수는 $5\times{}_5P_2=5\times5\times4=100$가지

⑨ n명 중 자격이 다른 m명을 뽑는 경우의 수 : ${}_nP_m$

예 5명의 학생 중 반장 1명, 부반장 1명을 뽑는 경우의 수는 ${}_5P_2=5\times4=20$가지

⑩ n명 중 자격이 같은 m명을 뽑는 경우의 수 : ${}_nC_m=\frac{{}_nP_m}{m!}$

예 5명의 학생 중 부반장 2명을 뽑는 경우의 수는 ${}_5C_2=\frac{{}_5P_2}{2!}=\frac{5\times4}{2\times1}=10$가지

⑪ 원형 모양의 탁자에 n명을 앉히는 경우의 수 : $(n-1)!$

예 원형 모양의 탁자에 5명을 앉히는 경우의 수는 $4!=4\times3\times2\times1=24$가지

(5) 최단거리 문제

A에서 B 사이에 P가 주어져 있다면, A와 P의 거리, B와 P의 거리를 각각 구하여 곱한다.

핵심예제

S사에서 파견 근무를 나갈 10명을 뽑아 팀을 구성하려 한다. 새로운 팀 내에서 팀장 한 명과 회계 담당 2명을 뽑으려고 하는데, 이 인원을 뽑는 경우는 몇 가지인가?

① 300가지 ② 320가지

③ 348가지 ④ 360가지

해설

• 팀장 한 명을 뽑는 경우의 수 : ${}_{10}C_1=10$

• 회계 담당 2명을 뽑는 경우의 수 : ${}_9C_2=\frac{9\times8}{2!}=36$

따라서 $10\times36=360$가지이다.

정답 ④

2. 확률

(1) 사건 A가 일어날 확률$=\frac{\text{사건 A가 일어나는 경우의 수}}{\text{모든 경우의 수}}$

예 주사위 1개를 던졌을 때, 3 또는 5가 나올 확률은 $\frac{2}{6}=\frac{1}{3}$

(2) 여사건의 확률

① 사건 A가 일어날 확률이 p일 때, 사건 A가 일어나지 않을 확률은 $1-p$이다.

② '적어도'라는 말이 나오면 주로 사용한다.

(3) 확률의 계산

① **확률의 덧셈**

두 사건 A, B가 동시에 일어나지 않을 때, A가 일어날 확률을 p, B가 일어날 확률을 q라고 하면, 사건 A 또는 B가 일어날 확률은 $p+q$이다.

② **확률의 곱셈**

A가 일어날 확률을 p, B가 일어날 확률을 q라고 하면, 사건 A와 B가 동시에 일어날 확률은 $p\times q$이다.

(4) 여러 가지 확률

① **연속하여 뽑을 때, 꺼낸 것을 다시 넣고 뽑는 경우 :** 처음과 나중의 모든 경우의 수는 같다.

예 자루에 흰 구슬 4개와 검은 구슬 5개가 들어 있다. 연속하여 2번을 뽑을 때, 처음에는 흰 구슬, 두 번째는 검은 구슬을 뽑을 확률은?(단, 꺼낸 것은 다시 넣는다)

→ 처음에 흰 구슬을 뽑을 확률은 $\frac{4}{9}$이고, 꺼낸 것은 다시 넣는다고 하였으므로 두 번째에 검은 구슬을 뽑을 확률은 $\frac{5}{9}$이다. 즉, $\frac{4}{9}\times\frac{5}{9}=\frac{20}{81}$

② **연속하여 뽑을 때, 꺼낸 것을 다시 넣지 않고 뽑는 경우 :** 나중의 모든 경우의 수는 처음의 모든 경우의 수보다 1만큼 작다.

예 자루에 흰 구슬 4개와 검은 구슬 5개가 들어 있다. 연속하여 2번을 뽑을 때, 처음에는 흰 구슬, 두 번째는 검은 구슬을 뽑을 확률은?(단, 꺼낸 것은 다시 넣지 않는다)

→ 처음에 흰 구슬을 뽑을 확률은 $\frac{4}{9}$이고, 꺼낸 것은 다시 넣지 않는다고 하였으므로 자루에는 흰 구슬 3개, 검은 구슬 5개가 남아 있다. 따라서 두 번째에 검은 구슬을 뽑을 확률은 $\frac{5}{8}$이므로, $\frac{4}{9}\times\frac{5}{8}=\frac{5}{18}$

③ 도형에서의 확률$=\frac{\text{해당하는 부분의 넓이}}{\text{전체 넓이}}$

안심Touch

핵심예제

1부터 10까지 적힌 공 중에서 첫 번째는 2의 배수, 두 번째는 3의 배수가 나오도록 공을 뽑을 확률은?(단, 뽑은 공은 다시 넣는다)

① $\frac{5}{18}$

② $\frac{3}{20}$

③ $\frac{1}{7}$

④ $\frac{5}{24}$

해설

• 첫 번째에 2의 배수(2, 4, 6, 8, 10)가 적힌 공을 뽑을 확률 : $\frac{5}{10}=\frac{1}{2}$

• 두 번째에 3의 배수(3, 6, 9)가 적힌 공을 뽑을 확률 : $\frac{3}{10}$($\because$ 뽑은 공은 다시 넣음)

따라서 확률은 $\frac{1}{2}\times\frac{3}{10}=\frac{3}{20}$ 이다.

정답 ②

03 자료해석

(1) 꺾은선(절선)그래프

① 시간적 추이(시계열 변화)를 표시하는 데 적합하다.

예 연도별 매출액 추이 변화 등

② 경과 · 비교 · 분포를 비롯하여 상관관계 등을 나타날 때 사용한다.

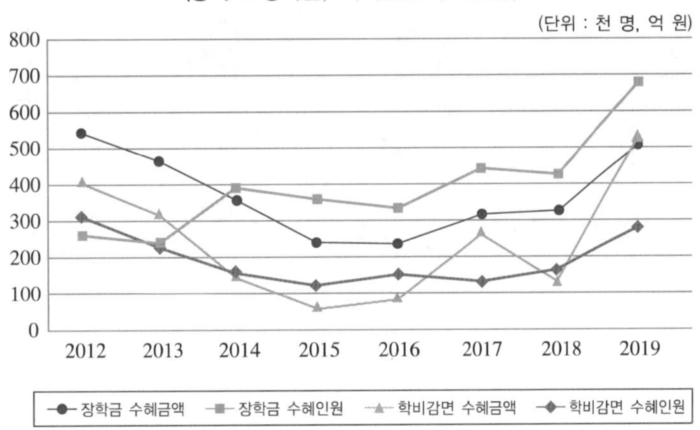

비율

(기준량에 대한 비교하는 양의 비율) $= \dfrac{(\text{비교하는 양})}{(\text{기준량})}$

백분율(%)

(기준량을 100으로 할 때의 비교하는 양의 비율) $= \dfrac{(\text{비교하는 양})}{(\text{기준량})} \times 100$

(2) 막대그래프

① 비교하고자 하는 수량을 막대 길이로 표시하고, 그 길이를 비교하여 각 수량 간의 대소 관계를 나타내는 데 적합하다.
　예 영업소별 매출액, 성적별 인원분포 등

② 가장 간단한 형태로 내역・비교・경과・도수 등을 표시하는 용도로 사용한다.

〈연도별 암 발생 추이〉

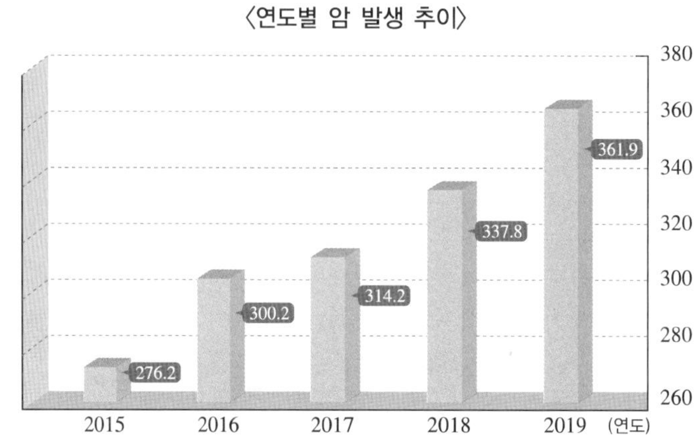

(3) 원그래프

① 내역이나 내용의 구성비를 분할하여 나타내는 데 적합하다.
　예 제품별 매출액 구성비 등

② 원그래프를 정교하게 작성할 때는 수치를 각도로 환산해야 한다.

〈C국의 가계 금융자산 구성비〉

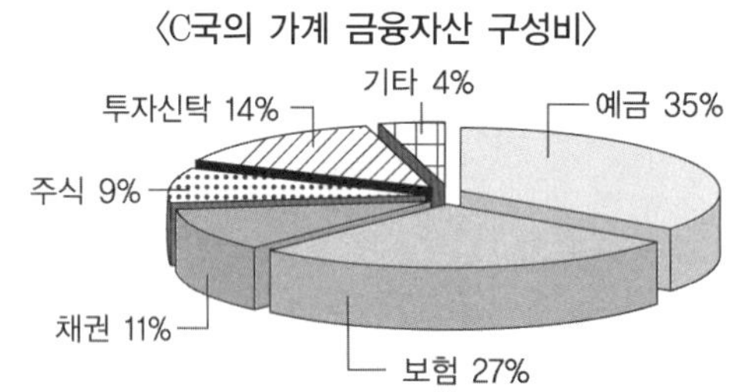

증감률

$$\frac{(\text{비교대상 값})-(\text{기준값})}{(\text{기준값})}\times 100$$

%와 %p

- %(퍼센트) : 어떤 양이 전체(100)에 대해서 얼마를 차지하는가를 나타내는 단위
- %p(퍼센트 포인트) : %로 나타낸 수치가 이전 수치와 비교했을 때 증가하거나 감소한 양

(4) 점그래프

① 지역분포를 비롯하여 도시, 지방, 기업, 상품 등의 평가나 위치, 성격을 표시하는 데 적합하다.
   예 광고비율과 이익률의 관계 등

② 종축과 횡축에 두 요소를 두고, 보고자 하는 것이 어떤 위치에 있는가를 알고자 할 때 사용한다.

〈OECD 국가의 대학졸업자 취업률 및 경제활동인구 비중〉

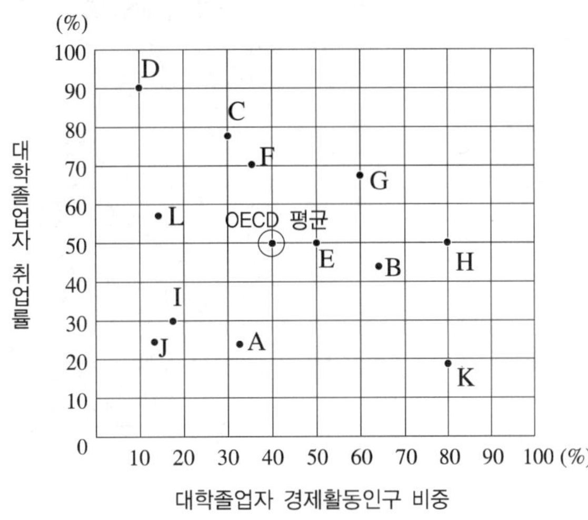

(5) 층별그래프

① 합계와 각 부분의 크기를 백분율로 나타내고 시간적 변화를 보는 데 적합하다.

② 합계와 각 부분의 크기를 실수로 나타내고 시간적 변화를 보는 데 적합하다.
   예 상품별 매출액 추이 등

③ 선의 움직임보다는 선과 선 사이의 크기로써 데이터 변화를 나타내는 그래프이다.

〈우리나라 세계유산 현황〉

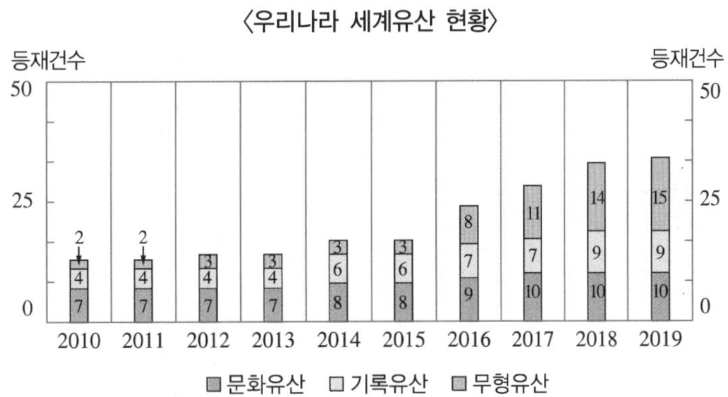

> **자료의 비교**
> - 평균 : (변량의 총합)÷(변량의 개수)={(계급값)×(도수의 총합)}÷(도수의 총합)
> - 증감률 : 그래프 기울기 비교
> - 증감량 : 그래프 폭 비교

(6) 레이더 차트(거미줄그래프)

① 다양한 요소를 비교할 때, 경과를 나타내는 데 적합하다.

예 매출액의 계절변동 등

② 비교하는 수량을 직경, 또는 반경으로 나누어 원의 중심에서의 거리에 따라 각 수량의 관계를 나타내는 그래프이다.

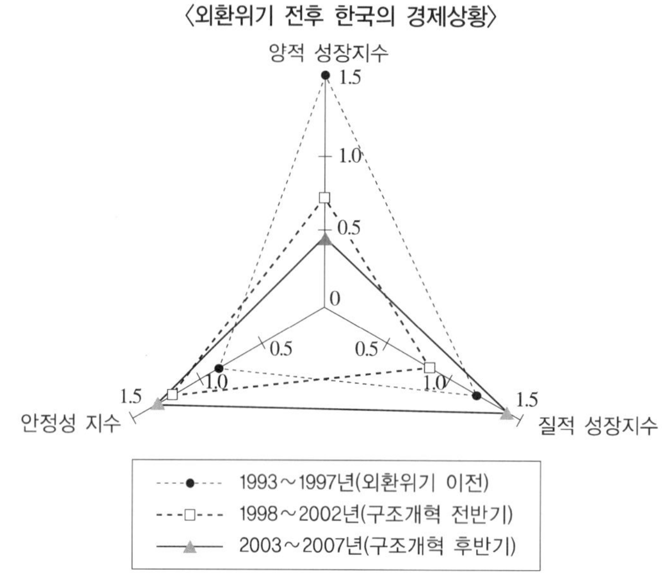

적중예상문제

수리능력검사

정답 및 해설 p.028

대표유형 1 기본계산

다음 식의 값으로 옳은 것은?

$$48.231-19.292+59.124$$

① 85.023 ② 98.063
③ 76.033 ④ 88.063

해설 $48.231-19.292+59.124=28.939+59.124=88.063$

정답 ④

※ 다음 식을 계산한 값으로 옳은 것을 고르시오. **[1~30]**

01

$$40.5\times0.23+1.185$$

① 10.45 ② 10.5
③ 9.5 ④ 9.45

02

$$27\times\frac{12}{9}\times\frac{1}{3}\times\frac{3}{2}$$

① 8 ② 14
③ 18 ④ 20

안심Touch

03

$$14,465-3,354+1,989-878+1$$

① 11,123
② 12,233
③ 11,223
④ 12,223

04

$$4\times 9\times 16\times 25\times 36\div 100$$

① 5,972
② 5,184
③ 5,299
④ 5,165

05

$$3,684-62.48\div 0.55$$

① 6,584.6
② 6,574.4
③ 3,560.6
④ 3,570.4

06

$$206+644+677$$

① 1,447　② 1,467
③ 1,517　④ 1,527

07

$$(182,100-86,616)\div 146$$

① 624　② 654
③ 687　④ 691

08

$$(984-216)\div 48$$

① 16　② 17
③ 18　④ 19

09

$$(200,000-15,140)\div 237$$

① 780　　② 830
③ 880　　④ 910

10

$$15\times 108-303\div 3+7$$

① 1,526　　② 1,626
③ 1,536　　④ 1,636

11

$$4,355-23.85\div 0.15$$

① 1,901　　② 2,190
③ 3,856　　④ 4,196

12

206+310+214

① 720　② 730
③ 740　④ 750

13

0.28+2.4682−0.9681

① 1.8701　② 1.7801
③ 1.7601　④ 1.5601

14

315×69÷5

① 3,215　② 4,007
③ 4,155　④ 4,347

안심Touch

15

$$572 \div 4 + 33 - 8$$

① 144
② 158
③ 164
④ 168

16

$$7 - \left(\frac{5}{3} \div \frac{15}{21} \times \frac{9}{4}\right)$$

① $\frac{3}{5}$
② $\frac{5}{4}$
③ $\frac{7}{4}$
④ $\frac{7}{5}$

17

$$491 \times 64 - (2^6 \times 5^3)$$

① 23,914
② 24,013
③ 23,424
④ 25,919

18

$$4.7+22\times5.4-2$$

① 121.5 ② 120
③ 132.4 ④ 136

19

$$0.35\times3.12-0.5\div4$$

① 0.891 ② 0.927
③ 0.967 ④ 0.823

20

$$2{,}620+1{,}600\div80$$

① 28.20 ② 2,820
③ 26.40 ④ 2,640

안심Touch

21

$$7{,}832 \div 44 \times 6 - 1{,}060$$

① 5　② 6
③ 7　④ 8

22

$$679 \div 7 \times 5$$

① 465　② 475
③ 485　④ 495

23

$$\frac{4}{13} - \frac{6}{26} - \frac{3}{39} + \frac{8}{52}$$

① $\frac{5}{13}$　② $\frac{4}{13}$
③ $\frac{3}{13}$　④ $\frac{2}{13}$

24

$$212-978\div 6-3^3$$

① 22　② 24
③ 26　④ 28

25

$$4\times 4\times 3\times 3$$

① 134　② 144
③ 154　④ 164

26

$$214-675+811-302$$

① 48　② 49
③ 50　④ 51

27

$$1,244+7,812-9,785+3,371$$

① 2,542
② 2,642
③ 2,742
④ 2,842

28

$$\frac{4}{5}+\frac{6}{20}+\frac{7}{15}$$

① $\frac{43}{30}$
② $\frac{45}{30}$
③ $\frac{47}{30}$
④ $\frac{49}{30}$

29

$$8^2+5^2-80$$

① 6
② 7
③ 8
④ 9

30

$$23,128\div 56+27,589\div 47$$

① 800
② 900
③ 1,000
④ 1,100

대표유형 2 날짜 · 요일 · 시계

8월 19일이 수요일이라면 30일 후는 무슨 요일인가?

① 수요일 ② 목요일
③ 금요일 ④ 토요일

해설 일주일은 7일이므로, $30 \div 7 = 4 \cdots 2$
따라서 수요일에서 2일 후인 금요일이 된다.

정답 ③

31 시계가 4시 20분을 가리킬 때, 시침과 분침이 이루는 작은 각의 각도는?

① 5° ② 10°
③ 15° ④ 20°

32 S사는 신입사원들을 대상으로 3개월 동안 의무적으로 강연을 듣게 하였다. 강연은 월요일과 수요일에 1회씩 열리고 금요일에는 격주로 1회씩 열린다고 할 때, 8월 1일 월요일에 처음 강연을 들은 신입사원이 13번째 강연을 듣는 날은 언제인가?(단, 첫 주 금요일 강연은 열리지 않았다)

① 8월 31일 ② 9월 2일
③ 9월 5일 ④ 9월 7일

대표유형 3 거리 · 속력 · 시간

A가 시속 40km/h로 30km 가는 데 45분 걸렸고, B가 시속 30km/h로 $x$km만큼 갔을 때, B는 A보다 5분 덜 걸렸다. B가 이동한 거리는?

① 15km ② 20km
③ 25km ④ 30km

해설

B는 시속 30km/h로 $x$km의 거리를 45−5=40분 만에 갔으므로 B가 이동한 거리는 $30\times\frac{40}{60}=20$km이다.

정답 ②

33 용민이와 효린이가 호수를 같은 방향으로 도는데 용민이는 7km/h, 효린이는 3km/h로 걷는다고 한다. 두 사람이 다시 만났을 때, 7시간이 지나 있었다면 호수의 둘레는 몇 km인가?

① 24km ② 26km
③ 28km ④ 30km

34 민석이는 기숙사에서 회사까지 2km 거리를 자전거를 타고 시속 4km으로 출근한다. 민석이는 회사에 도착하는 데 얼마나 걸리겠는가?

① 10분 ② 20분
③ 30분 ④ 40분

대표유형 4 ··· **나이 · 수**

현재 아버지와 아들의 나이의 차는 25세이고, 3년 후 아버지 나이는 아들 나이의 2배보다 7살 더 많다. 이때, 현재 아버지의 나이는?

① 40세　　② 42세
③ 44세　　④ 46세

해설 x, y를 각각 아버지, 아들의 현재 나이라고 하면
$x-y=25 \cdots$ ㉠
$x+3=2(y+3)+7 \cdots$ ㉡
㉠과 ㉡을 연립하면 $x=40$, $y=15$
따라서 현재 아버지의 나이는 40세이다.

정답 ①

35 가로 240m, 세로 400m인 부지에 정사각형으로 구역을 나누어 경작을 하려고 한다. 구역을 최소로 나눈다고 할 때 구역은 총 몇 개가 되는가?(단, 남겨지는 땅은 없다)

① 14개　　② 15개
③ 16개　　④ 17개

36 올해 S사 지원부서원 25명의 평균 나이가 38세이다. 다음 달에 52세의 팀원이 퇴사하고 27세의 신입사원이 입사할 예정일 때, 내년 지원부서원 25명의 평균 나이는?(단, 주어진 조건 외에 다른 인사이동은 없다)

① 35세　　② 36세
③ 37세　　④ 38세

대표유형 5 ······ **금액**

원가가 a인 물품에 30% 이익을 예상하고 정가를 붙였지만 팔리지 않아 결국 정가의 20%를 할인하여 팔았다고 한다. 이때, 이익은 얼마인가?

① $0.04a$원　　② $0.05a$원
③ $0.06a$원　　④ $0.07a$원

해설 (정가)−(원가)=(이익)이므로 $a\times(1+0.3)\times(1-0.2)=1.04a$
따라서 이익은 $1.04a-a=0.04a$원이다.

정답 ①

37 어느 가정의 1월과 6월의 난방요금 비율이 7 : 3이다. 1월의 난방요금에서 2만 원을 뺄 경우에 그 비율이 2 : 1이면, 1월의 난방요금은?

① 10만 원　　② 12만 원
③ 14만 원　　④ 16만 원

38 새롭게 오픈한 한 게임방은 1인당 입장료가 5,000원이며, 5명이 입장하면 추가 1명이 무료로 입장할 수 있는 이벤트를 진행하려고 한다. A씨가 친구들 53명과 함께 게임방에 들어가고자 할 때, 할인금액은 총 얼마인가?

① 2만 원　　② 3만 원
③ 4만 원　　④ 5만 원

대표유형 6 ······ **일률 · 톱니바퀴**

A, B 두 개의 톱니가 서로 맞물려 있다. A의 톱니수는 30개, B의 톱니수는 20개이다. A가 4회 회전할 때, B는 몇 회 회전하는가?

① 4회
② 5회
③ 6회
④ 7회

해설 (A의 톱니수)×(A의 회전수)=(B의 톱니수)×(B의 회전수)이므로, B의 회전수를 x회라고 하면
$30\times4=20x$
$\therefore x=6$
따라서 A가 4회 회전할 때, B는 6회 회전한다.

정답 ③

PART 2
수리능력
추리능력
지각능력

39 지름이 15cm인 톱니바퀴와 지름이 27cm인 톱니바퀴가 서로 맞물려 돌아가고 있다. 큰 톱니바퀴가 분당 10바퀴를 돌았다면, 작은 톱니바퀴는 분당 몇 바퀴를 돌았겠는가?

① 16바퀴
② 17바퀴
③ 18바퀴
④ 19바퀴

40 A가 혼자하면 4일, B가 혼자하면 6일 걸리는 일이 있다. A가 먼저 2일 동안 일을 하고 남은 양을 B가 끝마치려 한다. B는 며칠 동안 일을 해야 하는가?

① 2일
② 3일
③ 4일
④ 5일

대표유형 7 **농도**

농도를 알 수 없는 설탕물 500g에 3%의 설탕물 200g을 온전히 섞었더니 설탕물의 농도는 7%가 되었다. 처음 500g의 설탕물에 녹아있던 설탕은 몇 g인가?

① 40g
② 41g
③ 42g
④ 43g

해설 500g의 설탕물에 녹아있는 설탕의 양은 xg이라고 하자.

3%의 설탕물 200g에 들어있는 설탕의 양은 $\frac{3}{100}\times200=6$g이다.

$\frac{x+6}{500+200}\times100=7 \rightarrow x+6=49$

따라서 500g의 설탕에 녹아있는 설탕의 양은 43g이다.

④

41 농도가 5%인 100g의 설탕물을 증발시켜 농도가 10%인 설탕물이 되게 하려고 한다. 한 시간에 2g씩 증발된다고 할 때, 몇 시간이 걸리겠는가?

① 22시간
② 23시간
③ 24시간
④ 25시간

42 6%의 설탕물 100g을 10%의 설탕물이 되게 하려면 몇 g의 설탕을 더 넣어야 하는가?

① $\frac{35}{9}$g
② $\frac{37}{9}$g
③ $\frac{39}{9}$g
④ $\frac{40}{9}$g

대표유형 8 — 경우의 수 · 확률

동전을 연속하여 3번 던졌을 때, 앞면이 2번 나올 확률은?

① $\frac{1}{4}$　　② $\frac{2}{3}$

③ $\frac{3}{8}$　　④ $\frac{1}{2}$

해설 앞면을 ○, 뒷면을 ×라고 하면
(○○×), (○×○), (×○○) → 3가지
전체 경우의 수는 $2^3=8$가지
∴ (앞면이 2번 나올 확률)$=\frac{3}{8}$

정답 ③

43 주머니 A, B가 있는데 A주머니에는 흰 공 3개, 검은 공 2개가 들어있고, B주머니에는 흰 공 1개, 검은 공 4개가 들어있다. A, B주머니에서 각각 한 개의 공을 꺼낼 때, 검은 공을 한 개 이상 뽑을 확률은?

① $\frac{3}{10}$　　② $\frac{2}{5}$

③ $\frac{18}{25}$　　④ $\frac{22}{25}$

44 A, B 두 명이 호텔에 묵으려고 한다. 선택할 수 있는 호텔 방이 301, 302, 303호 3개일 때, 호텔 방을 선택할 수 있는 경우의 수는?(단, 한 명당 한 방만 선택할 수 있고, 둘 중 한 명이 방을 선택을 하지 않거나 두 명 모두 방을 선택하지 않을 수도 있다)

① 10가지　　② 11가지

③ 12가지　　④ 13가지

안심Touch

※ 다음은 '갑'국의 도시 A, B, C의 인구수에 관한 자료이다. 물음에 답하시오. **[1~3]**

〈A, B, C도시 인구수〉

(단위 : 천 명, %)

구분	2012년	2013년	2014년	2015년	2016년	2017년	2018년
A	2,445	5,525	8,364	10,613	10,231	9,895	9,820
B	2,749	3,353	4,934	7,974	9,958	11,459	12,940
C	5,194	8,879	13,298	18,587	20,189	21,354	22,766
전국	24,989	31,434	37,436	43,411	44,609	46,136	47,279

01 2012년 대비 2014년까지의 전국 인구 증가량은 2015년 대비 2018년까지의 인구 증가량보다 얼마나 더 많은가?

① 7,679천 명 ② 7,579천 명
③ 8,679천 명 ④ 8,579천 명

해설
• 2012년부터 2014년까지의 전국 인구 증가량 : 37,436−24,989=12,447천 명
• 2015년부터 2018년까지의 전국 인구 증가량 : 47,279−43,411=3,868천 명
∴ 12,447−3,868=8,579천 명

정답 ④

02 2012 ~ 2018년까지 전년 대비 A시의 인구 증가량이 가장 높았던 해와 C시의 인구 증가량이 가장 높았던 해는 각각 언제인가?

① 2014년, 2016년
② 2013년, 2015년
③ 2013년, 2016년
④ 2015년, 2016년

해설 A시의 인구 증가량이 가장 높았던 해는 3,080천 명이 증가한 2013년이고, C시의 인구 증가량이 가장 높았던 해는 5,289천 명이 증가한 2015년이다.

정답 ②

03 다음 중 옳지 않은 것은?

① A시 인구는 2015년 이후 감소하고 있다.
② C시의 인구수는 2016년에 가장 크게 증가했다.
③ A시 인구는 2012 ~ 2013년에 가장 크게 증가했다.
④ 2018년에는 '갑'국 인구의 48% 이상이 C시에 살았다.

해설 C시의 인구수는 2015년에 5,289천 명으로 가장 크게 증가했다.

오답분석 ① A시 인구는 2015년 10,613천 명, 2016년 10,231천 명, 2017년 9,895천 명, 2018년 9,820천 명으로 2015년 이후 지속적으로 감소하고 있다.
③ A시 인구는 2012 ~ 2013년에 3,080천 명이 증가하여 가장 크게 증가했다.
④ 2018년 '갑'국 인구는 전국 47,279천 명, C시 22,766천 명으로, 전국 인구의 48% 이상이 C시에 살았다.

정답 ②

안심Touch

※ 다음은 연도별 운수업의 기업체 수 추이를 나타낸 그래프이다. 다음 그래프를 보고 이어지는 질문에 답하시오. **[45~46]**

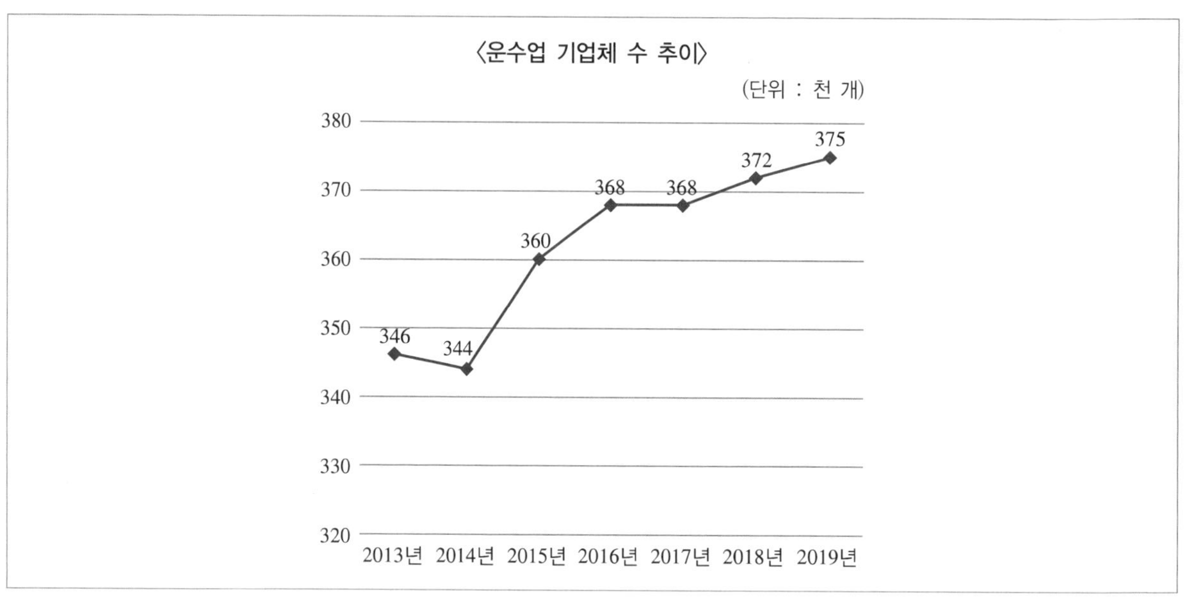

45 2014년 대비 2015년의 기업체 수 증가율과 2015년 대비 2016년의 기업체 수 증가율의 차이는 몇 %p인가?(단, 증가율은 소수점 이하 둘째 자리에서 반올림한다)

① 2.5%p
② 3.0%p
③ 3.5%p
④ 4.0%p

46 2014 ~ 2019년까지 전년 대비 기업체 수 증감량을 모두 합하면 몇 천 개인가?(단, 증감량은 절댓값으로 계산한다)

① 23천 개
② 33천 개
③ 43천 개
④ 53천 개

※ 다음은 2020 ~ 2021년도 광역시별 인구 대비 헌혈 인구 비율을 나타낸 그래프이다. 이어지는 질문에 답하시오. **[47~48]**

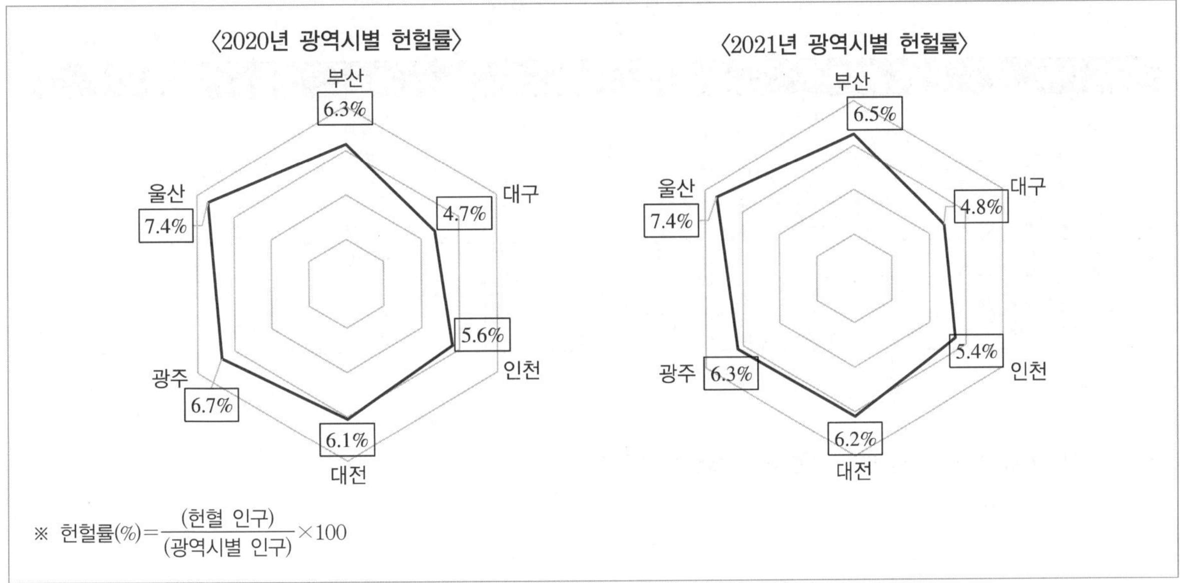

47 다음 중 전년 대비 2021년 헌혈률이 감소한 지역은 어디인가?

① 울산광역시 ② 부산광역시
③ 광주광역시 ④ 대전광역시

48 2021년도 대구광역시 인구가 240만 명, 인천광역시 인구는 300만 명일 때, 각 지역의 헌혈 인구는 몇 명인가?

	대구광역시	인천광역시
①	106,200명	157,000명
②	115,200명	162,000명
③	115,200명	157,000명
④	106,200명	162,000명

※ 다음은 2021년도 국가별 교통서비스 수입 현황을 나타낸 자료이다. 이어지는 질문에 답하시오. **[49~50]**

〈국가별 교통서비스 수입 현황〉

(단위 : 백만 달러)

구분	합계	해상	항공	기타
한국	31,571	25,160	5,635	776
인도	77,256	63,835	13,163	258
터키	10,157	5,632	4,003	522
멕시코	14,686	8,550	6,136	–
미국	94,344	36,246	53,830	4,268
브라질	14,904	9,633	4,966	305
이탈리아	26,574	7,598	10,295	8,681

49 해상 교통서비스 수입액이 많은 국가부터 차례대로 나열한 것은?

① 인도 – 미국 – 한국 – 브라질 – 멕시코 – 이탈리아 – 터키
② 인도 – 미국 – 한국 – 멕시코 –브라질 – 터키 – 이탈리아
③ 인도 – 한국 – 미국 – 브라질 – 멕시코 – 이탈리아 – 터키
④ 인도 – 미국 – 한국 – 브라질 – 이탈리아 – 터키 – 멕시코

50 다음 중 자료에 대한 설명으로 옳지 않은 것은?

① 터키의 교통서비스 수입에서 항공 수입이 차지하는 비중은 45% 미만이다.
② 전체 교통서비스 수입 금액이 첫 번째와 두 번째로 높은 국가의 차이는 17,088백만 달러이다.
③ 해상 교통서비스 수입보다 항공 교통서비스 수입이 더 높은 국가는 미국과 터키이다.
④ 멕시코는 해상과 항공 교통서비스만 수입하였다.

CHAPTER

02 추리능력검사

출제유형

1. 무게추리

주어진 조건을 통해 저울 안에 들어가는 도형을 추리하는 문제이다.

2. 언어추리

명제의 역・이・대우와 삼단논법을 이용하여 푸는 문제와 주어진 조건을 이용하여 추론하는 문제가 출제된다.

학습전략

1. 무게추리

비슷한 모양의 도형은 헷갈리지 않고 구분해야 하며, 빠르게 무게를 추리할 수 있도록 평소 많은 문제를 풀어보며 대비하는 것이 중요하다.

2. 언어추리

명제의 역・이・대우의 상관관계를 반드시 알아두고, 많은 문제를 풀면서 적용해보는 연습이 필요하다. 또한 주어진 조건들의 관계를 도식화하거나 표를 그려 접근하면 시간을 절약할 수 있다.

CHAPTER 01 **핵심이론** **언어추리**

1. 연역 추론

이미 알고 있는 판단(전제)을 근거로 새로운 판단(결론)을 유도하는 추론이다. 연역 추론은 진리일 가능성을 따지는 귀납 추론과는 달리, 명제 간의 관계와 논리적 타당성을 따진다. 즉, 연역 추론은 전제들로부터 절대적인 필연성을 가진 결론을 이끌어내는 추론이다.

(1) **직접 추론** : 한 개의 전제로부터 중간적 매개 없이 새로운 결론을 이끌어내는 추론이며, 대우 명제가 그 대표적인 예이다.

- 한국인은 모두 황인종이다. (전제)
- 그러므로 황인종이 아닌 사람은 모두 한국인이 아니다. (결론 1)
- 그러므로 황인종 중에는 한국인이 아닌 사람도 있다. (결론 2)

(2) **간접 추론** : 둘 이상의 전제로부터 새로운 결론을 이끌어내는 추론이다. 삼단논법이 가장 대표적인 예이다.

① **정언 삼단논법** : 세 개의 정언명제로 구성된 간접추론 방식이다. 세 개의 명제 가운데 두 개의 명제는 전제이고, 나머지 한 개의 명제는 결론이다. 세 명제의 주어와 술어는 세 개의 서로 다른 개념을 표현한다. (P는 대개념, S는 소개념, M은 매개념이다)

- 모든 곤충은 다리가 여섯이다. M은 P이다. (대전제)
- 모든 개미는 곤충이다. S는 M이다. (소전제)
- 그러므로 모든 개미는 다리가 여섯이다. S는 P이다. (결론)

② **가언 삼단논법** : 가언명제로 이루어진 삼단논법을 말한다. 가언명제란 두 개의 정언명제가 '만일 ~이라면'이라는 접속사에 의해 결합된 복합명제이다. 여기서 '만일'에 의해 이끌리는 명제를 전건이라고 하고, 그 뒤의 명제를 후건이라고 한다. 가언 삼단논법의 종류로는 혼합가언 삼단논법과 순수가언 삼단논법이 있다.

㉠ 혼합가언 삼단논법 : 대전제만 가언명제로 구성된 삼단논법이다. 긍정식과 부정식 두 가지가 있으며, 긍정식은 'A면 B다. A다. 그러므로 B다.'이고, 부정식은 'A면 B다. B가 아니다. 그러므로 A가 아니다.'이다.

- 만약 A라면 B다.
- B가 아니다.
- 그러므로 A가 아니다.

㉡ 순수가언 삼단논법 : 대전제와 소전제 및 결론까지 모두 가언명제들로 구성된 삼단논법이다.

- 만약 A라면 B다.
- 만약 B라면 C다.
- 그러므로 만약 A라면 C다.

③ **선언 삼단논법** : '~이거나 ~이다.'의 형식으로 표현되며 전제 속에 선언 명제를 포함하고 있는 삼단논법이다.

• 내일은 비가 오거나 눈이 온다.	A 또는 B이다.
• 내일은 비가 오지 않는다.	A가 아니다.
• 그러므로 내일은 눈이 온다.	그러므로 B다.

④ **딜레마 논법** : 대전제는 두 개의 가언명제로, 소전제는 하나의 선언명제로 이루어진 삼단논법으로, 양도추론이라고도 한다.

• 만일 네가 거짓말을 하면, 신이 미워할 것이다.	(대전제)
• 만일 네가 거짓말을 하지 않으면, 사람들이 미워할 것이다.	(대전제)
• 너는 거짓말을 하거나, 거짓말을 하지 않을 것이다.	(소전제)
• 그러므로 너는 미움을 받게 될 것이다.	(결론)

2. 귀납 추론

특수한 또는 개별적인 사실로부터 일반적인 결론을 이끌어 내는 추론을 말한다. 귀납 추론은 구체적 사실들을 기반으로 하여 결론을 이끌어 내기 때문에 필연성을 따지기보다는 개연성과 유관성, 표본성 등을 중시하게 된다. 여기서 개연성이란, 관찰된 어떤 사실이 같은 조건하에서 앞으로도 관찰될 수 있는가 하는 가능성을 말하고, 유관성은 추론에 사용된 자료가 관찰하려는 사실과 관련되어야 하는 것을 일컬으며, 표본성은 추론을 위한 자료의 표본 추출이 공정하게 이루어져야 하는 것을 가리킨다. 이러한 귀납 추론은 일상생활 속에서 많이 사용하고, 우리가 알고 있는 과학적 사실도 이와 같은 방법으로 밝혀졌다.

- 히틀러는 사람이고 죽었다.
- 스탈린도 사람이고 죽었다.
- 그러므로 모든 사람은 죽는다.

그러나 전제들이 참이어도 결론이 항상 참인 것은 아니다. 단 하나의 예외로 인하여 결론이 거짓이 될 수 있다.

- 성냥불은 뜨겁다.
- 연탄불도 뜨겁다.
- 그러므로 모든 불은 뜨겁다.

위 예문에서 '성냥불이나 연탄불이 뜨거우므로 모든 불은 뜨겁다.'라는 결론이 나왔는데, 반딧불은 뜨겁지 않으므로 '모든 불이 뜨겁다.'라는 결론은 거짓이 된다.

(1) 완전 귀납 추론

관찰하고자 하는 집합의 전체를 다 검증함으로써 대상의 공통 특질을 밝혀내는 방법이다. 이는 예외 없는 진실을 발견할 수 있다는 장점은 있으나, 집합의 규모가 크고 속성의 변화가 다양할 경우에는 적용하기 어려운 단점이 있다.

예 1부터 10까지의 수를 다 더하여 그 합이 55임을 밝혀내는 방법

(2) 통계적 귀납 추론

통계적 귀납 추론은 관찰하고자 하는 집합의 일부에서 발견한 몇 가지 사실을 열거함으로써 그 공통점을 결론으로 이끌어 내려는 방식을 가리킨다. 관찰하려는 집합의 규모가 클 때 그 일부를 표본으로 추출하여 조사하는 방식이 이에 해당하며, 표본 추출의 기준이 얼마나 적합하고 공정한가에 따라 그 결과에 대한 신뢰도가 달라진다는 단점이 있다.

예 여론조사에서 일부의 국민에 대한 설문 내용을 바탕으로, 이를 전체 국민의 여론으로 제시하는 것

(3) 인과적 귀납 추론

관찰하고자 하는 집합의 일부 원소들이 지닌 인과 관계를 인식하여 그 원인이나 결과를 이끌어 내려는 방식을 말한다.

① **일치법** : 공통적인 현상을 지닌 몇 가지 사실 중에서 각기 지닌 요소 중 어느 한 가지만 일치한다면 이 요소가 공통 현상의 원인이라고 판단

예 마을 잔칫집에서 돼지고기를 먹은 사람들이 집단 식중독을 일으켰다.
따라서 식중독의 원인은 상한 돼지고기가 아닌가 생각한다.

② **차이법** : 어떤 현상이 나타나는 경우와 나타나지 않은 경우를 놓고 보았을 때, 각 경우의 여러 조건 중 단 하나만이 차이를 보인다면 그 차이를 보이는 조건이 원인이 된다고 판단

예 현수와 승재는 둘 다 지능이나 학습 시간, 학습 환경 등이 비슷한데 공부하는 태도에는 약간의 차이가 있다.
따라서 둘의 성적이 차이를 보이는 것은 학습 태도의 차이 때문으로 생각된다.

③ **일치·차이 병용법** : 몇 개의 공통 현상이 나타나는 경우와 몇 개의 그렇지 않은 경우를 놓고 일치법과 차이법을 병용하여 적용함으로써 그 원인을 판단

예 학업 능력 정도가 비슷한 두 아동 집단에 대해 처음에는 같은 분량의 과제를 부여하고 나중에는 각기 다른 분량의 과제를 부여한 결과, 많이 부여한 집단의 성적이 훨씬 높게 나타났다. 이로 보아, 과제를 많이 부여하는 것이 적게 부여하는 것보다 학생의 학업 성적 향상에 도움이 된다고 판단할 수 있다.

④ **공변법** : 관찰하는 어떤 사실의 변화에 따라 현상의 변화가 일어날 때 그 변화의 원인이 무엇인지 판단

예 담배를 피우는 양이 각기 다른 사람들의 집단을 조사한 결과, 담배를 많이 피울수록 폐암에 걸릴 확률이 높다는 사실이 발견되었다.

⑤ **잉여법** : 앞의 몇 가지 현상이 뒤의 몇 가지 현상의 원인이며, 선행 현상의 일부분이 후행 현상의 일부분이라면, 선행 현상의 나머지 부분이 후행 현상의 나머지 부분의 원인임을 판단

예 어젯밤 일어난 사건의 혐의자는 정은이와 규민이 두 사람인데, 정은이는 알리바이가 성립되어 혐의 사실이 없는 것으로 밝혀졌다. 따라서 그 사건의 범인은 규민이일 가능성이 높다.

3. 유비 추론

두 개의 대상 사이에 일련의 속성이 동일하다는 사실에 근거하여 그것들의 나머지 속성도 동일하리라는 결론을 이끌어내는 추론, 즉 이미 알고 있는 것에서 다른 유사한 점을 찾아내는 추론을 말한다. 그렇기 때문에 유비 추론은 기준이 되는 사물이나 현상이 있어야 한다. 유비 추론은 가설을 세우는 데 유용하다. 이미 알고 있는 사례로부터 아직 알지 못하는 것을 생각해 봄으로써 쉽게 가설을 세울 수 있다. 이때 유의할 점은 이미 알고 있는 사례와 이제 알고자 하는 사례가 매우 유사하다는 확신과 증거가 있어야 한다. 그렇지 않은 상태에서 유비 추론에 의해 결론을 이끌어 내면, 그것은 개연성이 거의 없고 잘못된 결론이 될 수도 있다.

• 지구에는 공기, 물, 흙, 햇빛이 있다.	A는 a, b, c, d의 속성을 가지고 있다.
• 화성에는 공기, 물, 흙, 햇빛이 있다.	B는 a, b, c, d의 속성을 가지고 있다.
• 지구에 생물이 살고 있다.	A는 e의 속성을 가지고 있다.
• 그러므로 화성에도 생물이 살고 있을 것이다.	그러므로 B도 e의 속성을 가지고 있을 것이다.

핵심예제

※ 다음 제시문을 읽고 각 문제가 항상 참이면 ①, 거짓이면 ②, 알 수 없으면 ③을 고르시오. [1~2]

- 에어컨의 소비 전력은 900W이다.
- TV의 소비 전력은 냉장고보다 100W 더 높다.
- 세탁기의 소비 전력은 TV보다 높고, 에어컨보다 낮다.
- 냉장고의 소비 전력 140W이다.

01 **세탁기의 소비 전력은 480W이다.**

① 참　　② 거짓　　③ 알 수 없음

해설 주어진 조건에 따르면 세탁기의 소비 전력은 240W인 TV보다 높고, 900W인 에어컨보다 낮으므로 899 ~ 241W 사이임을 알 수 있다. 그러나 주어진 조건만으로 세탁기의 정확한 소비 전력을 알 수 없다.

정답 ③

02 **네 개의 가전제품 중 냉장고의 소비 전력이 가장 낮다.**

① 참　　② 거짓　　③ 알 수 없음

해설 소비 전력이 높은 순서대로 나열하면 '에어컨 – 세탁기 – TV – 냉장고' 순이다.
따라서 냉장고의 소비 전력이 가장 낮음을 알 수 있다.

정답 ①

정답 및 해설 p.032

대표유형 1 무게추리

※ 다음 〈조건〉을 보고 ?에 들어갈 도형을 고르시오. **[1~2]**

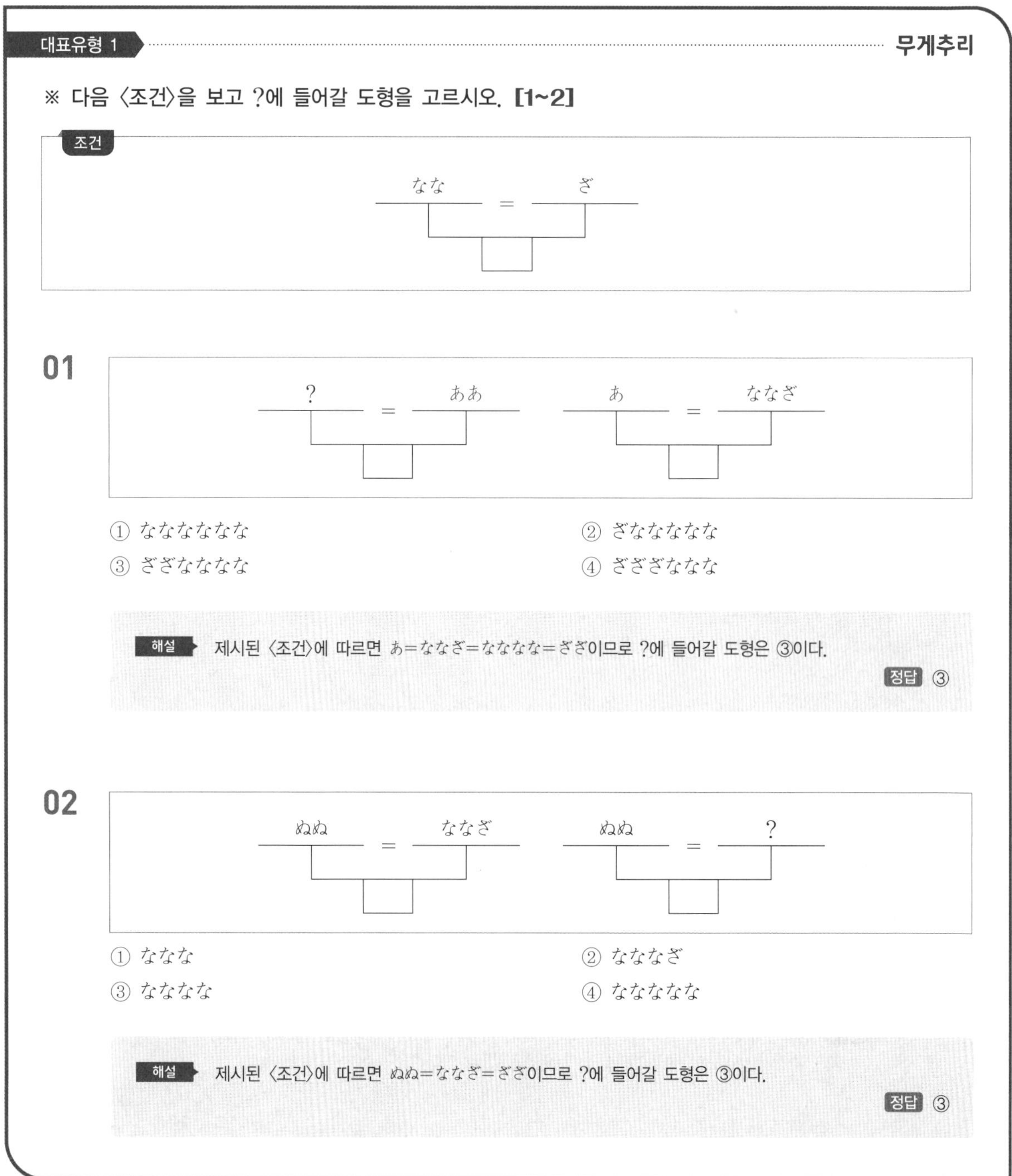

01

① なななななな ② ざなななな
③ ざざなななな ④ ざざざなな

해설 제시된 〈조건〉에 따르면 あ=ななざ=なななな=ざざ이므로 ?에 들어갈 도형은 ③이다.

정답 ③

02

① ななな ② ななざ
③ なななな ④ ななななな

해설 제시된 〈조건〉에 따르면 ぬぬ=ななざ=ざざ이므로 ?에 들어갈 도형은 ③이다.

정답 ③

※ 다음 〈조건〉을 보고 ?에 들어갈 도형을 고르시오. **[1~2]**

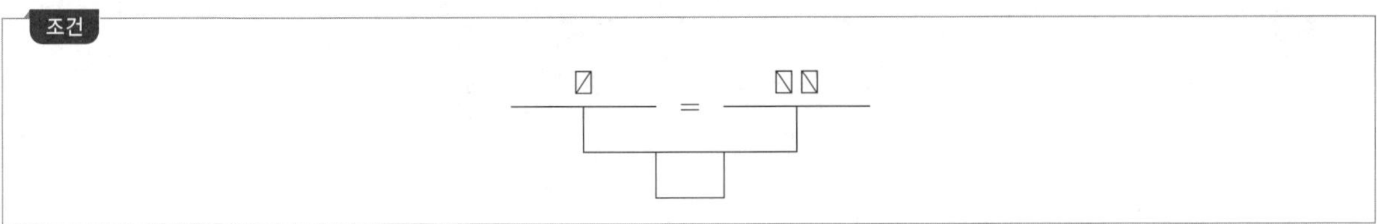

01

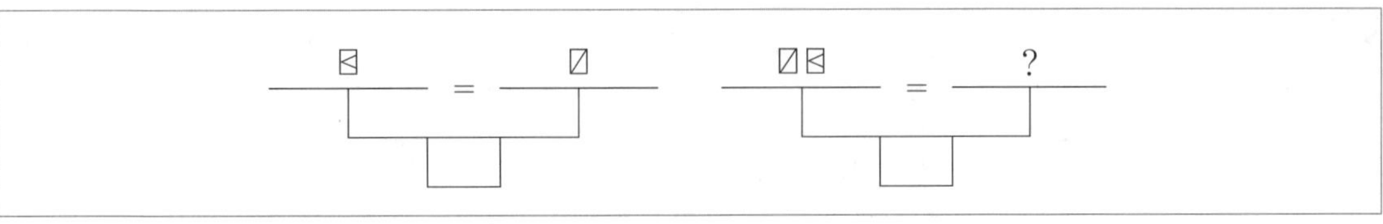

① ⧅⧅⧅

② ⧄⧅⧅⧅

③ ⧅⧅⧅⧅

④ ⧅⧅⧅⧀

02

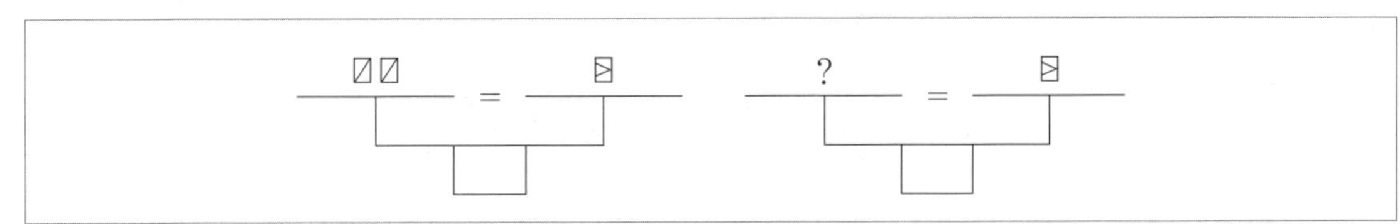

① ⧅⧅⧅⧄

② ⧄⧄⧄⧅

③ ⧄⧄⧅⧅

④ ⧅⧅⧅⧅

※ 다음 〈조건〉을 보고 ?에 들어갈 도형을 고르시오. **[3~4]**

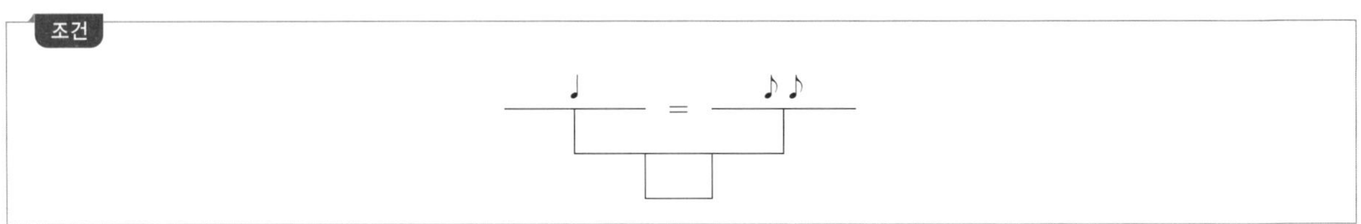

03

♪ = ♬　　♩♩ = ?

① ♩♬♬　　② ♩♪

③ ♪♪♬　　④ ♩♬

04

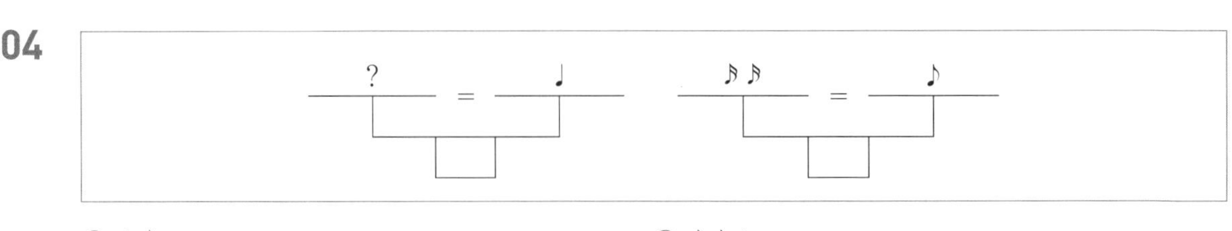

① ♩𝅘𝅥𝅯　　② 𝅘𝅥𝅯𝅘𝅥𝅯♪

③ 𝅘𝅥𝅯♪♪　　④ 𝅘𝅥𝅯♪

※ 다음 〈조건〉을 보고 ?에 들어갈 도형을 고르시오. **[5~6]**

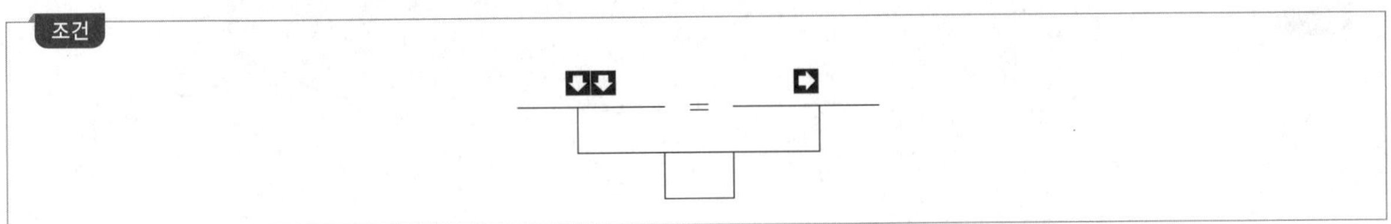

05

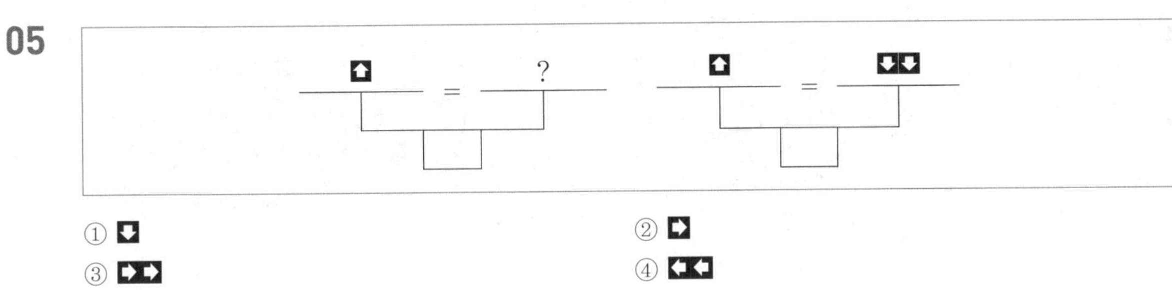

06

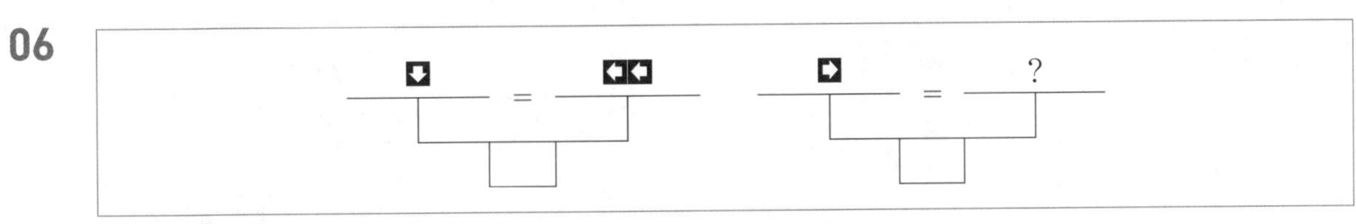

① ⬇⬇⬇
② ➡➡➡
③ ➡➡➡➡
④ ⬅⬅⬅⬅

※ 다음 〈조건〉을 보고 ?에 들어갈 도형을 고르시오. **[7~8]**

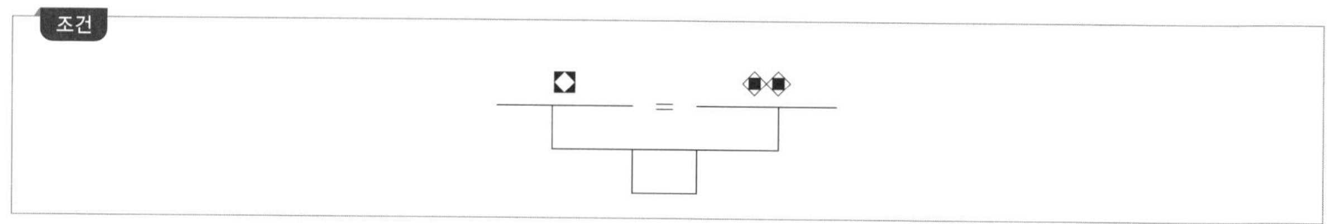

07

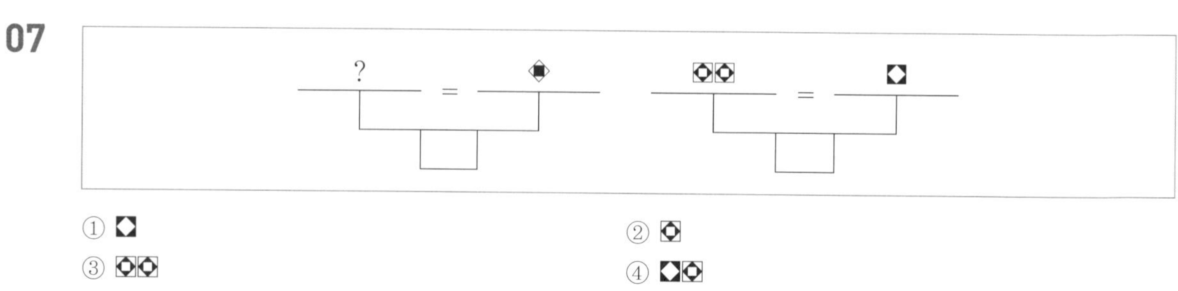

① ② ③ ④

08

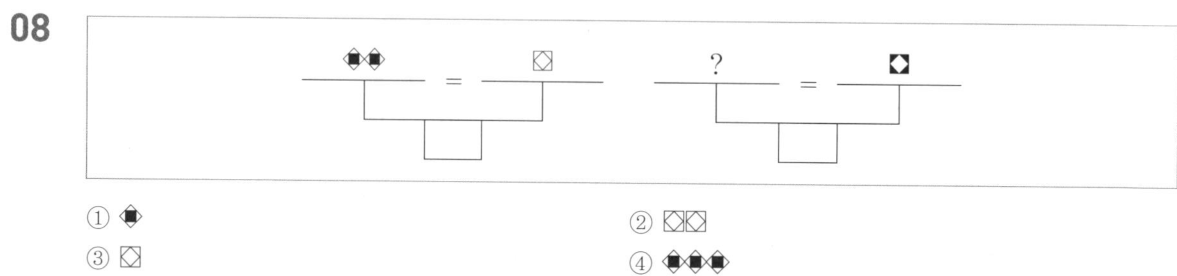

① ② ③ ④

※ 다음 〈조건〉을 보고 ?에 들어갈 도형을 고르시오. **[9~10]**

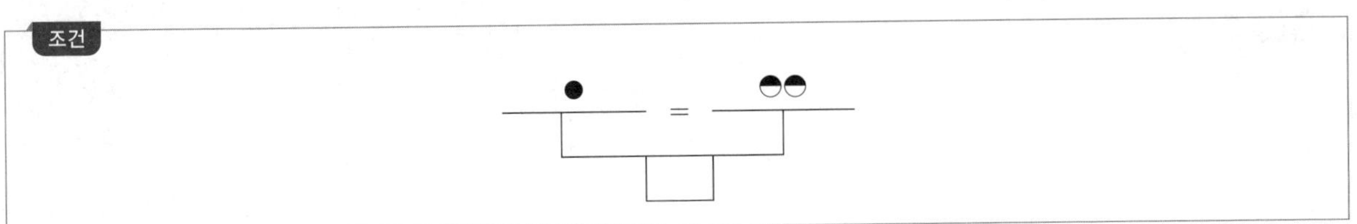

09

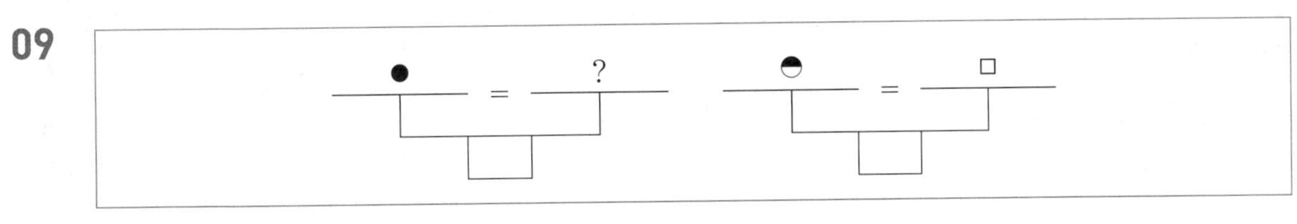

① □　　② □ □

③ □ □ □　　④ □ □ □ □

10

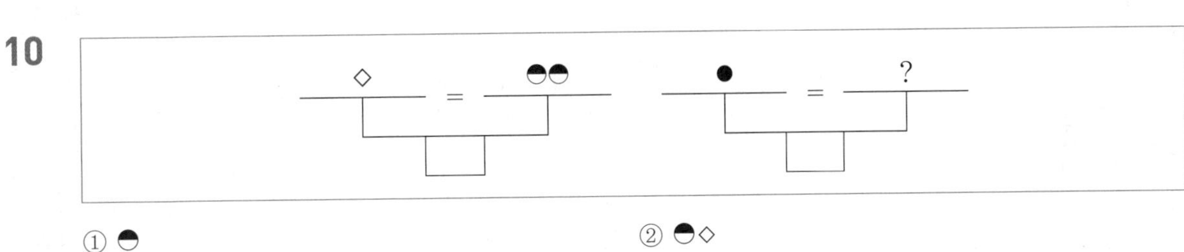

① ◓　　② ◓◇

③ ◇　　④ ◇◇

PART 2 수리능력 추리능력 지각능력

※ 다음 〈조건〉을 보고 ?에 들어갈 도형을 고르시오. **[11~12]**

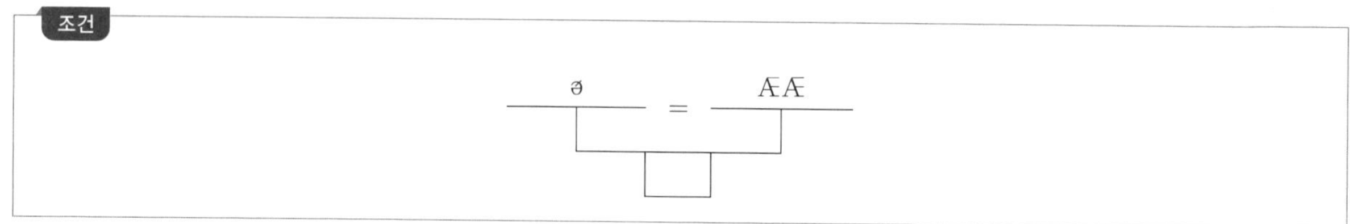

11

ææə = ?

æ = ÆÆ

① ÆÆÆəə
② ÆÆÆÆÆ
③ ÆÆÆÆÆə
④ ÆÆÆÆÆÆ

12

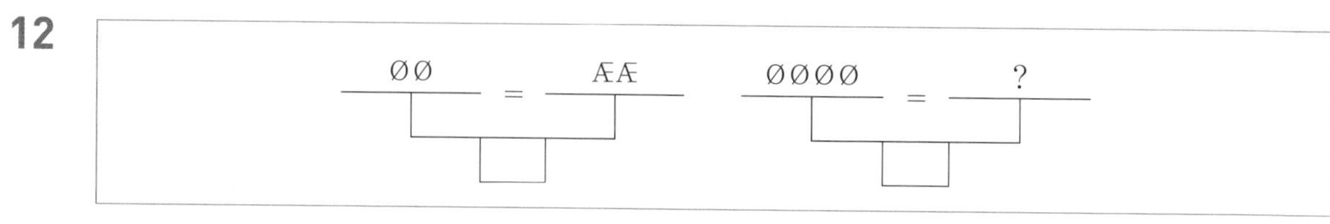

① ÆÆÆÆÆ
② ÆÆə
③ ÆÆəə
④ ÆÆÆ

※ 다음 〈조건〉을 보고 ?에 들어갈 도형을 고르시오. **[13~14]**

조건

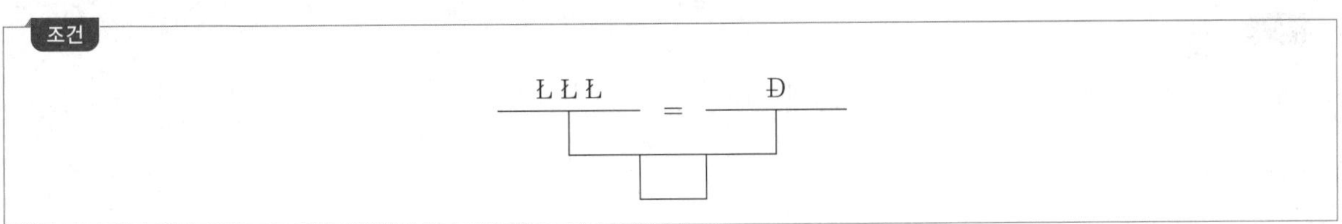

13

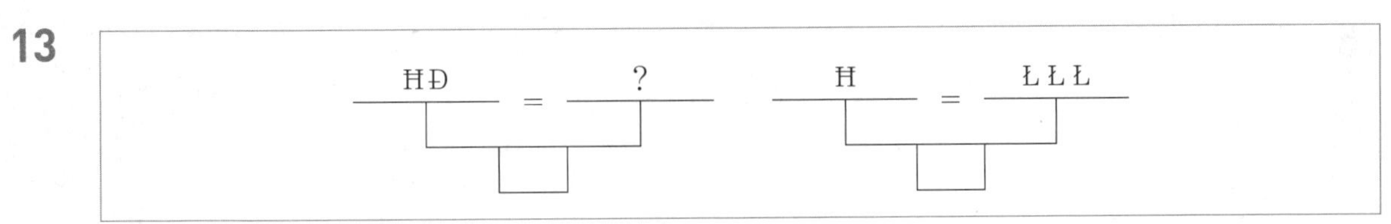

① ĐĐŁŁ
② ĐŁŁ
③ ŁŁŁŁŁ
④ ŁŁŁŁŁŁ

14

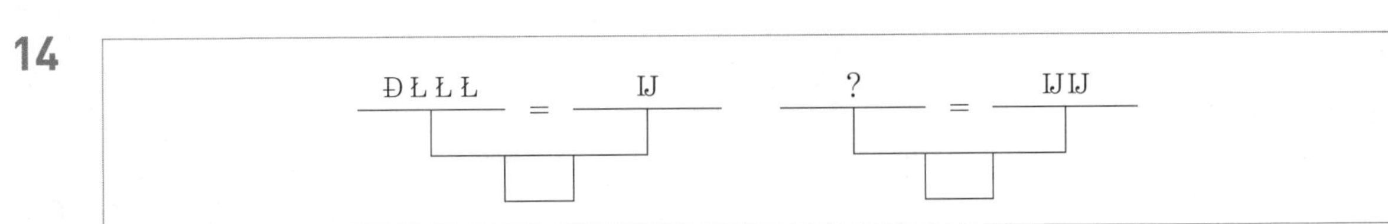

① ĐĐŁŁŁŁŁŁŁ
② ĐŁŁŁŁŁŁŁŁŁŁ
③ ĐŁŁŁŁŁŁŁ
④ ĐŁŁŁŁŁŁŁŁŁ

※ 다음 〈조건〉을 보고 ?에 들어갈 도형을 고르시오. [15~16]

조건

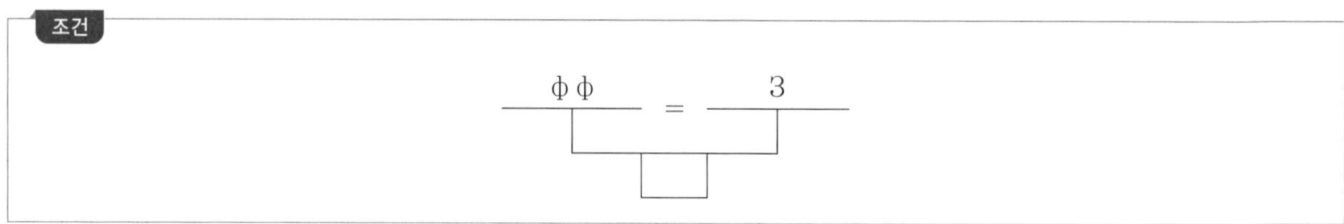

15

? = ИИИ   И = З

① З З ф ф ф
② ф ф З ф ф
③ ф ф З З З
④ ф ф ф ф ф

16

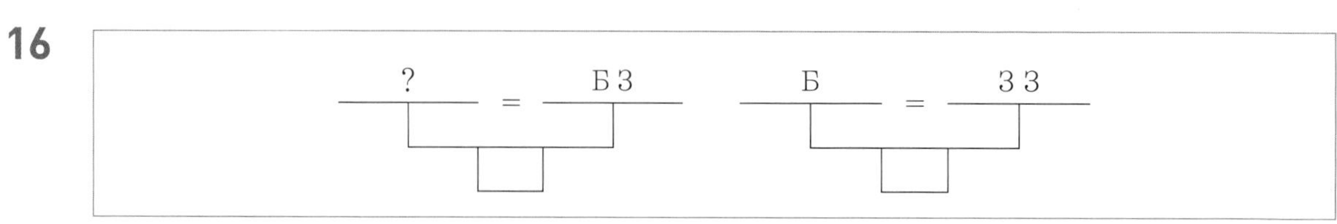

① ф З ф ф ф
② ф ф ф ф ф
③ ф З ф З ф
④ З З ф ф З ф

※ 다음 〈조건〉을 보고 ?에 들어갈 도형을 고르시오. **[17~18]**

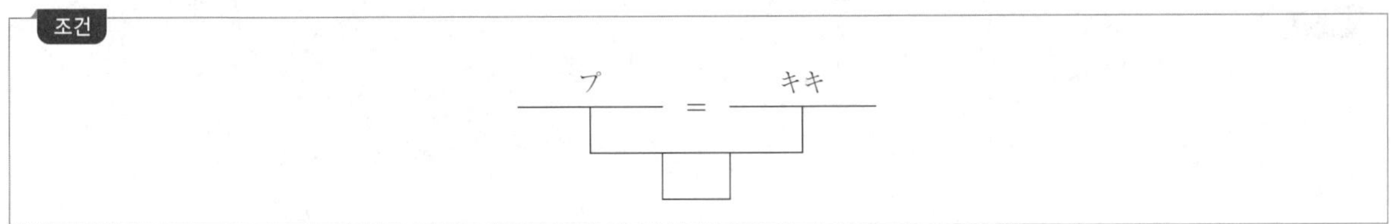

17

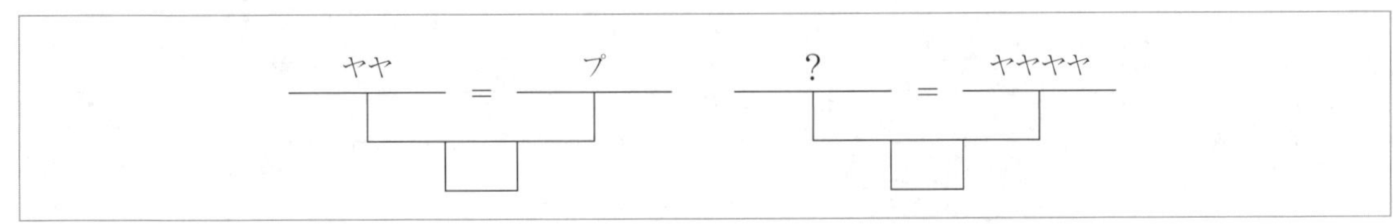

① キキキ
② キキププ
③ ププキ
④ キキキキ

18

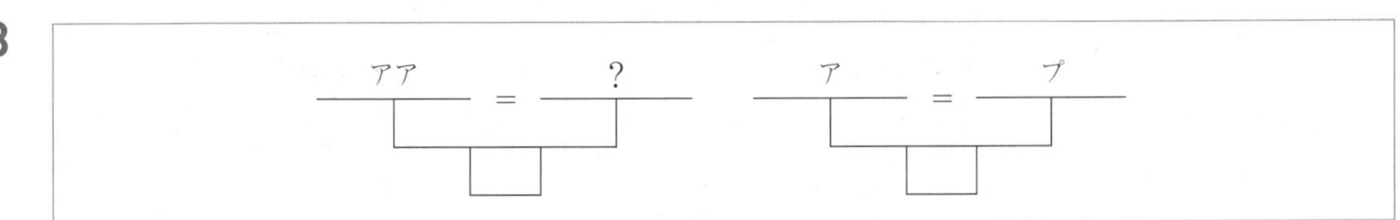

① キキププ
② キキキプ
③ プキキ
④ プキキキキ

안심Touch

※ 다음 〈조건〉을 보고 ?에 들어갈 도형을 고르시오. **[19~20]**

조건

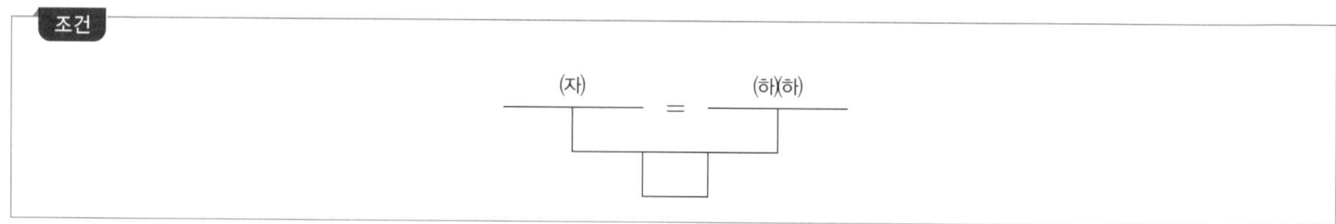

19

(타)(하) = ?

(타) = (하)(하)

① (자)(하)
② (하)(하)
③ (하)(하)(자)
④ (자)(하)(하)

20

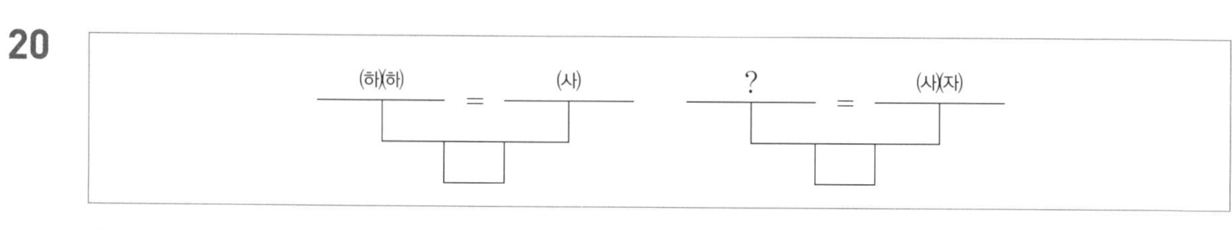

① (하)(하)(하)(하)
② (하)(하)(자)(자)(자)
③ (하)(하)(하)(하)(하)(하)
④ (하)(하)(하)(하)(하)

※ 다음 〈조건〉을 보고 ?에 들어갈 도형을 고르시오. **[21~22]**

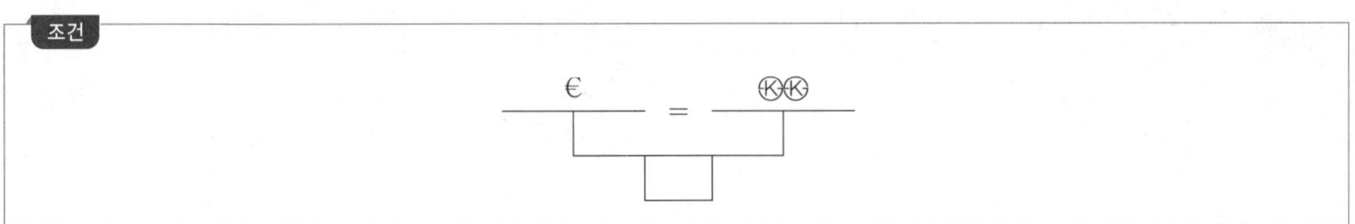

21

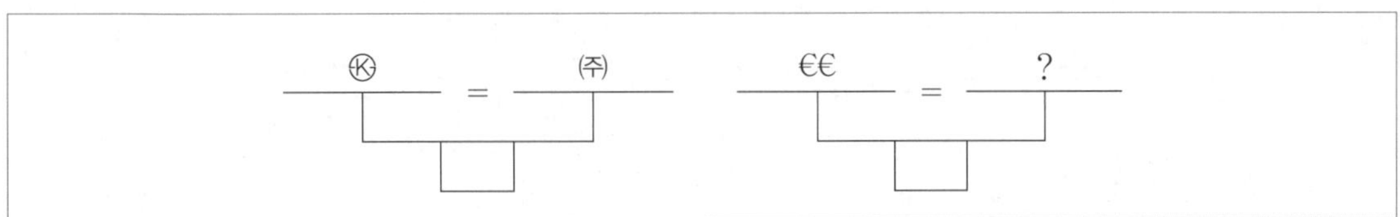

① ㈜㈜㈜
② ㈜㈜ⓀⓀ
③ ㈜㈜€Ⓚ
④ ⓀⓀⓀ

22

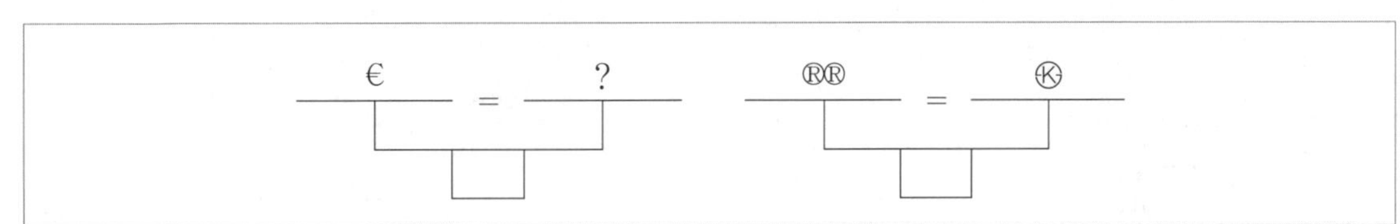

① ⓀⓇⓇⓇ
② ⓀⓇⓇ
③ ⓇⓇⓇⓇⓀ
④ ⓇⓇⓇⓇⓇ

※ 다음 〈조건〉을 보고 ?에 들어갈 도형을 고르시오. **[23~24]**

조건

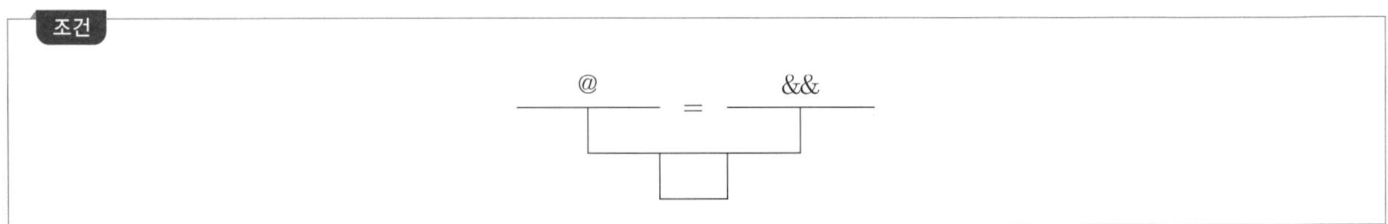

23

& = ‰‰　　@ = ?

① ‰‰‰‰　　② ‰‰

③ ‰　　④ ‰&

24

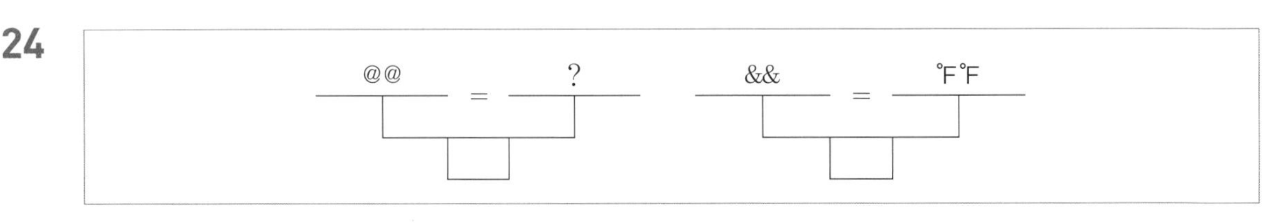

① °F@　　② @°F°F&

③ @°F°F　　④ @°F°F°F

※ 다음 〈조건〉을 보고 ?에 들어갈 도형을 고르시오. **[25~26]**

조건

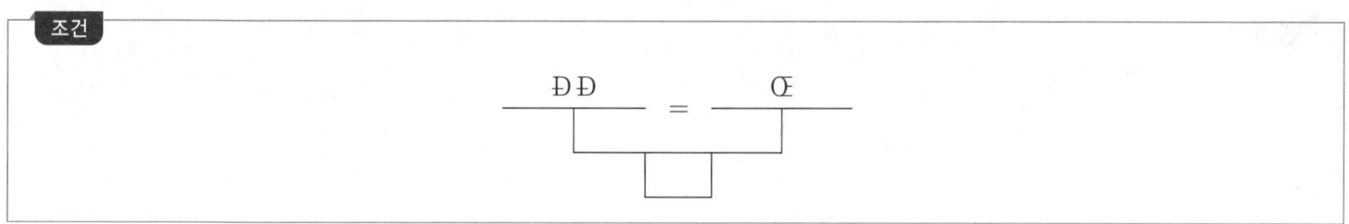

25

? = Ø

Ø = ŒŒ

① ĐĐĐĐ ② ĐĐĐ

③ ĐĐ ④ Đ

26

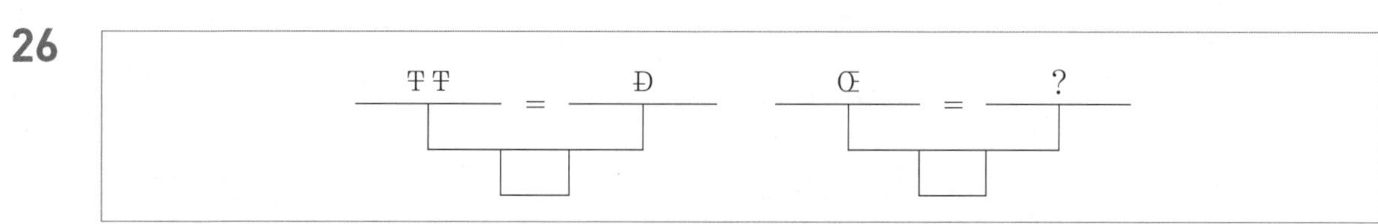

① ŦŦŦŦŦ ② ŦŦĐĐ

③ ŦŦŦĐ ④ ŦŦĐ

※ 다음 〈조건〉을 보고 ?에 들어갈 도형을 고르시오. **[27~28]**

조건

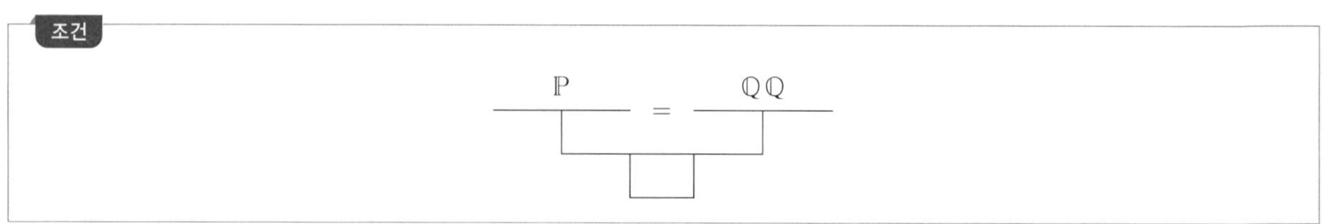

27

ℝ = ℚℚ   ? = ℝℝ

① ℙ
② ℙℙ
③ ℙℙℙ
④ ℙℚℚℚℚ

28

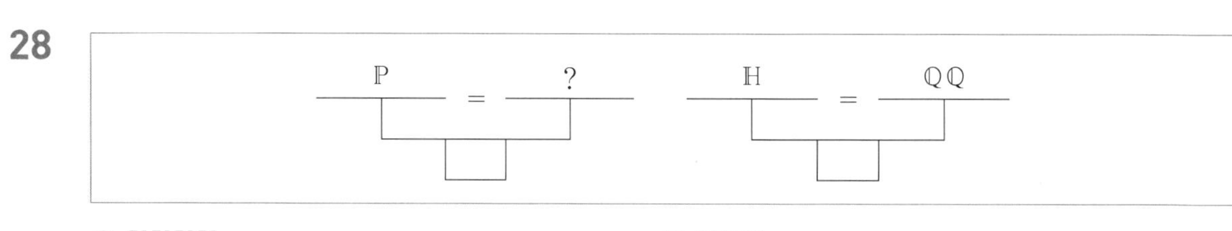

① ℍℍℍℍ
② ℍℍℍ
③ ℍℍ
④ ℍ

※ 다음 〈조건〉을 보고 ?에 들어갈 도형을 고르시오. **[29~30]**

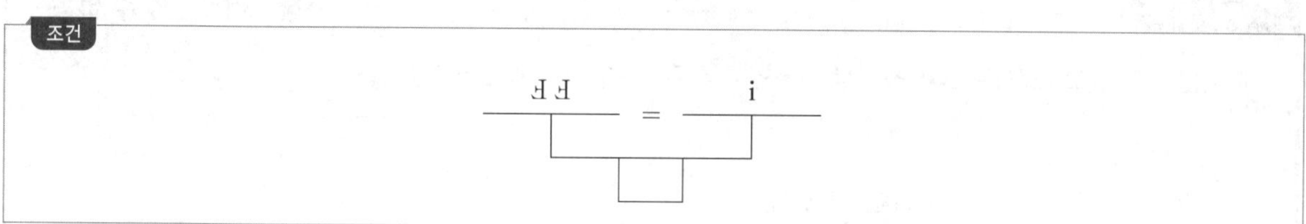

29

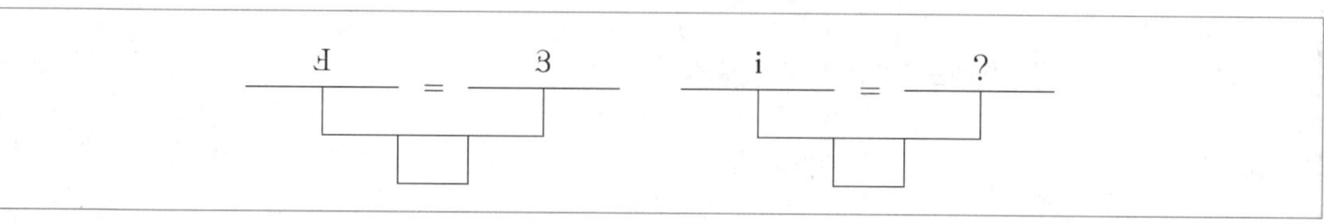

① Ɜ　　② Ɜ Ɜ

③ Ɜ Ɜ Ɜ　　④ ꟻ Ɜ Ɜ

30

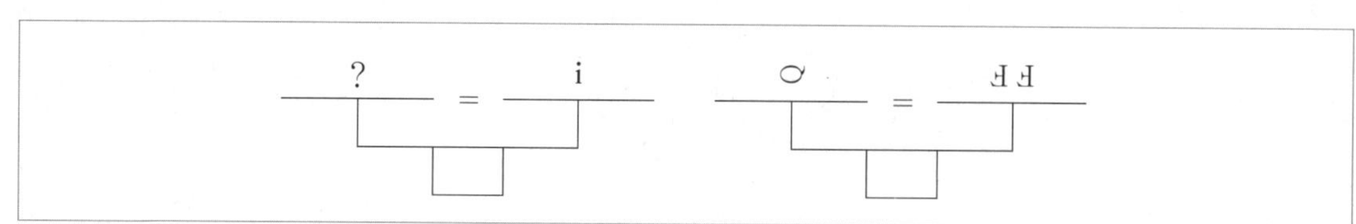

① ꟻ○　　② ○ꟻ

③ ○　　④ ○○

대표유형 2 **참 · 거짓 · 알 수 없음**

제시문 A를 읽고, 제시문 B가 참인지 거짓인지 혹은 알 수 없는지 고르면?

[제시문 A]
- 지혜롭고 욕심이 큰 사람은 청렴을 택한다.
- 청렴을 택하지 않는 사람은 탐욕을 택한다.

[제시문 B]
탐욕을 택하지 않는 사람은 청렴을 택하지 않는다.

① 참 ② 거짓 ③ 알 수 없음

해설 '청렴을 택하지 않는 사람은 탐욕을 택한다.'에 대하여 '탐욕을 택하지 않는 사람은 청렴을 택한다.'의 대우가 성립하므로 '탐욕을 택하지 않는 사람은 청렴을 택하지 않는다.'는 거짓이다.

정답 ②

※ **제시문 A를 읽고, 제시문 B가 참인지 거짓인지 혹은 알 수 없는지 고르시오. [31~34]**

31

[제시문 A]
- 바실리카는 로마시대 법정과 같이 쓰인 장방형의 3개의 통로가 있는 건물이다.
- 바실리카의 중앙통로나 회중석은 측랑보다 높았고 측랑의 지붕 위에는 창문이 설치된다.

[제시문 B]
바실리카의 측랑과 창문은 회중석보다 높은 곳에 설치된다.

① 참 ② 거짓 ③ 알 수 없음

32

[제시문 A]
- 황도 12궁은 천구상에서 황도가 통과하는 12개의 별자리이다.
- 황도 전체를 30°씩 12등분하여 각각에 대해 별자리의 이름을 붙였다.

[제시문 B]
황도 12궁의 열두 개 별자리들은 300°의 공간에 나열되어 있다.

① 참 ② 거짓 ③ 알 수 없음

33

[제시문 A]
- 아메리카노를 좋아하는 모든 사람은 카페라테를 좋아한다.
- 카페라테를 좋아하는 모든 사람은 에스프레소를 좋아한다.

[제시문 B]
아메리카노를 좋아하는 진실이는 에스프레소도 좋아한다.

① 참 ② 거짓 ③ 알 수 없음

34

[제시문 A]
- 안구 내 안압이 상승하면 시신경 손상이 발생한다.
- 시신경이 손상되면 주변 시야가 좁아진다.

[제시문 B]
안구 내 안압이 상승하면 주변 시야가 좁아진다.

① 참 ② 거짓 ③ 알 수 없음

※ 다음 제시문을 읽고 각 문제가 항상 참이면 ①, 거짓이면 ②, 알 수 없으면 ③을 고르시오. [35~37]

- 고객지원팀에 근무하는 A ~ E사원은 모두 순서대로 일렬로 앉아있다.
- A ~ E사원은 모두 다른 방법(자전거, 지하철, 시내버스, 시외버스, 도보)으로 출근한다.
- 자전거로 출근하는 사원의 양 옆에 앉는 사원들은 모두 버스로 출근한다.
- A사원은 도보로 출근한다.
- D사원은 자전거로 출근하지 않는다.

35 C사원은 자전거로 출근한다.

① 참 ② 거짓 ③ 알 수 없음

36 B사원은 시내버스로 출근한다.

① 참 ② 거짓 ③ 알 수 없음

37 E사원은 지하철로 출근한다.

① 참 ② 거짓 ③ 알 수 없음

※ 다음 제시문을 읽고 각 문제가 항상 참이면 ①, 거짓이면 ②, 알 수 없으면 ③을 고르시오. **[38~40]**

- A, B, C, D, E 다섯 사람은 교내 사생대회에서 상을 받았다.
- 최우수상, 우수상, 장려상에 각각 1명, 2명, 2명이 상을 받았다.
- A와 B는 서로 다른 상을 받았다.
- A와 C는 서로 다른 상을 받았다.
- D는 네 사람과 다른 상을 받았다.

38 D는 최우수상을 받았다.

① 참 ② 거짓 ③ 알 수 없음

39 A는 우수상을 받았다.

① 참 ② 거짓 ③ 알 수 없음

40 B와 E는 같은 상을 받았다.

① 참 ② 거짓 ③ 알 수 없음

대표유형 3 ······ **논리 추론**

다음 제시문을 바탕으로 추론할 수 있는 것은?

- 국어를 좋아하는 학생은 영어를 좋아한다.
- 수학을 싫어하는 학생은 국어를 좋아한다.
- 수학을 좋아하는 학생은 영어를 싫어한다.
- 영어를 좋아하는 학생은 사회를 좋아한다.

① 영어를 싫어하는 학생은 국어를 좋아한다.
② 국어를 싫어하는 학생은 영어도 싫어한다.
③ 영어를 좋아하는 학생은 수학도 좋아한다.
④ 사회를 좋아하는 학생은 수학도 좋아한다.

해설 국어를 싫어하는 학생은 수학을 좋아하고, 수학을 좋아하면 영어를 싫어한다. 따라서 국어를 싫어하는 학생은 영어도 싫어한다고 할 수 있다.

정답 ②

※ 다음 내용을 바탕으로 추론할 수 있는 것을 고르시오. [41~50]

41

- 영희, 상욱, 수현이는 영어, 수학, 국어 시험을 보았다.
- 영희는 영어 2등, 수학 2등, 국어 2등을 하였다.
- 상욱이는 영어 1등, 수학 3등, 국어 1등을 하였다.
- 수현이는 수학만 1등을 하였다.
- 전체 평균 점수로 1등을 한 사람은 영희이다.

① 총점이 가장 높은 것은 영희이다.
② 수현이의 수학 점수는 상욱이의 영어 점수보다 높다.
③ 상욱이의 영어 점수는 영희의 수학 점수보다 높다.
④ 영어와 수학 점수만을 봤을 때, 상욱이가 1등일 것이다.

42

> • 신혜와 유민이 앞에 사과, 포도, 딸기가 놓여있다.
> • 사과, 포도, 딸기 중에는 각자 좋아하는 과일이 반드시 있다.
> • 신혜는 사과와 포도를 싫어한다.
> • 유민이가 좋아하는 과일은 신혜가 싫어하는 과일이다.

① 신혜는 좋아하는 과일이 없다.
② 유민이가 딸기를 좋아하는지 알 수 없다.
③ 신혜는 딸기를 좋아한다.
④ 유민이와 신혜가 같이 좋아하는 과일이 있다.

43

> • 사과를 좋아하면 배를 좋아하지 않는다.
> • 귤을 좋아하면 배를 좋아한다.
> • 귤을 좋아하지 않으면 오이를 좋아한다.

① 사과를 좋아하면 오이를 좋아하지 않는다.
② 사과를 좋아하면 오이를 좋아한다.
③ 귤을 좋아하면 사과를 좋아한다.
④ 배를 좋아하지 않으면 사과를 좋아한다.

44

> • 어떤 마케팅팀 사원은 산을 좋아한다.
> • 산을 좋아하는 사원은 여행 동아리 소속이다.
> • 모든 여행 동아리 소속은 솔로이다.

① 어떤 마케팅팀 사원은 솔로이다.
② 여행 동아리 소속은 마케팅팀 사원이다.
③ 산을 좋아하는 모든 사원은 마케팅팀 사원이다.
④ 산을 좋아하는 어떤 사원은 여행 동아리 소속이 아니다.

45

- 민현이는 1995년에 태어났다.
- 재현이는 민현이보다 2년 늦게 태어났다.
- 정현이는 재현이보다 먼저 태어났다.

① 민현이의 나이가 가장 많다.
② 정현이의 나이가 가장 많다.
③ 정현이는 민현이보다 어리다.
④ 정현이는 1997년 이전에 태어났다.

46

- 갑과 을 앞에 감자칩, 쿠키, 비스킷이 놓여 있다.
- 세 가지의 과자 중에는 각자 좋아하는 과자가 반드시 있다.
- 갑은 감자칩과 쿠키를 싫어한다.
- 을이 좋아하는 과자는 갑이 싫어하는 과자이다.

① 갑은 좋아하는 과자가 없다.
② 갑은 비스킷을 싫어한다.
③ 을은 비스킷을 싫어한다.
④ 갑과 을이 같이 좋아하는 과자가 있다.

47

- A가 외근을 나가면 B도 외근을 나간다.
- A가 외근을 나가면 D도 외근을 나간다.
- D가 외근을 나가면 E도 외근을 나간다.
- C가 외근을 나가지 않으면 B도 외근을 나가지 않는다.
- D가 외근을 나가지 않으면 C도 외근을 나가지 않는다.

① B가 외근을 나가면 A도 외근을 나간다.
② D가 외근을 나가면 C도 외근을 나간다.
③ A가 외근을 나가면 E도 외근을 나간다.
④ C가 외근을 나가지 않으면 D도 외근을 나가지 않는다.

48

- 다음은 서로 다른 밝기 등급(1 ~ 5등급)을 가진 A ~ E별의 밝기를 측정하였다.
- 1등급이 가장 밝은 밝기의 등급이다.
- A별은 가장 밝지도 않고, 두 번째로 밝지도 않다.
- B별은 C별보다 밝고, E별보다 어둡다.
- C별은 D별보다 밝고, A별보다 어둡다.
- E별은 A별보다 밝다.

① A별의 밝기 등급은 4등급이다.
② A ~ E별 중 B별이 가장 밝다.
③ 어느 별이 가장 어두운지 확인할 수 없다.
④ 별의 밝기 등급에 따라 순서대로 나열하면 'E – B – A – C – D'이다.

49

- 정수, 영수, 영호, 재호, 경호 5명은 시력 검사를 하였다.
- 정수의 시력은 1.2이다.
- 정수의 시력은 영수의 시력보다 0.5 높다.
- 영호의 시력은 정수보다 낮고 영수보다 높다.
- 영호의 시력보다 낮은 재호의 시력은 0.6 ~ 0.8이다.
- 경호의 시력은 0.6 미만으로 안경을 새로 맞춰야 한다.

① 영호의 시력은 1.0 이상이다.
② 경호의 시력이 가장 낮은 것은 아니다.
③ 정수의 시력이 가장 높다.
④ 재호의 시력은 영수의 시력보다 높다.

50

- 가장 큰 B종 공룡보다 A종 공룡은 모두 크다.
- 일부의 C종 공룡은 가장 큰 B종 공룡보다 작다.
- 가장 큰 D종 공룡보다 B종 공룡은 모두 크다.

① 가장 작은 A종 공룡만 한 D종 공룡이 있다.
② 가장 작은 C종 공룡만 한 D종 공룡이 있다.
③ 어떤 C종 공룡은 가장 작은 A종 공룡보다 작다.
④ 어떤 A종 공룡은 가장 큰 C종 공룡보다 작다.

CHAPTER

03 지각능력검사

출제유형

1. 지각정확성

제시된 도형과 동일한 도형이 몇 번째에 위치했는지 찾아내는 문제가 출제된다.

2. 공간지각

서로 같은 그림 또는 다른 그림을 찾는 그림비교, 쌓여 있는 전체 블록의 개수 등을 묻는 블록 문제가 출제된다.

학습전략

1. 지각정확성

간단한 도형들이 제시되며, 신속성과 정확성을 요구한다. 따라서 도형의 특징적인 부분을 파악하여 빠른 시간에 문제를 해결하는 연습을 중점적으로 하면 큰 어려움이 없다.

2. 공간지각

그림비교 유형은 주로 도형의 회전・반전을 이용하여 제시된다. 따라서 위치 변경이나 회전・반전 등 다양한 방법으로 도형을 움직여보는 연습이 필요하다. 블록 유형은 문제 형태가 다양하다. 본서에 정리된 내용을 기반으로 문제를 풀면서, 본인의 것으로 만드는 것이 중요하다.

CHAPTER 03 핵심이론 지각능력검사

1. 도형의 회전 · 대칭

(1) 180° 회전한 도형은 좌우와 상하가 모두 대칭이 된 모양이 된다.

예

(2) 시계 방향으로 90° 회전한 도형은 시계 반대 방향으로 270° 회전한 도형과 같다.

예

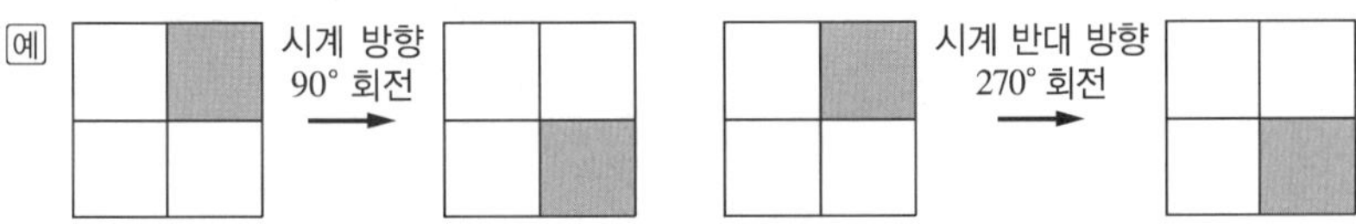

(3) 좌우 반전 → 좌우 반전, 상하 반전 → 상하 반전은 같은 도형이 된다.

예

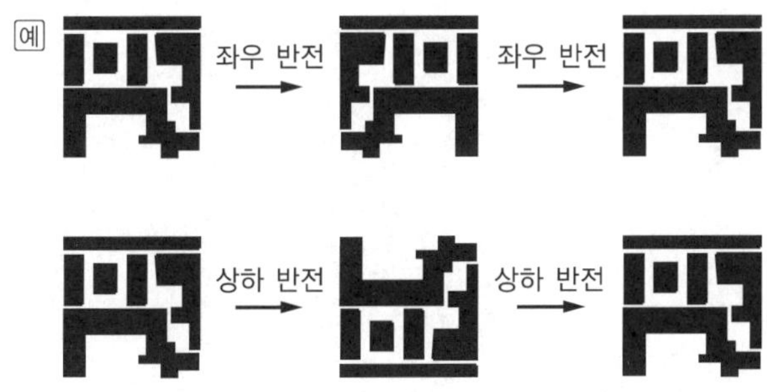

(4) 도형을 거울에 비친 모습은 방향에 따라 좌우 또는 상하로 대칭된 모습이 나타난다.

예

PART 2 수리능력 추리능력 지각능력

안심Touch

2. 블록의 개수

(1) 밑에서 위쪽으로 차근차근 세어간다.

(2) 층별로 나누어 세면 수월하다.

(3) 숨겨져 있는 부분을 정확히 찾아내는 연습이 필요하다.

(4) 빈 곳에 블록을 채워서 세면 쉽게 해결된다.

예

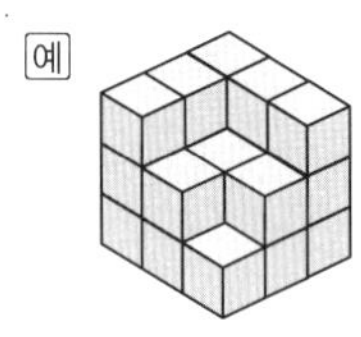

1층 : 9개

2층 : 8개

3층 : 5개

블록의 총 개수는 9+8+5=22개

예

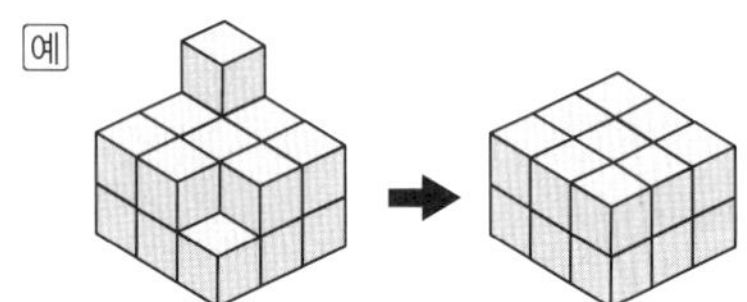

블록의 총 개수는 9×2=18개

3. 블록의 최대 · 최소 개수

(1) 최대 개수 : 앞면과 측면의 층별 블록의 개수의 곱의 합

예

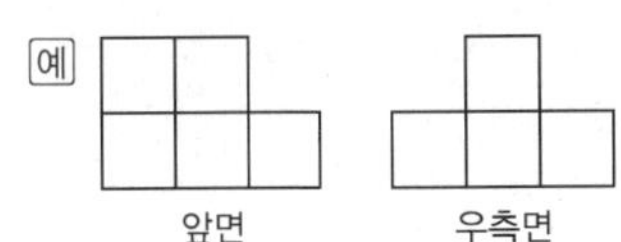

(앞면 1층 블록의 수)×(측면 1층 블록의 수)+(앞면 2층 블록의 수)×(측면 2층 블록의 수)

→ 3×3+2×1=11개

예

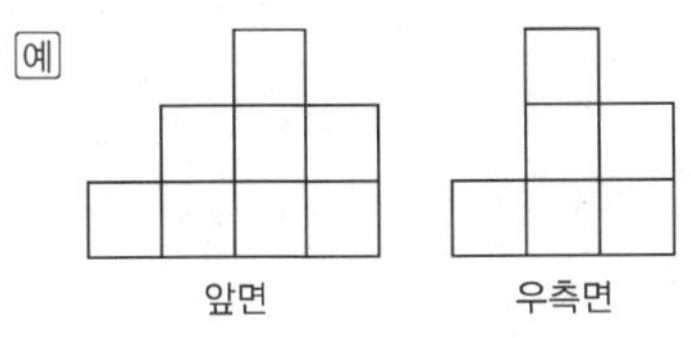

→ 4×3+3×2+1×1=19개

(2) 최소 개수 : (앞면 블록의 수)+(측면 블록의 수)−(중복되는 블록의 수)

※ 중복되는 블록의 수 : 앞면과 측면에 대해 행이 아닌(즉, 층별이 아닌) 열로 비교했을 때, 블록의 수가 같은 두 열에서 한 열의 블록의 수들의 합(즉, 열에 대하여 블록의 수를 각각 표기했을 때, 앞면과 측면에 공통으로 나온 숫자들의 합을 구하면 된다)

예

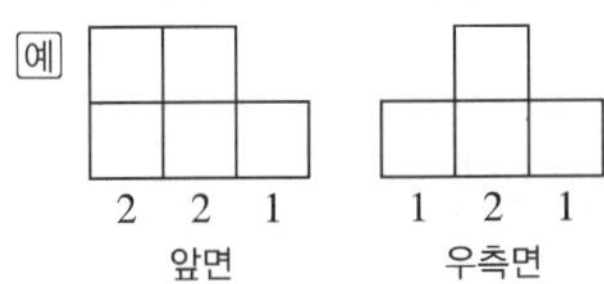

공통으로 나온 숫자는 다음과 같다. 앞면 : (②, 2, ①), 우측면 : (①, ②, 1)

→ 중복되는 블록의 수 : 1+2=3개

최소 개수 : 5+4−3=6개

예

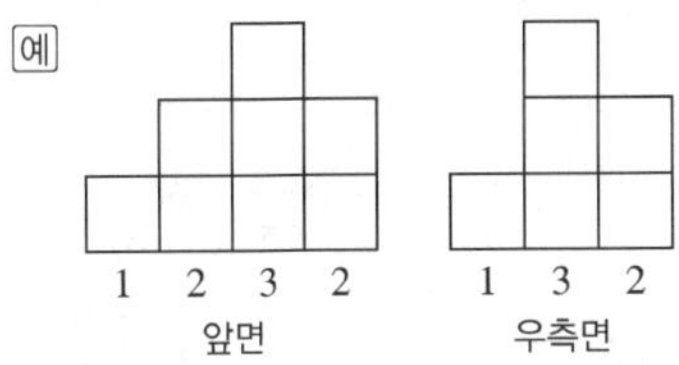

공통으로 나온 숫자는 다음과 같다. 앞면 : (①, ②, ③, 2), 우측면 : (①, ③, ②)

→ 중복되는 블록의 수 : 1+2+3=6개

최소 개수 : 8+6−6=8개

4. 블록의 면적

(1) 사각형 한 단면의 면적은 '(가로)×(세로)'이다.

(2) 입체도형의 면적을 구할 때는 상하, 좌우, 앞뒤로 계산한다.

(3) 각각의 면의 면적을 합치면 전체 블록의 면적이 된다.

예
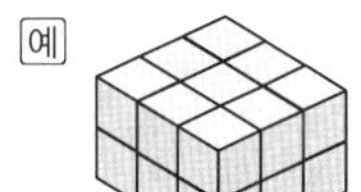

바닥면의 면적은 제외하고 블록 하나의 면적을 1이라 하면
윗면 : 9
옆면 : 6×4=24
쌓여 있는 블록의 면적은 24+9=33

적중예상문제 지각능력검사

정답 및 해설 p.036

대표유형 1 ······ 지각정확성

※ 제시된 도형과 동일한 도형을 〈보기〉에서 찾아 고르시오(단, 가장 왼쪽 도형을 ①번으로 한다). [1~4]

보기

* ✏ ✆ ✄

01

✏

①
②
③
④

해설 ✏은 두 번째에 제시된 도형이므로 정답은 ②이다.

정답 ②

02

✆

①
②
③
④

해설 ✆은 세 번째에 제시된 도형이므로 정답은 ③이다.

정답 ③

안심Touch

03

*

① ②
③ ④

해설 *은 첫 번째에 제시된 도형이므로 정답은 ①이다.

정답 ①

04

✄

① ②
③ ④

해설 ✄은 네 번째에 제시된 도형이므로 정답은 ④이다.

정답 ④

※ 제시된 도형과 동일한 도형을 〈보기〉에서 찾아 고르시오(단, 가장 왼쪽 도형을 ①번으로 한다). **[1~4]**

보기

01

① ②
③ ④

02

① ②
③ ④

03

① ②
③ ④

04

① ②
③ ④

안심Touch

※ 제시된 도형과 동일한 도형을 〈보기〉에서 찾아 고르시오(단, 가장 왼쪽 도형을 ①번으로 한다). **[5~8]**

보기

↰ ↴ ↲ ↱

05

↰

① ② ③ ④

06

↱

① ② ③ ④

07

↲

① ② ③ ④

08

↴

① ② ③ ④

※ 제시된 도형과 동일한 도형을 〈보기〉에서 찾아 고르시오(단, 가장 왼쪽 도형을 ①번으로 한다). **[9~12]**

보기

▤ ▥ ▨ ▧

09

▨

① ② ③ ④

10

▧

① ② ③ ④

11

▥

① ② ③ ④

12

▤

① ② ③ ④

안심Touch

※ 제시된 도형과 동일한 도형을 〈보기〉에서 찾아 고르시오(단, 가장 왼쪽 도형을 ①번으로 한다). [13~16]

보기
⋉ ⋊ ⋈ ⋌

13

⋉

① ② ③ ④

14

⋊

① ② ③ ④

15

⋈

① ② ③ ④

16

⋌

① ② ③ ④

※ 제시된 도형과 동일한 도형을 〈보기〉에서 찾아 고르시오(단, 가장 왼쪽 도형을 ①번으로 한다). **[17~20]**

보기

⊗ ⊖ ⊕ ⊘

17

⊖

① ②
③ ④

18

⊕

① ②
③ ④

19

⊗

① ②
③ ④

20

⊘

① ②
③ ④

안심Touch

※ 제시된 도형과 동일한 도형을 〈보기〉에서 찾아 고르시오(단, 가장 왼쪽 도형을 ①번으로 한다). **[21~24]**

보기

◎ ≪ ■ ◆

21

≪

① ②
③ ④

22

◆

① ②
③ ④

23

■

① ②
③ ④

24

◎

① ②
③ ④

※ 제시된 도형과 동일한 도형을 〈보기〉에서 찾아 고르시오(단, 가장 왼쪽 도형을 ①번으로 한다). **[25~28]**

보기

25

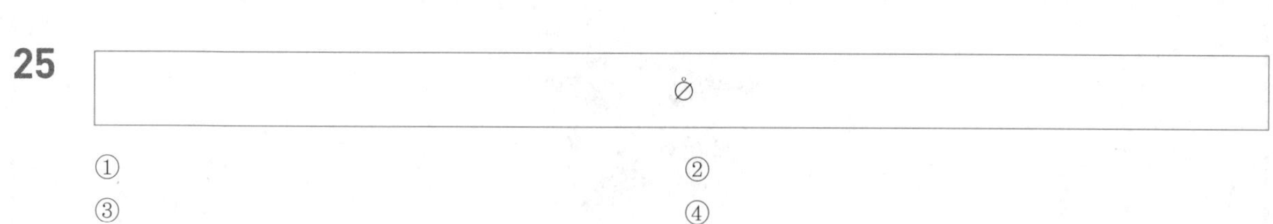

① ②

③ ④

26

① ②

③ ④

27

① ②

③ ④

28

① ②

③ ④

안심Touch

대표유형 2 그림비교

다음 중 제시된 도형과 같은 것은?

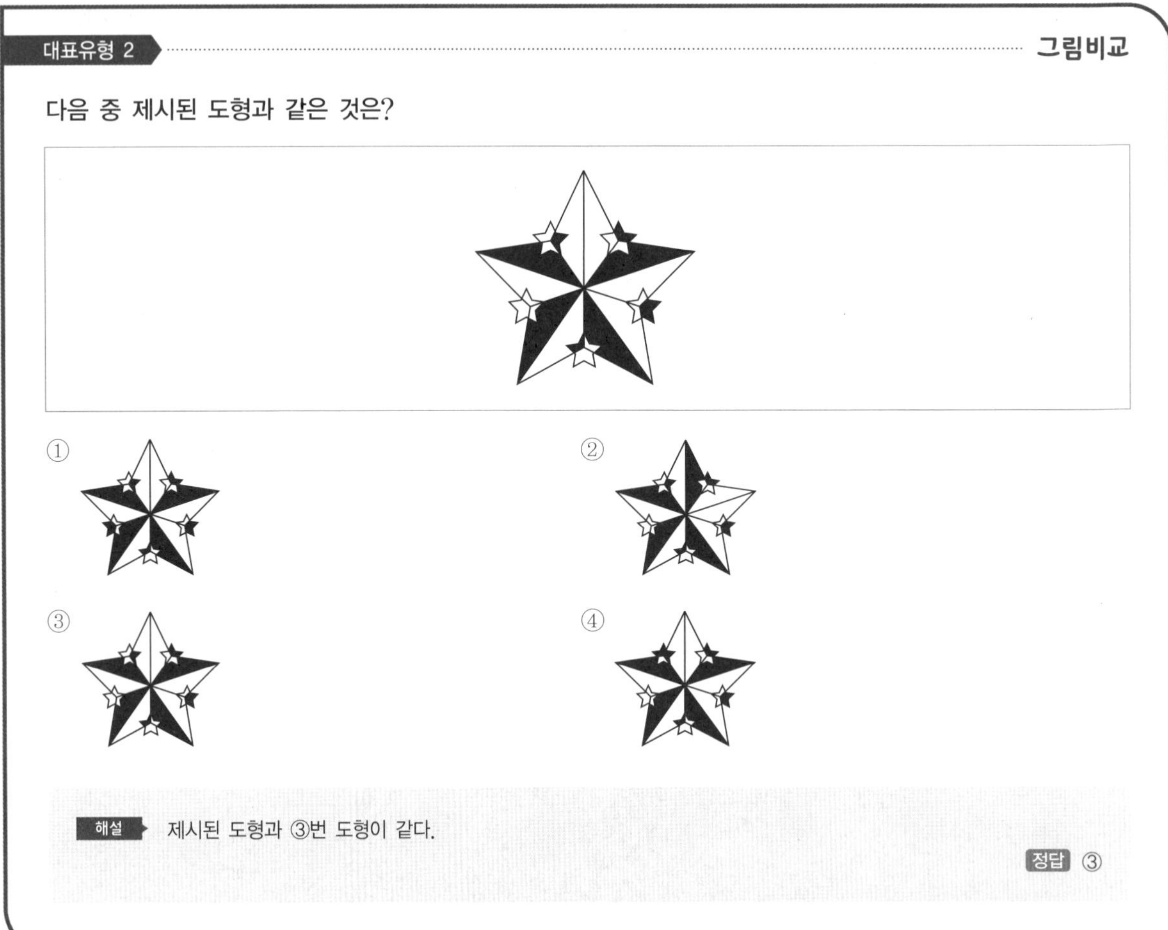

① ② ③ ④

해설 제시된 도형과 ③번 도형이 같다.

정답 ③

※ 다음 중 제시된 도형과 같은 것을 고르시오. **[29~34]**

29

① 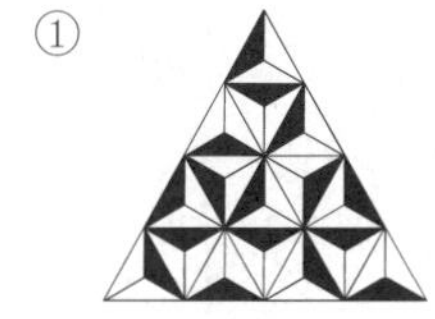

② 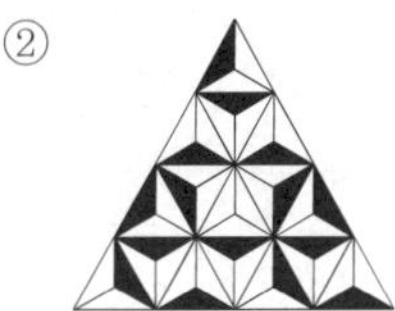

③ 

④ 

30

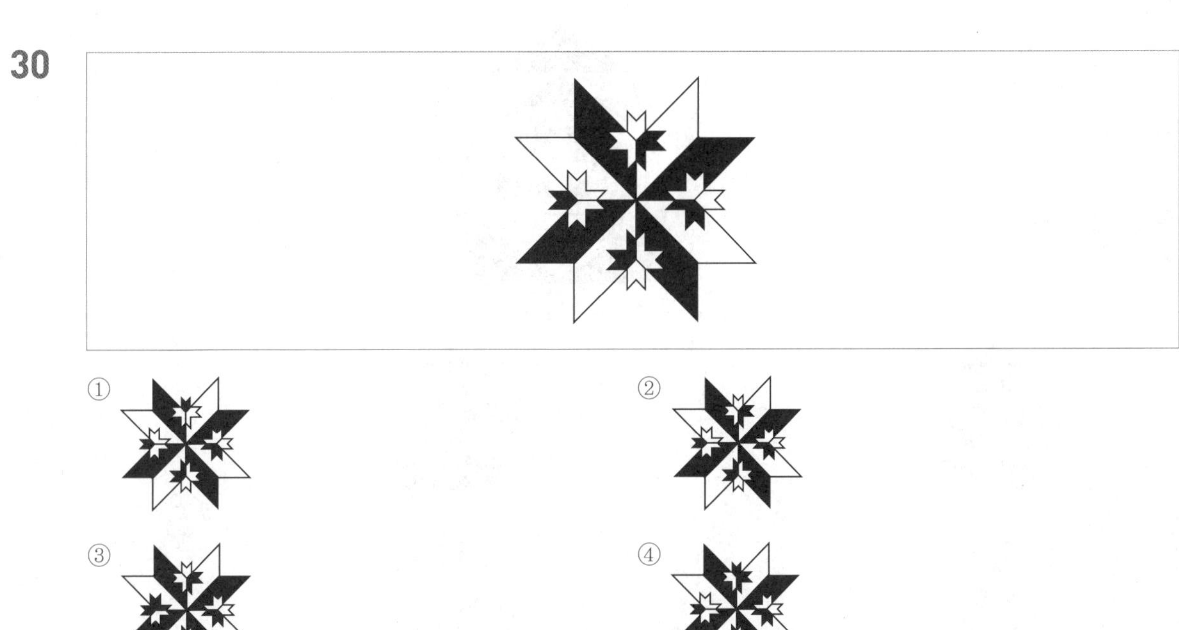

31

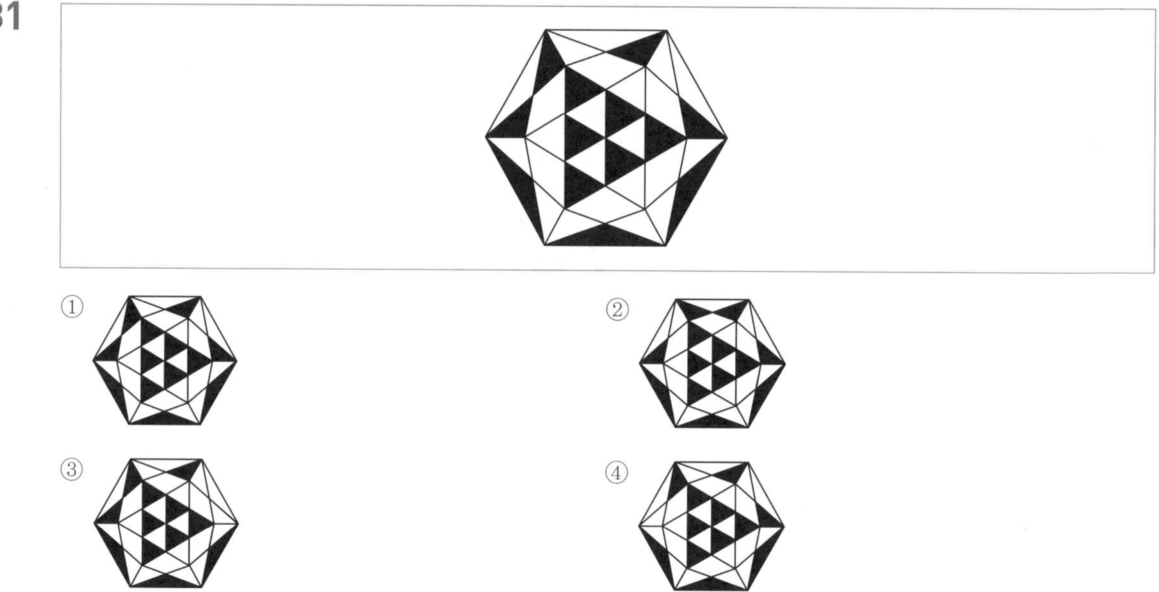

32

33

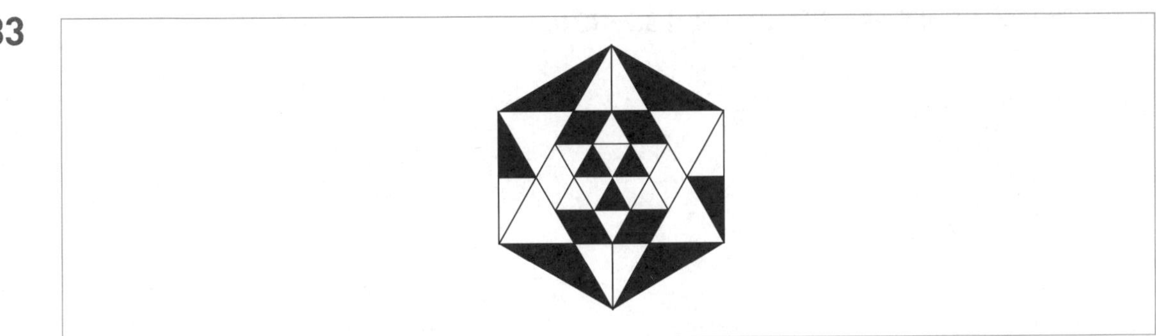

① 

② 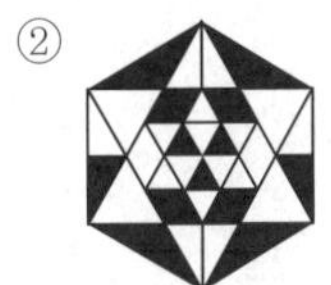

③ 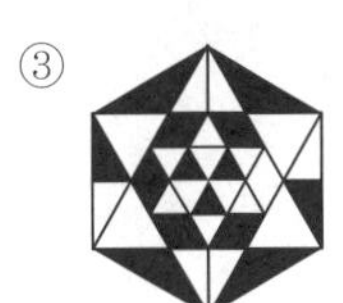

④ 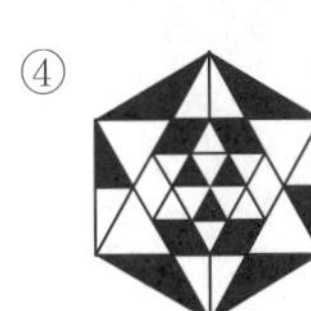

34

※ 다음 중 나머지 도형과 다른 것을 고르시오. [35~39]

① 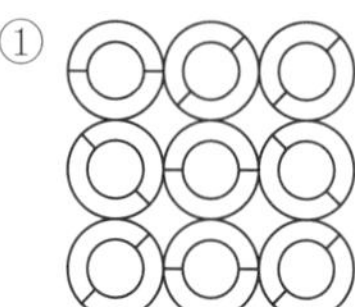

②

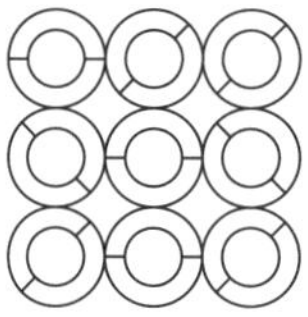

③ 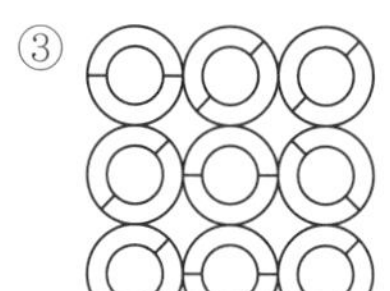

④ 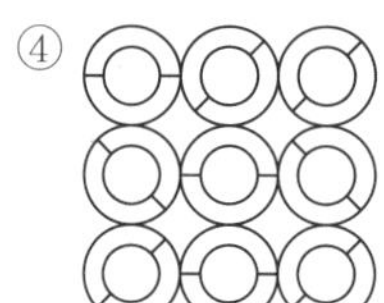

36

① 

② 

③ 

④ 

37

① 

② 

③ 

④ 

38 ①

②

③

④

39 ①

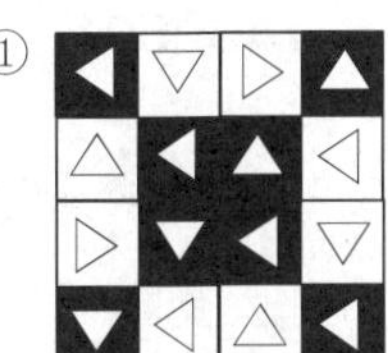

②

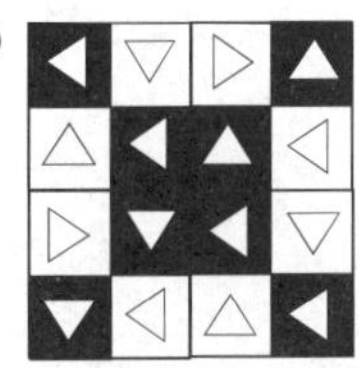

③

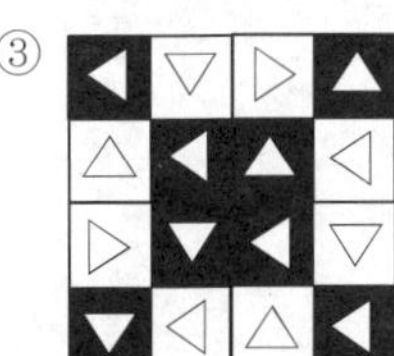

④

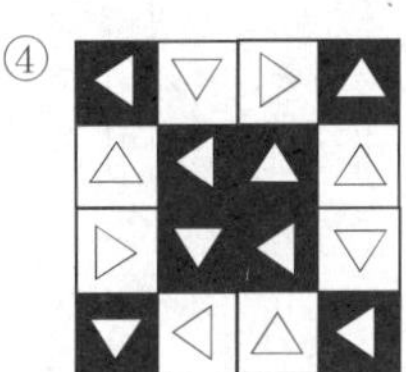

PART 2 수리능력 추리능력 지각능력

안심Touch

대표유형 3 ······ 블록

다음 블록의 개수는 몇 개인가?(단, 보이지 않는 곳의 블록은 있다고 가정한다)

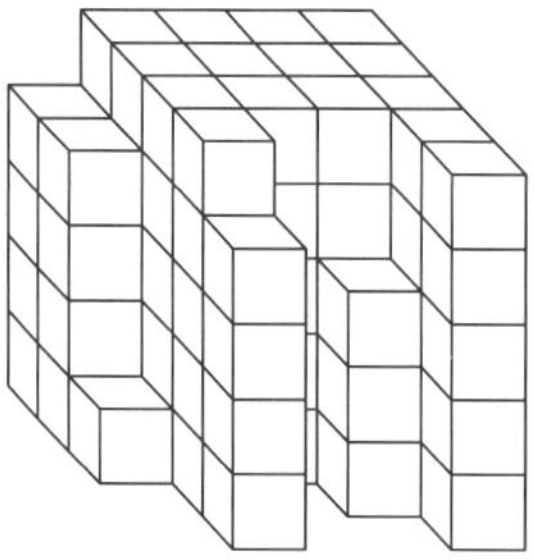

① 85개
② 87개
③ 89개
④ 91개

해설
- 1층 : 5×5－5＝20개
- 2층 : 25－6＝19개
- 3층 : 25－6＝19개
- 4층 : 25－7＝18개
- 5층 : 25－10＝15개

∴ 20＋19＋19＋18＋15＝91개

정답 ④

※ 다음 블록의 개수는 몇 개인지 고르시오(단, 보이지 않는 곳의 블록은 있다고 가정한다). **[40~50]**

40

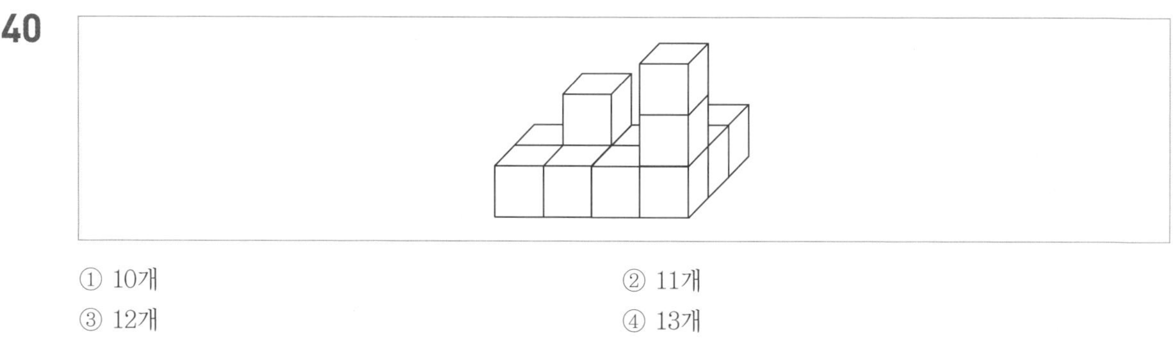

① 10개
② 11개
③ 12개
④ 13개

41

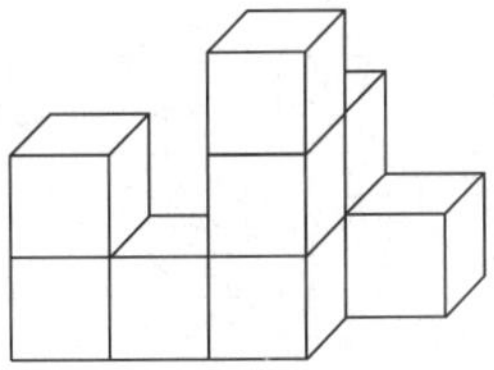

① 8개
② 9개
③ 10개
④ 11개

42

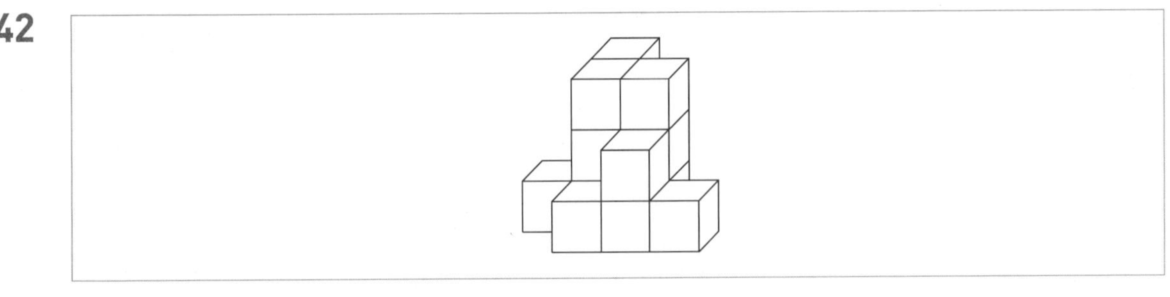

① 12개
② 13개
③ 14개
④ 15개

43

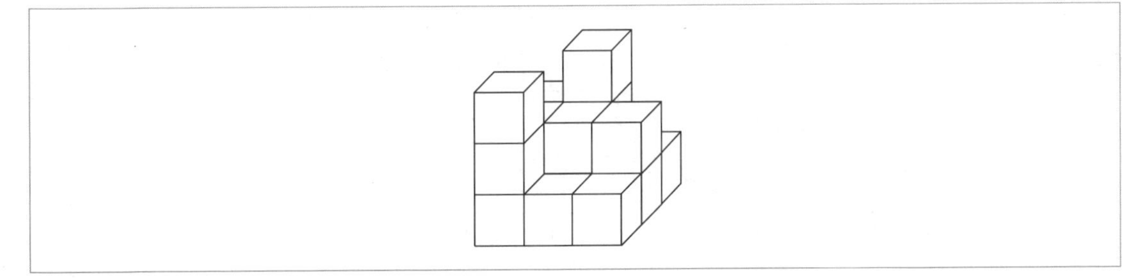

① 15개
② 16개
③ 17개
④ 18개

안심Touch

44

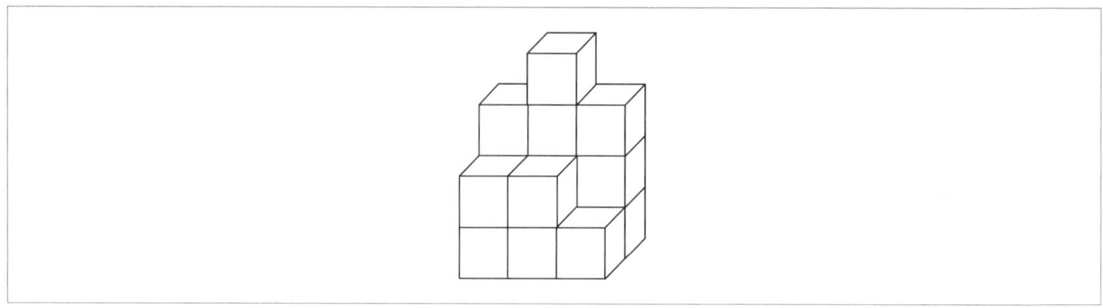

① 15개　　② 16개
③ 17개　　④ 18개

45

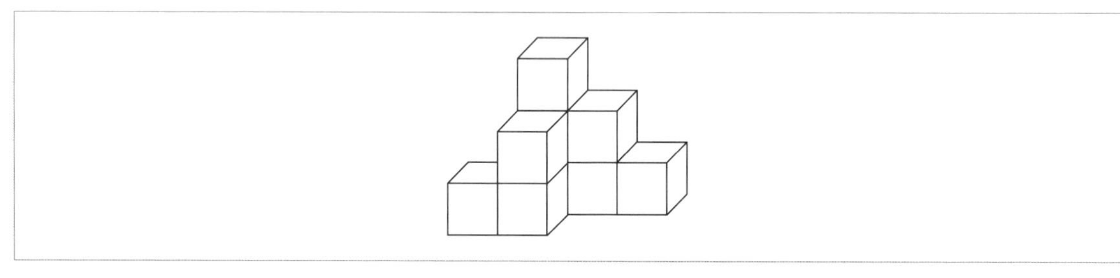

① 8개　　② 9개
③ 10개　　④ 11개

46

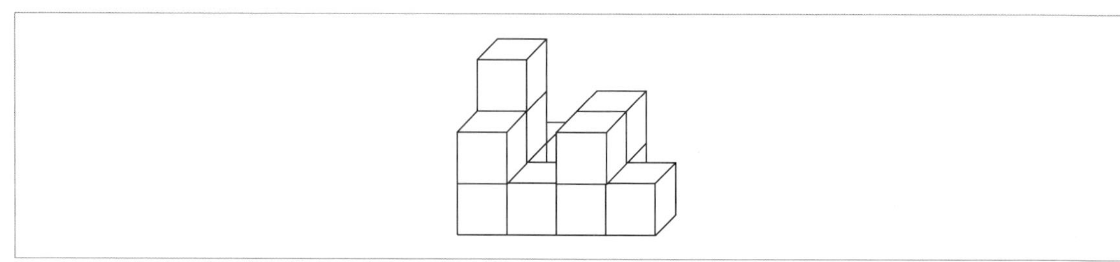

① 10개　　② 11개
③ 12개　　④ 13개

47

① 10개
② 11개
③ 12개
④ 13개

48

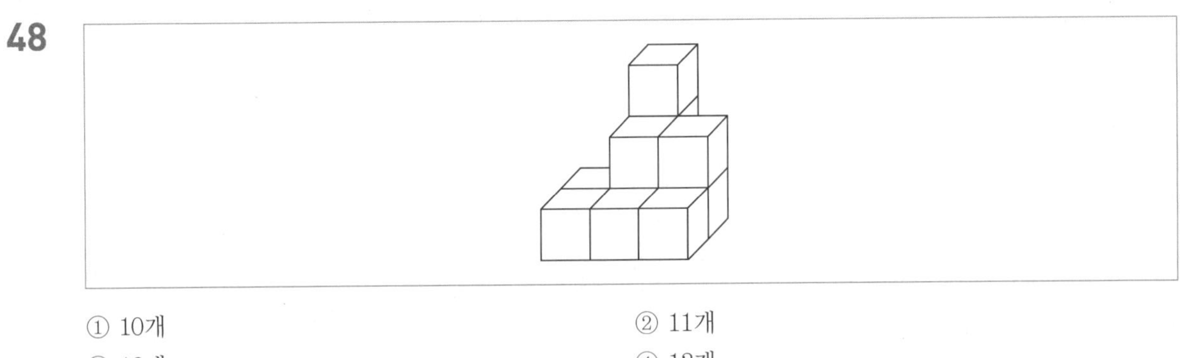

① 10개
② 11개
③ 12개
④ 13개

49

① 10개
② 11개
③ 12개
④ 13개

안심Touch

50

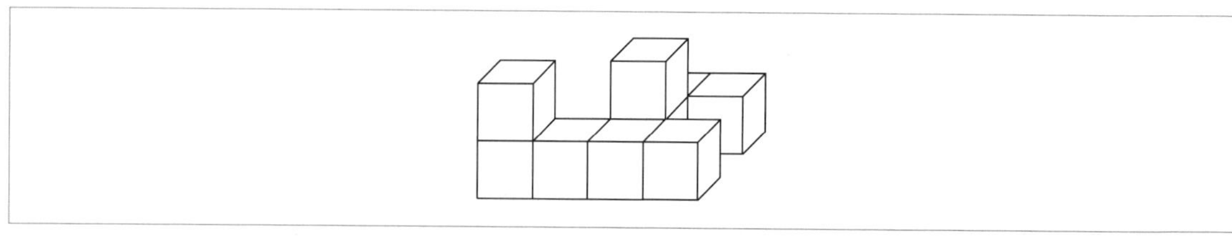

① 8개
② 9개
③ 10개
④ 11개

PART 3

최종점검 모의고사

CONTENTS

※ 온라인 GSAT 진행 시 사용되는 문제풀이 용지는 정답 및 해설 맨 뒤에 제공하오니 모의고사와 함께 활용하시기 바랍니다.

I wish you the best of luck!

(주)시대고시기획
(주)시대교육

www.sidaegosi.com

시험정보 · 자료실 · 이벤트
합격을 위한 최고의 선택

시대에듀

www.sdedu.co.kr

자격증 · 공무원 · 취업까지
BEST 온라인 강의 제공

온라인 실전연습 서비스 FWU-00000-4F950

제1회 최종점검 모의고사

정답 및 해설 p.042

응시시간 : 45분 문항 수 : 120문항

01 수리능력검사

※ 다음 식을 계산한 값으로 옳은 것을 고르시오. **[1~20]**

01

$$6\times\frac{32}{3}\times2\times\frac{11}{2}$$

① 684 ② 704
③ 786 ④ 792

02

$$342\div6\times13-101$$

① 610 ② 620
③ 630 ④ 640

03

$$(6^3-3^4)\times15+420$$

① 4,019 ② 2,412
③ 2,420 ④ 2,445

안심Touch

04

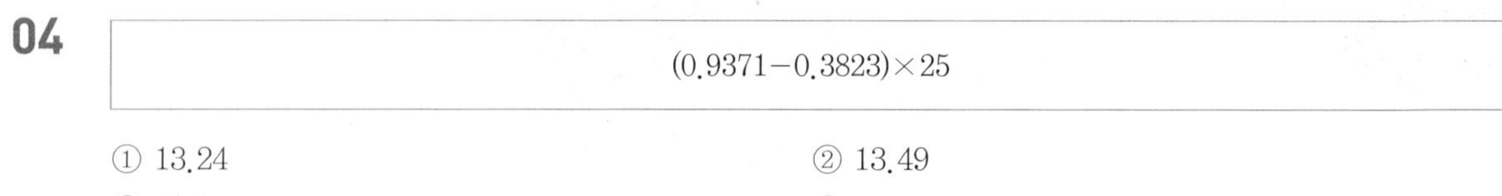

$(0.9371-0.3823)\times 25$

① 13.24
② 13.49
③ 13.87
④ 14.62

05

$(59,378-36,824)\div 42$

① 532
② 537
③ 582
④ 594

06

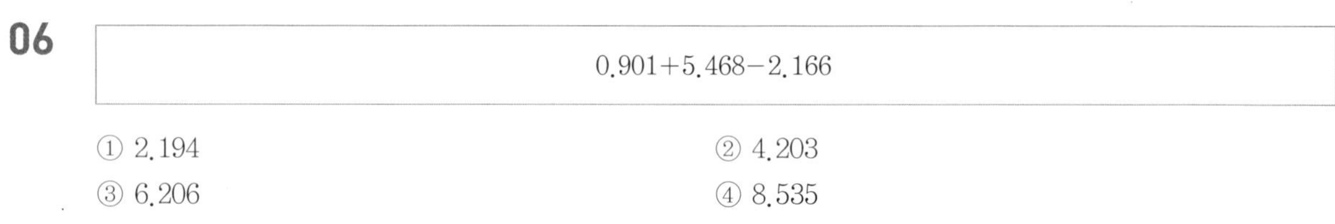

$0.901+5.468-2.166$

① 2.194
② 4.203
③ 6.206
④ 8.535

07

$(102+103+104+105+106)\div 5$

① 104
② 105
③ 114
④ 115

08

$$14.9 \times (3.56 - 0.24)$$

① 46.417　② 47.427
③ 48.492　④ 49.468

09

$$291 - 14 \times 17 + 22$$

① 75　② 92
③ 4,538　④ 4,731

10

$$(79 + 79 + 79 + 79) \times 25$$

① 781　② 7,810
③ 790　④ 7,900

11

$$12 \times 8 - 4 \div 2$$

① 82　② 94
③ 100　④ 112

안심Touch

12

$$15\times15-300\div3+7$$

① 132 ② 137

③ 142 ④ 147

13

$$\frac{27}{8}\times\frac{42}{9}+\frac{21}{8}\times\frac{36}{49}$$

① $\frac{495}{28}$ ② $\frac{460}{28}$

③ $\frac{475}{27}$ ④ $\frac{435}{27}$

14

$$79{,}999+7{,}999+799+79$$

① 88,866 ② 88,876

③ 88,886 ④ 88,896

15

$$(78{,}201+76{,}104)\div405$$

① 271 ② 298

③ 381 ④ 397

16

$$1,113 \div 371 + 175$$

① 178
② 188
③ 189
④ 199

17

$$214 - 9 \times 13$$

① 97
② 98
③ 99
④ 107

18

$$(14 + 4 \times 3) \div 2$$

① 11
② 12
③ 13
④ 14

19

$$(16 + 4 \times 5) \div 4$$

① 7
② 8
③ 9
④ 10

20

2,170+1,430×6

① 10,750
② 10,751
③ 10,752
④ 10,753

21 현재 시간이 7시 20분일 때, 시계의 시침과 분침의 작은 각의 각도는?

① 100°
② 105°
③ 110°
④ 115°

22 유속 10m/s로 흐르는 강물에서 유진이는 일정한 속력으로 움직이는 배를 타고 있다. 배가 내려올 때의 속력이 반대로 올라갈 때 속력의 1.5배와 같을 때, 배 자체의 속력은 몇 m/s인가?

① 45m/s
② 50m/s
③ 55m/s
④ 60m/s

23 현재 아버지의 나이는 35세, 아들은 10세이다. 아버지 나이가 아들 나이의 2배가 되는 것은 몇 년 후인가?

① 5년 후
② 10년 후
③ 15년 후
④ 20년 후

24 1부터 200까지의 숫자 중 약수가 3개인 수는 몇 개인가?

① 5개 ② 6개
③ 7개 ④ 8개

25 물 200g에 소금 100g과 20% 식염수 200g을 넣으면 몇 %의 식염수가 되는가?

① 22% ② 24%
③ 26% ④ 28%

26 제품 A는 1개에 600원, 제품 B는 1개에 1,000원이다. 김 사원이 거스름돈을 전혀 남기지 않고 12,000원으로 A와 B를 살 수 있는 방법의 수는?(단, A만 모두 사거나 B만 모두 사는 것도 가능하다)

① 4가지 ② 5가지
③ 6가지 ④ 7가지

27 민우, 현호, 용재, 경섭, 진수가 일렬로 줄을 설 때 양 끝에 현호와 진수가 서게 될 확률은 $\frac{b}{a}$이다. $a+b$는?(단, a와 b는 서로소이다)

① 9 ② 10
③ 11 ④ 12

안심Touch

28 어떤 회사에는 속도가 다른 승강기 A, B가 있다. A승강기는 1초에 1층씩 움직이며, B엘리베이터는 1초에 2층씩 움직인다. 1층에서 A승강기를 타고 올라간 사람과 15층에서 B승강기를 타고 내려가는 사람이 동시에 엘리베이터에 탔다면 두 사람은 몇 층에서 같은 층이 되는가?

① 4층 ② 5층
③ 6층 ④ 7층

29 D사원은 비품 구입을 위해 한 자루에 500원 하는 볼펜과 한 자루에 700원 하는 색연필을 합하여 12자루를 샀다. 구입한 비품을 같이 구매한 1,000원짜리 상자에 넣고 총금액으로 8,600원을 지불했을 때, D사원이 구입한 볼펜은 몇 자루인가?

① 7자루 ② 6자루
③ 5자루 ④ 4자루

30 유료주차장의 요금안내판에 따르면 1시간까지는 기본요금 2,000원이 발생하고, 1시간부터 2시간 사이에는 10분당 x원, 그리고 2시간부터 3시간 사이에는 15분당 y원이 발생한다고 설명하고 있으나 x와 y가 잘 보이지 않았다. 미팅이 끝난 후 A씨는 1시간 30분 동안 주차한 요금으로 총 5,000원을 지불했고, 마침 같은 곳에 주차한 거래처 직원 B씨도 2시간 30분 동안 주차한 요금으로 총 11,000원을 지불했다. x와 y의 합은 얼마인가?

① 2,000 ② 2,500
③ 3,000 ④ 3,500

※ 다음은 아시아 국가별 평균 교육기간을 나타낸 그래프이다. 이어지는 물음에 답하시오. **[31~32]**

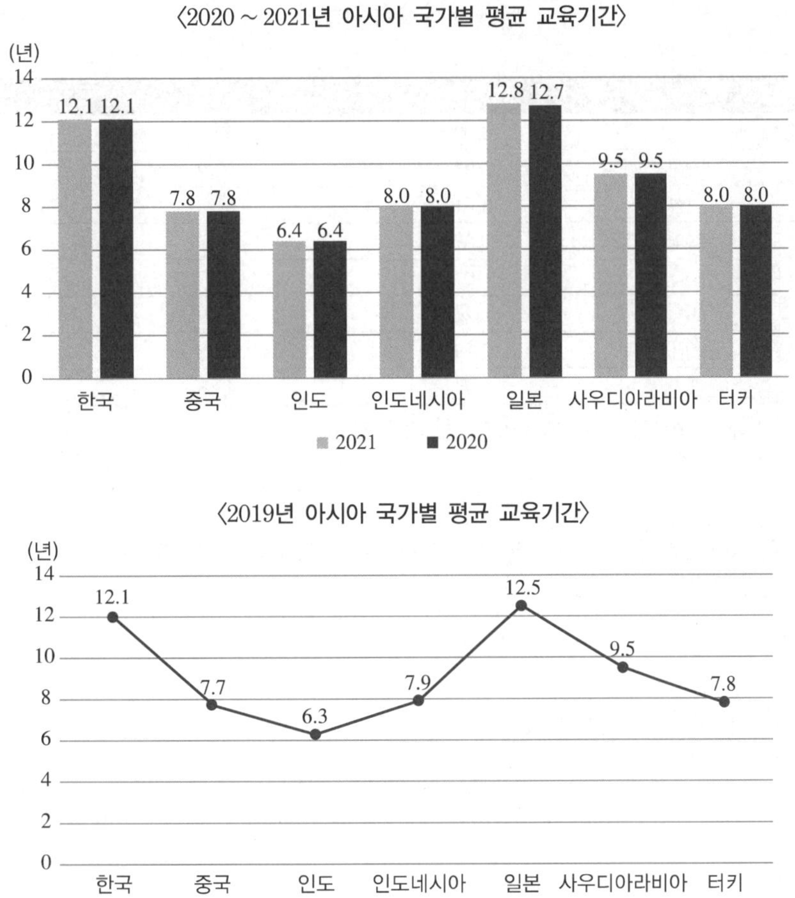

〈2020 ~ 2021년 아시아 국가별 평균 교육기간〉

(년)

국가	2021	2020
한국	12.1	12.1
중국	7.8	7.8
인도	6.4	6.4
인도네시아	8.0	8.0
일본	12.8	12.7
사우디아라비아	9.5	9.5
터키	8.0	8.0

〈2019년 아시아 국가별 평균 교육기간〉

(년)

국가	2019
한국	12.1
중국	7.7
인도	6.3
인도네시아	7.9
일본	12.5
사우디아라비아	9.5
터키	7.8

31 위 자료에 대한 설명 중 옳지 않은 것은?

① 한국은 2019 ~ 2021년까지의 평균 교육기간은 동일하다.
② 2019년보다 2020년의 평균 교육기간이 높아진 국가는 5개국이다.
③ 2020년과 2021년의 아시아 각 국가의 평균 교육기간은 동일하다.
④ 2019 ~ 2021년 동안 매년 평균 교육기간이 8년 이하인 국가는 4개국이다.

32 2019년에 평균 교육기간이 8년 이하인 국가들의 평균 교육기간의 평균은 얼마인가?

① 7.105년　　② 7.265년
③ 7.425년　　④ 7.595년

※ 다음은 20대 이상 성인에게 종이책 독서에 관해 설문조사를 한 자료이다. 이어지는 질문에 답하시오. **[33~34]**

〈종이책 독서 현황〉

(단위 : %)

구분		사례 수(명)	읽음	읽지 않음
전체		6,000	59.9	40.1
성별	남성	2,988	58.2	41.8
	여성	3,012	61.5	38.5
연령별	20대	1,070	73.5	26.5
	30대	1,071	68.9	31.1
	40대	1,218	61.9	38.1
	50대	1,190	52.2	47.8
	60대 이상	1,451	47.8	52.2

※ '읽음'과 '읽지 않음'의 비율은 소수점 이하 둘째 자리에서 반올림한 값이다.

33 위 자료에 대한 설명으로 옳지 않은 것은?(단, 인원은 소수점 이하 첫째 자리에서 반올림한다)

① 모든 연령대에서 '읽음'의 비율이 '읽지 않음'보다 높다.
② 여성이 남성보다 종이책 독서를 하는 비율이 3%p 이상 높다.
③ 사례 수가 가장 적은 연령대의 '읽지 않음'을 선택한 인원은 250명 이상이다.
④ 40대의 '읽음'과 '읽지 않음'을 선택한 인원의 차이는 약 290명이다.

34 여성과 남성의 사례 수가 각각 3,000명이라면 '읽음'을 선택한 여성과 남성의 인원은 총 몇 명인가?

① 3,150명
② 3,377명
③ 3,591명
④ 3,782명

※ 다음은 S초등학교 남학생 500명과 여학생 450명의 도서 선호 분야를 비율로 나타낸 자료이다. 이어지는 질문에 답하시오. **[35~37]**

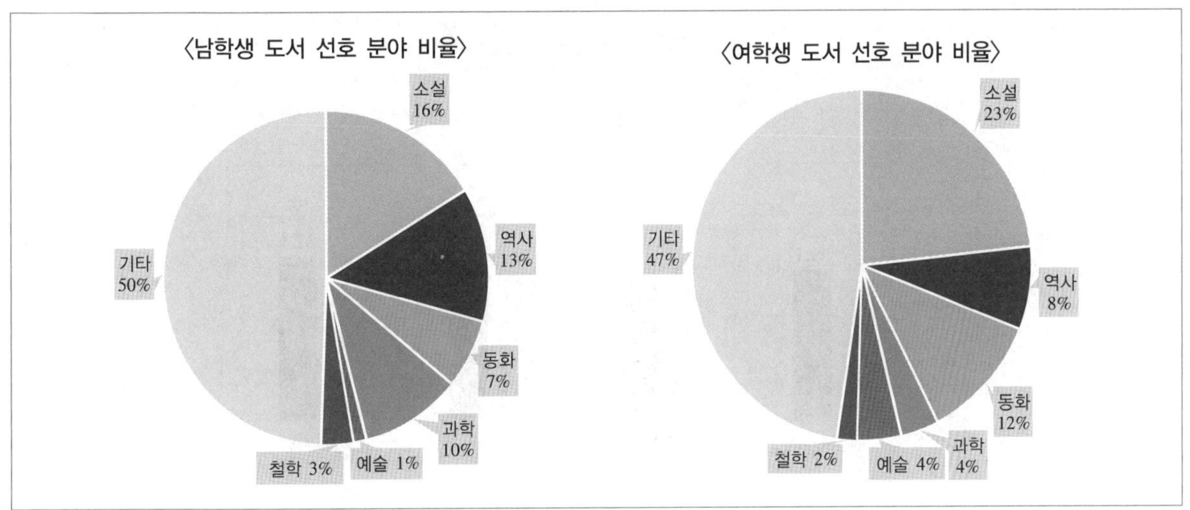

35 과학 분야를 선호하는 총 학생 수는 몇 명인가?

① 60명　② 68명
③ 70명　④ 75명

36 기타를 제외한 도서 선호 분야에서 남학생과 여학생 각각 가장 낮은 비율을 차지하는 분야의 학생 수를 구하려고 한다. 해당하는 분야의 총 학생 수의 10배는 몇 명인가?

① 104명　② 115명
③ 126명　④ 140명

37 다음 중 자료에 대한 설명으로 옳은 것은?

① 남학생과 여학생은 예술 분야보다 철학 분야를 더 선호한다.
② 과학 분야는 선호하는 여학생 비율이 선호하는 남학생 비율보다 높다.
③ 역사 분야는 선호하는 남학생 비율이 선호하는 여학생 비율의 2배 미만이다.
④ 동화 분야는 선호하는 여학생 비율이 선호하는 남학생 비율의 2배 이상이다.

※ 다음은 2020 ~ 2021년 초등학교, 중학교, 고등학교를 대상으로 교육비 현황을 조사한 자료이다. 다음 그래프를 보고 이어지는 질문에 답하시오. **[38~40]**

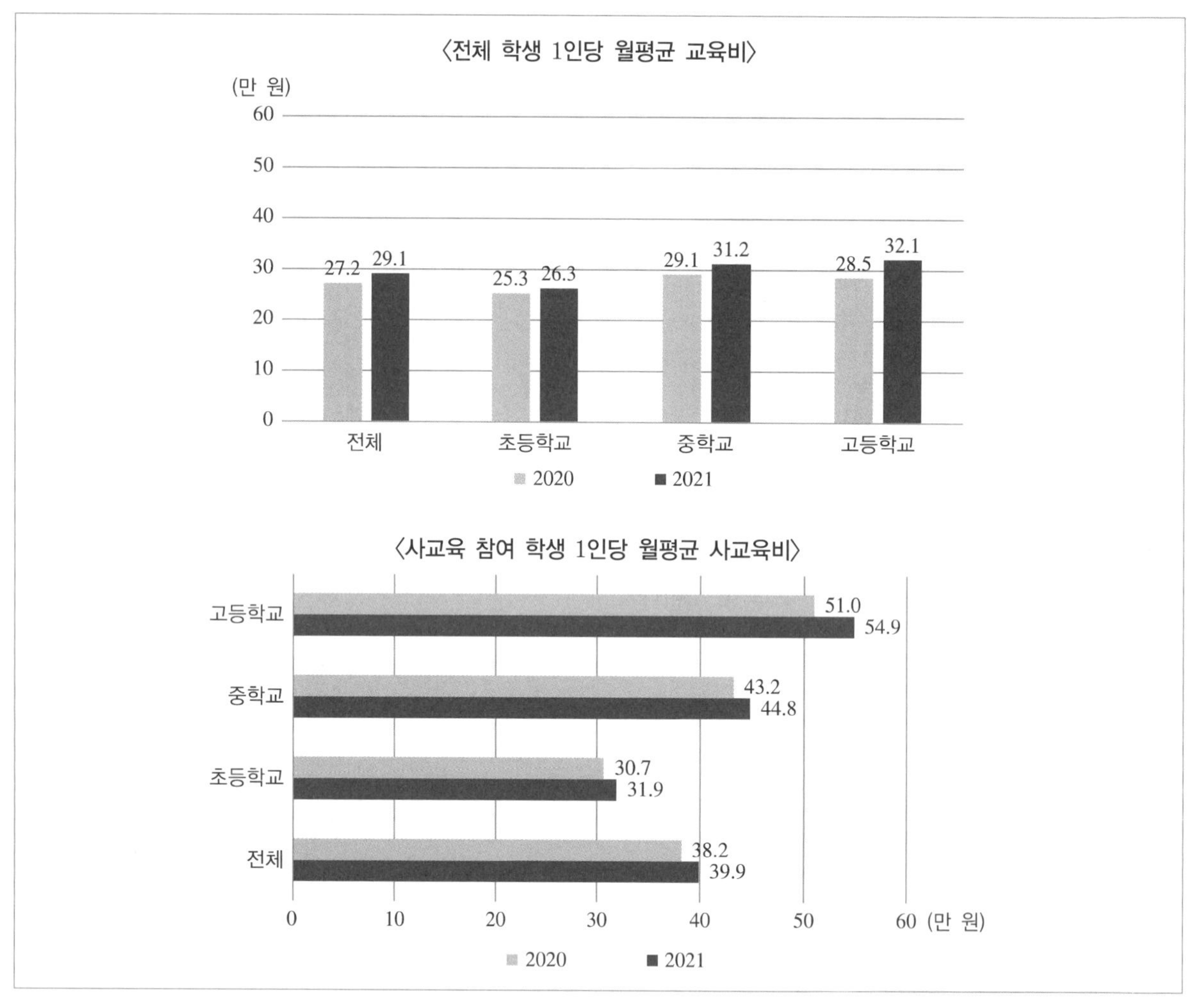

38 2020년 전체 학생 수가 1,500명이고, 초등학생의 수는 800명이었다. 전체 학생의 월간 총 교육비 대비 초등학생의 월간 총 교육비의 비율은 몇 %인가?(단, 소수점 이하 둘째 자리에서 반올림한다)

① 44.7%
② 47.3%
③ 48.2%
④ 49.6%

39 다음 〈보기〉 중 옳은 것을 모두 고른 것은?(단, 소수점 이하 둘째 자리에서 반올림한다)

보기

ㄱ. 2020년 대비 2021년 고등학생 1인당 월평균 교육비 증가율은 10% 이상이다.
ㄴ. 사교육 참여 학생 중 2021년 중학생 1인당 월평균 사교육비는 2020년 고등학생 1인당 월평균 사교육비보다 많다.
ㄷ. 2020년과 2021년 모두 사교육 참여 학생 1인당 월평균 사교육비는 상급학교일수록 많다.

① ㄱ
② ㄴ, ㄷ
③ ㄷ
④ ㄱ, ㄷ

40 2021년도 중학교 전체 학생 수가 600명이고, 이 중 40%가 사교육에 참여한다고 한다. 중학교 전체 학생의 월간 총 교육비에서 사교육 참여 학생의 월간 총 사교육비가 차지하는 비중은 얼마인가?(단, 소수점 이하 둘째 자리에서 반올림한다)

① 55.2%
② 57.4%
③ 62.5%
④ 66.8%

02 추리능력검사

※ 다음 〈조건〉을 보고 ?에 들어갈 도형을 고르시오. **[1~2]**

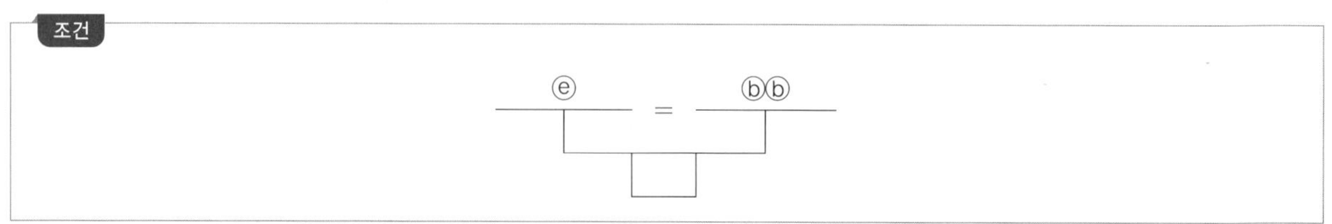

01

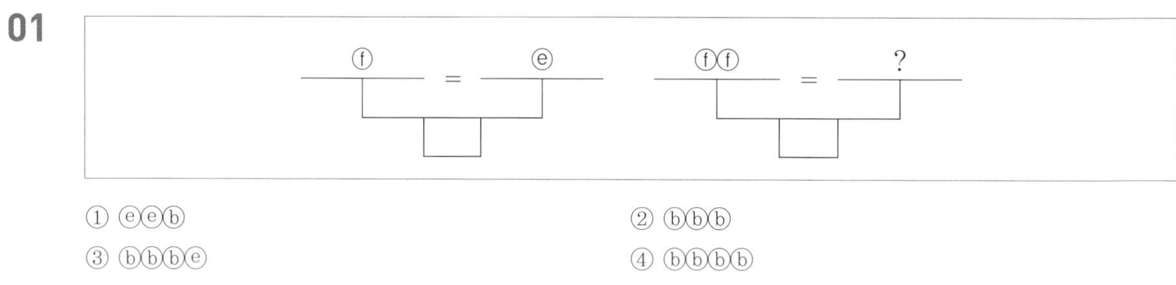

① ⓔⓔⓑ
② ⓑⓑⓑ
③ ⓑⓑⓑⓔ
④ ⓑⓑⓑⓑ

02

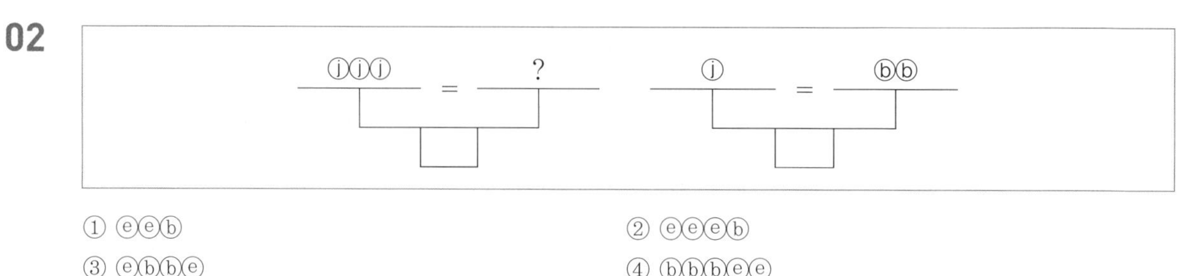

① ⓔⓔⓑ
② ⓔⓔⓔⓑ
③ ⓔⓑⓑⓔ
④ ⓑⓑⓑⓔⓔ

※ 다음 〈조건〉을 보고 ?에 들어갈 도형을 고르시오. **[3~4]**

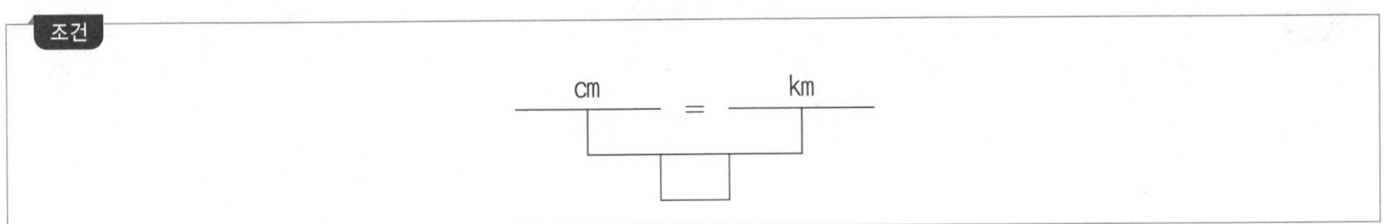

03

km = mmmm

? = mmmmkm

① cmcm
② cmcmcm
③ cmcmkmkm
④ cmcmcmcm

04

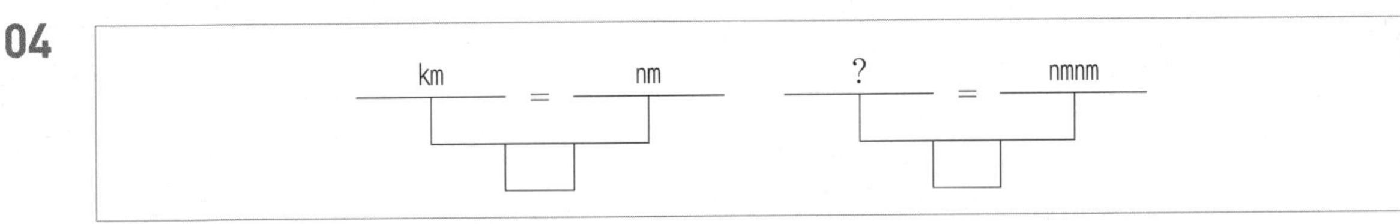

① cmcmkm
② cmkm
③ kmkmcm
④ kmcmkm

※ 다음 〈조건〉을 보고 ?에 들어갈 도형을 고르시오. **[5~6]**

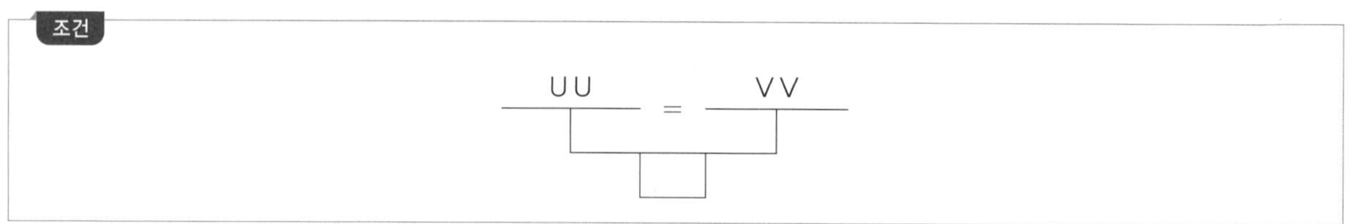

05

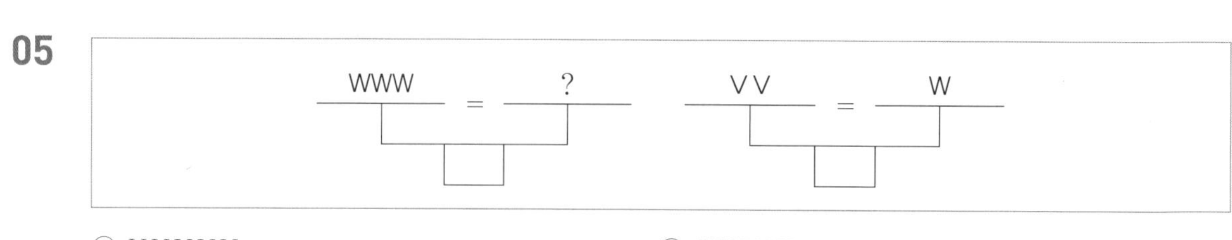

① VVVVV
② UUUVV
③ UUUUVV
④ UUUUUUU

06

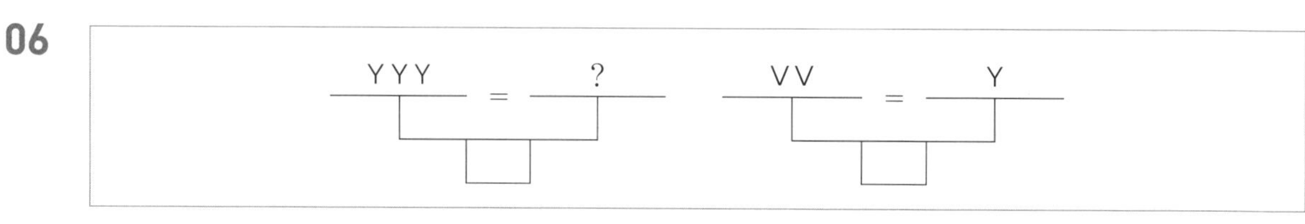

① VVVVV
② VVUUV
③ UUVVU
④ UUVVUU

※ 다음 〈조건〉을 보고 ?에 들어갈 도형을 고르시오. **[7~8]**

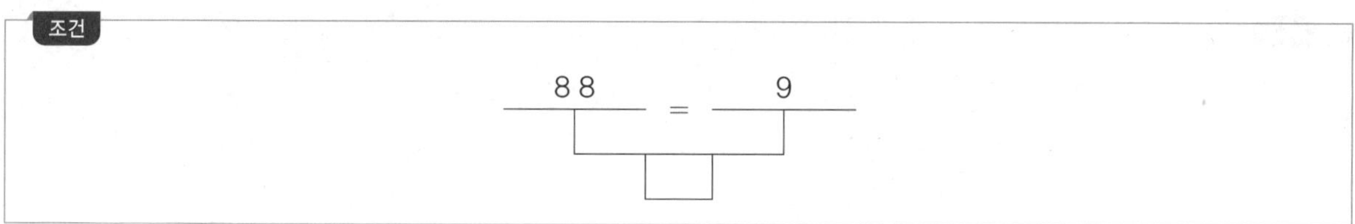

07

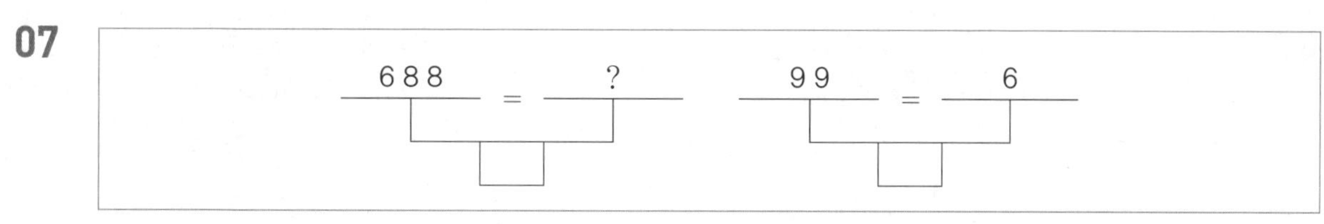

① 8888
② 9999
③ 88899
④ 88889

08

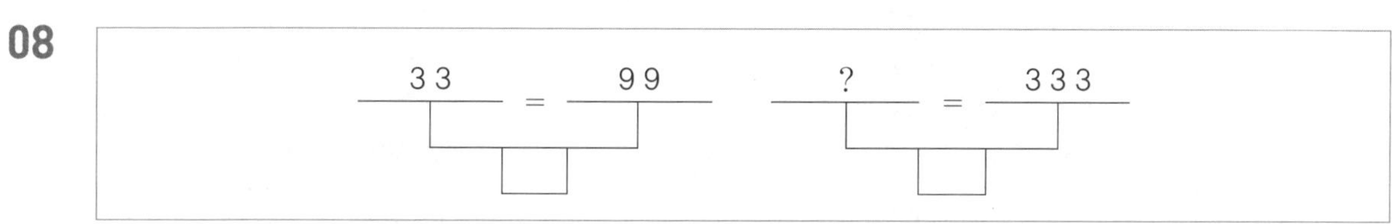

① 88888
② 888888
③ 8888
④ 8889

안심Touch

※ 다음 〈조건〉을 보고 ?에 들어갈 도형을 고르시오. **[9~10]**

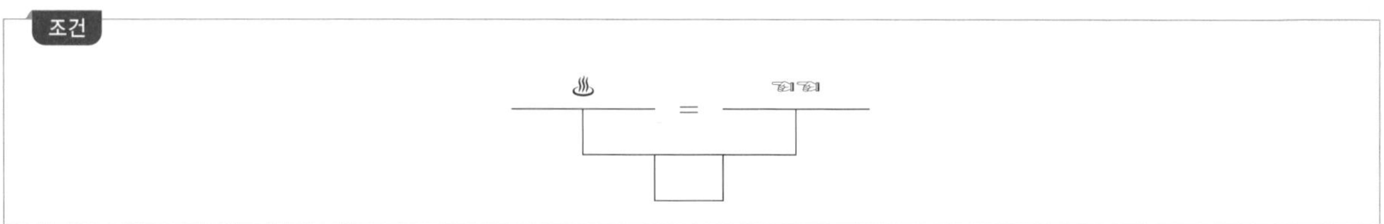

09

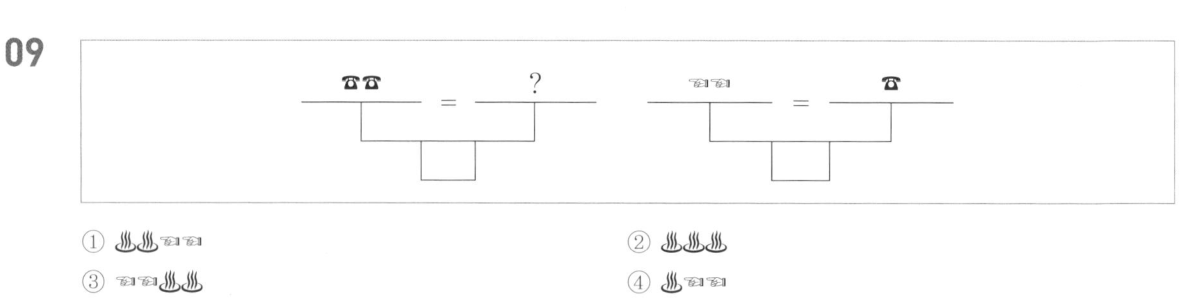

① ♨♨☜☜　② ♨♨♨
③ ☜☜♨♨　④ ♨☜☜

10

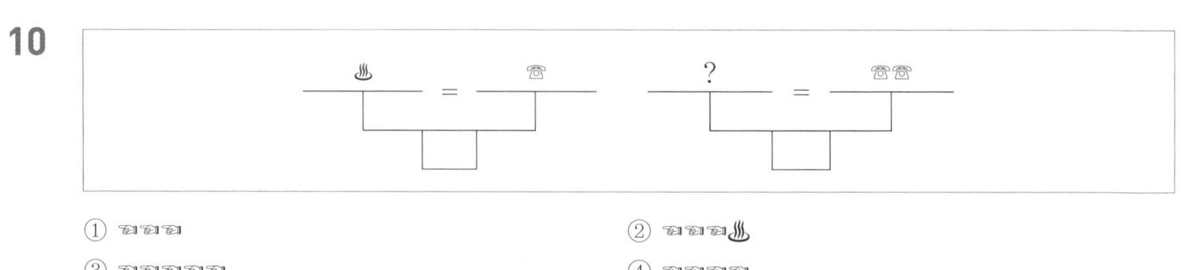

① ☜☜☜　② ☜☜☜♨
③ ☜☜☜☜☜　④ ☜☜☜☜

※ 다음 〈조건〉을 보고 ?에 들어갈 도형을 고르시오. **[11~12]**

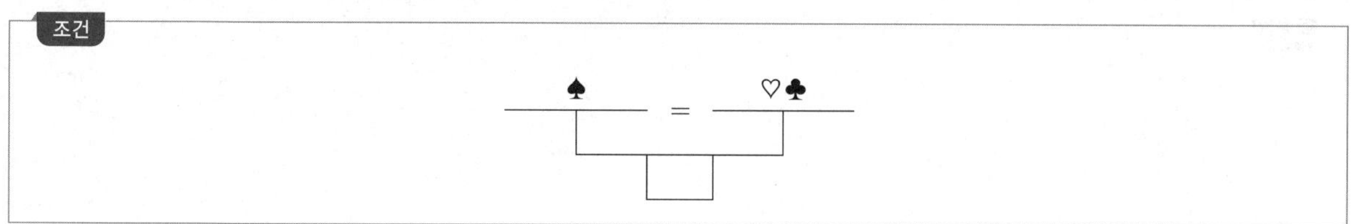

11

? = ♥♠　　♠♠ = ♥♥

① ♡♣♡♣　　② ♡♣♡♣♡♣

③ ♡♣♠♠　　④ ♥♡♣♣

12

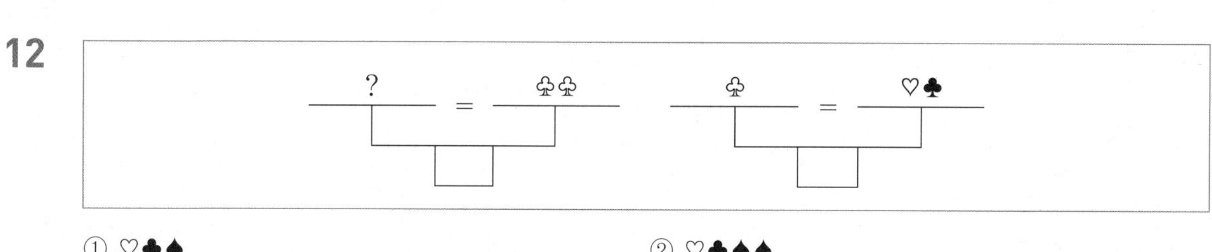

① ♡♣♠　　② ♡♣♠♠

③ ♡♣♡♣♠　　④ ♡♣♡♠

※ 다음 〈조건〉을 보고 ?에 들어갈 도형을 고르시오. **[13~14]**

조건

♬♬♬♬ = ♪♪

13

♩♩ = ?　　♩ = ♬♬

① ♪♪♪　　② ♬♬♬

③ ♬♬♪♪　　④ ♪♬♬

14

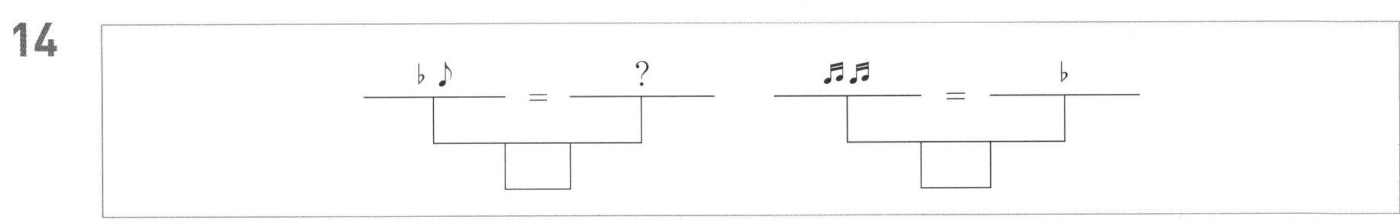

① ♬♬♬♬♬　　② ♬♬♬♬

③ ♬♬♬♬♬♬　　④ ♭♬♬♬

※ 다음 〈조건〉을 보고 ?에 들어갈 도형을 고르시오. **[15~16]**

조건

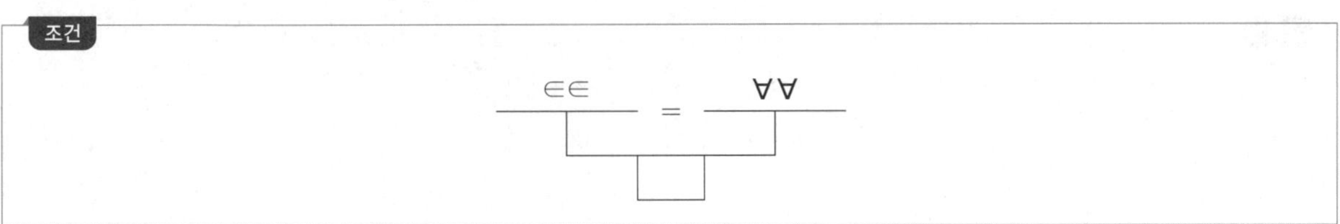

15

? = Σ∀   ∀∀ = Σ

① ∀∈
② ∈∈∀
③ ∈∈∀∀
④ ∈∈∈∈

16

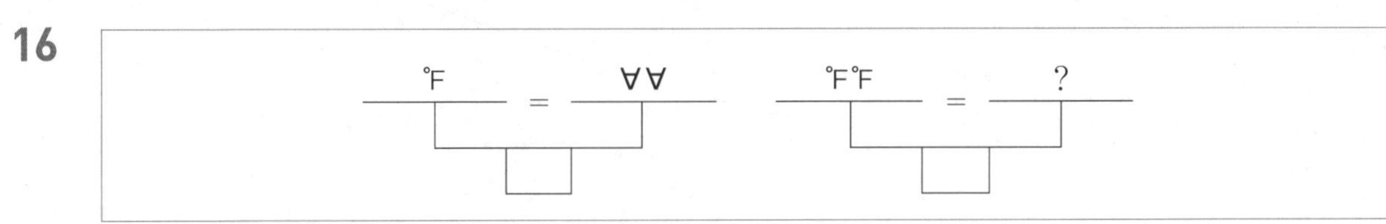

① ∀∀∀∀∀∀
② ∈∈∈∀∀
③ ∀∀∈∈
④ ∀∀∀℉

안심Touch

※ 다음 〈조건〉을 보고 ?에 들어갈 도형을 고르시오. **[17~18]**

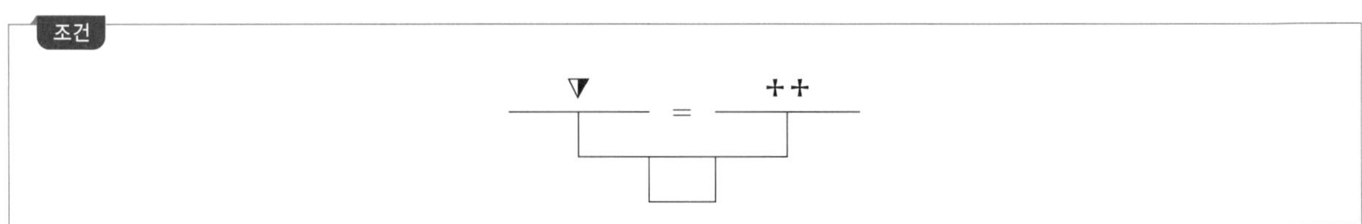

17

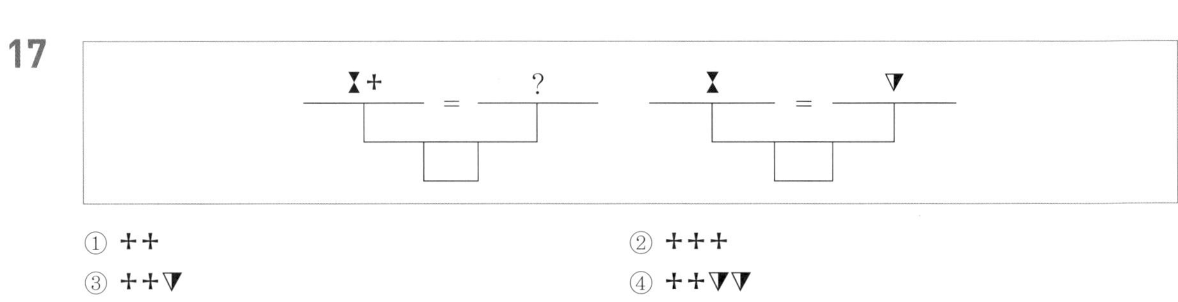

① ++
② +++
③ ++▼
④ ++▼▼

18

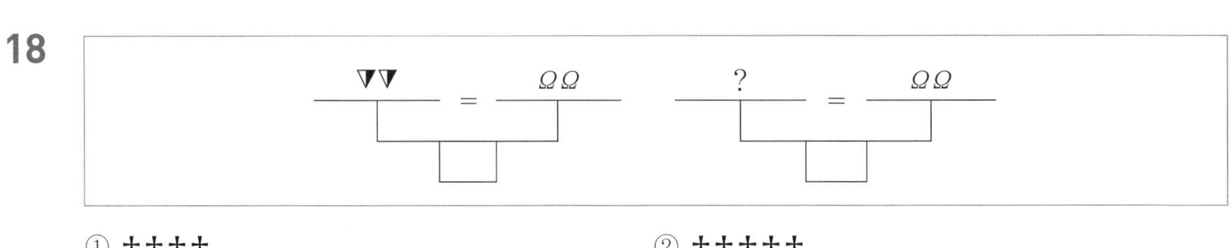

① ++++
② +++++
③ +++▼
④ ++▼++

※ 다음 〈조건〉을 보고 ?에 들어갈 도형을 고르시오. **[19~20]**

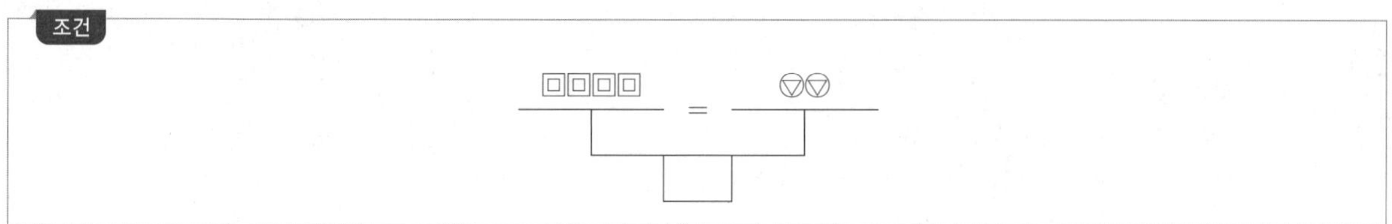

19

▽ = ◒　　　◒◒ = ?

① □□□□□　　② □□▽▽
③ □□▽　　④ ◒□□□

20

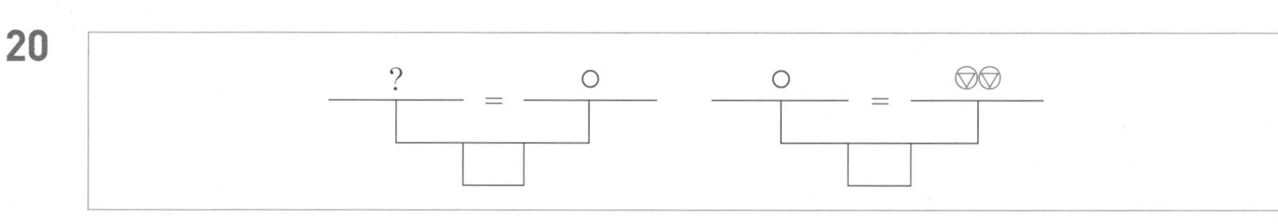

① □□□　　② □□▽▽
③ ▽▽□　　④ □□□□

안심Touch

※ **제시문 A를 읽고, 제시문 B가 참인지 거짓인지 혹은 알 수 없는지 고르시오. [21~24]**

21

[제시문 A]
- 수박과 참외는 과즙이 많은 과일이다.
- 과즙이 많은 과일은 섭취하면 갈증해소와 이뇨작용에 좋다.

[제시문 B]
수박과 참외는 갈증해소와 이뇨작용에 좋다.

① 참 ② 거짓 ③ 알 수 없음

22

[제시문 A]
- 아침잠이 많은 사람은 지각을 자주 한다.
- 지각을 자주 하는 사람은 해당 벌점이 높다.

[제시문 B]
아침잠이 많은 재은이는 지각 벌점이 높다.

① 참 ② 거짓 ③ 알 수 없음

23

[제시문 A]
- 영화관에 가면 팝콘을 먹겠다.
- 놀이동산에 가면 팝콘을 먹지 않겠다.

[제시문 B]
영화관에 가면 놀이동산에 가지 않겠다.

① 참 ② 거짓 ③ 알 수 없음

24

[제시문 A]
• 차가운 물로 샤워를 하면 순간적으로 몸의 체온이 내려간다.
• 몸의 체온이 내려가면 일정한 체온을 유지하기 위해 열이 발생한다.

[제시문 B]
차가운 물로 샤워를 하면 몸의 체온을 낮게 유지할 수 있다.

① 참 ② 거짓 ③ 알 수 없음

※ 다음 제시문을 읽고 각 문제가 항상 참이면 ①, 거짓이면 ②, 알 수 없으면 ③을 고르시오. [25~27]

• A ~ D사원은 이번 주 평일 중 2일을 휴가 내기로 하였다.
• 연달아 이틀을 사용할 수 있으나, 수요일은 회의로 인해 휴가를 사용할 수 없다.
• 같은 요일을 3명 이상이 선택할 수 없다.
• A사원은 월요일과 화요일을 선택하였다.
• C사원은 월요일과 금요일을 선택하였다.

25 **B사원은 월요일에 휴가를 쓸 수 없다.**

① 참 ② 거짓 ③ 알 수 없음

26 **B사원이 목요일에 휴가를 사용한다면, D사원은 연달아 이틀을 휴가로 사용할 수 없다.**

① 참 ② 거짓 ③ 알 수 없음

27 **D가 화요일에 휴가를 사용한다면, B는 연달아 이틀을 휴가로 사용할 수 있다.**

① 참 ② 거짓 ③ 알 수 없음

※ 다음 제시문을 읽고 각 문제가 항상 참이면 ①, 거짓이면 ②, 알 수 없으면 ③을 고르시오. [28~30]

- 병원의 월요일 진료 시간은 오후 6시까지이다.
- 화요일은 월요일보다 1시간 30분 연장하여 진료한다.
- 수요일과 금요일의 진료 시간은 월요일과 같다.
- 목요일은 수요일보다 1시간 연장하여 진료한다.
- 토요일은 금요일보다 4시간 빨리 진료를 마감하며, 일요일은 휴무일이다.

28 오후 6시 이후의 진료를 야간 진료라고 할 때, 목요일은 야간 진료를 한다.

① 참 ② 거짓 ③ 알 수 없음

29 토요일의 진료 시간은 오후 3시까지이다.

① 참 ② 거짓 ③ 알 수 없음

30 가장 늦은 시간까지 진료하는 요일은 목요일이다.

① 참 ② 거짓 ③ 알 수 없음

※ 다음 명제가 모두 참일 때, 반드시 참인 명제를 고르시오. [31~35]

31

- 창조적인 기업은 융통성이 있다.
- 오래 가는 기업은 건실하다.
- 오래 가는 기업이라고 해서 모두가 융통성이 있는 것은 아니다.

① 융통성이 있는 기업은 건실하다.
② 창조적인 기업이 오래 갈지 아닐지 알 수 없다.
③ 융통성이 있는 기업은 오래 간다.
④ 어떤 창조적인 기업은 건실하다.

32

- 사람은 빵도 먹고 밥도 먹는다.
- 사람이 아니면 생각을 하지 않는다.
- 모든 인공지능은 생각을 한다.
- T는 인공지능이다.

① 사람이면 T이다.
② 생각을 하면 인공지능이다.
③ 인공지능이 아니면 밥을 먹지 않거나 빵을 먹지 않는다.
④ T는 빵도 먹고 밥도 먹는다.

33

- 도보로 걷는 사람은 자가용을 타지 않는다.
- 자전거를 타는 사람은 자가용을 탄다.
- 자전거를 타지 않는 사람은 버스를 탄다.

① 자가용을 타는 사람은 도보로 걷는다.
② 버스를 타지 않는 사람은 자전거를 타지 않는다.
③ 버스를 타는 사람은 도보로 걷는다.
④ 도보로 걷는 사람은 버스를 탄다.

34

• 수영이는 단발머리로 슬기와 경애의 머리보다 짧다.
• 정서의 머리는 수영보다 길지만, 슬기보다는 짧다.
• 경애의 머리는 정서보다 길지만, 슬기보다는 짧다.
• 민경의 머리는 경애보다 길지만, 다섯 명 중에 가장 길지는 않다.
• 수영, 슬기, 경애, 정서, 민경의 머리 길이는 서로 다르다.

① 경애는 단발머리이다.
② 슬기의 머리가 가장 길다.
③ 민경의 머리는 슬기보다 길다.
④ 수영의 머리가 다섯 명 중 가장 짧지는 않다.

35

• A는 이번 시험에서 1문제의 답을 틀렸다.
• B는 이번 시험에서 10문제의 답을 맞혔다.
• C만 유일하게 이번 시험에서 20문제 중 답을 다 맞혔다.
• D는 이번 시험에서 B보다 많은 문제의 답을 틀렸다.
• E는 지난 시험에서 15문제의 답을 맞혔고, 이번 시험에서는 지난 시험보다 더 많은 문제의 답을 맞혔다.

① A는 E보다 많은 문제의 답을 틀렸다.
② C는 가장 많이 답을 맞혔고, B는 가장 많이 답을 틀렸다.
③ B는 D보다 많은 문제의 답을 맞혔지만, E보다는 적게 답을 맞혔다.
④ D는 E보다 많은 문제의 답을 맞혔다.

※ 다음 명제가 항상 참이라고 할 때, 반드시 참이라고 할 수 없는 것을 고르시오. [36~40]

36

- 건강한 사람은 건강한 요리를 좋아한다.
- 건강한 요리를 좋아하면 혈색이 좋다.
- 건강하지 않은 사람은 인상이 좋지 않다.
- 건강한 요리를 좋아하는 사람은 그렇지 않은 사람보다 콜레스테롤 수치가 낮다.

① 건강한 사람은 혈색이 좋다.
② 인상이 좋은 사람은 건강한 요리를 좋아한다.
③ 건강한 사람은 그렇지 않은 사람보다 콜레스테롤 수치가 낮다.
④ 인상이 좋은 사람은 그렇지 않은 사람보다 콜레스테롤 수치가 높다.

PART 3 제1회 제2회

37

- 운동을 좋아하는 사람은 담배를 좋아하지 않는다.
- 커피를 좋아하는 사람은 담배를 좋아한다.
- 커피를 좋아하지 않는 사람은 주스를 좋아한다.
- 과일을 좋아하는 사람은 커피를 좋아하지 않는다.

① 운동을 좋아하는 사람은 커피를 좋아하지 않는다.
② 주스를 좋아하지 않는 사람은 담배를 좋아한다.
③ 과일을 좋아하는 사람은 담배를 좋아한다.
④ 운동을 좋아하는 사람은 주스를 좋아한다.

38

- 정리정돈을 잘하는 사람은 집중력이 좋다.
- 주변이 조용할수록 집중력이 좋다
- 깔끔한 사람은 정리정돈을 잘한다.
- 집중력이 좋으면 성과 효율이 높다.

① 깔끔한 사람은 집중력이 좋다.
② 주변이 조용할수록 성과 효율이 높다.
③ 깔끔한 사람은 성과 효율이 높다.
④ 깔끔한 사람은 주변이 조용하다.

39

- 딸기를 좋아하는 사람은 가지를 싫어한다.
- 바나나를 좋아하는 사람은 가지를 좋아한다.
- 가지를 싫어하는 사람은 감자를 좋아한다.

① 감자를 좋아하는 사람은 바나나를 싫어한다.
② 가지를 좋아하는 사람은 딸기를 싫어한다.
③ 감자를 싫어하는 사람은 딸기를 싫어한다.
④ 바나나를 좋아하는 사람은 딸기를 싫어한다.

40

- 적극적인 사람은 활동량이 많다.
- 잘 다치지 않는 사람은 활동량이 많지 않다.
- 활동량이 많으면 면역력이 강화된다.
- 적극적이지 않은 사람은 영양제를 챙겨먹는다.

① 적극적인 사람은 잘 다친다.
② 적극적인 사람은 면역력이 강화된다.
③ 잘 다치지 않는 사람은 영양제를 챙겨먹는다.
④ 영양제를 챙겨먹으면 면역력이 강화된다.

03 지각능력검사

※ 제시된 도형과 동일한 도형을 〈보기〉에서 찾아 고르시오(단, 가장 왼쪽 도형을 ①번으로 한다). [1~4]

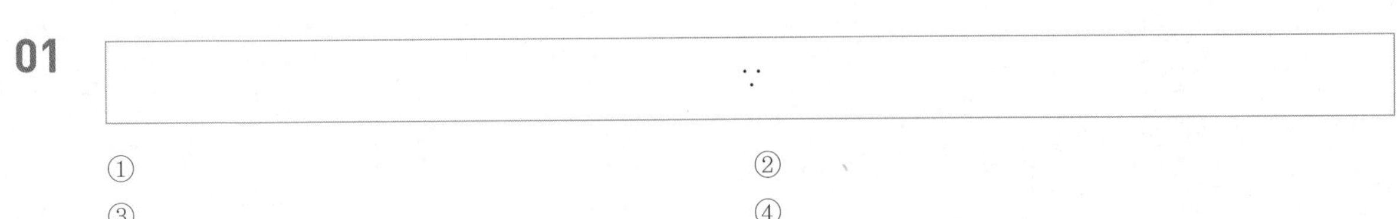

01

∵

① ② ③ ④

02

∷

① ② ③ ④

03

:

① ② ③ ④

04

∴

① ② ③ ④

PART 3 제1회 제2회

안심Touch

※ 제시된 도형과 동일한 도형을 〈보기〉에서 찾아 고르시오(단, 가장 왼쪽 도형을 ①번으로 한다). **[5~8]**

보기
♯　♭　𝄞　♮

05

♯

① ②

③ ④

06

𝄞

① ②

③ ④

07

♮

① ②

③ ④

08

♭

① ②

③ ④

※ 제시된 도형과 동일한 도형을 〈보기〉에서 찾아 고르시오(단, 가장 왼쪽 도형을 ①번으로 한다). **[9~12]**

> **보기**
>
> ♩ 𝅗𝅥. ♬ 𝅗𝅥

09

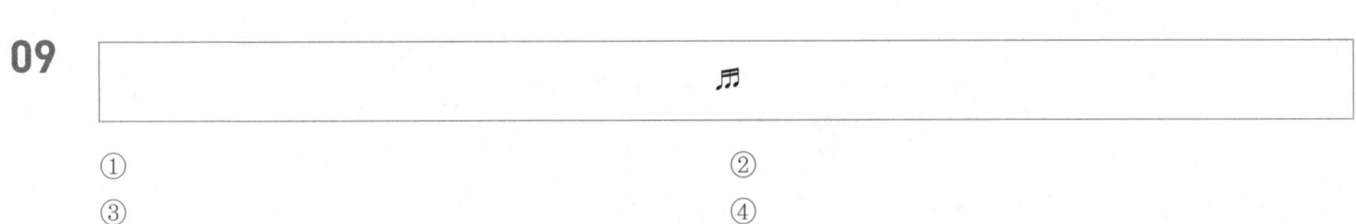

♬

① ② ③ ④

10

𝅗𝅥

① ② ③ ④

11

♩

① ② ③ ④

12

𝅗𝅥.

① ② ③ ④

※ 제시된 도형과 동일한 도형을 〈보기〉에서 찾아 고르시오(단, 가장 왼쪽 도형을 ①번으로 한다). **[13~16]**

보기

13

① ②

③ ④

14

① ②

③ ④

15

① ②

③ ④

16

① ②

③ ④

※ 제시된 도형과 동일한 도형을 〈보기〉에서 찾아 고르시오(단, 가장 왼쪽 도형을 ①번으로 한다). **[17~20]**

보기
▣　◭　◘　★

17

◭

① ② ③ ④

18

▣

① ② ③ ④

19

◘

① ② ③ ④

20

★

① ② ③ ④

PART 3　제1회　제2회

※ 다음 중 제시된 도형과 같은 것을 고르시오(단, 도형은 회전이 가능하다). **[21~25]**

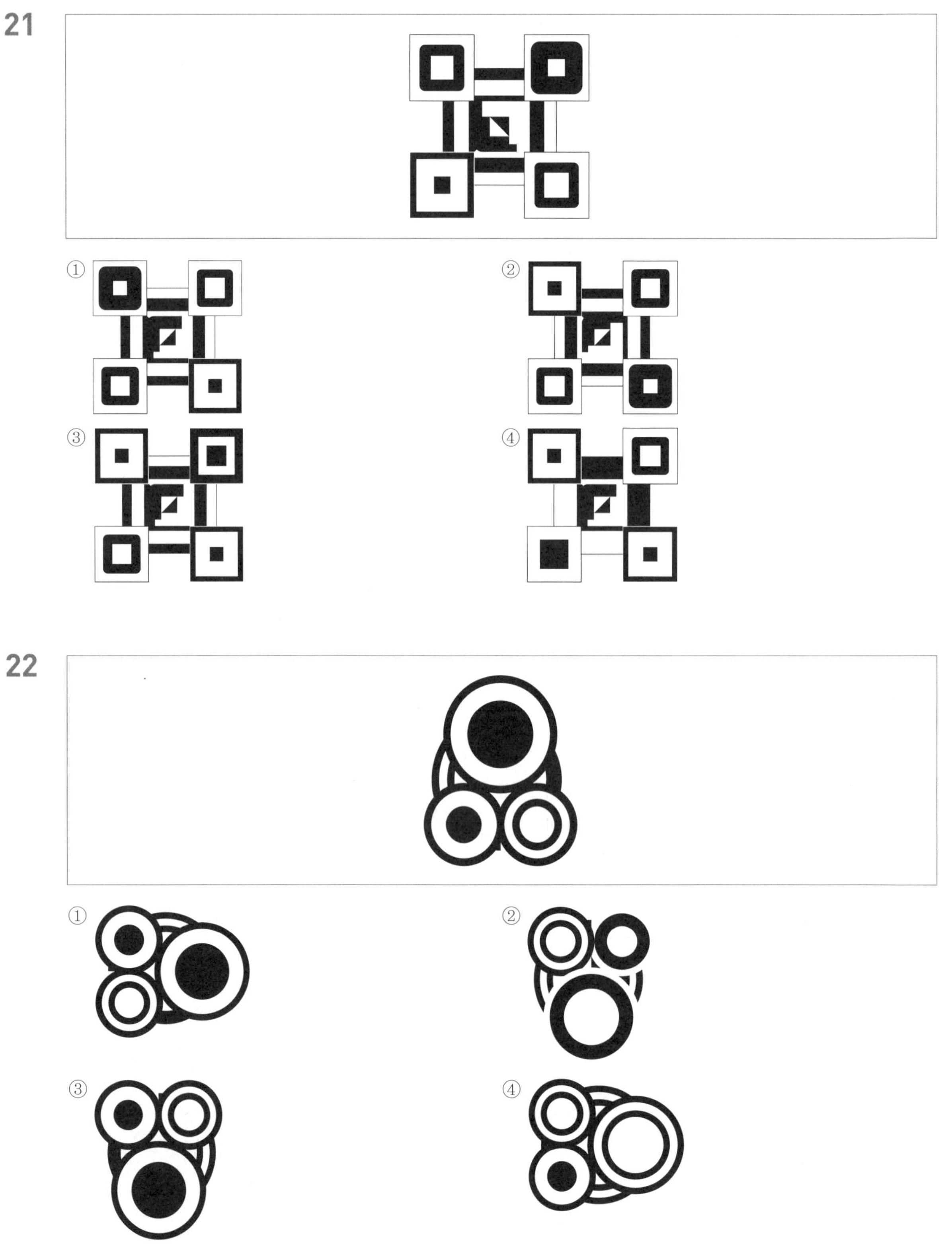

23

① 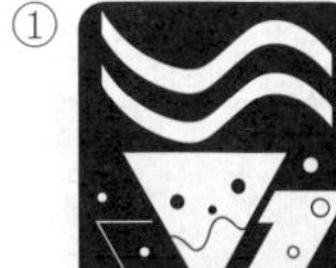

② 

③ 

④ 

24

② 

25

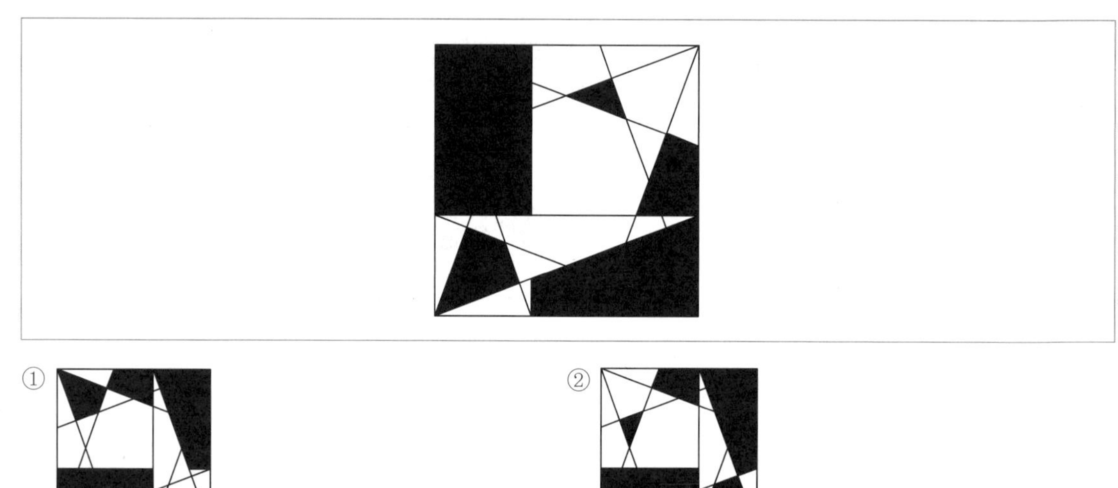

①

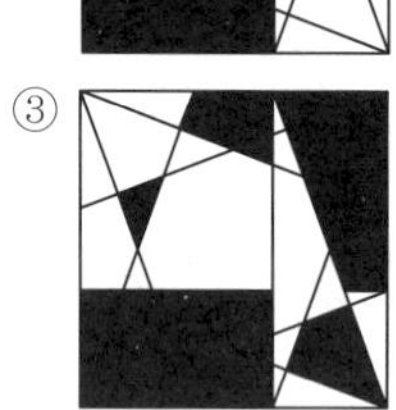

②

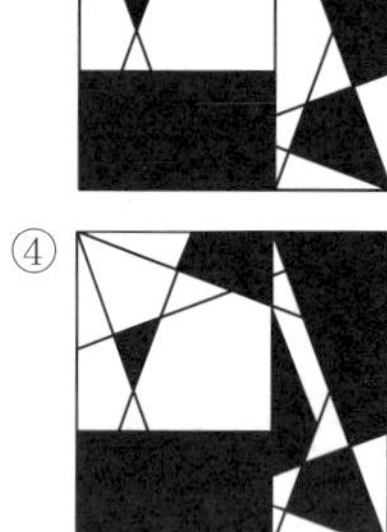

③

④

※ 다음 중 나머지 도형과 다른 것을 고르시오. **[26~30]**

26

27 ①

② 

③

④

28 ① 

② 

③ 

④ 

안심Touch

29 ①

③

②

④

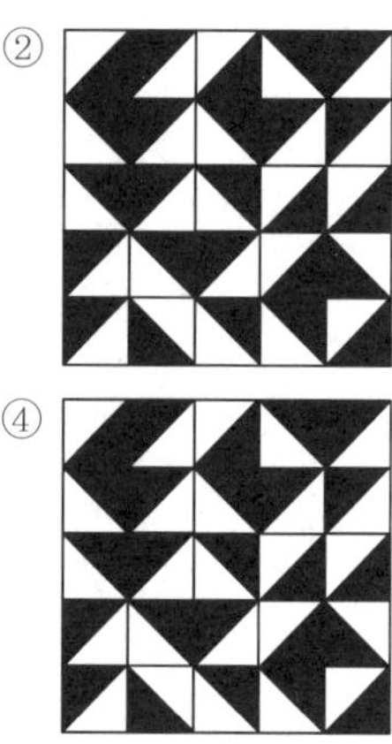

30 ①

③

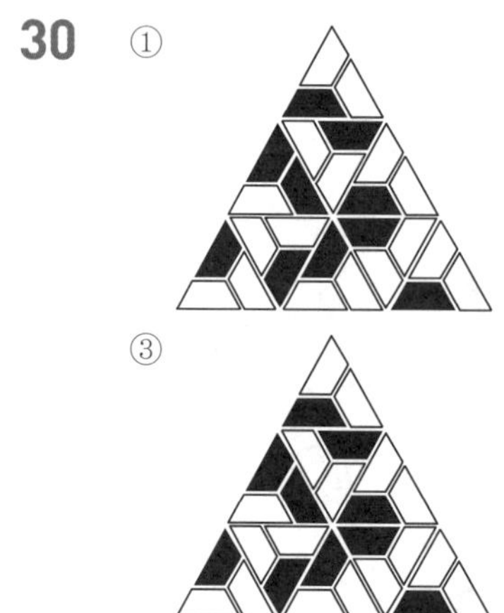

②

④

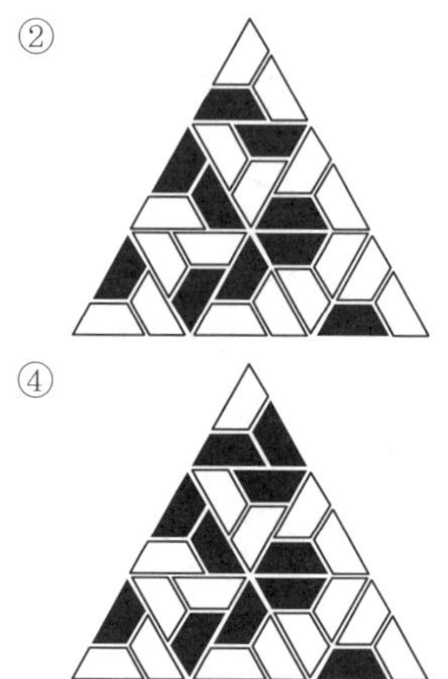

※ 다음과 같은 모양을 만드는 데 사용된 블록의 개수를 고르시오(단, 보이지 않는 곳의 블록은 있다고 가정한다).
[31~40]

31

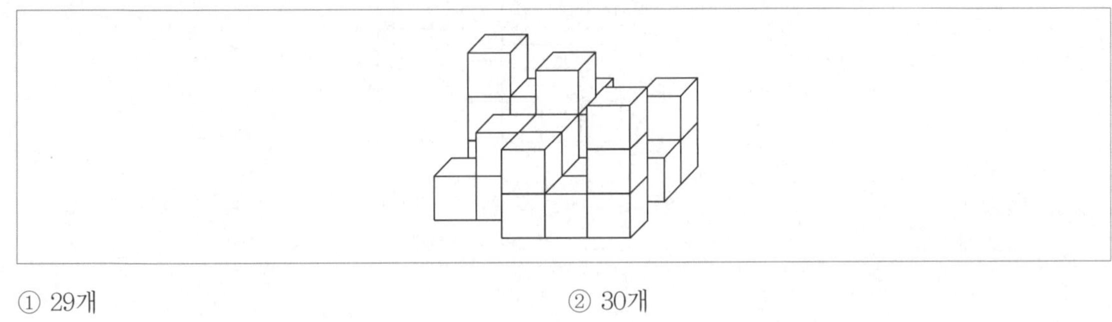

① 29개
② 30개
③ 31개
④ 32개

32

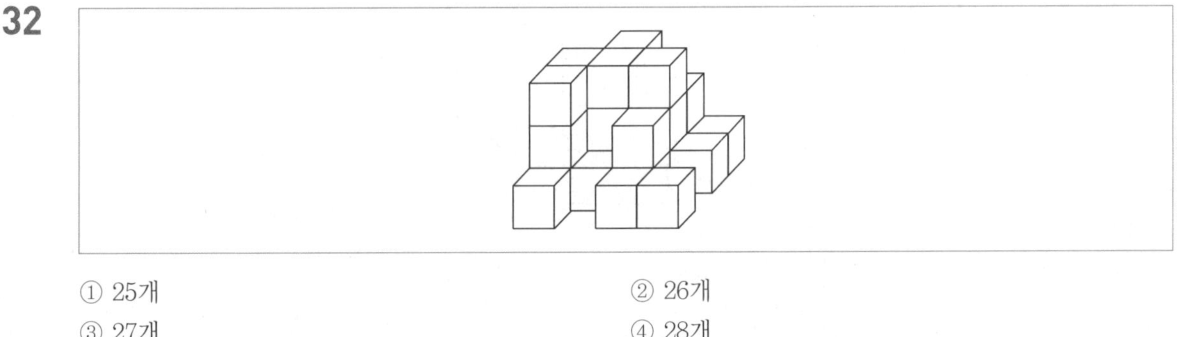

① 25개
② 26개
③ 27개
④ 28개

33

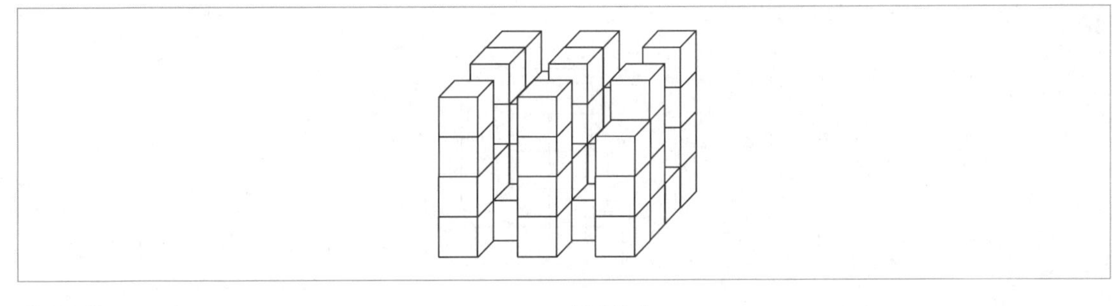

① 52개
② 53개
③ 54개
④ 55개

34

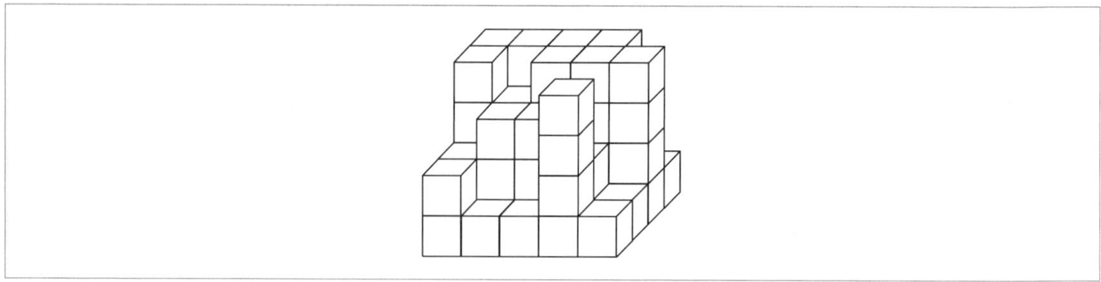

① 54개 ② 55개
③ 56개 ④ 57개

35

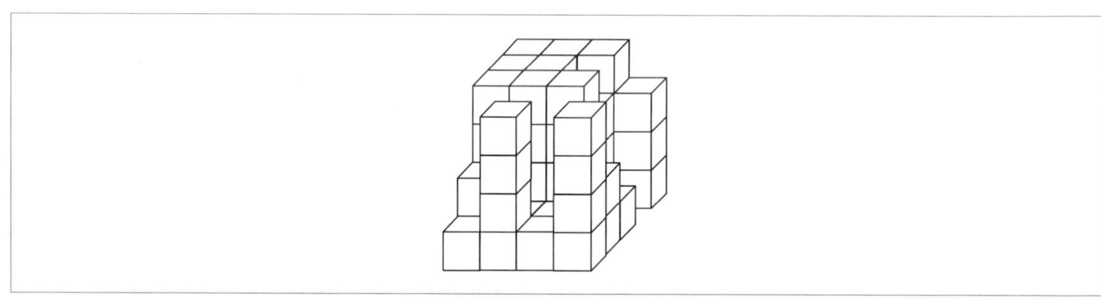

① 55개 ② 54개
③ 53개 ④ 52개

36

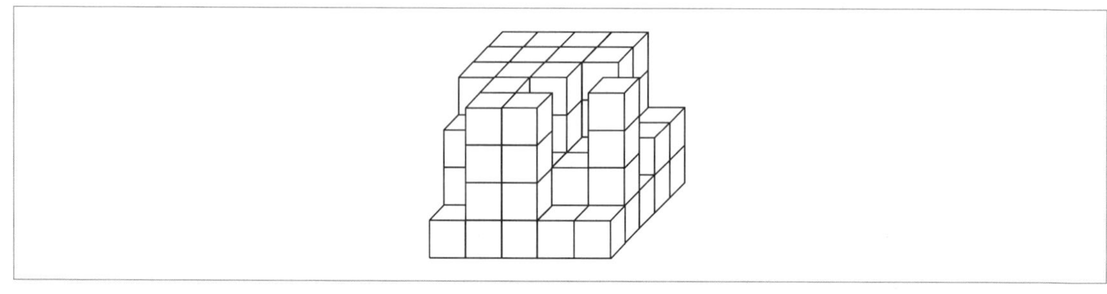

① 76개 ② 77개
③ 78개 ④ 79개

37

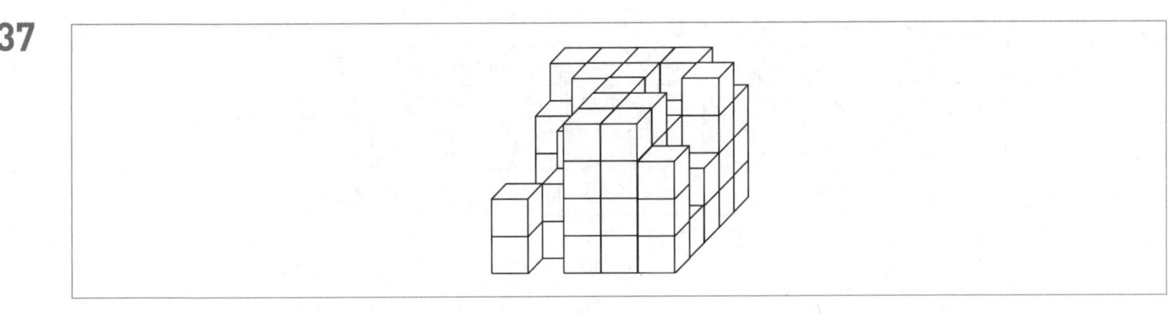

① 73개
② 74개
③ 75개
④ 76개

38

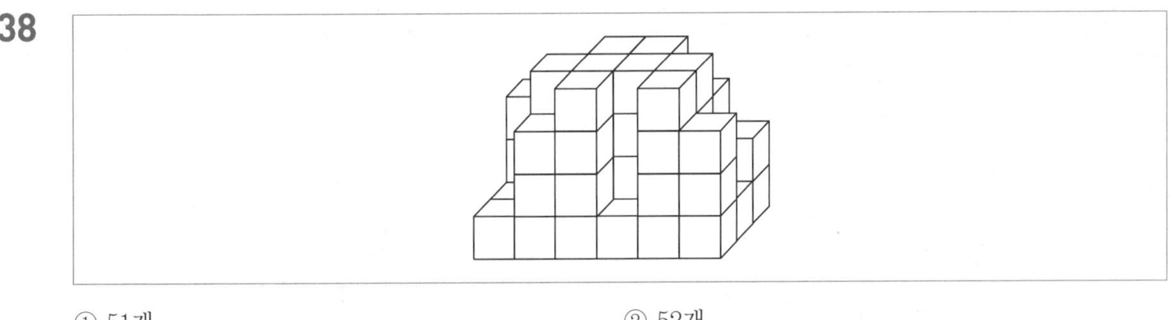

① 51개
② 52개
③ 53개
④ 54개

39

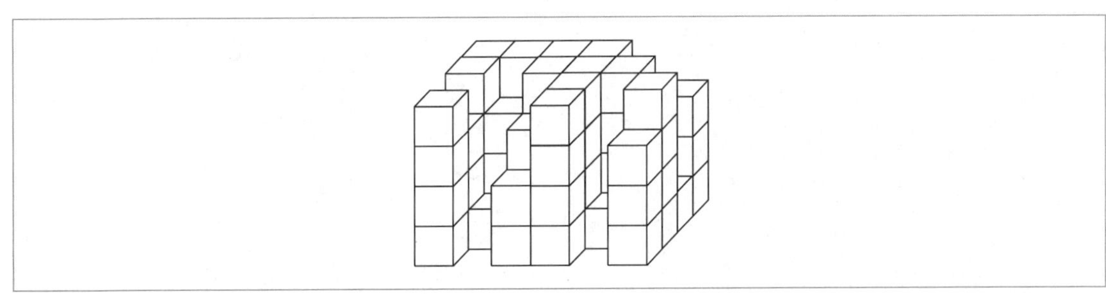

① 74개
② 73개
③ 72개
④ 71개

안심Touch

40

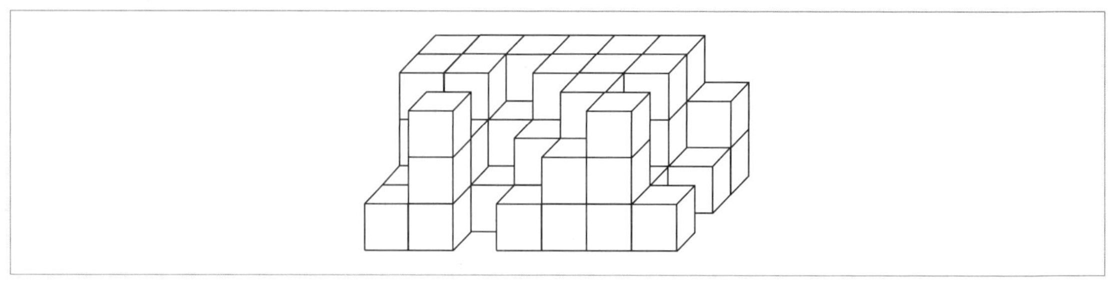

① 57개
② 58개
③ 59개
④ 60개

제2회

온라인 실전연습 서비스 HER-00000-A4F21

최종점검 모의고사

정답 및 해설 p.052

응시시간 : 45분 문항 수 : 120문항

01 수리능력검사

※ 다음 식의 값을 구하시오. [1~20]

01

$$17\times409\times23$$

① 159,917 ② 159,919
③ 159,927 ④ 159,935

02

$$27\times36+438$$

① 1,210 ② 1,310
③ 1,410 ④ 1,510

03

$$32\times\frac{4,096}{256}-26\times\frac{361}{19}$$

① 18 ② 22
③ 18.4 ④ 22.4

안심Touch

04

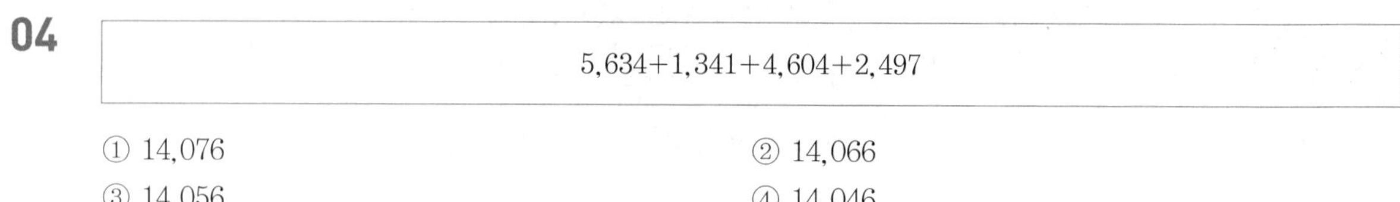

$$5,634+1,341+4,604+2,497$$

① 14,076　　② 14,066
③ 14,056　　④ 14,046

05

$$678+1,485\div 55-587$$

① 115　　② 116
③ 117　　④ 118

06

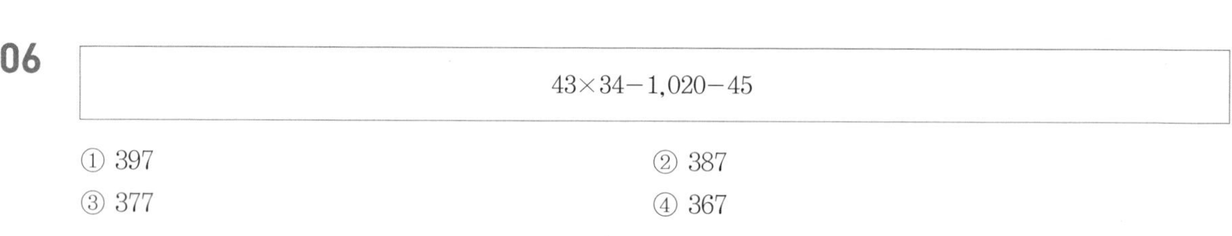

$$43\times 34-1,020-45$$

① 397　　② 387
③ 377　　④ 367

07

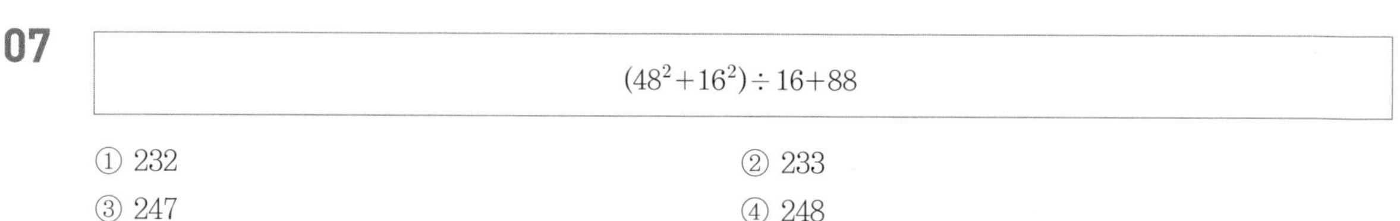

$$(48^2+16^2)\div 16+88$$

① 232　　② 233
③ 247　　④ 248

08

$$543+34\times34-354$$

① 1,045
② 1,145
③ 1,245
④ 1,345

09

$$41+414+4,141-141$$

① 4,155
② 4,255
③ 4,355
④ 4,455

10

$$44+121\div11+14$$

① 49
② 59
③ 69
④ 79

11

$$1,495\div23\times3\div15$$

① 11
② 12
③ 13
④ 14

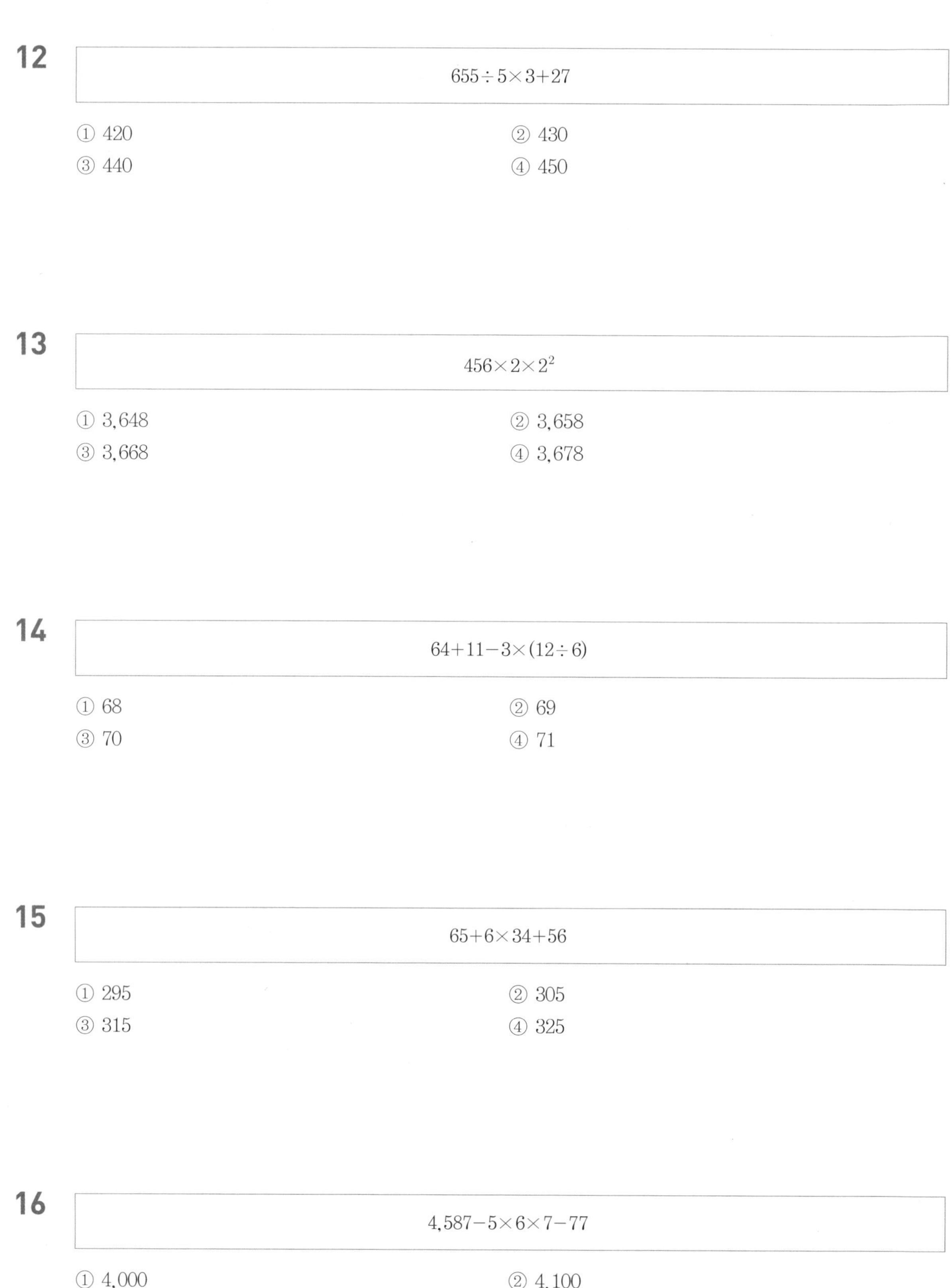

12

$$655 \div 5 \times 3 + 27$$

① 420　② 430
③ 440　④ 450

13

$$456 \times 2 \times 2^2$$

① 3,648　② 3,658
③ 3,668　④ 3,678

14

$$64 + 11 - 3 \times (12 \div 6)$$

① 68　② 69
③ 70　④ 71

15

$$65 + 6 \times 34 + 56$$

① 295　② 305
③ 315　④ 325

16

$$4{,}587 - 5 \times 6 \times 7 - 77$$

① 4,000　② 4,100
③ 4,200　④ 4,300

17

$$5.6-0.3\times6-1.5\div3$$

① 3.3
② 3.4
③ 3.5
④ 3.6

18

$$65\div5-45\div5$$

① 7
② 6
③ 5
④ 4

19

$$\frac{1}{4}+\frac{1}{9}+\frac{5}{6}$$

① $\frac{43}{36}$
② $\frac{41}{36}$
③ $\frac{39}{36}$
④ $\frac{37}{36}$

20

$$7\times9+3\times7\times2$$

① 75
② 85
③ 95
④ 105

21 정주는 4km 떨어진 영화관까지 150m/min의 속도로 자전거를 타고 가다가 중간에 내려 50m/min의 속도로 걸어갔다. 집에서 영화관까지 도착하는 데 30분이 걸렸을 때, 정주가 걸어간 시간은 몇 분인가?

① 5분
② 7분
③ 10분
④ 15분

22 8% 식염수와 13% 식염수를 혼합하여 10% 식염수 500g을 만들었다. 13%의 식염수는 몇 g이 필요한가?

① 100g
② 150g
③ 200g
④ 250g

23 사과 1개를 정가대로 판매하면 개당 600원의 이익을 얻는다. 정가의 20%를 할인하여 6개 판매한 매출액은 정가에서 400원씩 할인하여 8개를 판매한 것과 같다고 할 때, 이 상품의 정가는 얼마인가?

① 500원
② 700원
③ 900원
④ 1,000원

24 올해 현식이는 아버지와 18살 차이가 나는데, 4년 후에는 아버지의 나이가 4년 후 현식이의 나이의 3배가 된다. 올해 기준으로 2년 전 현식이는 몇 세였는가?

① 3세
② 6세
③ 9세
④ 12세

25 어떤 회사의 신입사원 채용시험 응시자가 200명이었다. 시험점수의 전체평균은 55점, 합격자의 평균은 70점, 불합격자의 평균은 40점이었다. 합격한 사람은 몇 명인가?

① 70명
② 80명
③ 90명
④ 100명

26 지하철이 A역에는 3분마다 오고, B역에는 2분마다 오고, C역에는 4분마다 온다. 지하철이 오전 4시 30분에 처음으로 A, B, C역에 동시에 도착했다면, 5번째로 세 지하철역에서 지하철이 동시에 도착하는 시각은 언제인가?

① 4시 45분
② 5시
③ 5시 15분
④ 5시 18분

27 서로 다른 2개의 주사위 A, B를 동시에 던졌을 때, 나온 눈의 곱이 홀수일 확률은?

① $\frac{1}{4}$
② $\frac{1}{5}$
③ $\frac{1}{6}$
④ $\frac{1}{8}$

28 책을 읽는데 첫날은 전체의 $\frac{1}{3}$, 둘째 날은 남은 양의 $\frac{1}{4}$, 셋째 날은 100쪽을 읽었더니 92쪽이 남았다. 책의 전체 쪽수는?

① 356쪽
② 372쪽
③ 384쪽
④ 394쪽

29 톱니 수가 90개인 A톱니바퀴는 B, C톱니바퀴와 서로 맞물려 돌아가고 있다. A톱니바퀴가 8번 도는 동안 B톱니바퀴는 15번, C톱니바퀴가 18번 돌았다면, B톱니바퀴 톱니 수와 C톱니바퀴 톱니 수의 합은?

① 80개
② 84개
③ 88개
④ 92개

30 1, 3, 5, 7, 0, 0이 적힌 카드 6장이 있다. 이 카드로 만들 수 있는 세 자리 수는 총 몇 개인가?

① 24개
② 52개
③ 64개
④ 76개

※ 다음은 벼농사 및 밭농사 작업 과정의 기계화에 대한 비율을 나타낸 그래프이다. 다음 그래프를 보고 이어지는 질문에 답하시오. **[31~32]**

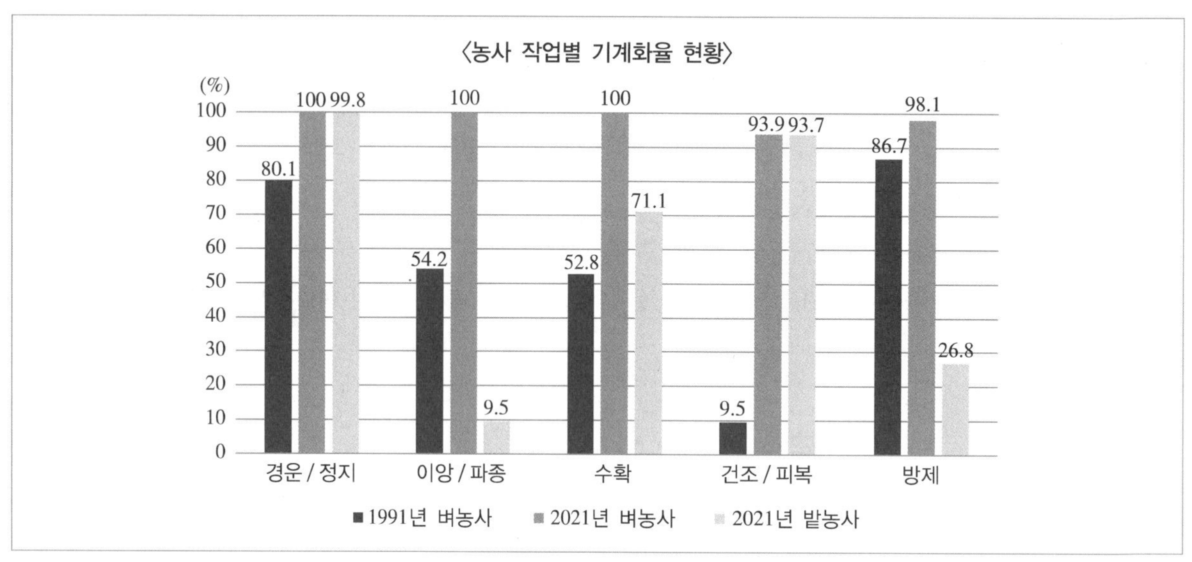

31 벼농사 작업 과정에서 1991년 대비 2021년 기계화율이 가장 크게 증가한 작업과 가장 낮게 증가한 작업의 증가량 차이는 얼마인가?

① 62%p
② 73%p
③ 80%p
④ 91%p

32 2021년 밭농사의 5가지 작업 과정의 기계화율 평균은 얼마인가?

① 56.15%
② 58.22%
③ 60.18%
④ 62.59%

※ 다음은 시 · 도별 연령에 따른 인구 비중을 나타낸 그래프이다. 다음 그래프를 보고 이어지는 질문에 답하시오. **[33~34]**

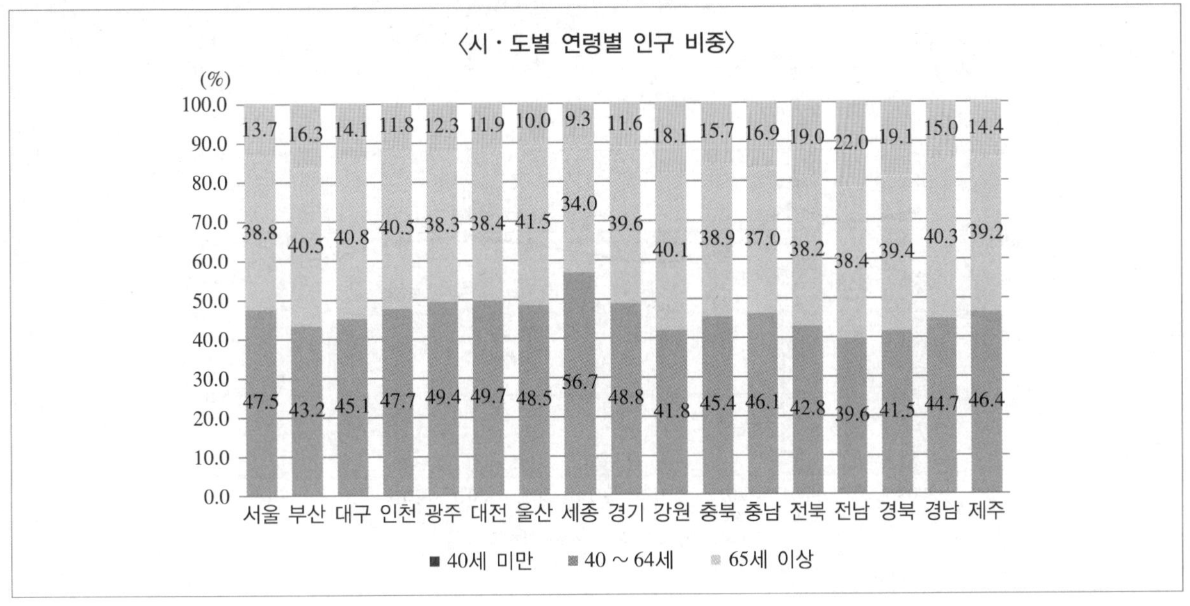

33 65세 이상 인구 비중이 세 번째로 높은 지역의 64세 이하의 비율은 얼마인가?

① 81%
② 80%
③ 79%
④ 78%

34 다음 자료에 대한 설명 중 옳지 않은 것은?

① 울산의 40세 미만 비율과 대구의 40세 이상 64세 이하 비율 차이는 7.7%p이다.
② 인천 지역의 총 인구가 300만 명일 때, 65세 이상 인구는 33.4만 명이다.
③ 40세 미만의 비율이 높은 다섯 지역 순서는 '세종 – 대전 – 광주 – 경기 – 울산'이다.
④ 조사 지역의 인구가 모두 같을 경우 40세 이상 64세 이하 인구가 두 번째로 많은 지역은 대구이다.

※ 다음은 연도별 전국 8월 인구이동에 관한 자료이다. 다음 그래프를 보고 이어지는 질문에 답하시오. **[35~36]**

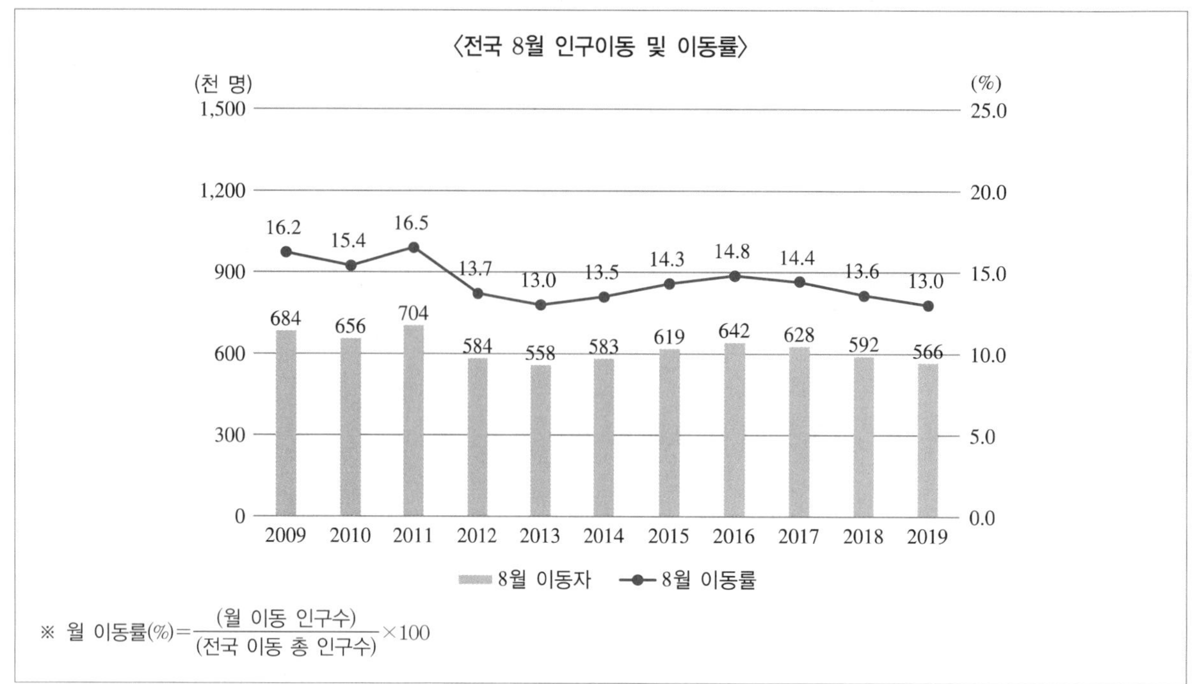

※ 월 이동률(%)$=\dfrac{\text{(월 이동 인구수)}}{\text{(전국 이동 총 인구수)}}\times 100$

35 2017년 8월에 이동한 인구수는 총 몇 명인가?(단, 천 명 미만 단위는 버림한다)

① 4,029천 명　　② 4,217천 명
③ 4,361천 명　　④ 4,516천 명

36 다음 중 자료에 대한 내용으로 옳은 것은?(단, 인원은 소수점 이하 버림한다)

① 2017~2019년 동안 8월 이동자 평균 인원은 약 582명이다.
② 2009~2019년 중 8월 이동자 수가 700천 명을 넘는 연도는 없다.
③ 2014년 이후 이동률이 13% 이하인 적은 없다.
④ 2009~2019년 동안 8월 이동률이 16% 이상일 때는 두 번이다.

※ 다음은 외국인 직접투자의 투자건수 비율과 투자금액 비율을 투자규모별로 나타낸 자료이다. 물음에 답하시오. **[37~38]**

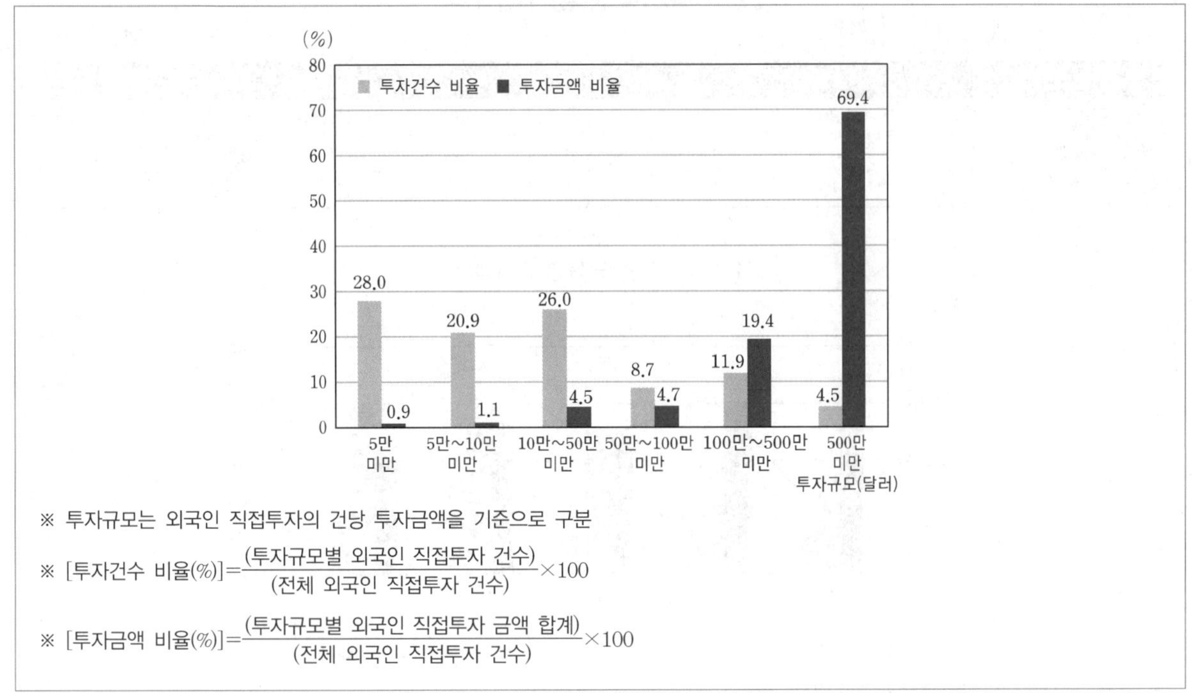

※ 투자규모는 외국인 직접투자의 건당 투자금액을 기준으로 구분

※ $[\text{투자건수 비율(\%)}] = \frac{\text{(투자규모별 외국인 직접투자 건수)}}{\text{(전체 외국인 직접투자 건수)}} \times 100$

※ $[\text{투자금액 비율(\%)}] = \frac{\text{(투자규모별 외국인 직접투자 금액 합계)}}{\text{(전체 외국인 직접투자 건수)}} \times 100$

37 투자규모가 50만 달러 미만인 투자건수 비율은?

① 62.8% ② 68.6%

③ 74.9% ④ 76.2%

38 100만 달러 이상의 투자건수 비율은?

① 11.9% ② 13.9%

③ 16.4% ④ 19.4%

※ 다음은 궁능원 관람객 수에 관한 자료이다. 이어지는 물음에 답하시오. **[39~40]**

〈2010 ~ 2017년 궁능원 관람객 수〉

(단위 : 천 명)

구분	2010년	2011년	2012년	2013년	2014년	2015년	2016년	2017년
유료 관람객 수	6,688	6,805	6,738	6,580	7,566	6,118	7,456	5,187
무료 관람객 수	3,355	3,619	4,146	4,379	5,539	6,199	6,259	7,511
외국인 관광객 수	1,877	2,198	2,526	2,222	2,690	2,411	3,849	2,089

〈2013 ~ 2017년 궁능원 관람객 수〉

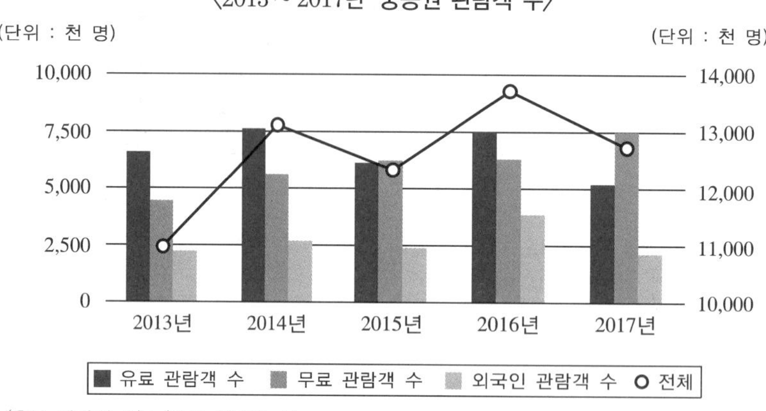

※ (전체 관람객 수)=(유료 관람객 수)+(무료 관람객 수)

39 다음 〈보기〉에서 옳지 않은 것을 모두 고른 것은?

보기

ㄱ. 2015년 전체 관람객 수는 전년보다 감소하였으나 무료 관람객 수는 전년보다 소폭 증가하였다.
ㄴ. 2017년 외국인 관람객 수는 전년 대비 43% 미만 감소하였다.
ㄷ. 2014 ~ 2017년의 전체 관람객 수와 유료 관람객 수의 증감 추이는 같다.
ㄹ. 2011 ~ 2017년 중 전체 관람객 수가 전년 대비 가장 많이 증가한 해는 2012년이다.

① ㄱ, ㄴ
② ㄱ, ㄷ
③ ㄴ, ㄷ
④ ㄴ, ㄹ

40 2018년 궁능원 관람객 수 예측 자료를 참고하여 2018년 예상 전체 관람객 수와 예상 외국인 관람객 수를 올바르게 구한 것은?(단, 소수점 이하는 버린다)

〈2018년 궁능원 관람객 수 예측 자료〉

- 고궁 야간관람 및 '문화가 있는 날' 행사 확대 운영으로 유료 관람객 수는 2017년 대비 24% 정도 증가할 전망이다.
- 적극적인 무료 관람 콘텐츠 개발로 무료 관람객 수는 2010년 무료 관람객 수의 2.4배 수준일 것으로 예측된다.
- 외국인을 위한 문화재 안내판, 해설 등 서비스의 품질 향상 노력과 각종 편의시설 개선 노력으로 외국인 관람객 수는 2017년보다 약 35,000명 정도 증가할 전망이다.

	예상 전체 관람객 수	예상 외국인 관람객 수
①	13,765천 명	1,973천 명
②	14,483천 명	2,124천 명
③	14,768천 명	2,365천 명
④	15,822천 명	3,128천 명

안심Touch

02 추리능력검사

※ 다음 〈조건〉을 보고 ?에 들어갈 도형을 고르시오. [1~2]

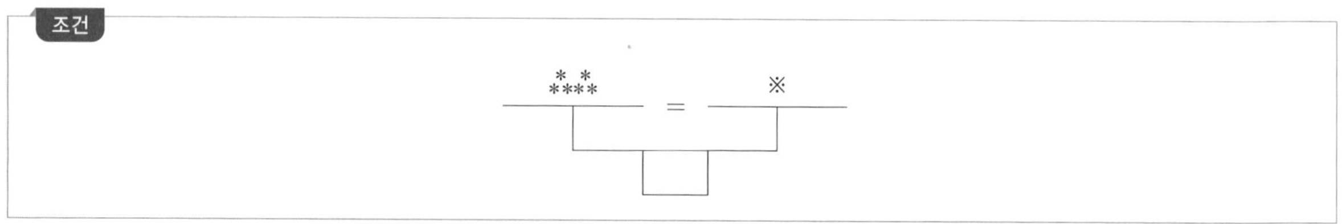

01

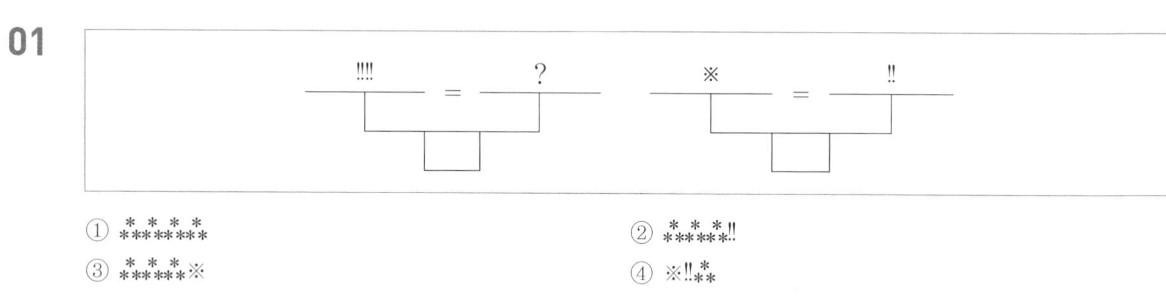

① ⁂⁂⁂⁂ ② ⁂⁂⁂‼
③ ⁂⁂⁂※ ④ ※‼⁂

02

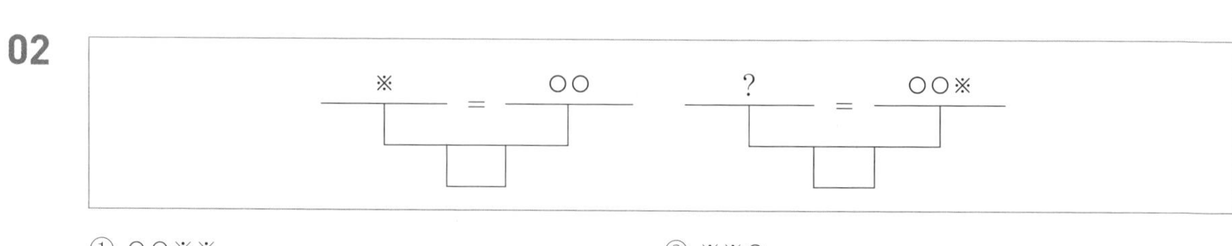

① ○○※※ ② ※※○
③ ⁂⁂⁂⁂ ④ ○⁂⁂

※ 다음 〈조건〉을 보고 ?에 들어갈 도형을 고르시오. **[3~4]**

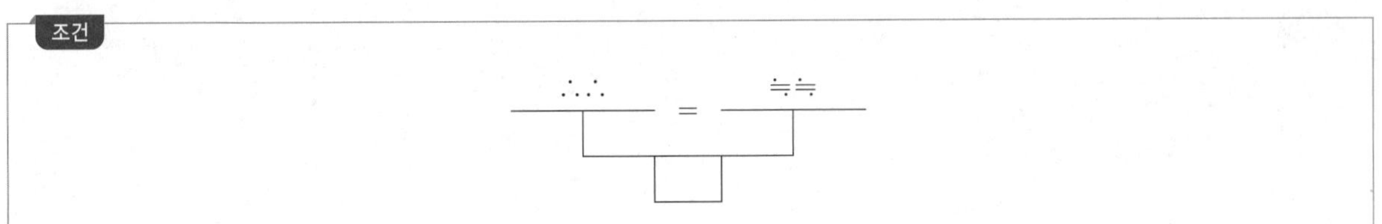

03

? = [예][예]　　≒≒ = [예]

① ∴∵∴∵

② ≒[예]

③ ≒[예]≒≒

④ ≒≒∴∵

04

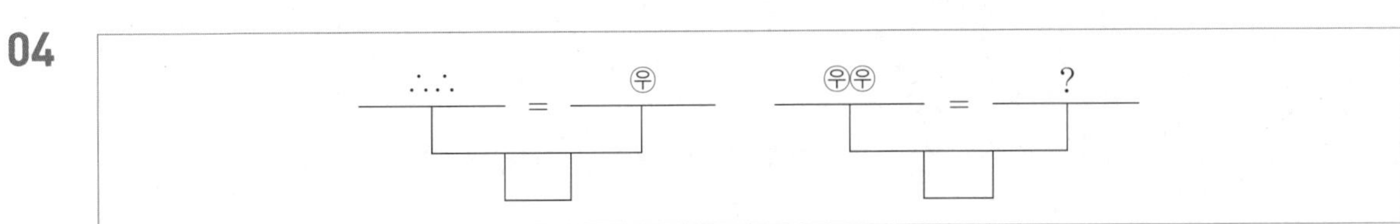

① ≒∴∵

② ≒∴∵㉾

③ ≒≒∴∵

④ ㉾≒≒∴

※ 다음 〈조건〉을 보고 ?에 들어갈 도형을 고르시오. **[5~6]**

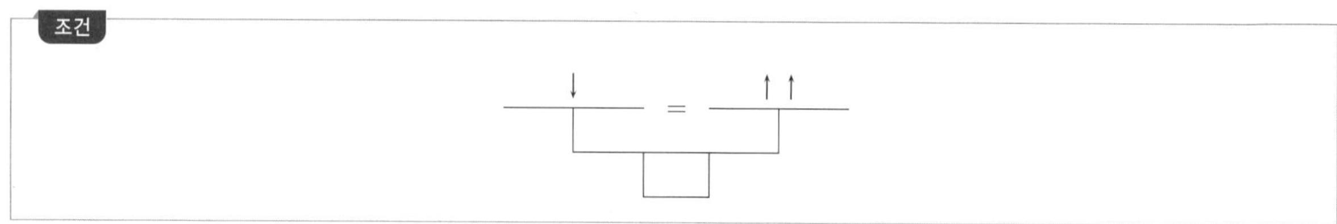

05

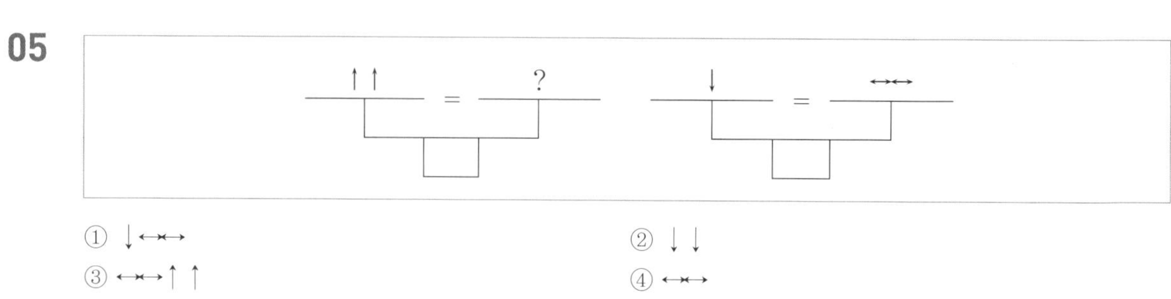

① ↓↔↔

② ↓↓

③ ↔↔↑↑

④ ↔↔

06

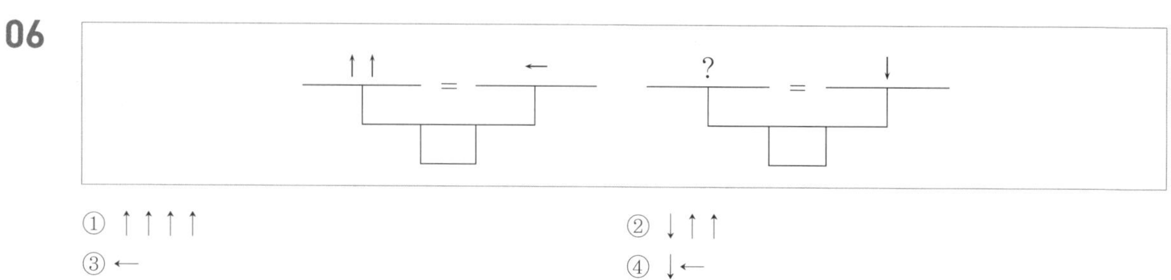

① ↑↑↑↑

② ↓↑↑

③ ←

④ ↓←

※ 다음 〈조건〉을 보고 ?에 들어갈 도형을 고르시오. **[7~8]**

조건

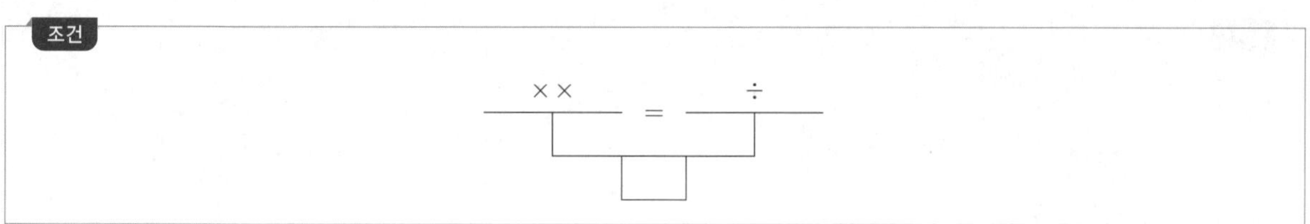

07

① ××±±
② ±××
③ ÷××××
④ ±±±±

08

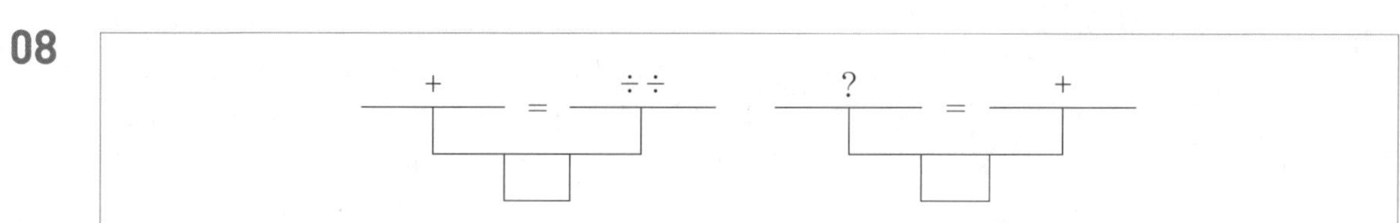

① ××
② ××÷÷
③ ÷×××
④ ××××

※ 다음 〈조건〉을 보고 ?에 들어갈 도형을 고르시오. [9~10]

조건

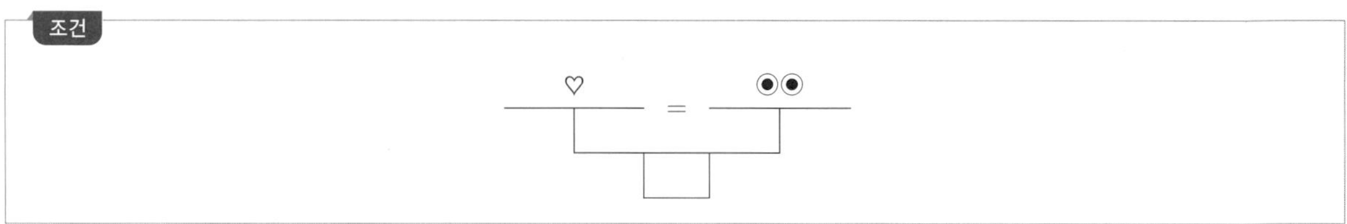

09

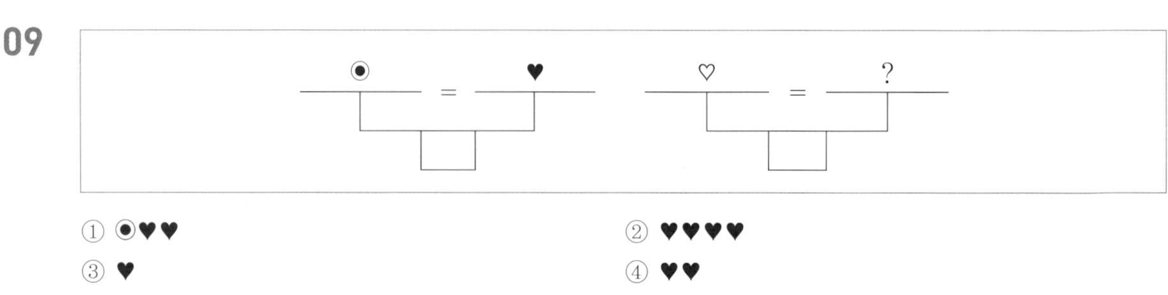

① ◉♥♥
② ♥♥♥♥
③ ♥
④ ♥♥

10

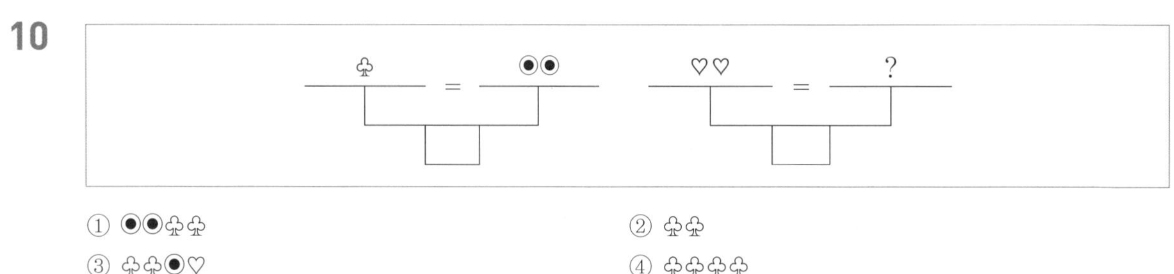

① ◉◉♧♧
② ♧♧
③ ♧♧◉♡
④ ♧♧♧♧

※ 다음 〈조건〉을 보고 ?에 들어갈 도형을 고르시오. **[11~12]**

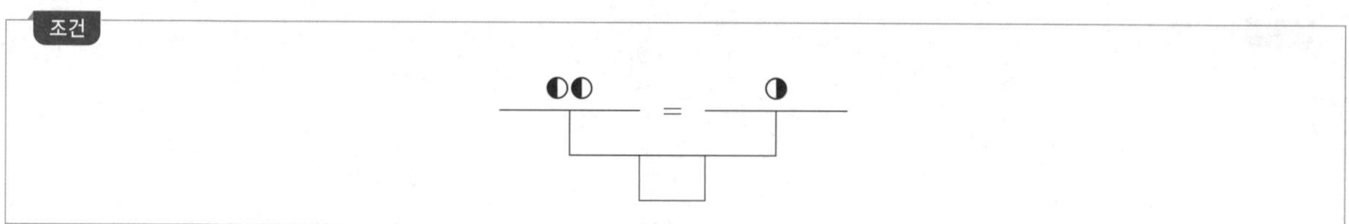

11

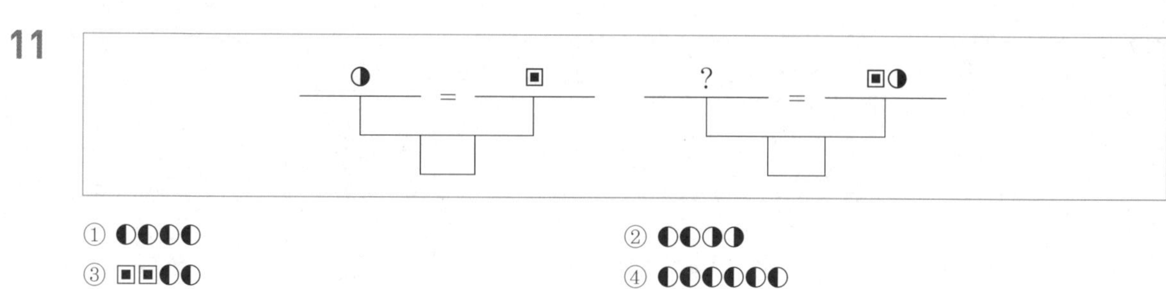

① ◐◐◐◐　　② ◐◐◑◑
③ ▣▣◐◐　　④ ◐◐◐◐◐◐

12

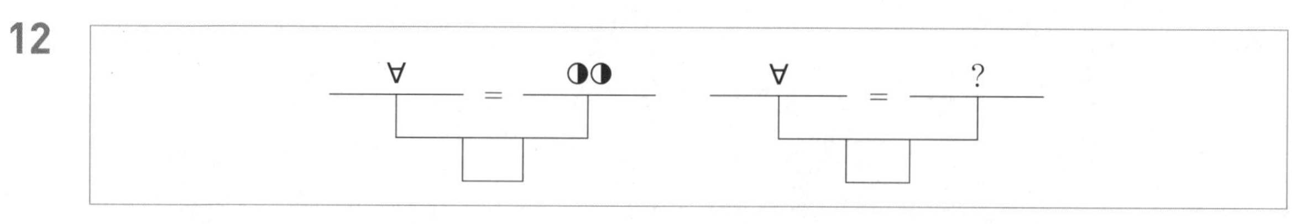

① ◐◐◑◑　　② ◑◑◑◑
③ ◑◑◐◐　　④ ◐◐◐◐

※ 다음 〈조건〉을 보고 ?에 들어갈 도형을 고르시오. **[13~14]**

조건

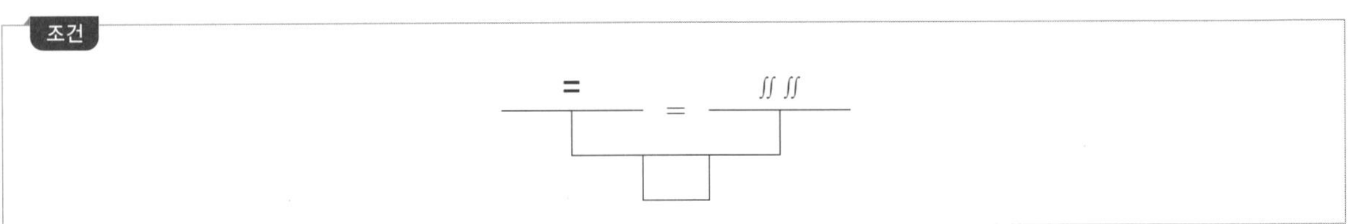

13

? = ==

= = ∫

① ∬∬∫∫　② ∫∫∫∫

③ ∫∬　④ ∫∬∬

14

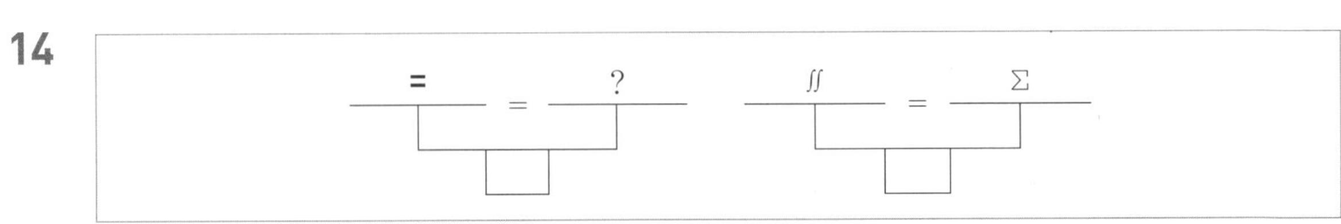

① ΣΣ　② Σ∬∬

③ ∬∬ΣΣ　④ ΣΣΣΣ

※ 다음 〈조건〉을 보고 ?에 들어갈 도형을 고르시오. [15~16]

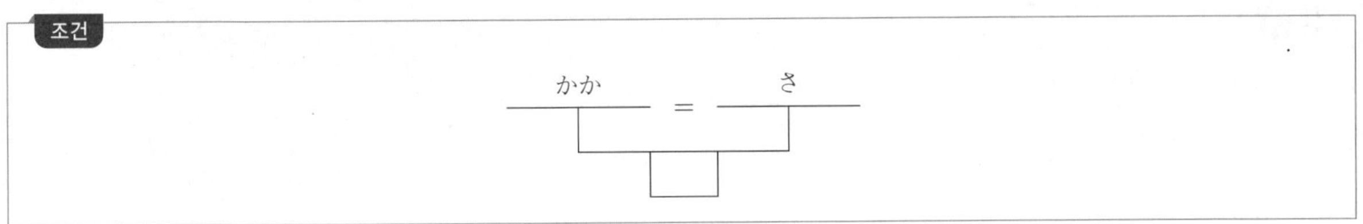

15

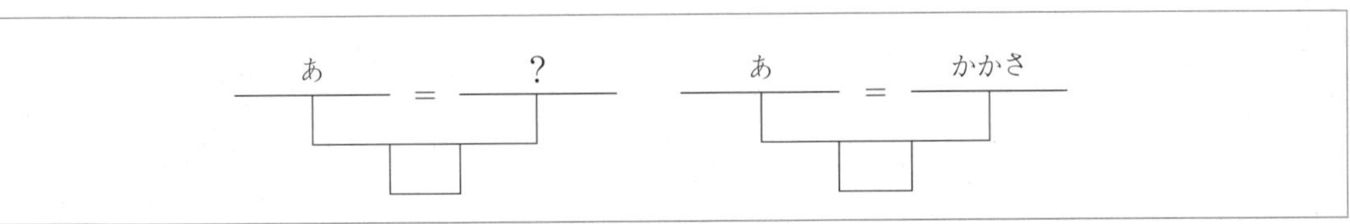

① さささ
② かか
③ かかかか
④ かかかかかか

16

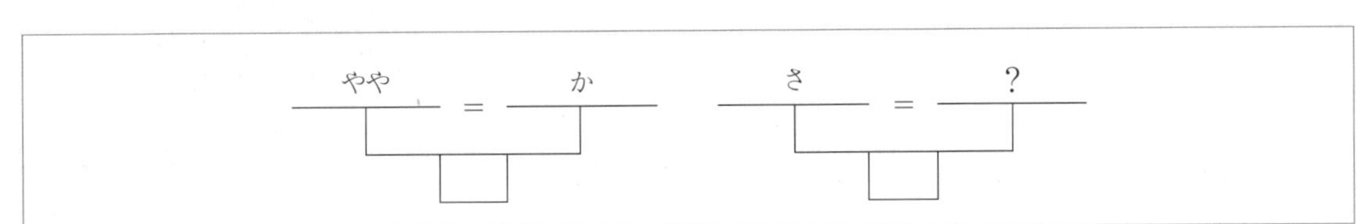

① やややや
② やややややや
③ かや
④ かかやや

※ 다음 〈조건〉을 보고 ?에 들어갈 도형을 고르시오. **[17~18]**

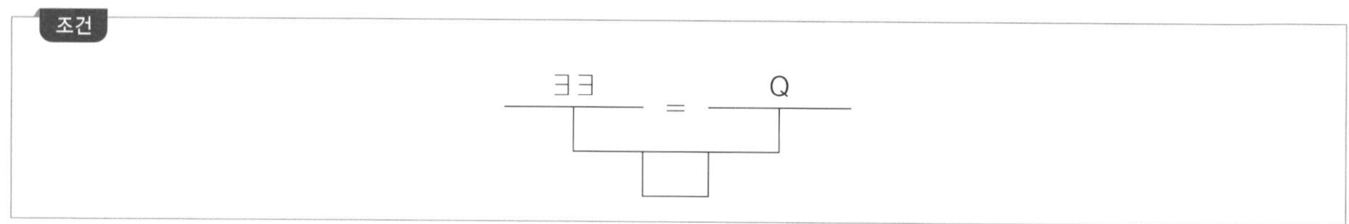

17

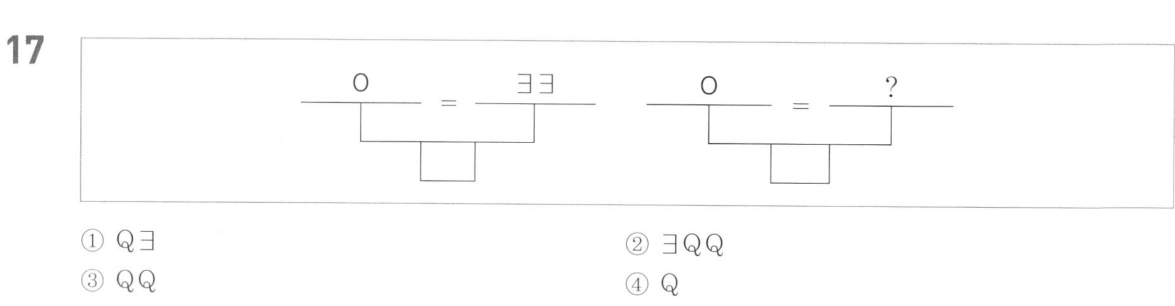

① Qㅋ
② ㅋQQ
③ QQ
④ Q

18

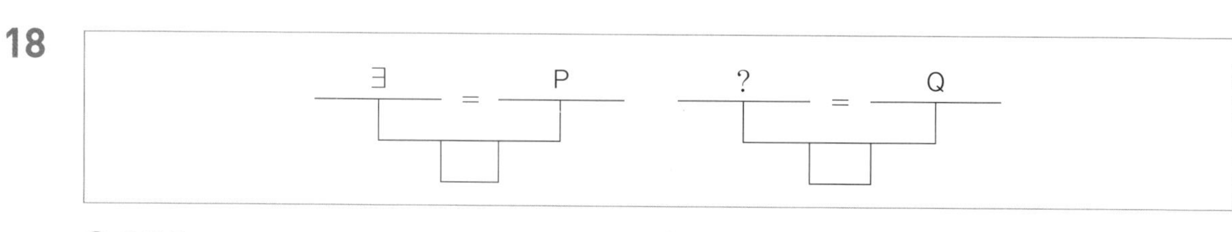

① PPP
② ㅋㅋPP
③ PP
④ Pㅋㅋ

※ 다음 〈조건〉을 보고 ?에 들어갈 도형을 고르시오. **[19~20]**

조건

∩ = ∪∪

19

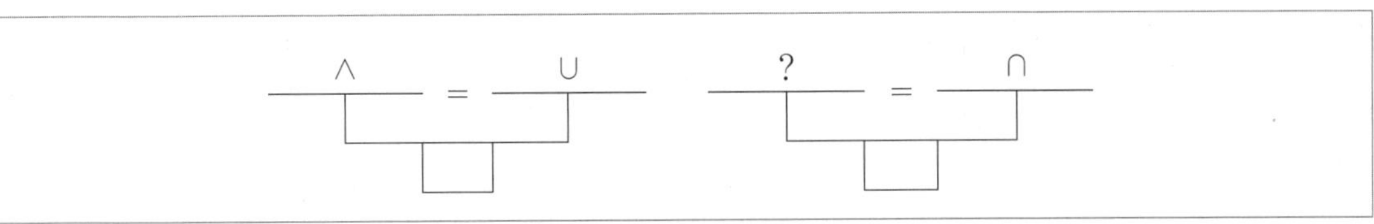

① ∪∪∧∧

② ∪∧∧

③ ∧∧

④ ∧∧∧∧

20

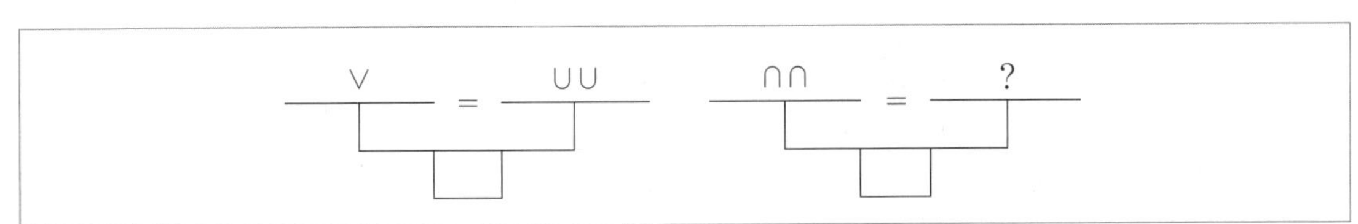

① ∨∪

② ∨∨∨

③ ∪∪∨

④ ∪∪∨∨

※ **제시문 A를 읽고, 제시문 B가 참인지, 거짓인지 혹은 알 수 없는지 고르시오. [21~26]**

21

[제시문 A]
- 수진이는 2개의 화분을 샀다.
- 지은이는 6개의 화분을 샀다.
- 효진이는 화분을 수진이보다는 많이 샀지만, 지은이보다는 적게 샀다.

[제시문 B]
효진이는 4개 이하의 화분을 샀다.

① 참 ② 거짓 ③ 알 수 없음

22

[제시문 A]
- A ~ D는 각각 수리 영역에서 1 ~ 4등급을 받았고, 등급이 같은 사람은 없다.
- D보다 등급이 높은 사람은 2명 이상이다.
- D는 B보다 한 등급 높고, A는 C보다 한 등급 높다.

[제시문 B]
C는 수리 영역에서 3등급을 받았다.

① 참 ② 거짓 ③ 알 수 없음

23

[제시문 A]
- 바이올린을 연주할 수 있는 사람은 피아노를 연주할 수 있다.
- 플루트를 연주할 수 있는 사람은 트럼펫을 연주할 수 있다.
- 피아노를 연주할 수 없는 사람은 트럼펫을 연주할 수 없다.

[제시문 B]
플루트를 연주할 수 있는 사람은 피아노를 연주할 수 있다.

① 참 ② 거짓 ③ 알 수 없음

24

[제시문 A]
• 단거리 경주에 출전한 사람은 장거리 경주에 출전한다.
• 장거리 경주에 출전한 사람은 농구 경기에 출전하지 않는다.
• 농구 경기에 출전한 사람은 배구 경기에 출전한다.

[제시문 B]
농구 경기에 출전한 사람은 단거리 경주에 출전하지 않는다.

① 참 ② 거짓 ③ 알 수 없음

25

[제시문 A]
• 김 사원은 이 대리보다 30분 먼저 퇴근했다.
• 박 주임은 김 사원보다 20분 늦게 퇴근했다.
• 최 부장은 이 대리보다 10분 먼저 퇴근했다.
• 임 차장은 김 사원보다 먼저 퇴근했다.

[제시문 B]
임 차장은 이 대리가 퇴근하기 20분 전에 퇴근하였다.

① 참 ② 거짓 ③ 알 수 없음

26

[제시문 A]
• 보건용 마스크의 'KF' 뒤 숫자가 클수록 미세입자 차단 효과가 더 크다.
• 모든 사람들은 미세입자 차단 효과가 더 큰 마스크를 선호한다.

[제시문 B]
민호는 KF80의 보건용 마스크보다 KF94의 보건용 마스크를 선호한다.

① 참 ② 거짓 ③ 알 수 없음

※ 다음 제시문을 읽고 각 문장이 항상 참이면 ①, 거짓이면 ②, 알 수 없으면 ③을 고르시오. [27~28]

- 5층짜리 아파트에 A, B, C, D, E가 살고 있다.
- A는 2층에 살고 있다.
- B는 A보다 위층에 살고 있다.
- C와 D는 이웃한 층에 살고 있다.

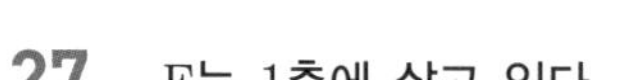

27 E는 1층에 살고 있다.

① 참 ② 거짓 ③ 알 수 없음

28 B는 4층에 살고 있다.

① 참 ② 거짓 ③ 알 수 없음

※ 다음 제시문을 읽고 각 문장이 항상 참이면 ①, 거짓이면 ②, 알 수 없으면 ③을 고르시오. [29~30]

- 6명의 친구가 달리기를 했다.
- A는 3등으로 들어왔다.
- B는 꼴찌로 들어왔다.
- C는 E 바로 앞에 들어왔다.
- D는 F 바로 앞에 들어왔다.

29 D가 4등이라면 E는 2등일 것이다.

① 참 ② 거짓 ③ 알 수 없음

30 C는 1등으로 들어왔다.

① 참 ② 거짓 ③ 알 수 없음

※ 다음 명제가 모두 참일 때 옳게 추론한 것을 고르시오. [31~35]

31

- 효주는 지영이보다 나이가 많다.
- 효주와 채원이는 같은 회사에 다니고, 이 회사는 나이 많은 사람이 승진을 더 빨리 한다.
- 효주는 채원이보다 승진을 빨리 했다.

① 효주는 나이가 가장 많다.
② 채원이는 지영이보다 나이가 많다.
③ 채원이는 효주보다 나이가 많다.
④ 지영이는 채원이보다 나이가 많다.

32

- 속도에 관심 없는 사람은 디자인에도 관심이 없다.
- 연비를 중시하는 사람은 내구성도 따진다.
- 내구성을 따지지 않는 사람은 속도에도 관심이 없다.

① 연비를 중시하지 않는 사람도 내구성은 따진다.
② 디자인에 관심 없는 사람도 내구성은 따진다.
③ 연비를 중시하는 사람은 디자인에는 관심이 없다.
④ 내구성을 따지지 않는 사람은 디자인에도 관심이 없다.

33

- 재호는 매월 관리비를 내고 있다.
- 3월의 관리비가 4월의 관리비보다 많았다.
- 4월에 재호에게 청구된 관리비는 2월의 관리비보다 많았다.

① 재호는 4월에 가장 많은 관리비를 냈다.
② 재호는 2월에 가장 많은 관리비를 냈다.
③ 재호는 3월에 가장 적은 관리비를 냈다.
④ 재호는 2월에 가장 적은 관리비를 냈다.

34

- 조선 시대의 대포 중 천자포의 사거리는 1,500보이다.
- 현자포의 사거리는 천자포의 사거리보다 700보 짧다.
- 지자포의 사거리는 현자포의 사거리보다 100보 길다.

① 천자포의 사거리가 가장 길다.
② 현자포의 사거리가 가장 길다.
③ 지자포의 사거리가 가장 짧다.
④ 현자포의 사거리는 지자포의 사거리보다 길다.

35

- 모든 손님들은 A와 B 중에서 하나만을 주문했다.
- A를 주문한 손님 중에서 일부는 C를 주문했다.
- B를 주문한 손님들만 추가로 주문할 수 있는 D도 많이 판매되었다.

① B와 C를 동시에 주문하는 손님도 있었다.
② B를 주문한 손님은 C를 주문하지 않았다.
③ D를 주문한 손님은 C를 주문하지 않았다.
④ D를 주문한 손님은 A를 주문하지 않았다.

※ 제시된 명제가 모두 참일 때, 참이 아닌 명제를 고르시오. [36~40]

36

- 많이 먹으면 살이 찐다.
- 살이 찐 사람은 체내에 수분이 많다.
- 체내에 수분이 많으면 술에 잘 취하지 않는다.

① 술에 잘 취하지 않는 사람은 체내에 수분이 많다.
② 많이 먹으면 체내에 수분이 많다.
③ 체내에 수분이 많지 않은 사람 많이 먹지 않는다.
④ 살이 찌지 않은 사람은 많이 먹지 않는다.

37

- 비가 많이 내리면 습도가 높아진다.
- 겨울보다 여름에 비가 더 많이 내린다.
- 습도가 높으면 먼지가 잘 나지 않는다.
- 습도가 높으면 정전기가 잘 일어나지 않는다.

① 겨울은 여름보다 습도가 낮다.
② 먼지는 여름이 겨울보다 잘 난다.
③ 여름에는 겨울보다 정전기가 잘 일어나지 않는다.
④ 비가 많이 오면 정전기가 잘 일어나지 않는다.

38

- 컴퓨터 게임을 잘하는 사람은 똑똑하다.
- 컴퓨터 게임을 잘하면 모바일 게임도 잘한다.
- 똑똑한 사람은 상상력이 풍부하다.
- 상상력이 풍부하면 수업에 방해된다.

① 모바일 게임을 잘하는 사람은 수업에 방해된다.
② 똑똑한 사람은 수업에 방해된다.
③ 모바일 게임을 잘하는 사람은 똑똑하다.
④ 컴퓨터 게임을 잘하는 사람은 수업에 도움이 된다.

39

- 책을 읽는 사람은 어휘력이 풍부하다.
- 끝말잇기를 잘하는 사람은 어휘력이 풍부하다.
- 자유시간이 많을수록 책을 읽는다.
- 어휘력이 풍부하면 발표를 잘한다.

① 책을 읽는 사람은 발표를 잘한다.
② 발표를 못 하는 사람은 책을 읽지 않았다.
③ 발표를 못 하는 사람은 끝말잇기도 못 한다.
④ 자유시간이 많으면 끝말잇기를 잘한다.

40

- 시험기간이 되면 민환이는 도서관에 간다.
- 시험기간이 아니면 경화는 커피를 마시지 않는다.
- 경화만 커피를 마시거나 규민이만 수정과를 마신다.
- 지금 규민이는 수정과를 마신다.

① 경화가 커피를 마시면 민환이는 도서관에 간다.
② 지금은 시험기간이다.
③ 경화가 커피를 마시면 시험기간이다.
④ 지금은 경화가 커피를 마시지 않는다.

03 지각능력검사

※ 제시된 도형과 동일한 도형을 〈보기〉에서 찾아 고르시오(단, 가장 왼쪽 도형을 ①번으로 한다). **[1~4]**

보기
⇧ ⇨ ⇦ ⇩

01

⇨

① ②
③ ④

02

⇩

① ②
③ ④

03

⇦

① ②
③ ④

04

⇧

① ②
③ ④

안심Touch

※ 제시된 도형과 동일한 도형을 〈보기〉에서 찾아 고르시오(단, 가장 왼쪽 도형을 ①번으로 한다). **[5~8]**

보기

ε β θ π

05

π

① ②
③ ④

06

θ

① ②
③ ④

07

ε

① ②
③ ④

08

β

① ②
③ ④

※ 제시된 도형과 동일한 도형을 〈보기〉에서 찾아 고르시오(단, 가장 왼쪽 도형을 ①번으로 한다). **[9~12]**

보기

ⅸ ⅳ ⅴ ⅻ

09

ⅴ

① ②
③ ④

10

ⅳ

① ②
③ ④

11

ⅻ

① ②
③ ④

12

ⅸ

① ②
③ ④

안심Touch

※ 제시된 도형과 동일한 도형을 〈보기〉에서 찾아 고르시오(단, 가장 왼쪽 도형을 ①번으로 한다). **[13~16]**

보기
◔ ◕ ◒ ◐

13

◔

① ②
③ ④

14

◒

① ②
③ ④

15

◐

① ②
③ ④

16

◕

① ②
③ ④

※ 제시된 도형과 동일한 도형을 〈보기〉에서 찾아 고르시오(단, 가장 왼쪽 도형을 ①번으로 한다). **[17~20]**

보기

⌺ ⌸ ⌼ ⍠

17

⌼

① ②
③ ④

18

⌸

① ②
③ ④

19

⍠

① ②
③ ④

20

⌺

① ②
③ ④

※ 다음 중 제시된 도형과 같은 것을 고르시오(단, 도형은 회전이 가능하다). **[21~30]**

21

22

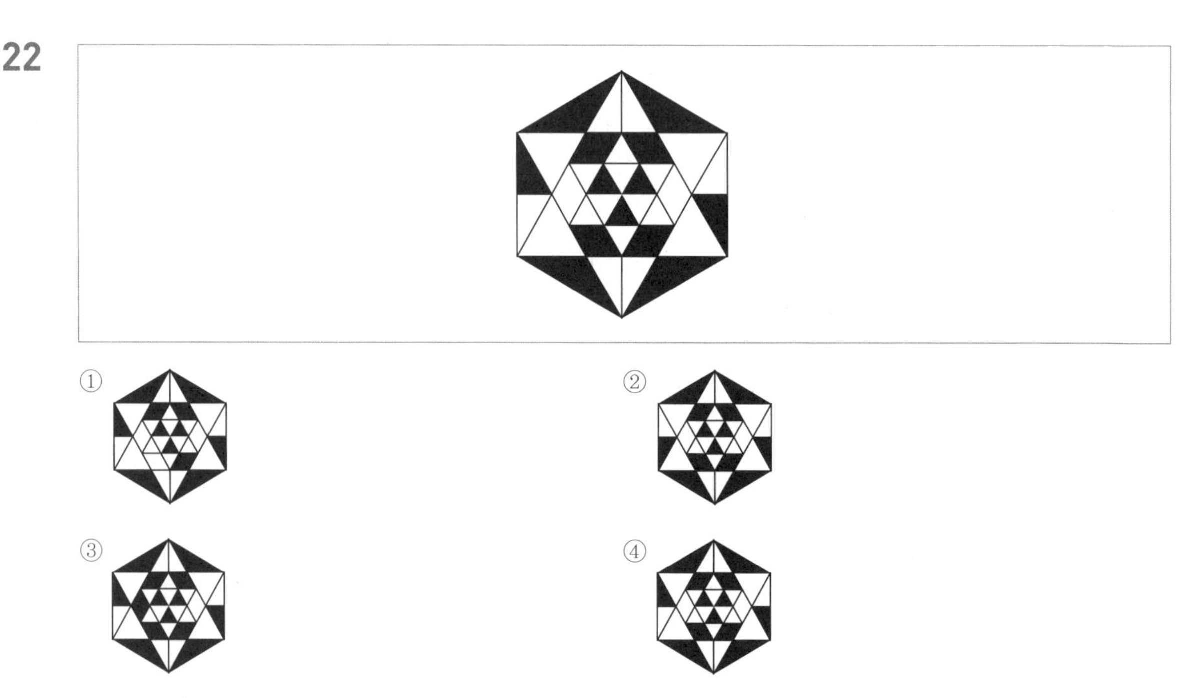

23

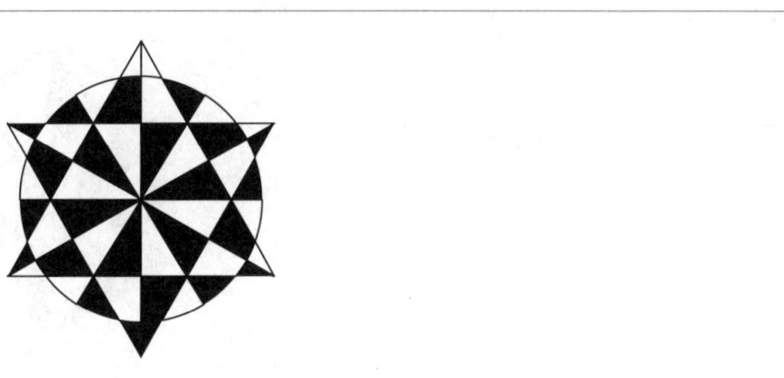

①

②

③

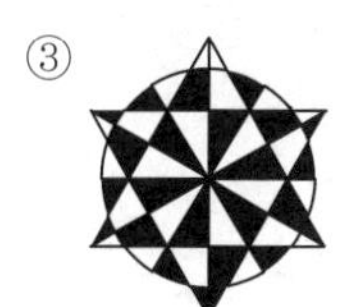

④

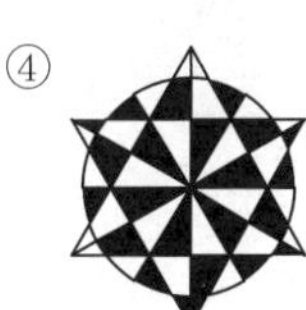

PART 3 제1회 제2회

24

①

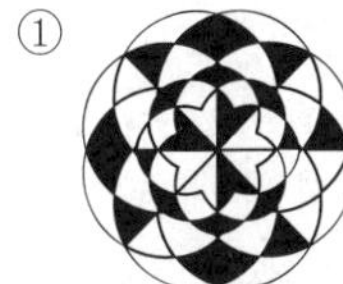

②

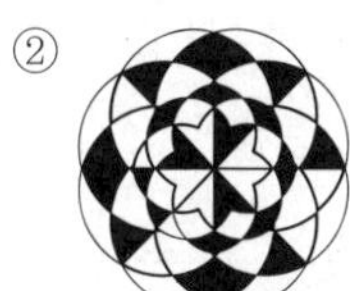

③

④

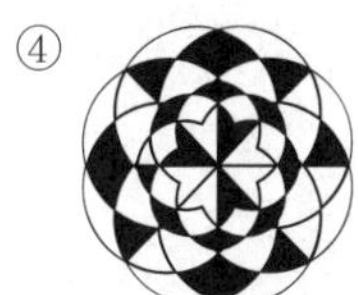

안심Touch

25

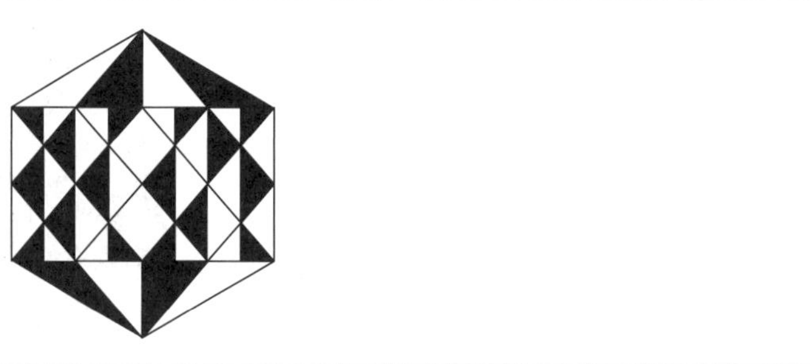

① 

② 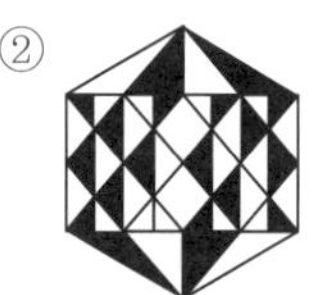

③ 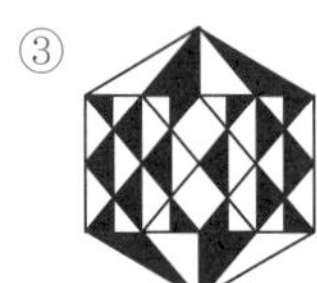

④ 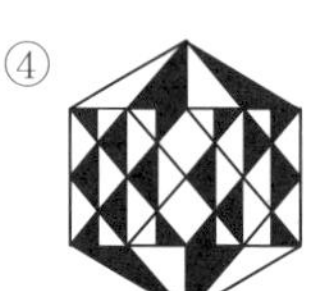

26

① 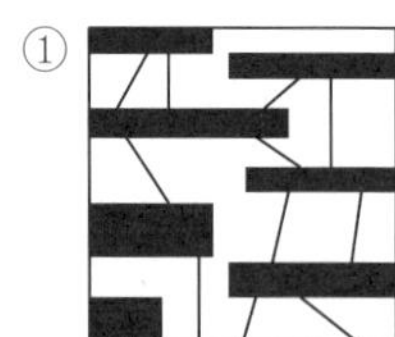

② 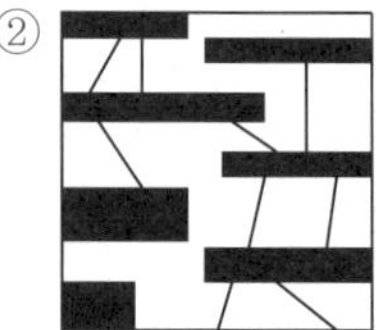

③ 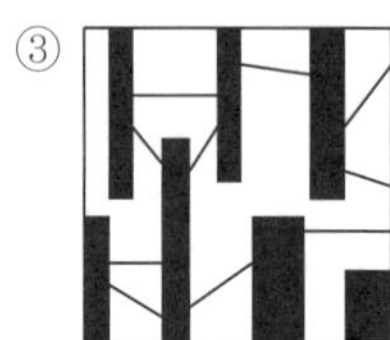

④ 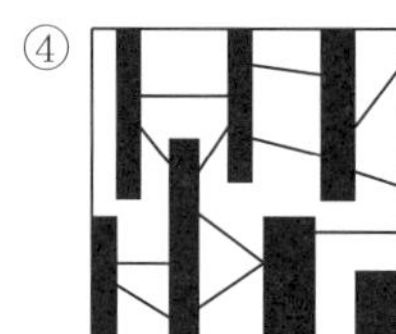

27

① 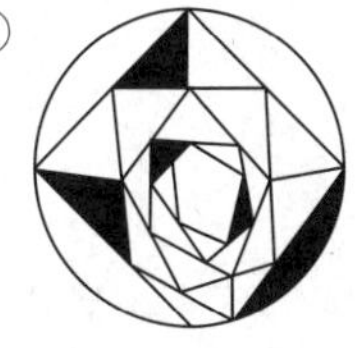

② 

③ 

④ 

28

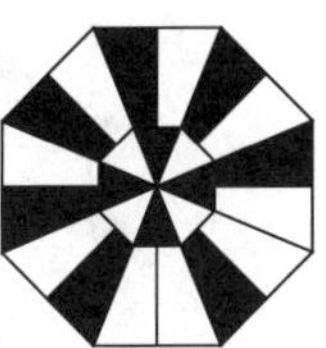

① 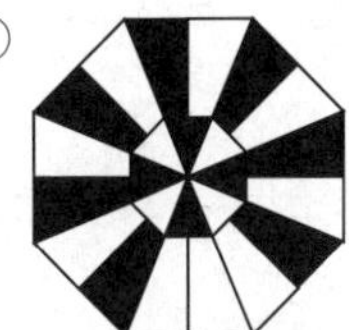

② 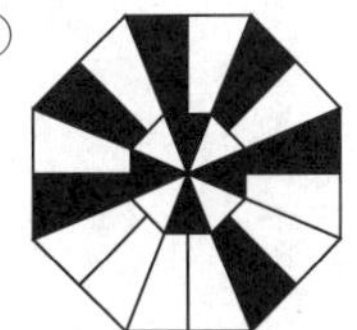

③ 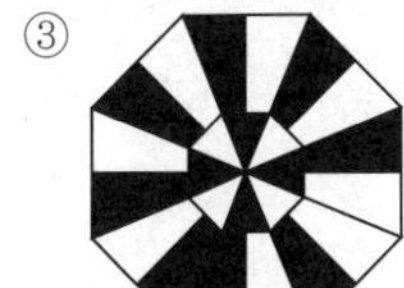

④ 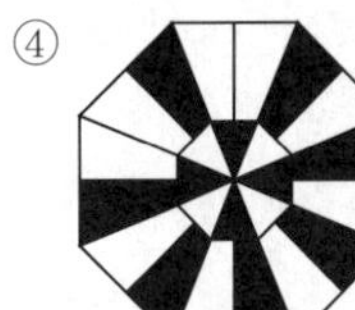

29

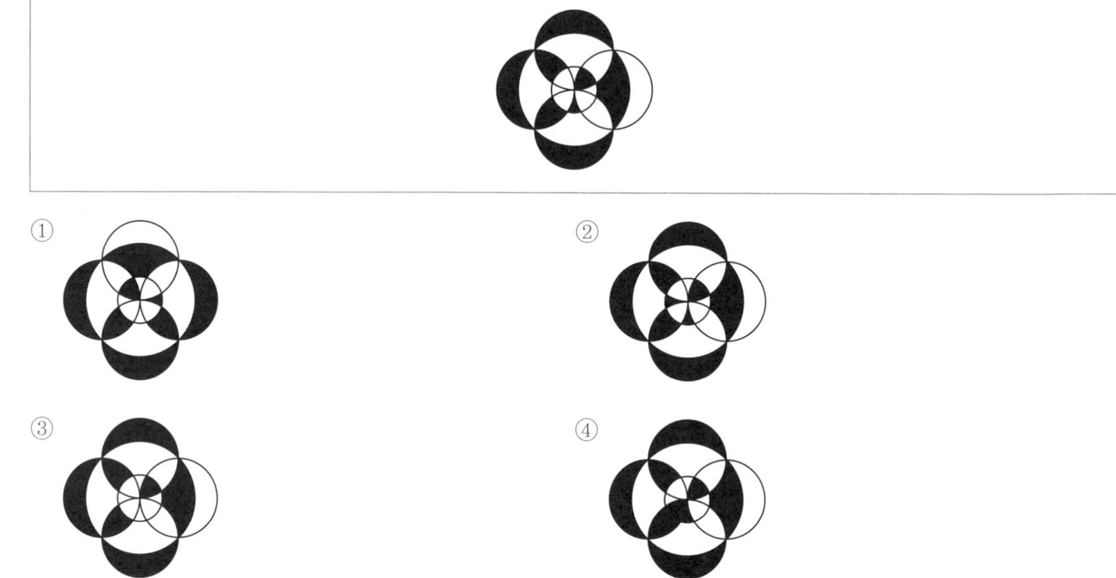

30

※ 다음과 같은 모양을 만드는 데 사용된 블록의 개수를 고르시오(단, 보이지 않는 곳의 블록은 있다고 가정한다). [31~40]

31

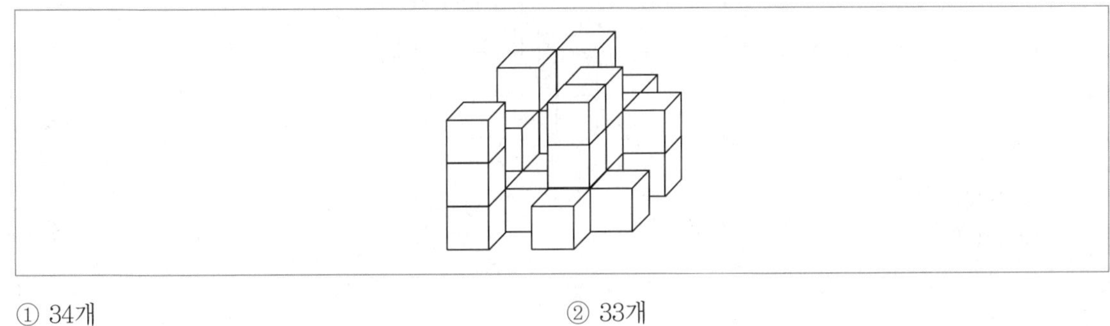

① 34개
② 33개
③ 32개
④ 31개

32

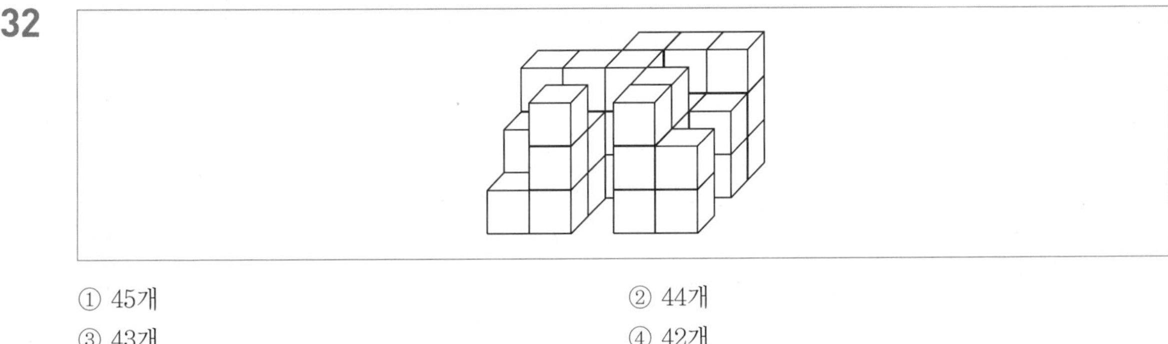

① 45개
② 44개
③ 43개
④ 42개

33

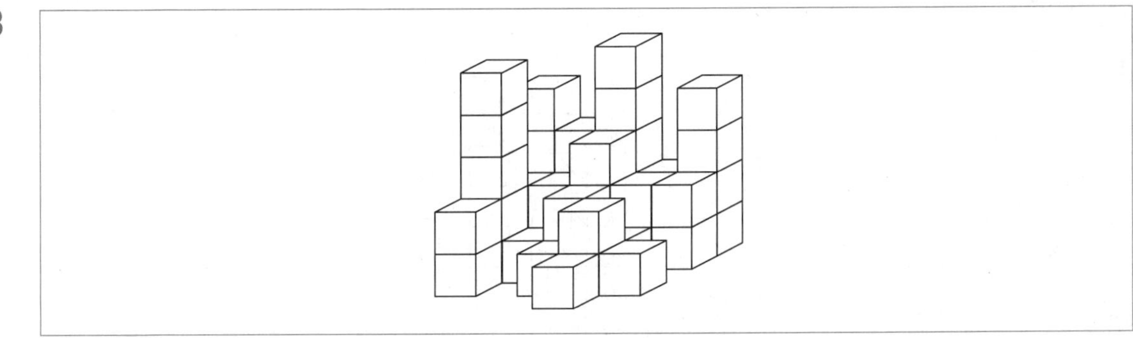

① 42개
② 43개
③ 44개
④ 45개

34

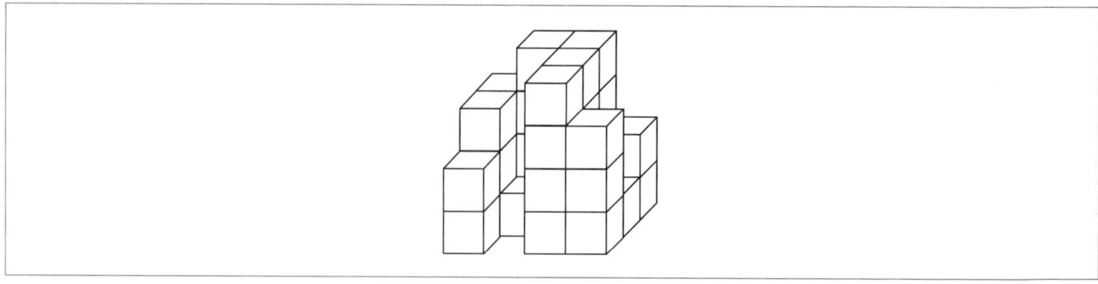

① 30개　　② 31개

③ 32개　　④ 33개

35

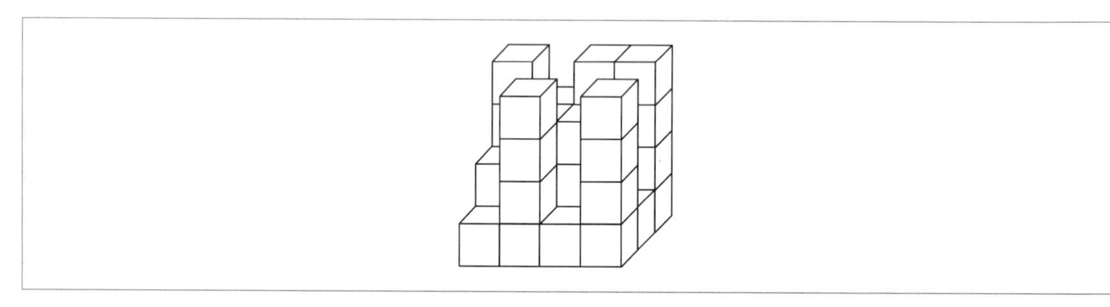

① 34개　　② 33개

③ 32개　　④ 31개

36

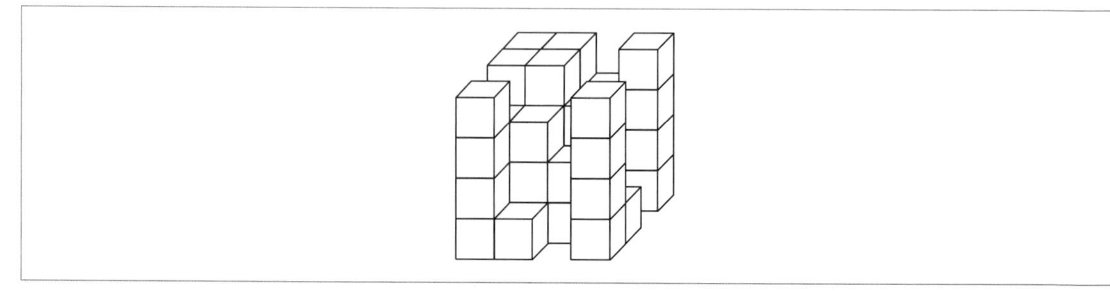

① 44개　　② 43개

③ 42개　　④ 41개

37

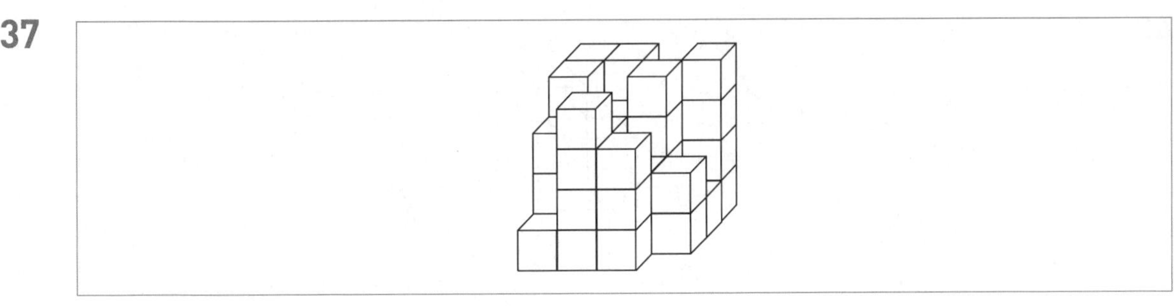

① 43개　　② 44개
③ 45개　　④ 46개

38

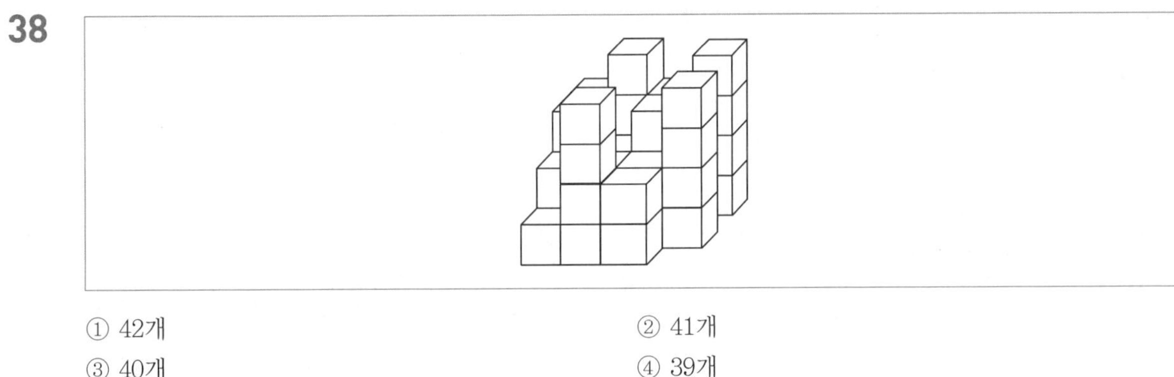

① 42개　　② 41개
③ 40개　　④ 39개

39

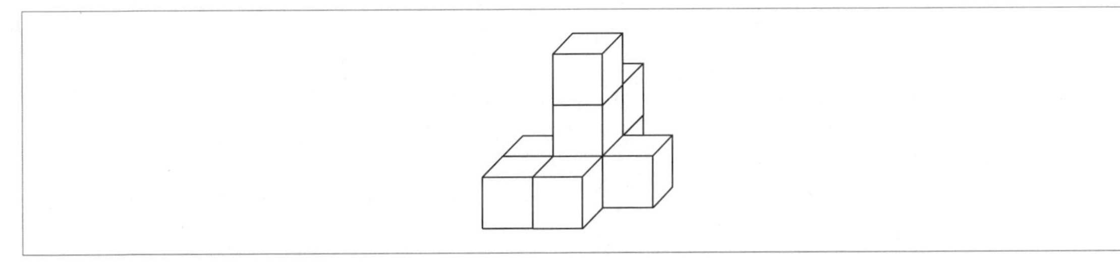

① 7개　　② 8개
③ 9개　　④ 10개

40

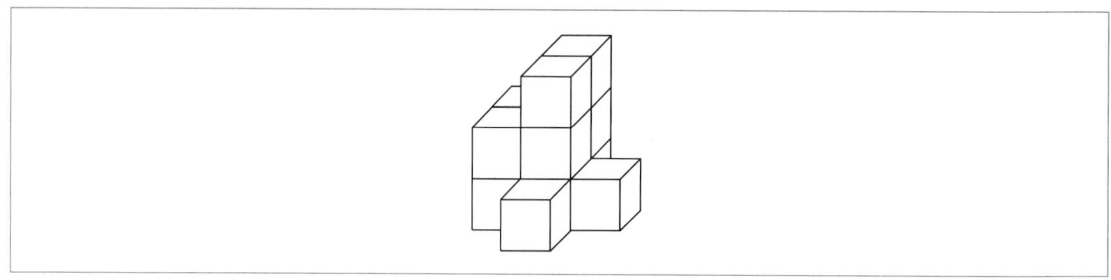

① 10개 ② 11개

③ 12개 ④ 13개

PART 4

인성검사

CONTENTS

I wish you the best of luck!

(주)시대고시기획
(주)시대교육

www.**sidaegosi**.com

시험정보 · 자료실 · 이벤트
합격을 위한 최고의 선택

시대에듀

www.**sdedu**.co.kr

자격증 · 공무원 · 취업까지
BEST 온라인 강의 제공

CHAPTER 01

인성검사

업무를 수행하면서 능률적인 성과물을 만들기 위해서는 개인의 능력과 경험 그리고 회사의 교육 및 훈련 등이 필요하지만, 개인의 성격이나 성향 역시 중요하다. 여러 직무분석 연구에서 나온 결과에 따르면, 직무에서의 성공과 관련된 특성 중 최고 70% 이상이 능력보다는 성격과 관련이 있다고 한다. 따라서 최근 기업들은 인성검사의 비중을 높이고 있는 추세다.
현재 기업들은 인성검사를 KIRBS(한국행동과학연구소)나 SHR(에스에이치알) 등의 전문기관에 의뢰해서 시행하고 있다. 전문기관에 따라서 인성검사 방법에 차이가 있고, 보안을 위해서 인성검사를 의뢰한 기업을 공개하지 않을 수 있기 때문에 특정 기업의 인성검사를 정확하게 판단할 수 없지만, 지원자들이 후기에 올린 문제를 통해 유형을 예상할 수 있다.
여기에서는 삼성그룹의 인성검사와 수검요령 및 검사 시 유의사항에 대해 간략하게 정리하였으며, 인성검사 모의연습을 통해 실제 시험 유형을 확인할 수 있도록 하였다.

PART 4

1. 삼성그룹 인성검사

삼성그룹의 인재상과 적합한 인재인지 평가하는 테스트로, 지원자의 개인 성향이나 인성에 관한 질문으로 구성되어 있다.

(1) 인성검사 유형 I

한 문항에 5개의 보기가 있으며, 그중 자신의 성격에 가장 가까운 것을 선택하는 문제가 출제된다.

(2) 인성검사 유형 II

각 문항에 대해, 자신의 성격에 맞게 '예', '아니요'를 선택하는 문제가 출제된다.

2. 인성검사 수검요령

인성검사는 특별한 수검요령이 없다. 다시 말하면 모범답안이 없고, 정답이 없다는 이야기다. 국어문제처럼 말뜻을 풀이하는 것도 아니다. 굳이 수검요령을 말하자면, 진실하고 솔직한 내 생각이 답변이라고 할 수 있을 것이다.
인성검사에서 가장 중요한 것은 첫째, 솔직한 답변이다. 지금까지의 경험을 통해 축적된 내 생각과 행동을 허구 없이 솔직하게 기재해야 한다. 예를 들어, "나는 타인의 물건을 훔치고 싶은 충동을 느껴본 적이 있다."라는 질문에 피검사자들은 많은 생각을 하게 된다. 생각해 보라. 유년기에 또는 성인이 되어서도 타인의 물건을 훔친 적은 없다 해도 마음속에서 훔치고 싶은 충동은 누구나 조금은 느껴보았을 것이다. 그런데 이 질문에 고민하는 사람이 간혹 있다. 이 질문에 "예"라고 대답하면 담당 검사관들이 나를 사회적으로 문제가 있는 사람으로 여기지는 않을까 하는 생각에 "아니요"라는 답을 기재하게 된다. 이런 솔직하지 않은 답변은 답변의 신뢰와 솔직함을 나타내는 타당성 척도에 좋지 않은 점수를 준다.

둘째, 일관성 있는 답변이다. 인성검사의 수많은 질문 문항 중에는 비슷한 뜻의 질문이 여러 개 숨어 있는 경우가 많다. 그 질문들은 피검사자의 솔직한 답변과 심리적인 상태를 알아보기 위해 내포되어 있는 문항들이다. 가령 "나는 유년시절 타인의 물건을 훔친 적이 있다."라는 질문에 "예"라고 대답했는데, "나는 유년시절 타인의 물건을 훔쳐보고 싶은 충동을 느껴본 적이 있다."라는 질문에는 "아니요"라는 답을 기재한다면 어떻겠는가. 일관성 없이 '대충 기재하자'라는 식의 심리적 무성의성 답변이 되거나, 정신적으로 문제가 있는 사람으로 보일 수 있다.

인성검사는 많은 문항 수를 풀어나가기 때문에 피검사자들은 지루함과 따분함, 반복된 뜻의 질문으로 인해 인내 상실 등이 나타날 수 있다. 인내하면서 솔직하게 내 생각을 대답하는 것이 무엇보다 중요한 요령이 될 것이다.

3. 인성검사 시 유의사항

(1) 충분한 휴식으로 불안을 없애고 정서적인 안정을 취한다. 심신이 안정되어야 자신의 마음을 표현할 수 있다.

(2) 생각나는 대로 솔직하게 응답한다. 자신을 너무 과대포장하지도, 너무 비하시키지도 마라. 답변을 꾸며서 하면 앞뒤가 맞지 않게끔 구성돼 있어 불리한 평가를 받게 되므로 솔직하게 답하도록 한다.

(3) 검사문항에 대해 지나치게 생각해서는 안 된다. 지나치게 몰두하면 엉뚱한 답변이 나올 수 있으므로 불필요한 생각은 삼간다.

(4) 검사시간에 너무 신경 쓸 필요는 없다. 인성검사는 시간제한이 없는 경우가 많으며 있다 해도 시간은 충분하다.

(5) 인성검사는 대개 문항 수가 많기에 자칫 건너뛰는 경우가 있는데, 가능한 한 모든 문항에 답해야 한다. 응답하지 않은 문항이 많을 경우 평가자가 정확한 평가를 내리지 못해 불리한 평가를 내릴 수 있기 때문이다.

4. 인성검사 모의연습

유형 1

※ 다음 질문을 읽고, ① ~ ⑤ 중 자신에게 해당하는 것을 고르시오(① 전혀 그렇지 않다, ② 약간 그렇지 않다, ③ 보통이다, ④ 약간 그렇다, ⑤ 매우 그렇다). [1~250]

번호	질문	응답				
01	결점을 지적받아도 아무렇지 않다.	①	②	③	④	⑤
02	피곤할 때도 명랑하게 행동한다.	①	②	③	④	⑤
03	실패했던 경험을 생각하면서 고민하는 편이다.	①	②	③	④	⑤
04	언제나 생기가 있다.	①	②	③	④	⑤
05	선배의 지적을 순수하게 받아들일 수 있다.	①	②	③	④	⑤
06	매일 목표가 있는 생활을 하고 있다.	①	②	③	④	⑤
07	열등감으로 자주 고민한다.	①	②	③	④	⑤
08	남에게 무시당하면 화가 난다.	①	②	③	④	⑤
09	무엇이든지 하면 된다고 생각하는 편이다.	①	②	③	④	⑤
10	자신의 존재를 과시하고 싶다.	①	②	③	④	⑤
11	사람을 많이 만나는 것을 좋아한다.	①	②	③	④	⑤
12	사람들이 당신에게 말수가 적다고 하는 편이다.	①	②	③	④	⑤
13	특정한 사람과 교제를 하는 편이다.	①	②	③	④	⑤

번호	질문	응답				
14	친구에게 먼저 말을 하는 편이다.	①	②	③	④	⑤
15	친구만 있으면 된다고 생각한다.	①	②	③	④	⑤
16	많은 사람 앞에서 말하는 것이 서툴다.	①	②	③	④	⑤
17	반 편성과 교실 이동을 싫어한다.	①	②	③	④	⑤
18	다과회 등에서 자주 책임을 맡는다.	①	②	③	④	⑤
19	새 팀 분위기에 쉽게 적응하지 못하는 편이다.	①	②	③	④	⑤
20	누구하고나 친하게 교제한다.	①	②	③	④	⑤
21	충동구매는 절대 하지 않는다.	①	②	③	④	⑤
22	컨디션에 따라 기분이 잘 변한다.	①	②	③	④	⑤
23	옷 입는 취향이 오랫동안 바뀌지 않고 그대로이다.	①	②	③	④	⑤
24	남의 물건이 좋아 보인다.	①	②	③	④	⑤
25	광고를 보면 그 물건을 사고 싶다.	①	②	③	④	⑤
26	자신이 낙천주의자라고 생각한다.	①	②	③	④	⑤
27	에스컬레이터에서 걷지 않는다.	①	②	③	④	⑤
28	꾸물대는 것을 싫어한다.	①	②	③	④	⑤
29	고민이 생겨도 심각하게 생각하지 않는다.	①	②	③	④	⑤
30	반성하는 일이 거의 없다.	①	②	③	④	⑤
31	남의 말을 호의적으로 받아들인다.	①	②	③	④	⑤
32	혼자 있을 때가 편안하다.	①	②	③	④	⑤
33	친구에게 불만이 있다.	①	②	③	④	⑤
34	남의 말을 좋은 쪽으로 해석한다.	①	②	③	④	⑤
35	남의 의견을 절대 참고하지 않는다.	①	②	③	④	⑤
36	기분 나쁜 일은 금세 잊는 편이다.	①	②	③	④	⑤
37	선배와 쉽게 친해진다.	①	②	③	④	⑤
38	슬럼프에 빠지면 좀처럼 헤어나지 못한다.	①	②	③	④	⑤
39	자신의 소문에 관심을 기울인다.	①	②	③	④	⑤
40	주위 사람에게 인사하는 것이 귀찮다.	①	②	③	④	⑤
41	기호에 맞지 않으면 거절하는 편이다.	①	②	③	④	⑤
42	여간해서 흥분하지 않는 편이다.	①	②	③	④	⑤
43	옳다고 생각하면 밀고 나간다.	①	②	③	④	⑤
44	항상 무슨 일이든지 해야만 한다.	①	②	③	④	⑤
45	휴식시간에도 일하고 싶다.	①	②	③	④	⑤
46	걱정거리가 생기면 머릿속에서 떠나지 않는 편이다.	①	②	③	④	⑤
47	매일 힘든 일이 너무 많다.	①	②	③	④	⑤
48	시험 전에도 노는 계획을 세운다.	①	②	③	④	⑤
49	슬픈 일만 머릿속에 남는다.	①	②	③	④	⑤
50	사는 것이 힘들다고 느낀 적은 없다.	①	②	③	④	⑤
51	처음 만난 사람과 이야기하는 것이 피곤하다.	①	②	③	④	⑤
52	비난을 받으면 신경이 쓰인다.	①	②	③	④	⑤
53	실패해도 또 다시 도전한다.	①	②	③	④	⑤
54	남에게 비판을 받으면 불쾌하다.	①	②	③	④	⑤
55	다른 사람의 지적을 순수하게 받아들일 수 있다.	①	②	③	④	⑤
56	자신의 프라이드가 높다고 생각한다.	①	②	③	④	⑤

번호	질문	응답				
57	자신의 입장을 잊어버릴 때가 있다.	①	②	③	④	⑤
58	남보다 쉽게 우위에 서는 편이다.	①	②	③	④	⑤
59	목적이 없으면 마음이 불안하다.	①	②	③	④	⑤
60	일을 할 때에 자신이 없다.	①	②	③	④	⑤
61	상대방이 말을 걸어오기를 기다리는 편이다.	①	②	③	④	⑤
62	친구 말을 듣는 편이다.	①	②	③	④	⑤
63	싸움으로 친구를 잃은 경우가 있다.	①	②	③	④	⑤
64	모르는 사람과 말하는 것은 귀찮다.	①	②	③	④	⑤
65	아는 사람이 많아지는 것이 즐겁다.	①	②	③	④	⑤
66	신호대기 중에도 조바심이 난다.	①	②	③	④	⑤
67	매사를 심각하게 생각하는 것을 싫어한다.	①	②	③	④	⑤
68	자신이 경솔하다고 자주 느낀다.	①	②	③	④	⑤
69	상대방이 통화 중이어도 자꾸 전화를 건다.	①	②	③	④	⑤
70	충동적인 행동을 하지 않는 편이다.	①	②	③	④	⑤
71	칭찬도 나쁘게 받아들이는 편이다.	①	②	③	④	⑤
72	자신이 손해를 보고 있다고 생각한다.	①	②	③	④	⑤
73	어떤 상황에서나 만족할 수 있다.	①	②	③	④	⑤
74	무슨 일이든지 자신의 생각대로 하지 못한다.	①	②	③	④	⑤
75	부모님에게 불만을 느낀다.	①	②	③	④	⑤
76	깜짝 놀라면 당황하는 편이다.	①	②	③	④	⑤
77	주위의 평판이 좋다고 생각한다.	①	②	③	④	⑤
78	자신이 소문에 휘말려도 좋다.	①	②	③	④	⑤
79	긴급사태에도 당황하지 않고 행동할 수 있다.	①	②	③	④	⑤
80	윗사람과 이야기하는 것이 불편하다.	①	②	③	④	⑤
81	정색하고 화내기 쉬운 화제를 올릴 때가 있다.	①	②	③	④	⑤
82	남들이 자신이 좋아하는 연예인을 욕해도 화가 나지 않는다.	①	②	③	④	⑤
83	남을 비판할 때가 있다.	①	②	③	④	⑤
84	주체할 수 없을 만큼 여유가 많은 것은 싫어한다.	①	②	③	④	⑤
85	의견이 어긋날 때는 한 발 양보한다.	①	②	③	④	⑤
86	싫은 사람과도 협력할 수 있다.	①	②	③	④	⑤
87	사람은 너무 고통거리가 많다고 생각한다.	①	②	③	④	⑤
88	걱정거리가 있으면 잠을 잘 수가 없다.	①	②	③	④	⑤
89	즐거운 일보다는 괴로운 일이 더 많다.	①	②	③	④	⑤
90	싫은 사람이라도 인사를 한다.	①	②	③	④	⑤
91	사소한 일에도 신경을 많이 쓰는 편이다.	①	②	③	④	⑤
92	누가 나에게 말을 걸기 전에 내가 먼저 말을 걸지는 않는다.	①	②	③	④	⑤
93	이따금 결심을 빨리 하지 못하기 때문에 손해 보는 경우가 많다.	①	②	③	④	⑤
94	사람들은 누구나 곤경을 벗어나기 위해 거짓말을 할 수 있다.	①	②	③	④	⑤
95	어떤 일을 실패하면 두고두고 생각한다.	①	②	③	④	⑤
96	비교적 말이 없는 편이다.	①	②	③	④	⑤
97	기왕 일을 한다면 꼼꼼하게 하는 편이다.	①	②	③	④	⑤
98	지나치게 깔끔한 척을 하는 편에 속한다.	①	②	③	④	⑤
99	나를 기분 나쁘게 한 사람을 쉽게 잊지 못하는 편이다.	①	②	③	④	⑤

번호	질문	응답				
100	수줍음을 많이 타서 많은 사람 앞에 나서길 싫어한다.	①	②	③	④	⑤
101	혼자 지내는 시간이 즐겁다.	①	②	③	④	⑤
102	내 주위 사람이 잘되는 것을 보면 상대적으로 내가 실패한 것 같다.	①	②	③	④	⑤
103	어떤 일을 시도하다가 잘 안되면 금방 포기한다.	①	②	③	④	⑤
104	이성 친구와 웃고 떠드는 것을 별로 좋아하지 않는다.	①	②	③	④	⑤
105	낯선 사람과 만나는 것을 꺼리는 편이다.	①	②	③	④	⑤
106	밤낮없이 같이 다닐만한 친구들이 거의 없다.	①	②	③	④	⑤
107	연예인이 되고 싶은 마음은 조금도 가지고 있지 않다.	①	②	③	④	⑤
108	여럿이 모여서 얘기하는 데 잘 끼어들지 못한다.	①	②	③	④	⑤
109	사람들은 이득이 된다면 옳지 않은 방법이라도 쓸 것이다.	①	②	③	④	⑤
110	사람들이 정직하게 행동하는 건 다른 사람의 비난이 두렵기 때문이다.	①	②	③	④	⑤
111	처음 보는 사람들과 쉽게 얘기하거나 친해지는 편이다.	①	②	③	④	⑤
112	모르는 사람들이 많이 모여 있는 곳에서도 활발하게 행동하는 편이다.	①	②	③	④	⑤
113	여기저기에 친구나 아는 사람들이 많이 있다.	①	②	③	④	⑤
114	모임에서 말을 많이 하고 적극적으로 행동한다.	①	②	③	④	⑤
115	슬프거나 기쁜 일이 생기면 부모나 친구에게 얘기하는 편이다.	①	②	③	④	⑤
116	활발하고 적극적이라는 말을 자주 듣는다.	①	②	③	④	⑤
117	시간이 걸리는 일이나 놀이에 싫증을 내고, 새로운 놀이나 활동을 원한다.	①	②	③	④	⑤
118	혼자 조용히 있거나 책을 읽는 것보다는 사람들과 어울리는 것을 좋아한다.	①	②	③	④	⑤
119	새로운 유행이 시작되면 다른 사람보다 먼저 시도해 보는 편이다.	①	②	③	④	⑤
120	기분을 잘 드러내기 때문에 남들이 본인의 기분을 금방 알게 된다.	①	②	③	④	⑤
121	비유적이고 상징적 표현보다는 구체적이고 정확한 표현을 더 잘 이해한다.	①	②	③	④	⑤
122	주변 사람들의 외모나 다른 특징들을 자세히 기억한다.	①	②	③	④	⑤
123	꾸준하고 참을성이 있다는 말을 자주 듣는다.	①	②	③	④	⑤
124	공부할 때 세부적인 내용을 암기할 수 있다.	①	②	③	④	⑤
125	손으로 직접 만지거나 조작하는 것을 좋아한다.	①	②	③	④	⑤
126	상상 속에서 이야기를 잘 만들어 내는 편이다.	①	②	③	④	⑤
127	종종 물건을 잃어버리거나 어디에 두었는지 기억을 못하는 때가 있다.	①	②	③	④	⑤
128	창의력과 상상력이 풍부하다는 이야기를 자주 듣는다.	①	②	③	④	⑤
129	다른 사람들이 생각하지도 않는 엉뚱한 행동이나 생각을 할 때가 종종 있다.	①	②	③	④	⑤
130	이것저것 새로운 것에 관심이 많고 새로운 것을 배우고 싶어 한다.	①	②	③	④	⑤
131	'왜'라는 질문을 자주 한다.	①	②	③	④	⑤
132	의지와 끈기가 강한 편이다.	①	②	③	④	⑤
133	궁금한 점이 있으면 꼬치꼬치 따져서 궁금증을 풀고 싶어 한다.	①	②	③	④	⑤
134	참을성이 있다는 말을 자주 듣는다.	①	②	③	④	⑤
135	남의 비난에도 잘 견딘다.	①	②	③	④	⑤
136	다른 사람의 감정에 민감하다.	①	②	③	④	⑤
137	자신의 잘못을 쉽게 인정하는 편이다.	①	②	③	④	⑤
138	싹싹하고 연하다는 소리를 잘 듣는다.	①	②	③	④	⑤
139	쉽게 양보를 하는 편이다.	①	②	③	④	⑤
140	음식을 선택할 때 쉽게 결정을 못 내릴 때가 많다.	①	②	③	④	⑤
141	계획표를 세밀하게 짜 놓고 그 계획표에 따라 생활하는 것을 좋아한다.	①	②	③	④	⑤
142	대체로 먼저 할 일을 해 놓고 나서 노는 편이다.	①	②	③	④	⑤

번호	질문	응답				
143	시험보기 전에 미리 여유 있게 공부 계획표를 짜 놓는다.	①	②	③	④	⑤
144	마지막 순간에 쫓기면서 일하는 것을 싫어한다.	①	②	③	④	⑤
145	계획에 따라 규칙적인 생활을 하는 편이다.	①	②	③	④	⑤
146	자기 것을 잘 나누어주는 편이다.	①	②	③	④	⑤
147	자신의 소지품을 덜 챙기는 편이다.	①	②	③	④	⑤
148	신발이나 옷이 떨어져도 무관심한 편이다.	①	②	③	④	⑤
149	자기 것을 덜 주장하고, 덜 고집하는 편이다.	①	②	③	④	⑤
150	활동이 많으면서도 무난하고 점잖다는 말을 듣는 편이다.	①	②	③	④	⑤
151	몇 번이고 생각하고 검토한다.	①	②	③	④	⑤
152	여러 번 생각한 끝에 결정을 내린다.	①	②	③	④	⑤
153	어떤 일이든 따지려 든다.	①	②	③	④	⑤
154	일단 결정하면 행동으로 옮긴다.	①	②	③	④	⑤
155	앞에 나서기를 꺼린다.	①	②	③	④	⑤
156	규칙을 잘 지킨다.	①	②	③	④	⑤
157	나의 주장대로 행동한다.	①	②	③	④	⑤
158	지시나 충고를 받는 것이 싫다.	①	②	③	④	⑤
159	급진적인 변화를 좋아한다.	①	②	③	④	⑤
160	규칙은 반드시 지킬 필요가 없다.	①	②	③	④	⑤
161	혼자서 일하기를 좋아한다.	①	②	③	④	⑤
162	미래에 대해 별로 염려를 하지 않는다.	①	②	③	④	⑤
163	새로운 변화를 싫어한다.	①	②	③	④	⑤
164	조용한 분위기를 좋아한다.	①	②	③	④	⑤
165	도전적인 직업보다는 안정된 직업이 좋다.	①	②	③	④	⑤
166	친구를 잘 바꾸지 않는다.	①	②	③	④	⑤
167	남의 명령을 듣기 싫어한다.	①	②	③	④	⑤
168	모든 일에 앞장서는 편이다.	①	②	③	④	⑤
169	다른 사람이 하는 일을 보면 답답하다.	①	②	③	④	⑤
170	남을 지배하는 사람이 되고 싶다.	①	②	③	④	⑤
171	규칙적인 것이 싫다.	①	②	③	④	⑤
172	매사에 감동을 자주 받는다.	①	②	③	④	⑤
173	새로운 물건과 일에 대한 생각을 자주 한다.	①	②	③	④	⑤
174	창조적인 일을 하고 싶다.	①	②	③	④	⑤
175	나쁜 일은 오래 생각하지 않는다.	①	②	③	④	⑤
176	사람들의 이름을 잘 기억하는 편이었다.	①	②	③	④	⑤
177	외딴 곳보다는 사람들이 북적거리는 곳에 살고 싶었다.	①	②	③	④	⑤
178	제조업보다는 서비스업이 마음에 들었다.	①	②	③	④	⑤
179	농사를 지으면서 자연과 더불어 살고 싶었다.	①	②	③	④	⑤
180	예절 같은 것은 별로 신경 쓰지 않았다.	①	②	③	④	⑤
181	거칠고 반항적인 사람보다 예의바른 사람들과 어울리고 싶었다.	①	②	③	④	⑤
182	대인관계에서 상황을 빨리 파악하는 편이었다.	①	②	③	④	⑤
183	계산에 밝은 사람은 꺼려졌다.	①	②	③	④	⑤
184	친구들과 노는 것보다 혼자 노는 것이 편했다.	①	②	③	④	⑤
185	교제범위가 넓은 편이라 사람을 만나는 데 많은 시간을 소비한다.	①	②	③	④	⑤

번호	질문	응답				
186	손재주는 비교적 있는 편이다.	①	②	③	④	⑤
187	기획과 섭외 중 기획을 더 잘할 수 있을 것 같다.	①	②	③	④	⑤
188	도서실 등에서 책을 정리하고 관리하는 일을 싫어하지 않는다.	①	②	③	④	⑤
189	선입견으로 판단하지 않고 이론적으로 판단하는 편이다.	①	②	③	④	⑤
190	예술제나 미술전 등에 관심이 많다.	①	②	③	④	⑤
191	행사의 사회나 방송 등 마이크를 사용하는 분야에 관심이 많다.	①	②	③	④	⑤
192	하루 종일 방에 틀어 박혀 연구하거나 몰두해야 하는 일은 싫다.	①	②	③	④	⑤
193	공상이나 상상을 많이 하는 편이다.	①	②	③	④	⑤
194	모르는 사람과도 마음이 맞으면 쉽게 마음을 터놓고 바로 친해진다.	①	②	③	④	⑤
195	물건을 만들거나 도구를 사용하는 일이 싫지는 않다.	①	②	③	④	⑤
196	새로운 아이디어를 생각해내는 일이 좋다.	①	②	③	④	⑤
197	회의에서 사회나 서기를 맡는다면 서기 쪽이 맞을 것 같다.	①	②	③	④	⑤
198	사건 뒤에 숨은 본질을 생각해 보기를 좋아한다.	①	②	③	④	⑤
199	색채감각이나 미적 센스가 풍부한 편이다.	①	②	③	④	⑤
200	다른 사람들의 눈길을 끌고 주목을 받는 것이 아무렇지도 않다.	①	②	③	④	⑤
201	문화재 위원과 체육대회 위원 중 체육대회 위원을 하고 싶다.	①	②	③	④	⑤
202	보고 들은 것을 문장으로 옮기기를 좋아한다.	①	②	③	④	⑤
203	남에게 뭔가 가르쳐주는 일이 좋다.	①	②	③	④	⑤
204	많은 사람과 장시간 함께 있으면 피곤하다.	①	②	③	④	⑤
205	엉뚱한 일을 하기 좋아하고 발상도 개성적이다.	①	②	③	④	⑤
206	전표 계산 또는 장부 기입 같은 일을 싫증내지 않고 할 수 있다.	①	②	③	④	⑤
207	책이나 신문을 열심히 읽는 편이다.	①	②	③	④	⑤
208	신경이 예민한 편이며, 감수성도 예민하다.	①	②	③	④	⑤
209	연회석에서 망설임 없이 노래를 부르거나 장기를 보이는 편이다.	①	②	③	④	⑤
210	즐거운 캠프를 위해 계획세우기를 좋아한다.	①	②	③	④	⑤
211	데이터를 분류하거나 통계내는 일을 싫어하지는 않는다.	①	②	③	④	⑤
212	드라마나 소설 속의 등장인물의 생활과 사고방식에 흥미가 있다.	①	②	③	④	⑤
213	자신의 미적 표현력을 살리면 상당히 좋은 작품이 나올 것 같다.	①	②	③	④	⑤
214	화려한 것을 좋아하며 주위의 평판에 신경을 쓰는 편이다.	①	②	③	④	⑤
215	여럿이서 여행할 기회가 있다면 즐겁게 참가한다.	①	②	③	④	⑤
216	여행 소감을 쓰기를 좋아한다.	①	②	③	④	⑤
217	상품전시회에서 상품설명을 한다면 잘할 수 있을 것 같다.	①	②	③	④	⑤
218	변화가 적고 손이 많이 가는 일도 꾸준히 하는 편이다.	①	②	③	④	⑤
219	신제품 홍보에 흥미가 있다.	①	②	③	④	⑤
220	열차시간표 한 페이지 정도라면 정확하게 옮겨 쓸 자신이 있다.	①	②	③	④	⑤
221	자신의 장래에 대해 자주 생각해본다.	①	②	③	④	⑤
222	혼자 있는 것에 익숙하다.	①	②	③	④	⑤
223	근심이 별로 없다.	①	②	③	④	⑤
224	나의 환경에 아주 만족한다.	①	②	③	④	⑤
225	상품을 고를 때 디자인과 색에 신경을 많이 쓴다.	①	②	③	④	⑤
226	극단이나 탤런트 양성소에서 공부해보고 싶다는 생각을 한 적 있다.	①	②	③	④	⑤
227	외출할 때 날씨가 좋지 않아도 그다지 신경을 쓰지 않는다.	①	②	③	④	⑤
228	손님을 불러들이는 호객행위도 마음만 먹으면 할 수 있을 것 같다.	①	②	③	④	⑤

번호	질문	응답				
229	신중하고 주의 깊은 편이다.	①	②	③	④	⑤
230	하루 종일 책상 앞에 앉아 있어도 지루해하지 않는 편이다.	①	②	③	④	⑤
231	알기 쉽게 요점을 정리한 다음 남에게 잘 설명하는 편이다.	①	②	③	④	⑤
232	생물 시간보다는 미술 시간에 흥미가 있다.	①	②	③	④	⑤
233	남이 자신에게 상담을 해오는 경우가 많다.	①	②	③	④	⑤
234	친목회나 송년회 등의 총무역할을 좋아하는 편이다.	①	②	③	④	⑤
235	실패하든 성공하든 그 원인은 꼭 분석한다.	①	②	③	④	⑤
236	실내장식품이나 액세서리 등에 관심이 많다.	①	②	③	④	⑤
237	남에게 보이기 좋아하고 지기 싫어하는 편이다.	①	②	③	④	⑤
238	대자연 속에서 마음대로 몸을 움직이는 일이 좋다.	①	②	③	④	⑤
239	파티나 모임에서 자연스럽게 돌아다니며 인사하는 성격이다.	①	②	③	④	⑤
240	무슨 일에 쉽게 빠져드는 편이며 장인의식도 강하다.	①	②	③	④	⑤
241	우리나라 분재를 파리에서 파는 방법 따위를 생각하기 좋아한다.	①	②	③	④	⑤
242	하루 종일 거리를 돌아다녀도 그다지 피곤을 느끼지 않는다.	①	②	③	④	⑤
243	컴퓨터의 키보드 조작도 연습하면 잘할 수 있을 것 같다.	①	②	③	④	⑤
244	자동차나 모터보트 등의 운전에 흥미를 갖고 있다.	①	②	③	④	⑤
245	인기탤런트의 인기비결을 곧 잘 생각해본다.	①	②	③	④	⑤
246	과자나 빵을 판매하는 일보다 만드는 일이 나에게 맞을 것 같다.	①	②	③	④	⑤
247	대체로 걱정하거나 고민하지 않는다.	①	②	③	④	⑤
248	비판적인 말을 들어도 쉽게 상처받지 않았다.	①	②	③	④	⑤
249	초등학교 선생님보다는 등대지기가 더 재미있을 것 같았다.	①	②	③	④	⑤
250	남의 생일이나 명절 때 선물을 사러 다니는 일이 귀찮게 느껴진다.	①	②	③	④	⑤

유형 2

※ 다음 질문내용을 읽고 본인에 해당하는 응답의 '예', '아니요'에 ○표 하시오. [1~133]

번호	질문	응답	
01	조심스러운 성격이라고 생각한다.	예	아니요
02	사물을 신중하게 생각하는 편이라고 생각한다.	예	아니요
03	동작이 기민한 편이다.	예	아니요
04	포기하지 않고 노력하는 것이 중요하다.	예	아니요
05	일주일의 예정을 만드는 것을 좋아한다.	예	아니요
06	노력의 여하보다 결과가 중요하다.	예	아니요
07	자기주장이 강하다.	예	아니요
08	장래의 일을 생각하면 불안해질 때가 있다.	예	아니요
09	소외감을 느낄 때가 있다.	예	아니요
10	훌쩍 여행을 떠나고 싶을 때가 자주 있다.	예	아니요
11	대인관계가 귀찮다고 느낄 때가 있다.	예	아니요
12	자신의 권리를 주장하는 편이다.	예	아니요
13	낙천가라고 생각한다.	예	아니요
14	싸움을 한 적이 없다.	예	아니요
15	자신의 의견을 상대에게 잘 주장하지 못한다.	예	아니요
16	좀처럼 결단하지 못하는 경우가 있다.	예	아니요
17	하나의 취미를 오래 지속하는 편이다.	예	아니요
18	한 번 시작한 일은 끝을 맺는다.	예	아니요
19	행동으로 옮기기까지 시간이 걸린다.	예	아니요
20	다른 사람들이 하지 못하는 일을 하고 싶다.	예	아니요
21	해야 할 일은 신속하게 처리한다.	예	아니요
22	병이 아닌지 걱정이 들 때가 있다.	예	아니요
23	다른 사람의 충고를 기분 좋게 듣는 편이다.	예	아니요
24	다른 사람에게 의존적이 될 때가 많다.	예	아니요
25	타인에게 간섭받는 것은 싫다.	예	아니요
26	의식 과잉이라는 생각이 들 때가 있다.	예	아니요
27	수다를 좋아한다.	예	아니요
28	잘못된 일을 한 적이 한 번도 없다.	예	아니요
29	모르는 사람과 이야기하는 것은 용기가 필요하다.	예	아니요
30	끙끙거리며 생각할 때가 있다.	예	아니요
31	다른 사람에게 항상 움직이고 있다는 말을 듣는다.	예	아니요
32	매사에 얽매인다.	예	아니요
33	잘하지 못하는 게임은 하지 않으려고 한다.	예	아니요
34	어떠한 일이 있어도 출세하고 싶다.	예	아니요
35	막무가내라는 말을 들을 때가 많다.	예	아니요
36	신경이 예민한 편이라고 생각한다.	예	아니요
37	쉽게 침울해한다.	예	아니요

번호	질문	응답	
38	쉽게 싫증을 내는 편이다.	예	아니요
39	옆에 사람이 있으면 싫다.	예	아니요
40	토론에서 이길 자신이 있다.	예	아니요
41	친구들과 남의 이야기를 하는 것을 좋아한다.	예	아니요
42	푸념을 한 적이 없다.	예	아니요
43	남과 친해지려면 용기가 필요하다.	예	아니요
44	통찰력이 있다고 생각한다.	예	아니요
45	집에서 가만히 있으면 기분이 우울해진다.	예	아니요
46	매사에 느긋하고 차분하게 매달린다.	예	아니요
47	좋은 생각이 떠올라도 실행하기 전에 여러모로 검토한다.	예	아니요
48	누구나 권력자를 동경하고 있다고 생각한다.	예	아니요
49	몸으로 부딪혀 도전하는 편이다.	예	아니요
50	당황하면 갑자기 땀이 나서 신경 쓰일 때가 있다.	예	아니요
51	친구들이 진지한 사람으로 생각하고 있다.	예	아니요
52	감정적으로 될 때가 많다.	예	아니요
53	다른 사람의 일에 관심이 없다.	예	아니요
54	다른 사람으로부터 지적받는 것은 싫다.	예	아니요
55	지루하면 마구 떠들고 싶어진다.	예	아니요
56	부모에게 불평을 한 적이 한 번도 없다.	예	아니요
57	내성적이라고 생각한다.	예	아니요
58	돌다리도 두들기고 건너는 타입이라고 생각한다.	예	아니요
59	굳이 말하자면 시원시원하다.	예	아니요
60	끈기가 강하다.	예	아니요
61	전망을 세우고 행동할 때가 많다.	예	아니요
62	일에는 결과가 중요하다고 생각한다.	예	아니요
63	활력이 있다.	예	아니요
64	항상 천재지변을 당하지는 않을까 걱정하고 있다.	예	아니요
65	때로는 후회할 때도 있다.	예	아니요
66	다른 사람에게 위해를 가할 것 같은 기분이 든 때가 있다.	예	아니요
67	진정으로 마음을 허락할 수 있는 사람은 없다.	예	아니요
68	기다리는 것에 짜증내는 편이다.	예	아니요
69	친구들로부터 줏대 없는 사람이라는 말을 듣는다.	예	아니요
70	사물을 과장해서 말한 적은 없다.	예	아니요
71	인간관계가 폐쇄적이라는 말을 듣는다.	예	아니요
72	매사에 신중한 편이라고 생각한다.	예	아니요
73	눈을 뜨면 바로 일어난다.	예	아니요
74	난관에 봉착해도 포기하지 않고 열심히 해본다.	예	아니요
75	실행하기 전에 재확인할 때가 많다.	예	아니요
76	리더로서 인정을 받고 싶다.	예	아니요
77	어떤 일이 있어도 의욕을 가지고 열심히 하는 편이다.	예	아니요

번호	질문	응답	
78	다른 사람의 감정에 민감하다.	예	아니요
79	다른 사람들이 남을 배려하는 마음씨가 있다는 말을 한다.	예	아니요
80	사소한 일로 우는 일이 많다.	예	아니요
81	반대에 부딪혀도 자신의 의견을 바꾸는 일은 없다.	예	아니요
82	누구와도 편하게 이야기할 수 있다.	예	아니요
83	가만히 있지 못할 정도로 침착하지 못할 때가 있다.	예	아니요
84	다른 사람을 싫어한 적은 한 번도 없다.	예	아니요
85	그룹 내에서는 누군가의 주도하에 따라가는 경우가 많다.	예	아니요
86	차분하다는 말을 듣는다.	예	아니요
87	스포츠 선수가 되고 싶다고 생각한 적이 있다.	예	아니요
88	모두가 싫증을 내는 일에도 혼자서 열심히 한다.	예	아니요
89	휴일은 세부적인 예정을 세우고 보낸다.	예	아니요
90	완성된 것보다 미완성인 것에 흥미가 있다.	예	아니요
91	잘하지 못하는 것이라도 자진해서 한다.	예	아니요
92	가만히 있지 못할 정도로 불안해질 때가 많다.	예	아니요
93	자주 깊은 생각에 잠긴다.	예	아니요
94	이유도 없이 다른 사람과 부딪힐 때가 있다.	예	아니요
95	타인의 일에는 별로 관여하고 싶지 않다고 생각한다.	예	아니요
96	무슨 일이든 자신을 가지고 행동한다.	예	아니요
97	유명인과 서로 아는 사람이 되고 싶다.	예	아니요
98	지금까지 후회를 한 적이 없다.	예	아니요
99	의견이 다른 사람과는 어울리지 않는다.	예	아니요
100	무슨 일이든 생각해 보지 않으면 만족하지 못한다.	예	아니요
101	다소 무리를 하더라도 피로해지지 않는다.	예	아니요
102	굳이 말하자면 장거리 주자에 어울린다고 생각한다.	예	아니요
103	여행을 가기 전에는 세세한 계획을 세운다.	예	아니요
104	능력을 살릴 수 있는 일을 하고 싶다.	예	아니요
105	성격이 시원시원하다고 생각한다.	예	아니요
106	굳이 말하자면 자의식 과잉이다.	예	아니요
107	스스로를 쓸모없는 인간이라고 생각할 때가 있다.	예	아니요
108	주위의 영향을 받기 쉽다.	예	아니요
109	지인을 발견해도 만나고 싶지 않을 때가 많다.	예	아니요
110	다수의 반대가 있더라도 자신의 생각대로 행동한다.	예	아니요
111	번화한 곳에 외출하는 것을 좋아한다.	예	아니요
112	지금까지 다른 사람의 마음에 상처준 일이 없다.	예	아니요
113	다른 사람에게 자신이 소개되는 것을 좋아한다.	예	아니요
114	실행하기 전에 재고하는 경우가 많다.	예	아니요
115	몸을 움직이는 것을 좋아한다.	예	아니요
116	완고한 편이라고 생각한다.	예	아니요
117	신중하게 생각하는 편이다.	예	아니요

번호	질문	응답	
118	커다란 일을 해보고 싶다.	예	아니요
119	계획을 생각하기보다 빨리 실행하고 싶어한다.	예	아니요
120	작은 소리도 신경 쓰인다.	예	아니요
121	자질구레한 걱정이 많다.	예	아니요
122	이유도 없이 화가 치밀 때가 있다.	예	아니요
123	융통성이 없는 편이다.	예	아니요
124	다른 사람보다 기가 세다.	예	아니요
125	다른 사람보다 쉽게 우쭐해진다.	예	아니요
126	다른 사람을 의심한 적이 한 번도 없다.	예	아니요
127	어색해지면 입을 다무는 경우가 많다.	예	아니요
128	하루의 행동을 반성하는 경우가 많다.	예	아니요
129	격렬한 운동도 그다지 힘들어하지 않는다.	예	아니요
130	새로운 일에 처음 한 발을 좀처럼 떼지 못한다.	예	아니요
131	앞으로의 일을 생각하지 않으면 진정이 되지 않는다.	예	아니요
132	인생에서 중요한 것은 높은 목표를 갖는 것이다.	예	아니요
133	무슨 일이든 선수를 쳐야 이긴다고 생각한다.	예	아니요

CHAPTER 02

UK작업태도검사

01 UK작업태도검사

인간은 잠을 잘 때를 제외하곤 항상 어떤 작업을 하고 있으므로 작업 중에 인격적 요인이 반영될 수밖에 없다. 따라서 일정한 조건 아래 단순한 작업을 시키고 나서 그 작업량의 패턴에서 인격을 파악하려고 하는 것이 UK작업태도검사다. 일반적으로 이 방법은 실시가 간단해 집단적으로 실시할 수 있고, 비언어적인 과제를 사용하고 있으므로 언어 이해력을 필요로 하지 않는다는 이점이 있으나 성격 전반에 대한 정보를 얻는 것은 무리다.

작업검사의 대표적인 검사방법으로는 우리나라에서 UK검사라는 약칭으로 통용되는 우치다 – 크레펠린 정신작업검사가 있다. 이 검사의 기초가 된 것은 크레펠린(Kraepelin)이 실험심리학의 연구법으로 개발한 단순가산작업이지만, 이것을 인격검사에 받아들인 것은 우치다 유우자부로(内田勇三郎)다.

우치다 – 크레펠린 정신검사는 1행의 숫자가 가로 91자, 세로 34행으로 된 용지를 사용하는데 1분에 한 행씩 각 행의 숫자를 가산해서 답의 일의 자리 숫자만 쓰는 작업이 주어진다. 현재 삼성에서는 이와 동일하지는 않지만, 비슷한 방식으로 UK작업태도검사를 시행하고 있다. 검사결과의 정리방법은 우선 각 행의 작업이 이루어진 최후의 숫자를 연결하는 것에 의해 작업곡선을 기입한다.

1. 측정요인

평균작업량	휴식 후 15분간 작업량의 평균작업량을 측정한다.
초두효과율	작업에 대한 처음의 좋음이나 순조로움을 보이는 요인으로서 작업개시 시의 의지와 긴장 정도를 재는 것이다.
평균오류량	휴식 전후(前後)의 1줄에 대한 평균오류량을 측정한다.
휴식효과율	전반부와 후반부의 작업량을 비교하여 휴식 후의 작업증가율을 나타내는 요인으로서 휴식단계에서 피로가 줄었음에도 불구하고 작업량이 휴식 전보다 낮다면 휴식효과가 낮게 나타난다. 특히 정신분열증 환자의 경우에는 이 휴식효과율이 낮다고 되어 있다.

(1) 양적 측정

휴식 후 15분간 작업량의 평균작업량을 기준으로 측정한다. 일반적으로 UK검사의 작업량은 계산의 연속이기 때문에 피검사자의 IQ(지능지수)와 많은 연관성이 있지만 성격상의 결함이 있는 사람이 많고, 휴식효과율이 낮은 사람이 있기 때문에 직접적으로 지능지수와 연관성을 맺기에는 무리가 있다. 양적 측정은 말 그대로 작업량의 많고 적음을 나타내기도 하고, 휴식효과에 관련해서 정서, 집중력, 가변성 등의 판단결과가 나타난다고 볼 수 있다.

(2) 질적 측정

휴식 전 작업곡선과 휴식 후 작업곡선을 기준으로 초두노력의 결여, 평균오류량, 휴식효과율 등을 판정하여 성격적인 측면을 검사한다.

정형	곡선의 양단이 중앙부보다 높고, 완만하게 하강하고 다시 완만하게 상승하는 형
상승형	전반부가 높고 후반부가 낮아지는 형
중고형	정형과 반대의 형
하강형	전반부가 낮고 후반부가 높아지는 형
수평형	1줄의 작업 최대차가 5 이내로, 상승도 하강도 하지 않는 형
파상형	전체적으로 일정한 규칙이 없이 곡선의 진폭이 크고, 파도치듯이 나타나는 형

2. 검사방법

(1) 검사마다 다르지만 보통 전반 15분, 휴식 5분, 후반 15분의 형태로 실시한다.

(2) 두 개의 숫자를 더하여 10자리(앞자리)를 제외한 1자리(뒷자리)만 숫자와 숫자 사이 아래에 적는다.

(3) 1줄에 1분씩 연속해서 실시한다.

(4) 검사가 끝나면 틀린 부분을 ×표시한다.

(5) ×표시가 있는 부분만큼 기재한 숫자 중 2개씩을 끝부분에서 제외한다.

(6) 끝부분을 연결한다.

02 UK작업태도검사 모의연습

01

2 4 1 5 7 7 8 9 6 5 4 1 2 5 4 7 8 9 6 3 2 1 0 5 4 0 2 5 4 5 5 8 9 6 3 0 1 1
2 4 5 6 6 9 7 6 8 9 7 4 2 3 5 8 4 2 3 6 7 9 4 2 8 3 7 9 5 1 6 8 0 3 7 9 5 4
3 8 6 1 6 7 9 5 3 8 0 4 9 7 5 8 1 2 6 8 1 6 8 5 9 6 4 7 9 5 4 3 6 5 7 7 5 6
3 0 5 7 5 9 7 6 8 5 6 4 9 6 5 1 2 4 5 2 8 6 4 3 5 9 6 5 4 2 8 9 3 5 4 9 3 8
6 2 4 8 2 8 2 4 6 3 8 2 1 6 9 3 7 4 4 2 8 1 8 6 4 9 3 8 6 4 2 5 6 8 2 6 7 5
8 9 6 4 2 6 5 8 7 3 6 3 5 4 7 9 2 3 6 3 2 8 4 3 9 6 4 6 9 2 0 6 5 9 7 5 2 1
9 7 6 3 5 4 0 8 7 9 6 5 4 8 6 3 5 3 3 4 8 4 6 9 2 5 7 1 8 9 6 2 4 8 9 6 8 7
3 5 4 9 1 3 7 6 2 7 4 3 0 4 7 9 5 4 3 8 4 9 6 8 4 2 3 8 4 3 6 8 4 2 6 8 7 4
5 6 1 0 6 8 7 4 9 3 8 7 7 5 1 3 6 8 5 2 8 7 2 4 6 9 5 2 7 8 9 5 2 4 6 9 5 4
7 6 9 8 4 4 8 7 5 3 5 4 7 8 5 4 7 8 5 1 5 7 5 9 6 2 4 4 7 5 6 9 8 7 8 0 2 3
0 1 4 5 7 8 9 9 6 5 4 2 3 5 4 7 7 8 4 5 2 9 8 4 5 6 3 2 4 5 5 7 8 5 6 5 2 4
0 8 2 3 6 5 5 4 1 2 4 1 2 5 4 1 2 5 4 1 2 5 4 1 2 5 4 1 1 2 5 4 5 3 6 6 7 5
2 1 4 9 2 4 5 6 8 7 4 6 5 8 4 2 4 4 2 6 8 2 2 3 3 6 3 8 7 8 5 4 2 6 8 2 1 6
1 5 6 9 7 0 9 9 5 4 3 7 6 1 8 2 7 5 4 9 6 7 3 8 4 2 3 6 7 9 4 2 8 3 7 9 5 1
6 8 0 3 7 9 5 4 3 8 6 1 6 7 9 5 3 8 0 4 9 7 5 8 1 2 6 8 1 6 8 5 9 6 4 7 9 5
4 3 6 5 7 3 4 1 6 9 4 7 1 4 6 3 9 1 0 2 4 0 1 4 8 9 0 1 2 0 2 5 1 4 1 0 4 7
7 6 3 0 4 1 6 9 5 7 5 8 4 2 2 3 6 4 7 5 9 6 3 5 4 9 7 4 2 3 5 6 9 8 4 4 8 7
5 3 5 4 7 8 5 4 7 8 5 1 5 7 5 9 6 2 4 4 7 5 6 9 8 7 8 0 2 3 0 1 4 5 7 8 9 9
6 5 4 2 3 5 4 3 4 1 6 9 4 7 1 4 6 3 9 1 0 2 4 0 1 4 8 9 0 1 2 0 2 5 1 4 1 0
4 7 7 6 3 0 4 1 6 9 5 7 5 8 4 2 2 3 6 4 2 5 8 6 3 5 4 6 9 8 4 4 8 7 5 3 5 4
7 8 5 4 7 8 5 1 5 7 5 9 6 2 4 4 7 5 6 9 8 7 8 0 2 3 0 1 4 5 7 8 9 9 6 5 4 2
3 5 4 7 7 8 4 5 2 9 8 4 5 6 3 2 4 5 5 7 8 5 6 5 2 4 0 8 2 3 6 5 5 4 1 2 4 1
2 5 4 1 2 5 4 1 2 5 4 1 2 5 4 1 1 2 5 4 5 3 6 6 7 5 2 1 4 6 5 4 2 3 8 4 7 9
5 4 2 3 6 5 4 1 2 2 3 6 5 0 7 8 9 4 7 9 2 1 9 7 8 4 2 3 6 7 8 9 4 3 5 7 8 9
5 4 2 3 4 5 7 0 6 7 5 4 7 8 5 9 6 8 8 9 6 2 2 0 5 8 7 5 6 9 8 7 4 5 8 7 4 9
5 7 7 0 3 2 5 6 6 8 7 4 2 4 9 6 2 4 8 6 2 4 7 8 0 6 1 5 6 9 8 3 5 4 7 8 9 5
4 5 1 0 5 4 7 9 6 5 5 4 2 3 6 9 4 5 7 9 2 1 0 2 3 6 0 1 4 7 5 8 8 5 6 0 3 2
4 5 3 0 5 5 4 6 8 2 4 6 2 6 5 7 2 4 9 5 5 1 9 7 3 5 8 4 2 6 8 4 5 7 5 8 4 2
6 9 5 1 3 5 7 1 5 5 6 3 8 7 1 3 1 1 4 7 8 9 6 3 2 4 5 4 7 5 8 5 8 5 4 8 6 3
2 4 1 5 7 7 8 9 6 5 4 1 2 5 4 7 8 9 6 3 2 1 0 5 4 0 2 5 4 5 5 8 9 6 3 0 1 1

02

4 3 6 5 7 3 4 1 6 9 4 7 1 4 6 3 9 1 0 2 4 0 1 4 8 9 0 1 2 0 2 5 1 4 1 0 4 7

7 6 3 0 4 1 6 9 5 7 5 8 4 2 2 3 6 4 7 5 9 6 3 5 4 9 7 4 2 3 5 6 9 8 4 4 8 7

5 3 5 4 7 8 5 4 7 8 5 1 5 7 5 9 6 2 4 4 7 5 6 9 8 7 8 0 2 3 0 1 4 5 7 8 9 9

6 5 4 2 3 5 4 3 4 1 6 9 4 7 1 4 6 3 9 1 0 2 4 0 1 4 8 9 0 1 2 0 2 5 1 4 1 0

4 7 7 6 3 0 4 1 6 9 5 7 5 8 4 2 2 3 6 4 2 5 8 6 3 5 4 6 9 8 4 4 8 7 5 3 5 4

7 8 5 4 7 8 5 1 5 7 5 9 6 2 4 4 7 5 6 9 8 7 8 0 2 3 0 1 4 5 7 8 9 9 6 5 4 2

3 5 4 7 7 8 4 5 2 9 8 4 5 6 3 2 4 5 5 7 8 5 6 5 2 4 0 8 2 3 6 5 5 4 1 2 4 1

2 5 4 1 2 5 4 1 2 5 4 1 2 5 4 1 1 2 5 4 5 3 6 6 7 5 2 1 4 6 5 4 2 3 8 4 7 9

5 4 2 3 6 5 4 1 2 2 3 6 5 0 7 8 9 4 7 9 2 1 9 7 8 4 2 3 6 7 8 9 4 3 5 7 8 9

5 4 2 3 4 5 7 0 6 7 5 4 7 8 5 9 6 8 8 9 6 2 2 0 5 8 7 5 6 9 8 7 4 5 8 7 4 9

5 7 7 0 3 2 5 6 6 8 7 4 2 4 9 6 2 4 8 6 2 4 7 8 0 6 1 5 6 9 8 3 5 4 7 8 9 5

4 5 1 0 5 4 7 9 6 5 5 4 2 3 6 9 4 5 7 9 2 1 0 2 3 6 0 1 4 7 5 8 8 5 6 0 3 2

4 5 3 0 5 5 4 6 8 2 4 6 2 6 5 7 2 4 9 5 5 1 9 7 3 5 8 4 2 6 8 4 5 7 5 8 4 2

6 9 5 1 3 5 7 1 5 5 6 3 8 7 1 3 1 1 4 7 8 9 6 3 2 4 5 4 7 5 8 5 8 5 4 8 6 3

2 4 1 5 7 7 8 9 6 5 4 1 2 5 4 7 8 9 6 3 2 1 0 5 4 0 2 5 4 5 5 8 9 6 3 0 1 1

2 4 1 5 7 7 8 9 6 5 4 1 2 5 4 7 8 9 6 3 2 1 0 5 4 0 2 5 4 5 5 8 9 6 3 0 1 1

2 4 5 6 6 9 7 6 8 9 7 4 2 3 5 8 4 2 3 6 7 9 4 2 8 3 7 9 5 1 6 8 0 3 7 9 5 4

3 8 6 1 6 7 9 5 3 8 0 4 9 7 5 8 1 2 6 8 1 6 8 5 9 6 4 7 9 5 4 3 6 5 7 7 5 6

3 0 5 7 5 9 7 6 8 5 6 4 9 6 5 1 2 4 5 2 8 6 4 3 5 9 6 5 4 2 8 9 3 5 4 9 3 8

6 2 4 8 2 8 2 4 6 3 8 2 1 6 9 3 7 4 4 2 8 1 8 6 4 9 3 8 6 4 2 5 6 8 2 6 7 5

8 9 6 4 2 6 5 8 7 3 6 3 5 4 7 9 2 3 6 3 2 8 4 3 9 6 4 6 9 2 0 6 5 9 7 5 2 1

9 7 6 3 5 4 0 8 7 9 6 5 4 8 6 3 5 3 3 4 8 4 6 9 2 5 7 1 8 9 6 2 4 8 9 6 8 7

3 5 4 9 1 3 7 6 2 7 4 3 0 4 7 9 5 4 3 8 4 9 6 8 4 2 3 8 4 3 6 8 4 2 6 8 7 4

5 6 1 0 6 8 7 4 9 3 8 7 7 5 1 3 6 8 5 2 8 7 2 4 6 9 5 2 7 8 9 5 2 4 6 9 5 4

7 6 9 8 4 4 8 7 5 3 5 4 7 8 5 4 7 8 5 1 5 7 5 9 6 2 4 4 7 5 6 9 8 7 8 0 2 3

0 1 4 5 7 8 9 9 6 5 4 2 3 5 4 7 7 8 4 5 2 9 8 4 5 6 3 2 4 5 5 7 8 5 6 5 2 4

0 8 2 3 6 5 5 4 1 2 4 1 2 5 4 1 2 5 4 1 2 5 4 1 2 5 4 1 1 2 5 4 5 3 6 6 7 5

2 1 4 9 2 4 5 6 8 7 4 6 5 8 4 2 4 4 2 6 8 2 2 3 3 6 3 8 7 8 5 4 2 6 8 2 1 6

1 5 6 9 7 0 9 9 5 4 3 7 6 1 8 2 7 5 4 9 6 7 3 8 4 2 3 6 7 9 4 2 8 3 7 9 5 1

6 8 0 3 7 9 5 4 3 8 6 1 6 7 9 5 3 8 0 4 9 7 5 8 1 2 6 8 1 6 8 5 9 6 4 7 9 5

03

0 8 2 3 6 5 5 4 1 2 4 1 2 5 4 1 2 5 4 1 2 5 4 1 2 5 4 1 1 2 5 4 5 3 6 6 7 5

2 1 4 9 2 4 5 6 8 7 4 6 5 8 4 2 4 4 2 6 8 2 2 3 3 6 3 8 7 8 5 4 2 6 8 2 1 6

6 8 0 3 7 9 5 4 3 8 6 1 6 7 9 5 3 8 0 4 9 7 5 8 1 2 6 8 1 6 8 5 9 6 4 7 9 5

1 5 6 9 7 0 9 9 5 4 3 7 6 1 8 2 7 5 4 9 6 7 3 8 4 2 3 6 7 9 4 2 8 3 7 9 5 1

5 3 5 4 7 8 5 4 7 8 5 1 5 7 5 9 6 2 4 4 7 5 6 9 8 7 8 0 2 3 0 1 4 5 7 8 9 9

6 5 4 2 3 5 4 3 4 1 6 9 4 7 1 4 6 3 9 1 0 2 4 0 1 4 8 9 0 1 2 0 2 5 1 4 1 0

4 7 7 6 3 0 4 1 6 9 5 7 5 8 4 2 2 3 6 4 2 5 8 6 3 5 4 6 9 8 4 4 8 7 5 3 5 4

7 8 5 4 7 8 5 1 5 7 5 9 6 2 4 4 7 5 6 9 8 7 8 0 2 3 0 1 4 5 7 8 9 9 6 5 4 2

3 5 4 7 7 8 4 5 2 9 8 4 5 6 3 2 4 5 5 7 8 5 6 5 2 4 0 8 2 3 6 5 5 4 1 2 4 1

4 3 6 5 7 3 4 1 6 9 4 7 1 4 6 3 9 1 0 2 4 0 1 4 8 9 0 1 2 0 2 5 1 4 1 0 4 7

7 6 3 0 4 1 6 9 5 7 5 8 4 2 2 3 6 4 7 5 9 6 3 5 4 9 7 4 2 3 5 6 9 8 4 4 8 7

3 5 4 9 1 3 7 6 2 7 4 3 0 4 7 9 5 4 3 8 4 9 6 8 4 2 3 8 4 3 6 8 4 2 6 8 7 4

2 5 4 1 2 5 4 1 2 5 4 1 2 5 4 1 1 2 5 4 5 3 6 6 7 5 2 1 4 6 5 4 2 3 8 4 7 9

5 4 2 3 6 5 4 1 2 2 3 6 5 0 7 8 9 4 7 9 2 1 9 7 8 4 2 3 6 7 8 9 4 3 5 7 8 9

5 4 2 3 4 5 7 0 6 7 5 4 7 8 5 9 6 8 8 9 6 2 2 0 5 8 7 5 6 9 8 7 4 5 8 7 4 9

2 4 5 6 6 9 7 6 8 9 7 4 2 3 5 8 4 2 3 6 7 9 4 2 8 3 7 9 5 1 6 8 0 3 7 9 5 4

3 8 6 1 6 7 9 5 3 8 0 4 9 7 5 8 1 2 6 8 1 6 8 5 9 6 4 7 9 5 4 3 6 5 7 7 5 6

3 0 5 7 5 9 7 6 8 5 6 4 9 6 5 1 2 4 5 2 8 6 4 3 5 9 6 5 4 2 8 9 3 5 4 9 3 8

6 2 4 8 2 8 2 4 6 3 8 2 1 6 9 3 7 4 4 2 8 1 8 6 4 9 3 8 6 4 2 5 6 8 2 6 7 5

8 9 6 4 2 6 5 8 7 3 6 3 5 4 7 9 2 3 6 3 2 8 4 3 9 6 4 6 9 2 0 6 5 9 7 5 2 1

9 7 6 3 5 4 0 8 7 9 6 5 4 8 6 3 5 3 3 4 8 4 6 9 2 5 7 1 8 9 6 2 4 8 9 6 8 7

5 7 7 0 3 2 5 6 6 8 7 4 2 4 9 6 2 4 8 6 2 4 7 8 0 6 1 5 6 9 8 3 5 4 7 8 9 5

4 5 1 0 5 4 7 9 6 5 5 4 2 3 6 9 4 5 7 9 2 1 0 2 3 6 0 1 4 7 5 8 8 5 6 0 3 2

4 5 3 0 5 5 4 6 8 2 4 6 2 6 5 7 2 4 9 5 5 1 9 7 3 5 8 4 2 6 8 4 5 7 5 8 4 2

6 9 5 1 3 5 7 1 5 5 6 3 8 7 1 3 1 1 4 7 8 9 6 3 2 4 5 4 7 5 8 5 8 5 4 8 6 3

2 4 1 5 7 7 8 9 6 5 4 1 2 5 4 7 8 9 6 3 2 1 0 5 4 0 2 5 4 5 5 8 9 6 3 0 1 1

2 4 1 5 7 7 8 9 6 5 4 1 2 5 4 7 8 9 6 3 2 1 0 5 4 0 2 5 4 5 5 8 9 6 3 0 1 1

5 6 1 0 6 8 7 4 9 3 8 7 7 5 1 3 6 8 5 2 8 7 2 4 6 9 5 2 7 8 9 5 2 4 6 9 5 4

7 6 9 8 4 4 8 7 5 3 5 4 7 8 5 4 7 8 5 1 5 7 5 9 6 2 4 4 7 5 6 9 8 7 8 0 2 3

0 1 4 5 7 8 9 9 6 5 4 2 3 5 4 7 7 8 4 5 2 9 8 4 5 6 3 2 4 5 5 7 8 5 6 5 2 4

04

6 5 4 2 3 5 4 3 4 1 6 9 4 7 1 4 6 3 9 1 0 2 4 0 1 4 8 9 0 1 2 0 2 5 1 4 1 0

0 1 4 5 7 8 9 9 6 5 4 2 35 4 7 7 8 4 5 2 9 8 4 5 6 3 2 4 5 5 7 8 5 6 5 2 4

9 7 6 3 5 4 0 8 7 9 6 5 4 8 6 3 5 3 3 4 8 4 6 9 2 5 7 1 8 9 6 2 4 8 9 6 8 7

3 8 6 1 6 7 9 5 3 8 0 4 9 7 5 8 1 2 6 8 1 6 8 5 9 6 4 7 9 5 4 3 6 5 7 7 5 6

4 3 6 5 7 3 4 1 6 9 4 7 1 4 6 3 9 1 0 2 4 0 1 4 8 9 0 1 2 0 2 5 1 4 1 0 4 7

6 2 4 8 2 8 2 4 6 3 8 2 1 6 9 3 7 4 4 2 8 1 8 6 4 9 3 8 6 4 2 5 6 8 2 6 7 5

8 9 6 4 2 6 5 8 7 3 6 3 5 4 7 9 2 3 6 3 2 8 4 3 9 6 4 6 9 2 0 6 5 9 7 5 2 1

3 5 4 7 7 8 4 5 2 9 8 4 5 6 3 2 4 5 5 7 8 5 6 5 2 4 0 8 2 3 6 5 5 4 1 2 4 1

2 5 4 1 2 5 4 1 2 5 4 1 2 5 4 1 1 2 5 4 5 3 6 6 7 5 2 1 4 6 5 4 2 3 8 4 7 9

3 5 4 9 1 3 7 6 2 7 4 3 0 4 7 9 5 4 3 8 4 9 6 8 4 2 3 8 4 3 6 8 4 2 6 8 7 4

5 6 1 0 6 8 7 4 9 3 8 7 7 5 1 3 6 8 5 2 8 7 2 4 6 9 5 2 7 8 9 5 2 4 6 9 5 4

7 6 9 8 4 4 8 7 5 3 5 4 7 8 5 4 7 8 5 1 5 7 5 9 6 2 4 4 7 5 6 9 8 7 8 0 2 3

4 5 3 0 5 5 4 6 8 2 4 6 2 6 5 7 2 4 9 5 5 1 9 7 3 5 8 4 2 6 8 4 5 7 5 8 4 2

6 9 5 1 3 5 7 1 5 5 6 3 8 7 1 3 1 1 4 7 8 9 6 3 2 4 5 4 7 5 8 5 8 5 4 8 6 3

2 4 5 6 6 9 7 6 8 9 7 4 2 3 5 8 4 2 3 6 7 9 4 2 8 3 7 9 5 1 6 8 0 3 7 9 5 4

0 8 2 3 6 5 5 4 1 2 4 1 2 5 4 1 2 5 4 1 2 5 4 1 2 5 4 1 1 2 5 4 5 3 6 6 7 5

2 1 4 9 2 4 5 6 8 7 4 6 5 8 4 2 4 4 2 6 8 2 2 3 3 6 3 8 7 8 5 4 2 6 8 2 1 6

1 5 6 9 7 0 9 9 5 4 3 7 6 1 8 2 7 5 4 9 6 7 3 8 4 2 3 6 7 9 4 2 8 3 7 9 5 1

3 0 5 7 5 9 7 6 8 5 6 4 9 6 5 1 2 4 5 2 8 6 4 3 5 9 6 5 4 2 8 9 3 5 4 9 3 8

2 4 1 5 7 7 8 9 6 5 4 1 2 5 4 7 8 9 6 3 2 1 0 5 4 0 2 5 4 5 5 8 9 6 3 0 1 1

6 8 0 3 7 9 5 4 3 8 6 1 6 7 9 5 3 8 0 4 9 7 5 8 1 2 6 8 1 6 8 5 9 6 4 7 9 5

4 7 7 6 3 0 4 1 6 9 5 7 5 8 4 2 2 3 6 4 2 5 8 6 3 5 4 6 9 8 4 4 8 7 5 3 5 4

7 8 5 4 7 8 5 1 5 7 5 9 6 2 4 4 7 5 6 9 8 7 8 0 2 3 0 1 4 5 7 8 9 9 6 5 4 2

5 4 2 3 6 5 4 1 2 2 3 6 5 0 7 8 9 4 7 9 2 1 9 7 8 4 2 3 6 7 8 9 4 3 5 7 8 9

7 6 3 0 4 1 6 9 5 7 5 8 4 2 2 3 6 4 7 5 9 6 3 5 4 9 7 4 2 3 5 6 9 8 4 4 8 7

5 3 5 4 7 8 5 4 7 8 5 1 5 7 5 9 6 2 4 4 7 5 6 9 8 7 8 0 2 3 0 1 4 5 7 8 9 9

5 7 7 0 3 2 5 6 6 8 7 4 2 4 9 6 2 4 8 6 2 4 7 8 0 6 1 5 6 9 8 3 5 4 7 8 9 5

2 4 1 5 7 7 8 9 6 5 4 1 2 5 4 7 8 9 6 3 2 1 0 5 4 0 2 5 4 5 5 8 9 6 3 0 1 1

4 5 1 0 5 4 7 9 6 5 5 4 2 3 6 9 4 5 7 9 2 1 0 2 3 6 0 1 4 7 5 8 8 5 6 0 3 2

5 4 2 3 4 5 7 0 6 7 5 4 7 8 5 9 6 8 8 9 6 2 2 0 5 8 7 5 6 9 8 7 4 5 8 7 4 9

05

6 9 5 1 3 5 7 1 5 5 6 3 8 7 1 3 1 1 4 7 8 9 6 3 2 4 5 4 7 5 8 5 8 5 4 8 6 3
7 8 5 4 7 8 5 1 5 7 5 9 6 2 4 4 7 5 6 9 8 7 8 0 2 3 0 1 4 5 7 8 9 9 6 5 4 2
2 4 5 6 6 9 7 6 8 9 7 4 2 3 5 8 4 2 3 6 7 9 4 2 8 3 7 9 5 1 6 8 0 3 7 9 5 4
0 8 2 3 6 5 5 4 1 2 4 1 2 5 4 1 2 5 4 1 2 5 4 1 2 5 4 1 1 2 5 4 5 3 6 6 7 5
9 7 6 3 5 4 0 8 7 9 6 5 4 8 6 3 5 3 3 4 8 4 6 9 2 5 7 1 8 9 6 2 4 8 9 6 8 7
3 8 6 1 6 7 9 5 3 8 0 4 9 7 5 8 1 2 6 8 1 6 8 5 9 6 4 7 9 5 4 3 6 5 7 7 5 6
4 3 6 5 7 3 4 1 6 9 4 7 1 4 6 3 9 1 0 2 4 0 1 4 8 9 0 1 2 0 2 5 1 4 1 0 4 7
6 2 4 8 2 8 2 4 6 3 8 2 1 6 9 3 7 4 4 2 8 1 8 6 4 9 3 8 6 4 2 5 6 8 2 6 7 5
5 3 5 4 7 8 5 4 7 8 5 1 5 7 5 9 6 2 4 4 7 5 6 9 8 7 8 0 2 3 0 1 4 5 7 8 9 9
5 7 7 0 3 2 5 6 6 8 7 4 2 4 9 6 2 4 8 6 2 4 7 8 0 6 1 5 6 9 8 3 5 4 7 8 9 5
2 4 1 5 7 7 8 9 6 5 4 1 2 5 4 7 8 9 6 3 2 1 0 5 4 0 2 5 4 5 5 8 9 6 3 0 1 1
4 5 1 0 5 4 7 9 6 5 5 4 2 3 6 9 4 5 7 9 2 1 0 2 3 6 0 1 4 7 5 8 8 5 6 0 3 2
5 4 2 3 4 5 7 0 6 7 5 4 7 8 5 9 6 8 8 9 6 2 2 0 5 8 7 5 6 9 8 7 4 5 8 7 4 9
8 9 6 4 2 6 5 8 7 3 6 3 5 4 7 9 2 3 6 3 2 8 4 3 9 6 4 6 9 2 0 6 5 9 7 5 2 1
3 5 4 9 1 3 7 6 2 7 4 3 0 4 7 9 5 4 3 8 4 9 6 8 4 2 3 8 4 3 6 8 4 2 6 8 7 4
6 8 0 3 7 9 5 4 3 8 6 1 6 7 9 5 3 8 0 4 9 7 5 8 1 2 6 8 1 6 8 5 9 6 4 7 9 5
7 6 9 8 4 4 8 7 5 3 5 4 7 8 5 4 7 8 5 1 5 7 5 9 6 2 4 4 7 5 6 9 8 7 8 0 2 3
4 5 3 0 5 5 4 6 8 2 4 6 2 6 5 7 2 4 9 5 5 1 9 7 3 5 8 4 2 6 8 4 5 7 5 8 4 2
6 5 4 2 3 5 4 3 4 1 6 9 4 7 1 4 6 3 9 1 0 2 4 0 1 4 8 9 0 1 2 0 2 5 1 4 1 0
2 1 4 9 2 4 5 6 8 7 4 6 5 8 4 2 4 4 2 6 8 2 2 3 3 6 3 8 7 8 5 4 2 6 8 2 1 6
1 5 6 9 7 0 9 9 5 4 3 7 6 1 8 2 7 5 4 9 6 7 3 8 4 2 3 6 7 9 4 2 8 3 7 9 5 1
3 0 5 7 5 9 7 6 8 5 6 4 9 6 5 1 2 4 5 2 8 6 4 3 5 9 6 5 4 2 8 9 3 5 4 9 3 8
5 6 1 0 6 8 7 4 9 3 8 7 7 5 1 3 6 8 5 2 8 7 2 4 6 9 5 2 7 8 9 5 2 4 6 9 5 4
2 4 1 5 7 7 8 9 6 5 4 1 2 5 4 7 8 9 6 3 2 1 0 5 4 0 2 5 4 5 5 8 9 6 3 0 1 1
4 7 7 6 3 0 4 1 6 9 5 7 5 8 4 2 2 3 6 4 2 5 8 6 3 5 4 6 9 8 4 4 8 7 5 3 5 4
0 1 4 5 7 8 9 9 6 5 4 2 3 5 4 7 7 8 4 5 2 9 8 4 5 6 3 2 4 5 5 7 8 5 6 5 2 4
5 4 2 3 6 5 4 1 2 2 3 6 5 0 7 8 9 4 7 9 2 1 9 7 8 4 2 3 6 7 8 9 4 3 5 7 8 9
7 6 3 0 4 1 6 9 5 7 5 8 4 2 2 3 6 4 7 5 9 6 3 5 4 9 7 4 2 3 5 6 9 8 4 4 8 7
3 5 4 7 7 8 4 5 2 9 8 4 5 6 3 2 4 5 5 7 8 5 6 5 2 4 0 8 2 3 6 5 5 4 1 2 4 1
2 5 4 1 2 5 4 1 2 5 4 1 2 5 4 1 1 2 5 4 5 3 6 6 7 5 2 1 4 6 5 4 2 3 8 4 7 9

06

5 7 7 0 3 2 5 6 6 8 7 4 2 4 9 6 2 4 8 6 2 4 7 8 0 6 1 5 6 9 8 3 5 4 7 8 9 5
2 4 1 5 7 7 8 9 6 5 4 1 2 5 4 7 8 9 6 3 2 1 0 5 4 0 2 5 4 5 5 8 9 6 3 0 1 1
8 9 6 4 2 6 5 8 7 3 6 3 5 4 7 9 2 3 6 3 2 8 4 3 9 6 4 6 9 2 0 6 5 9 7 5 2 1
3 5 4 7 7 8 4 5 2 9 8 4 5 6 3 2 4 5 5 7 8 5 6 5 2 4 0 8 2 3 6 5 5 4 1 2 4 1
3 5 4 9 1 3 7 6 2 7 4 3 0 4 7 9 5 4 3 8 4 9 6 8 4 2 3 8 4 3 6 8 4 2 6 8 7 4
3 8 6 1 6 7 9 5 3 8 0 4 9 7 5 8 1 2 6 8 1 6 8 5 9 6 4 7 9 5 4 3 6 5 7 7 5 6
4 3 6 5 7 3 4 1 6 9 4 7 1 4 6 3 9 1 0 2 4 0 1 4 8 9 0 1 2 0 2 5 1 4 1 0 4 7
6 2 4 8 2 8 2 4 6 3 8 2 1 6 9 3 7 4 4 2 8 1 8 6 4 9 3 8 6 4 2 5 6 8 2 6 7 5
5 3 5 4 7 8 5 4 7 8 5 1 5 7 5 9 6 2 4 4 7 5 6 9 8 7 8 0 2 3 0 1 4 5 7 8 9 9
4 5 1 0 5 4 7 9 6 5 5 4 2 3 6 9 4 5 7 9 2 1 0 2 3 6 0 1 4 7 5 8 8 5 6 0 3 2
5 4 2 3 4 5 7 0 6 7 5 4 7 8 5 9 6 8 8 9 6 2 2 0 5 8 7 5 6 9 8 7 4 5 8 7 4 9
6 8 0 3 7 9 5 4 3 8 6 1 6 7 9 5 3 8 0 4 9 7 5 8 1 2 6 8 1 6 8 5 9 6 4 7 9 5
2 5 4 1 2 5 4 1 2 5 4 1 2 5 4 1 1 2 5 4 5 3 6 6 7 5 2 1 4 6 5 4 2 3 8 4 7 9
7 6 9 8 4 4 8 7 5 3 5 4 7 8 5 4 7 8 5 1 5 7 5 9 6 2 4 4 7 5 6 9 8 7 8 0 2 3
2 4 5 6 6 9 7 6 8 9 7 4 2 3 5 8 4 2 3 6 7 9 4 2 8 3 7 9 5 1 6 8 0 3 7 9 5 4
4 5 3 0 5 5 4 6 8 2 4 6 2 6 5 7 2 4 9 5 5 1 9 7 3 5 8 4 2 6 8 4 5 7 5 8 4 2
6 5 4 2 3 5 4 3 4 1 6 9 4 7 1 4 6 3 9 1 0 2 4 0 1 4 8 9 0 1 2 0 2 5 1 4 1 0
1 5 6 9 7 0 9 9 5 4 3 7 6 1 8 2 7 5 4 9 6 7 3 8 4 2 3 6 7 9 4 2 8 3 7 9 5 1
3 0 5 7 5 9 7 6 8 5 6 4 9 6 5 1 2 4 5 2 8 6 4 3 5 9 6 5 4 2 8 9 3 5 4 9 3 8
5 6 1 0 6 8 7 4 9 3 8 7 7 5 1 3 6 8 5 2 8 7 2 4 6 9 5 2 7 8 9 5 2 4 6 9 5 4
6 9 5 1 3 5 7 1 5 5 6 3 8 7 1 3 1 1 4 7 8 9 6 3 2 4 5 4 7 5 8 5 8 5 4 8 6 3
9 7 6 3 5 4 0 8 7 9 6 5 4 8 6 3 5 3 3 4 8 4 6 9 2 5 7 1 8 9 6 2 4 8 9 6 8 7
0 1 4 5 7 8 9 9 6 5 4 2 3 5 4 7 7 8 4 5 2 9 8 4 5 6 3 2 4 5 5 7 8 5 6 5 2 4
7 8 5 4 7 8 5 1 5 7 5 9 6 2 4 4 7 5 6 9 8 7 8 0 2 3 0 1 4 5 7 8 9 9 6 5 4 2
2 1 4 9 2 4 5 6 8 7 4 6 5 8 4 2 4 4 2 6 8 2 2 3 3 6 3 8 7 8 5 4 2 6 8 2 1 6
2 4 1 5 7 7 8 9 6 5 4 1 2 5 4 7 8 9 6 3 2 1 0 5 4 0 2 5 4 5 5 8 9 6 3 0 1 1
4 7 7 6 3 0 4 1 6 9 5 7 5 8 4 2 2 3 6 4 2 5 8 6 3 5 4 6 9 8 4 4 8 7 5 3 5 4
0 8 2 3 6 5 5 4 1 2 4 1 2 5 4 1 2 5 4 1 2 5 4 1 2 5 4 1 1 2 5 4 5 3 6 6 7 5
5 4 2 3 6 5 4 1 2 2 3 6 5 0 7 8 9 4 7 9 2 1 9 7 8 4 2 3 6 7 8 9 4 3 5 7 8 9
7 6 3 0 4 1 6 9 5 7 5 8 4 2 2 3 6 4 7 5 9 6 3 5 4 9 7 4 2 3 5 6 9 8 4 4 8 7

07

9 7 6 3 5 4 0 8 7 9 6 5 4 8 6 3 5 3 3 4 8 4 6 9 2 5 7 1 8 9 6 2 4 8 9 6 8 7

0 1 4 5 7 8 9 9 6 5 4 2 3 5 4 7 7 8 4 5 2 9 8 4 5 6 3 2 4 5 5 7 8 5 6 5 2 4

3 5 4 9 1 3 7 6 2 7 4 3 0 4 7 9 5 4 3 8 4 9 6 8 4 2 3 8 4 3 6 8 4 2 6 8 7 4

3 8 6 1 6 7 9 5 3 8 0 4 9 7 5 8 1 2 6 8 1 6 8 5 9 6 4 7 9 5 4 3 6 5 7 7 5 6

7 8 5 4 7 8 5 1 5 7 5 9 6 2 4 4 7 5 6 9 8 7 8 0 2 3 0 1 4 5 7 8 9 9 6 5 4 2

4 3 6 5 7 3 4 1 6 9 4 7 1 4 6 3 9 1 0 2 4 0 1 4 8 9 0 1 2 0 2 5 1 4 1 0 4 7

6 2 4 8 2 8 2 4 6 3 8 2 1 6 9 3 7 4 4 2 8 1 8 6 4 9 3 8 6 4 2 5 6 8 2 6 7 5

4 5 1 0 5 4 7 9 6 5 5 4 2 3 6 9 4 5 7 9 2 1 0 2 3 6 0 1 4 7 5 8 8 5 6 0 3 2

4 7 7 6 3 0 4 1 6 9 5 7 5 8 4 2 2 3 6 4 2 5 8 6 3 5 4 6 9 8 4 4 8 7 5 3 5 4

5 4 2 3 4 5 7 0 6 7 5 4 7 8 5 9 6 8 8 9 6 2 2 0 5 8 7 5 6 9 8 7 4 5 8 7 4 9

6 8 0 3 7 9 5 4 3 8 6 1 6 7 9 5 3 8 0 4 9 7 5 8 1 2 6 8 1 6 8 5 9 6 4 7 9 5

2 5 4 1 2 5 4 1 2 5 4 1 2 5 4 1 1 2 5 4 5 3 6 6 7 5 2 1 4 6 5 4 2 3 8 4 7 9

7 6 9 8 4 4 8 7 5 3 5 4 7 8 5 4 7 8 5 1 5 7 5 9 6 2 4 4 7 5 6 9 8 7 8 0 2 3

0 8 2 3 6 5 5 4 1 2 4 1 2 5 4 1 2 5 4 1 2 5 4 1 2 5 4 1 1 2 5 4 5 3 6 6 7 5

5 4 2 3 6 5 4 1 2 2 3 6 5 0 7 8 9 4 7 9 2 1 9 7 8 4 2 3 6 7 8 9 4 3 5 7 8 9

7 6 3 0 4 1 6 9 5 7 5 8 4 2 2 3 6 4 7 5 9 6 3 5 4 9 7 4 2 3 5 6 9 8 4 4 8 7

2 4 5 6 6 9 7 6 8 9 7 4 2 3 5 8 4 2 3 6 7 9 4 2 8 3 7 9 5 1 6 8 0 3 7 9 5 4

4 5 3 0 5 5 4 6 8 2 4 6 2 6 5 7 2 4 9 5 5 1 9 7 3 5 8 4 2 6 8 4 5 7 5 8 4 2

6 5 4 2 3 5 4 3 4 1 6 9 4 7 1 4 6 3 9 1 0 2 4 0 1 4 8 9 0 1 2 0 2 5 1 4 1 0

1 5 6 9 7 0 9 9 5 4 3 7 6 1 8 2 7 5 4 9 6 7 3 8 4 2 3 6 7 9 4 2 8 3 7 9 5 1

3 0 5 7 5 9 7 6 8 5 6 4 9 6 5 1 2 4 5 2 8 6 4 3 5 9 6 5 4 2 8 9 3 5 4 9 3 8

5 6 1 0 6 8 7 4 9 3 8 7 7 5 1 3 6 8 5 2 8 7 2 4 6 9 5 2 7 8 9 5 2 4 6 9 5 4

5 7 7 0 3 2 5 6 6 8 7 4 2 4 9 6 2 4 8 6 2 4 7 8 0 6 1 5 6 9 8 3 5 4 7 8 9 5

2 4 1 5 7 7 8 9 6 5 4 1 2 5 4 7 8 9 6 3 2 1 0 5 4 0 2 5 4 5 5 8 9 6 3 0 1 1

8 9 6 4 2 6 5 8 7 3 6 3 5 4 7 9 2 3 6 3 2 8 4 3 9 6 4 6 9 2 0 6 5 9 7 5 2 1

3 5 4 7 7 8 4 5 2 9 8 4 5 6 3 2 4 5 5 7 8 5 6 5 2 4 0 8 2 3 6 5 5 4 1 2 4 1

6 9 5 1 3 5 7 1 5 5 6 3 8 7 1 3 1 1 4 7 8 9 6 3 2 4 5 4 7 5 8 5 8 5 4 8 6 3

2 1 4 9 2 4 5 6 8 7 4 6 5 8 4 2 4 4 2 6 8 2 2 3 3 6 3 8 7 8 5 4 2 6 8 2 1 6

2 4 1 5 7 7 8 9 6 5 4 1 2 5 4 7 8 9 6 3 2 1 0 5 4 0 2 5 4 5 5 8 9 6 3 0 1 1

5 3 5 4 7 8 5 4 7 8 5 1 5 7 5 9 6 2 4 4 7 5 6 9 8 7 8 0 2 3 0 1 4 5 7 8 9 9

CHAPTER 03 인성검사 결과로 예상 면접 준비하기

인성검사는 특히 면접질문과 관련성이 높은 부분이다. 면접관은 지원자의 인성검사 결과를 토대로 질문을 하게 된다. 그렇다고 해서 자신의 성격을 꾸미는 것은 바람직하지 않다. 실제 시험은 매우 복잡하여 전문가라 해도 일관된 성격을 유지하면서 답변을 하는 것이 불가능하기 때문이다. 따라서 인성검사는 솔직하게 임하되 인성검사 모의연습으로 자신의 성향을 정확히 파악하고 아래 예상 면접질문을 참고하여 자신의 단점은 보완하면서 강점은 어필할 수 있는 답변을 준비하도록 하자.

1. 사회적 내향성 척도

(1) 득점이 낮은 사람

- 자기가 선택한 직업에 대해 어떤 인상을 가지고 있습니까?
- 부모님을 객관적으로 봤을 때 어떻게 생각합니까?
- 사의 사장님 성함을 알고 있습니까?

> 수다스럽기 때문에 내용이 없다는 인상을 주기 쉽다. 질문의 요지를 파악하여 논리적인 발언을 하도록 유의하자. 한 번에 많은 것을 이야기하려 하면 이야기가 다른 곳으로 빠지게 되므로 내용을 정리하여 간결하게 발언하자.

(2) 득점이 높은 사람

- 친구들에게 있어 당신은 어떤 사람입니까?
- 특별히 무언가 묻고 싶은 것이 있습니까?
- 친구들의 상담을 받는 쪽입니까?

> 높은 득점은 마이너스 요인이다. 면접에서 보완해야 하므로 자신감을 가지고 발언할 때에는 끝까지 또박또박 큰 소리로 말하도록 하자. 절대 얼버무리거나 기어들어가는 목소리는 안 된다.

2. 내성성 척도

(1) 득점이 낮은 사람

- 학생시절에 후회되는 일은 없습니까?
- 학생과 사회인의 차이는 무엇이라고 생각합니까?
- 당신이 가장 흥미를 가지고 있는 것에 대해 이야기해 주십시오.

> 답변 내용을 떠나 일단 평소보다 천천히 말하자. 생각나는 대로 말해 버리면 이야기가 두서없이 이곳저곳으로 빠져 부주의하고 경솔하다는 인식을 줄 수 있으므로 머릿속에서 내용을 정리하고 이야기하도록 유의하자. 응답은 가능한 한 간결하게 한다.

(2) 득점이 높은 사람

- 인생에는 무엇이 중요하다고 생각합니까?
- 좀 더 큰소리로 이야기해 주십시오.
- 애독하는 책이나 잡지는 무엇입니까?

과도하게 긴장해서 불필요한 생각을 하다가 반응이 늦어버리면 곤란하다. 특히 새로운 질문을 받았는데도 했던 대답을 재차 하면 전체 흐름을 저해하게 되므로 평소부터 이러한 습관을 의식하면서 적절한 타이밍의 대화를 하도록 하자.

3. 신체활동성 척도

(1) 득점이 낮은 사람

- 휴일은 어떻게 보냅니까?
- 학창시절에 무엇에 열중했습니까?

영어회화, 컴퓨터 능력 등 사회인으로서 도움이 되는 경험이 있다면 적극 어필한다. 이미 면접담당자는 면접자를 소극적이라고 생각하고 있으며, 적극적이라고 말해도 성격프로필의 결과와 모순되므로 일부러 꾸며 말하지 않는다.

(2) 득점이 높은 사람

- 제대로 질문을 듣고 있습니까?
- 희망하는 직종으로 배속되지 않으면 어떻게 하겠습니까?

일부러 긴장시키고 반응을 살피는 경우가 있다. 활동적이지만 침착함이 없다는 인상을 줄 수 있으므로 머릿속에서 생각을 정리하는 습관을 들이자. 행동할 때도 마찬가지다. 편하게 행동하는 것은 플러스 요인이지만, 반사적인 언동이 많으면 마이너스가 되므로 주의한다.

4. 지속성 척도

(1) 득점이 낮은 사람

- 일에 활용할 수 있을 만한 자격이나 특기, 또는 취미가 있습니까?
- 오랫동안 배운 것에 대해 들려주십시오.

금방 싫증내서 무언가를 오래 지속하지 못하는 이미지는 마이너스다. 쉽게 포기하고 내팽개치는 사람은 어느 곳에서도 필요로 하지 않는다는 것을 상기한다. 면접을 보는 동안 금방 싫증내는 성격으로 보이지는 않겠지만, 대기시간에도 주의하여 차분하지 못한 행동을 하지 않도록 한다.

(2) 득점이 높은 사람

- 이런 것도 모릅니까?
- 이 직업에 맞지 않는 것은 아닙니까?

짓궂은 질문을 받으면 감정적이 되거나 옹고집을 부릴 가능성이 있다. 냉정하고 침착하게 받아넘겨야 한다. 비슷한 경험을 쌓다보면 차분하게 응답할 수 있게 되므로 모의면접 등의 기회를 활용한다.

5. 신중성 척도

(1) 득점이 낮은 사람

- 당신에게 부족한 것은 어떤 점입니까?
- 결점을 극복하기 위해 어떻게 노력하고 있습니까?

질문의 요지를 잘못 받아들이거나, 불필요한 이야기까지 하는 등 대답에 일관성이 없으면 마이너스다. 직감적인 언동을 하지 않도록 평소부터 논리적으로 생각하는 습관을 키우자.

(2) 득점이 높은 사람

- 주위 사람에게 욕을 들으면 어떻게 하겠습니까?
- 출세하고 싶습니까?
- 제 질문에 대한 답이 아닙니다.

예상외의 질문에 답이 궁해지거나 깊이 생각하게 되면 역시나 신중이 지나쳐 결단이 늦다는 인상을 주게 된다. 주위의 상황을 파악하고 발언하려는 나머지 반응이 늦어지고 집단면접 등에서 시간이 걸리게 되면 행동이 느리다는 인식을 주게 되므로 주의한다.

6. 달성의욕 척도

(1) 득점이 낮은 사람

- 인생의 목표를 들려주십시오.
- 입사하면 무엇을 하고 싶습니까?
- 지금까지 목표를 향해 노력하여 달성한 적이 있습니까?

결과에 대한 책임감이 낮다, 지시에 따르기만 할 뿐 주체성이 없다는 인상을 준다면 매우 곤란하다. 목표 의식이나 의욕의 유무, 주위의 상황에 휩쓸리는 경향 등에 대해 물어오면 의욕이 낮다는 인식을 주지 않도록 목표를 향해 견실하게 노력하려는 자세를 강조하자.

(2) 득점이 높은 사람

- 도박을 좋아합니까?
- 다른 사람에게 지지 않는다고 말할 수 있는 것이 있습니까?

행동이 따르지 않고 말만 앞선다면 평가가 낮아진다. 목표나 이상을 바라보고 노력하지 않는 태도는 한번 도박으로 일확천금을 노리는 것과 같다는 사실을 명심하고 자신이 어떤 목표를 이루기 위해 노력한 경험이 있는지 생각해 두어 행동적인 부분을 어필하는 답변을 하도록 하자.

7. 활동의욕 척도

(1) 득점이 낮은 사람

- 어떤 일을 할 때 주도적으로 이끄는 편입니까?
- 신념이나 신조에 대해 말해 주십시오.
- 질문의 답이 다른 사람과 똑같습니다.

의표를 찌르는 질문을 받더라도 당황하지 말고 수비에 강한 면을 어필하면서, 무모한 공격을 하기보다는 신중하게 매진하는 성격이라는 점을 강조할 수 있는 답을 준비해 두자.

(2) 득점이 높은 사람

- 친구들로부터 어떤 성격이라는 이야기를 듣습니까?
- 협조성이 있다고 생각합니까?

사고과정을 전달하지 않으면 너무 막무가내이거나, 경박하고 생각 없이 발언한다는 인식을 줄 수 있으므로 갑자기 결론을 내리거나 단숨에 본인이 하고 싶은 말만 하는 것은 피하자.

8. 민감성 척도

(1) 득점이 낮은 사람

- 좌절한 경험에 대해 이야기해 주십시오.
- 스스로에 대해 어떻게 생각합니까?
- 당신이 약하다고 느낄 때는 어떤 때입니까?

구체적으로 대답하기 어려운 질문이나 의도를 알기 어려운 질문을 통해 감수성을 시험하게 된다. 냉정하게 자기분석을 하여 독선적이지 않은 응답을 하자.

(2) 득점이 높은 사람

- 지금까지 신경이 예민하다는 이야기를 들은 적이 있습니까?
- 채용되지 못하면 어떻게 하시겠습니까?
- 당신의 성격에서 고치고 싶은 부분이 있습니까?

> 예민한 성격이라는 부분을 마음에 두고 있으면 직접적인 질문을 받았을 때 당황하게 된다. 신경이 예민하다기보다 세세한 부분도 눈에 잘 들어오는 성격이라고 어필하자.

9. 자책성 척도

(1) 득점이 낮은 사람

- 학생시절을 통해 얻은 것은 무엇이라고 생각합니까?
- 당신의 생활신조를 들려주십시오.
- 자기 자신을 분석했을 때 좋아하는 면은 무엇입니까?

> 낙관적인 것은 면접관이 이미 알고 있으므로 솔직한 부분이나 신념을 가지고 의의가 있는 삶을 살고 있다는 점을 어필하자.

(2) 득점이 높은 사람

- 곤란한 상황에 어떻게 대처하겠습니까?
- 실수한 경험과 그 실수에서 얻은 교훈을 들려주십시오.
- 장점과 단점을 말해 주십시오.

> 좋지 않은 쪽으로 생각해서 불필요하게 긴장하면 더욱 사태가 악화된다. 쉽게 비관하는 성격이므로, 면접을 받는 동안은 면접담당자의 눈을 보며 밝게 응답하고, 말끝을 흐리지 않고 또박또박 말하도록 유의하자.
> 또한 '할 수 없다', '자신이 없다' 등의 발언이 많으면 좋은 평가를 받을 수 없으므로 평소부터 부정적인 말을 사용하지 않도록 긍정적으로 사고하는 습관을 들여야 한다.

10. 기분성 척도

(1) 득점이 낮은 사람

- 친구와 의견차이가 있을 때 어떻게 해결하였습니까?
- 만약 리더가 된다면 어떻게 보여지리라 생각합니까?
- 업무수행 중 상사와 의견이 다르면 어떻게 하겠습니까?

> 자기주장이 너무 강하여 집단생활에 맞지 않다고 생각될 수 있다. 냉정하고 의지가 강할 뿐 아니라, 다른 사람을 배려하고 소중히 하는 협조성도 갖추고 있음을 어필하자. 집단면접 시에는 주위의 의견을 잘 듣고 자신의 의견을 밀어붙이거나 토론의 흐름을 무시하지 않도록 주의한다.

(2) 득점이 높은 사람

- 어떻게 우리 회사에서 근무할 수 있다고 생각했는지 모르겠군요.
- 이 업무에는 어울리지 않네요.
- 상식이 없는 것은 아닌지요?
- 화가 났을 때 어떻게 대처합니까?

기분성의 득점이 높은 것을 이미 알고 짓궂은 질문을 통해 감정의 기복이나 의존성 등 정서적으로 불안정한 부분이 없는지를 시험받게 된다. 감정에 치우치지 말고 침착하고 의연하게 받아넘기자.

11. 독자성 척도

(1) 득점이 낮은 사람

- 취직활동에 대해서 누군가와 상담했습니까?
- 질문의 답이 다른 사람과 똑같네요.
- 지금 가장 흥미가 있는 것은 어떠한 것입니까?

일반론이 아닌 자신의 생각이 있다는 것을 전달해야 한다. 발언의 근거를 명확히 하는 것이 중요하다. 그러나 자신의 생각을 어필한다고 영합이나 반대를 하는 것은 건설적이지 못하므로 주의한다.

(2) 득점이 높은 사람

- 당신의 친한 친구는 어떤 회사에 취직하려고 합니까?
- 최근 부모님과 어떤 이야기를 나눴습니까?
- 다른 사람과 대립했을 때는 어떻게 합니까?

독자성의 득점이 높다는 것은 일단 플러스 요인이지만, 극단적일 경우에는 자신만의 세계에 갇히게 될 수 있고 조직의 일원으로 적합하게 보이지 않을 수 있다. 위화감을 주지 않도록 주의한다.

12. 자신감 척도

(1) 득점이 낮은 사람

- 당신의 장점을 말해 주십시오.
- 지금까지 성공한 경험은 있습니까?
- 취직활동에 대해 누군가에게 상담했습니까?

질문에 대해 깊이 생각하거나, 망설이지 않는다. 발언횟수는 적더라도 중요한 곳에서 내용 있는 발언을 하여 자신의 존재를 어필하자. 응답할 때는 끝까지 또박또박 이야기한다.

(2) 득점이 높은 사람

- 본인이 본 조직에서 어떠한 공헌을 할 수 있다고 생각합니까?
- 상사와 의견 차이를 보이면 어떻게 합니까?
- 정규과정 이외에서 무언가 공부하는 것이 있습니까?

> 자신이 있으면 무엇을 설명하는 데도 자랑하는 듯한 태도가 되는 버릇이 있을 수 있다. 자신과잉이나 고압적인 태도가 되지 않도록 겸허하게 응답하자.

13. 고양성 척도

(1) 득점이 낮은 사람

- 리더의 경험이 있습니까?
- 친구들 사이에서는 어떤 역할을 맡고 있습니까?

> 어둡고 수수한 인상은 성격프로필 표에 이미 나와 있기 때문에 무리해서 밝고 적극적임을 어필하려고 하면 오히려 역효과를 볼 수 있다. 노력하지 않고 낙관적인 사람보다 훨씬 양심적이므로 진지하고 차분한 면을 강조하자.

(2) 득점이 높은 사람

- 인간관계의 실패담을 들려주십시오.
- 오랫동안 계속하고 있는 취미가 있습니까?
- 당신에게 있어 일은 무엇입니까?

> 밝고 낙천적이므로 우쭐해 하지만 않으면 인상은 나쁘지 않다. 변덕스러움이나 흥분하기 쉬운 부분이 확인되기 때문에 냉정하고 침착한 부분을 강조하는 것이 필요하므로 오랫동안 계속 유지하고 있는 취미가 없어도 무언가 찾아내고 그 이유도 준비한다.

14. 라이 스케일(타당성) 척도

라이 스케일의 설문은 전체 설문 속에 교묘하게 섞여 들어가 있다. 본서에서는 자기분석의 편의를 도모하여 일정 주기로 같은 척도에 관한 설문이 되어 있지만, 실제 시험에서는 컴퓨터로 채점하기 때문에 더욱 복잡한 구조이다. 따라서 자신도 모르게 채용시험이라는 부담감에 이상론이나 겉치레적인 답을 하게 되면 회답태도에 허위성이 그대로 드러나게 되는 것이다. 예를 들어, '화를 낸 적이 없다.'는 어지간한 성인군자라도 어렵다. 이와 마찬가지로 '거짓말을 한 적이 한 번도 없다.'에 '예'로 답하고, '때로는 거짓말을 하기도 한다.'에 '아니요'라고 답하면 라이 스케일의 득점이 올라가게 되며, 그렇게 되면 모든 회답에 신빙성이 사라지고 '자신을 돋보이게 하려는 사람'이라는 평가를 받을 수 있다.

PART 5

면접

CONTENTS

I wish you the best of luck!

(주)시대고시기획
(주)시대교육
www.**sidaegosi**.com
시험정보 · 자료실 · 이벤트
합격을 위한 최고의 선택

시대에듀
www.**sdedu**.co.kr
자격증 · 공무원 · 취업까지
BEST 온라인 강의 제공

CHAPTER 01 이력서 및 자기소개서 작성요령

1. 이력서 작성하기

이력서는 학력, 경력, 자격 사항 등 구직자에 대한 정보가 간결하게 정리된 문서로, 입사를 위한 첫 단계이기도 하다. 인사 담당자가 한 장의 이력서를 보는 데는 평균 30초가 걸린다. 수많은 지원자의 입사지원서 중에서 눈에 띄는 입사지원서를 작성하기 위해서는 체계적인 전략이 필요하다.

(1) 입사지원서 작성 시 준비할 사항

① 내가 살아온 길 되돌아보기

- 본적 및 가족사항(호주와의 관계)
- 학창시절, 입학 및 졸업예정일 확인
- 경력사항(봉사활동 및 동아리 활동 등)
- 학생생활기록부, 각종 상장 및 수료증, 추천서
- 보유 자격증

② 내가 앞으로 살아갈 방향 생각해보기

- 내가 좋아하는 일이 무엇인지 파악하기
- 내가 잘할 수 있는 일 파악하기
- 내가 희망하는 회사 알아보기
- 지원 분야의 전망 살펴보기

③ 준비사항

- 규격에 맞는 사진
- 주민등록등본과 자격증 사본

안심Touch

(2) 입사지원서 양식 예시

입사지원서

입사구분	신입 / 경력	응시부문		희망연봉	만 원
제목					

사진 (3.5×4.5)	성명	한글) 漢字) 영문)		
	생년월일	년 월 일 (만 세)	성별	남・여
	주소	(우편번호 : –)		
	전화번호		국가보훈여부	대상 ( ) 비대상 ( )

학력 사항	기간	학교 / 교육기관	학과명(학점)	졸업구분
	~	고등학교		

경력 사항	기간	근무처	담당업무	세부내용
	~			
	~			
	~			

주요 활동	기간	활동단체명	직책	세부내용

자격 / 면허	자격(면허)명	등급	취득일	발행처

외국어	외국어명		IT능력	S/W 및 언어	
	점수			활용능력	
	구사정도			S/W 및 언어	
	해외연수			활용능력	

수상 경력	수상명	수상일	수상기관	내용

(3) 이렇게 작성하자!

① 두괄식 표현 또는 헤드라인은 읽는 사람을 배려하고 임팩트를 주어 호기심을 유발하는 효과를 준다.

② 사진은 가능한 최근에 찍은 사진을 부착하고, 화려하게 꾸민 모습보다는 단정하고 밝은 인상을 줄 수 있도록 한다.

③ 급하게 연락을 할 수 있기 때문에 연락 가능한 번호를 2개 이상 기재한다.

④ 호주와의 관계는 호주 쪽에서 본 자신의 관계임을 유의한다.

⑤ 학력은 고등학교 졸업부터 적는 것이 일반적이다.

⑥ 오탈자와 인터넷 용어, 이모티콘 등을 사용하지 않는다. 틀린 맞춤법이 있는지 확인하는 것은 필수적이다.

⑦ 종교나 개인적 취향, 건강상태 등 회사에서 요구하지 않은 불필요한 내용을 일일이 적지 않는다.

⑧ 고등학교를 졸업하고 취업을 하는 경우 다른 경력사항이 많지 않기 때문에 아르바이트 경험이나 봉사활동의 경험, 동아리 활동 등의 경험을 기록한다.

⑨ 지원 분야 업무와 관련된 자격증 취득 내용을 우선 기재한다. 또한 국가공인 자격증뿐만 아니라 민간 자격증도 모두 기재하여 가능한 공란을 두지 않는다.

⑩ 한 이력서를 여러 회사에 보내다보면 다른 회사의 이름으로 지원하는 실수를 범할 수 있다. 회사 이름이나 지원 분야를 꼭 확인하여 기록한다.

Tip E-mail 접수 시 유의사항

- 회사의 입사지원서 양식이 있다면 반드시 사용한다.
- 긴급 연락처도 추가 기입하는 것이 좋다.
  예 ps. 010-123-4567
- 접수 시, 제목에는 이름과 지원 분야만 간단하게 적는다.
  예 금번 하반기 공채_기술 생산직 파트에 지원하는 OOO입니다. (O)
  귀사의 기술 생산직에서 꼭 뽑히고 싶은 OOO입니다!!! (×)
- Nickname에 주의한다.
- 제출 서류의 파일 첨부를 잊지 않는다(자격증 사본, 증명서 등). 단, 압축은 피한다.

안심Touch

Tip E-mail 접수 본문 예시

인사 담당자님께

안녕하십니까?
저는 귀사의 반도체 생산직에 관한 공고를 보고 입사 지원하는 ○○고등학교 ○○○과 3학년 ○○○입니다.

전자제품 개발에 관심이 많아 귀사의 사보나 기사는 빠뜨리지 않고 모아왔습니다.
또한 3년간 기술실무를 배우고 관련 자격증을 취득하여 처음 일을 시작할 때 빨리 적응하고 정확하게 처리할 것이라고 확신합니다.

채용공고를 보고 이메일로 귀사에 대한 저의 관심을 전해드리며 연락 기다리겠습니다.
그럼 안녕히 계십시오.
감사합니다.

2021. ○. ○

○○○ 드림

2. 합격 자기소개소의 비밀

(1) 좋은 자기소개서란?

① 직무를 먼저 확실하게 정한다.
② 해당 직무를 맡을 인재가 갖추어야 할 능력 몇 가지를 생각해본다.
③ 자기소개서 각 항목에 키워드와 에피소드를 배치한다.
④ 해당 키워드를 드러낼 수 있는 에피소드를 생각해본다.
⑤ 에피소드를 구체화시켜 설득력을 드러낸다.

(2) 자기소개서 쓸 때 주의할 점

① 두서없이 주절주절 쓰지 않는다.
태어나서부터 현재까지의 모든 이야기를 쓰려고 하면 끝도 없을뿐더러 인사 담당자는 모든 성장과정을 궁금해 하지 않는다. 지원 분야를 선택하게 된 동기가 되는 경험을 핵심적으로 쓴다.

② 과장되거나 거짓된 정보를 쓰지 않는다.
동시에 지나친 솔직함도 금물이다. 알릴 필요가 없는 자신의 단점까지 노출할 필요는 없다.

③ 진부한 표현을 쓰지 않는다.
"꼭 뽑히고 싶다.", "뽑아만 주신다면 열심히 하겠다."와 같은 상투적인 표현은 하지 않는다. 왜 선발되어야 하는지, 선발되면 어떤 일을 할 수 있는지에 대한 구체적인 내용을 적는다.

④ 경쟁자와의 차별성을 드러낸다.

수많은 지원자 가운데 돋보이지 않는다면 이미 합격의 가능성은 없어진 것이다. 자신만의 색깔이 두드러질 수 있는 전략을 세워보자.

⑤ 포괄적이고 모호한 표현을 쓰지 않는다.

자신의 역량을 나타낼 수 있는 정확한 데이터나 수치화된 자료를 제시하는 것이 효과적이다.

Tip 자기소개서에 사용하면 안 되는 단어

미국 CNN 인터넷판은 최근 '이력서에 적어서는 안 될 25개 단어들(25 words that hurt your resume)'이 라는 제목으로 커리어빌더닷컴 로라 모쉬(Laura Morsch)의 글을 올렸다. 모쉬는 베넷이 제시한 '이력서에 쓰지 말아야 할 멋있지만 모호한 낱말 25개'를 나열했다.

적극적인(Aggressive)
패기 있는(Ambitious)
능력 있는(Competent)
창조적인(Creative)
꼼꼼한(Detail-oriented)
단호한(Etermined)
능률적인(Efficient)
경험 많은(Experienced)
융통성 있는(Flexible)
목표의식이 강한(Goal-oriented)
열심히 일하는(Hard-working)
독립심이 강한(Independent)
혁신적인(Innovative)
아는 게 많은(Knowledgeable)
논리적인(Logical)
자극하는(Motivated)
신중한(Meticulous)
막연한 의미의 사람(People, Person)
전문적인(Professional)
믿을만한(Reliable)
수완이 좋은(Resourceful)
혼자서도 잘하는(Self-motivated)
성공적인(Successful)
팀워크가 좋은(Team Player)
계획적인(Well-organized)

(3) 자기소개서 예시

다음에 제시된 자기소개서들은 각 기업체에서 합격한 자기소개서이다. 인사 담당자에게 합격 점수를 받은 데에는 세 가지 비밀이 있다.

① 에피소드로 설득력을 높였다.

② 두괄식 표현으로 읽는 사람을 배려하였다.

③ 지원하는 직무에 필요한 핵심 역량을 표현하였다.

이와 같은 특징을 살려 인사 담당자에게 합격 점수를 받은 자기소개서를 살펴보자.

안심Touch

자기소개서 예문 1

❖ 성장과정 (핵심키워드 → 봉사심, 빠른 작업속도)
"설거지 속도가 남보다 2배 빠릅니다."
6살 때부터 저와 언니는 친할머니 손에서 성장하였습니다. 손녀 둘을 정성껏 돌봐주시는 할머니의 따뜻한 마음을 배워서 저 또한 봉사심을 기를 수 있었습니다. 가난한 사람들에게 음식을 제공하는 푸드뱅크에서 봉사활동으로 한 달 동안 설거지를 매일 4시간씩 하였는데, 다른 자원봉사자들보다 2배 속도로 셀 수 없을 만큼의 그릇을 닦아냈습니다. 사랑을 받은 사람이 사랑을 베풀 수 있다고 생각합니다. 어려운 환경 속에서 많은 분들의 격려와 사랑을 받으며 자라왔기 때문에 늘 감사하는 마음으로 어떤 직원보다 2배 더 열심히 일할 수 있을 것 같습니다.

❖ 성격의 장단점 (핵심키워드 → 팔로워십, 대인관계능력)
"반장이 예뻐해 주는 학생"
같은 나이에 학급의 리더로 일하는 반장을 보면 참 대단해 보입니다. 저는 앞에서 누군가를 이끌어 가기보다는 뒤에서 서포터 해주는 일을 더 좋아하기 때문입니다. 다른 친구들은 동갑내기 반장을 무시하기도 하고 말을 잘 안 들어주는데 저는 반장의 리더 권한을 존중해주고 시키는 대로 잘 따릅니다. 그래서 반장이 저를 너무 예뻐합니다. 이렇게 뒤에서 리더를 지지해 주는 것이 저의 가장 큰 장점입니다. 반면에 앞에 나서서 사람들을 이끄는 것은 부끄러움을 타서 잘 하지 못하는 것이 단점입니다. 그러나 리더는 지지자가 없으면 무용지물이기에 리더를 지켜주는 지지자가 어쩌면 더 중요한 것 같습니다.

❖ 학창시절 및 경험사항 (핵심키워드 → 회계능력)
"전문계고에서 전자상거래과를 전공하면서 회계능력을 키웠습니다."
전자상거래과에 진학하면서 2학년 때부터는 회계와 ERP라는 과목을 배웠습니다. 회계 과목은 흥미가 있어 늘 상위권에 속했습니다. 그리고 현재 전산회계 자격증을 준비하면서 실무에 필요한 지식과 정보를 갖춰 나가고 있습니다. 특히 카임과 더존 프로그램 두 가지 중에 요즘 기업에서 많이 쓴다는 더존 프로그램으로 공부를 더 하고 있습니다. 언제라도 바로 투입되어서 업무를 할 수 있는 준비된 인재입니다.

❖ 지원동기 및 입사 후 포부 (핵심키워드 → 인내심, 체력)
"검단산을 올랐던 인내심과 체력으로"
고등학교는 중학교와 또 다르게 공부하는 과목도 많아지고 야간자율학습도 해야 하는 등 힘든 일이 많았습니다. 그때 제가 선택한 것은 검단산을 오르는 일이었습니다. 처음에는 중턱까지밖에 오르지 못하고 내려와야 했습니다. 등산하는 법을 잘 몰랐고 무엇보다도 길이 잘 보이지 않아 두려웠던 제 마음의 벽을 뛰어넘지 못했던 것 같습니다. 그 후에 다시 올랐습니다. 그리고 또 정상까지 올라가지 못했습니다. 그러나 세 번째 등산에서 결국 정상에 오를 수 있었습니다. 이 경험을 통해서 목표를 분명히 가지고 꾸준히 노력하면 꼭 이루어진다는 것을 배웠습니다. 분명 사회생활도 힘든 일이 많겠지만 그때마다 검단산을 오르며 인내심과 체력을 다져서 맑은 정신을 바탕으로 맡은 일에 최선을 다하는 인재가 되겠습니다.

자기소개서 예문 2

❖ 성장과정 (핵심키워드 → 체력, 신뢰감)

"체력이 국력이다"라는 아버지 뜻에 따라 다양한 운동을 하면서 성장하였습니다. 특히 아버지는 산악자전거를 자주 타시는데 저도 어렸을 때부터 자전거를 타면서 신체를 건강히 하였습니다. '건강한 신체에 건강한 정신이 깃든다.'는 말이 있습니다. 덕분에 주변 어르신들께 늘 예의 바른 학생으로 칭찬을 받았고 이웃집의 아이들을 돌봐줄 수 있는 기회도 많이 얻게 되었습니다. 어린 학생한테 어린아이를 맡긴 것은 '신뢰감'을 쌓은 덕분이라고 생각합니다. 주변 사람들한테 성실한 이미지로 신뢰감을 받으며 성장하였습니다.

❖ 성격의 장단점 (핵심키워드 → 꼼꼼함, 청결함)

"학급의 미화부장을 담당할 정도로 꼼꼼함을 지녔습니다."

매년 학기 초가 되면 모든 학급은 '환경미화대회'라는 큰 행사에 몰두합니다. 게시판을 아름답게 꾸미고 청소를 깨끗이 하는 반이 우승을 하는 것입니다. 고등학교 3학년 때 저는 이 대회를 총괄하는 '미화부장'에 당선되었습니다. 그리고 선생님과 학급 친구들과 협력하여 전체 1등을 수상하였습니다. 손재주가 좋아서 예쁘게 꾸미는 것도 잘하고 성격이 꼼꼼하여 창틀의 먼지까지도 말끔하게 닦는 성격입니다. 주변 친구들은 너무 깔끔한 것을 추구하는 것은 결벽증이라고 저의 단점이라고도 합니다. 그러나 회사생활을 하는 데 청결한 생활 태도는 큰 도움이 될 것이라고 생각합니다.

❖ 학창시절 및 경험사항 (핵심키워드 → 원칙준수, 기본을 지키는 성향)

비누공예 동아리에서 비누를 만들어서 바자회를 했던 경험이 있습니다. 천연비누 재료를 받아 든 모든 친구들은 선생님의 설명을 다 듣지도 않은 채 이것저것 섞고 만들고 하였습니다. 설명서대로 하지 않아서 색과 향기도 좋지 않았습니다. 그러나 저는 모든 설명서를 꼼꼼하게 읽고 천천히 만들었습니다. 결국 바자회에서 제일 잘 팔린 것은 설명서대로 만든 작품들이었습니다. 덕분에 작은 일에도 원칙을 지키는 것이 중요하다는 교훈을 얻을 수 있었습니다. 학교생활과 회사생활의 공통점은 사람이 사는 사회이기 때문에 규칙을 지키는 것이라고 생각합니다. 많은 이들이 규칙을 고리타분하게 여기지만 저는 공동의 목표를 위해 원칙을 잘 지켜야 한다고 생각합니다.

❖ 지원동기 및 입사 후 포부 (핵심키워드 → 다양한 일을 한 번에 처리하는 능력)

"요리, 서빙, 배달, 설거지, 청소 5가지를 한 번에 하는 멀티 플레이어입니다."

제가 태어나기 전부터 어머니는 식당을 운영하셨습니다. 덕분에 어려서부터 요리하기, 손님이 오시면 서빙하기 등 다양한 경험들을 할 수 있었습니다. 초등학교 5학년 때는 처음으로 배달도 했습니다. 어린 나이에 남의 집에 배달하러 가는 것이 쑥스러울 수 있었지만 어머니를 도와드릴 수 있다는 생각에 기쁜 마음으로 했습니다. 이제는 학교 마치고 집에 가서 제가 식당의 거의 모든 일을 다 합니다. 주문을 받으면 요리부터 서빙, 설거지까지 일사천리로 일하는 법을 배웠습니다. 회사에 입사하게 되면 시켜서 하는 사원이 아니라 알아서 일을 찾아서 하는 일꾼이 되겠습니다. 한 번에 다양한 일을 시키셔도 잘 해내는 멀티 플레이어 인재가 되겠습니다.

자기소개서 예문 3

❖ 성장과정 (핵심키워드 → 성실함)

초・중・고 12년의 학창 생활 동안 단 한 번의 결석도 하지 않았습니다. 이런 성실함은 사회인의 기본이라고 생각합니다. 물론 몸이 좋지 않은 날도 있었지만 양호실에서 쉬어가면서도 학교는 빠지지 않았습니다. 결근은 절대 하지 않겠다는 약속은 자신 있게 할 수 있습니다. 사회생활을 하다 보면 많이 지치고 힘들겠지만 스스로 격려하고 동기부여하며 맡은 일에 성실함을 다하여 일하겠습니다.

❖ 성격상의 장단점 (핵심키워드 → 정직성, 책임감)

중학교 3학년 때 조별 청소하는 날이었습니다. 다른 친구들이 선생님 몰래 하나둘씩 도망가기 시작하였습니다. 결국 혼자 남아서 열 명의 몫을 청소해야만 했습니다. 친구들은 이렇게 요령을 피우지 못하고 미련하게 일을 하는 것이 저의 단점이라고 합니다. 물론 혼자 큰 교실을 청소하는 것이 버거웠고 저 또한 도망가고 싶었지만 제 스스로에게 떳떳하지 못한 기분이 싫었습니다. 결국 지나가시던 담임선생님께서 제가 혼자 청소하는 것을 보시고 함께 청소해주시며 칭찬해 주셨습니다. 이 일을 계기로 반대표로 표창장까지 받았습니다. 요령 피우는 것은 짧게 보면 이로울 것 같으나 결국 도망간 학생들은 선생님으로부터 신뢰를 잃었고 한 달 동안 벌로 청소를 해야 했습니다. 원칙을 지키고 책임감을 다해 맡은 일을 끝내면 바보처럼 보일지 몰라도 길게 봤을 때 더 좋다는 것을 배울 수 있었던 계기가 되었습니다. 맡은 일에 책임을 다하는 것이 저의 가장 큰 장점입니다.

❖ 지원동기 및 입사 후 포부 (핵심키워드 → 인내심, 서비스마인드)

고등학교 2학년 때 용돈을 마련하기 위해 배스킨라빈스라는 아이스크림 전문점에서 아르바이트를 하였습니다. 오전 10시부터 오후 4시까지 6시간 동안 서서 딱딱한 아이스크림을 쉴 새 없이 퍼내는 것이 생각보다 지치고 힘들었습니다. 손가락이 후들후들 떨리고 계속 서 있는 것도 힘겨웠습니다. 그러나 고객이 들어오면 늘 밝게 인사를 하였습니다. 고객을 맞이하는 30초라는 짧은 순간이 저희 가게의 이미지를 결정할 것이라 생각했기 때문이었습니다. 결국 방학이 끝나서 아르바이트를 마칠 때 점장님께서 학생 같지 않게 잘해주었다고 칭찬해 주셨습니다. 힘들어도 늘 미소를 잃지 않는 일꾼이 되겠습니다.

CHAPTER 02

면접 유형 및 실전 대책

01 면접 주요사항

면접이야말로 지원자의 자질과 능력, 끼, 창의력, 업무추진력, 조직적응력 등 총체적인 모습을 평가할 수 있는 가장 유력한 방법이다. 이런 이유로 기업에서는 다양한 면접 방법을 동원해 우수인재를 찾기 위해 고심 중이다. 지원자를 난처하게 만드는 질문부터, 전공과 관련된 전문적인 질문까지 갈수록 다양해지고 어려워지는 면접, 취업 성공으로 가기 위한 마지막 기회인만큼 후회 없이 가지고 있는 모든 것을 보여주어야 할 것이다.

면접의 사전적 정의는 면접관이 지원자를 직접 만나보고 인품(人品)이나 언행(言行) 등을 시험하는 일로, 흔히 필기시험 후에 최종적으로 심사하는 방법이다.

최근 주요 기업의 인사담당자들을 대상으로 채용 시 면접이 차지하는 비중을 설문조사했을 때 50 ~ 80% 이상이라고 답한 사람이 전체 응답자의 80%를 넘었다. 이와 대조적으로 지원자들을 대상으로 취업 시험에서 면접을 준비하는 기간을 물었을 때 대부분의 응답자가 2 ~ 3일 정도라고 대답했다. 지원자가 일정 수준의 스펙을 채우기 위해 자격증 시험과 토익을 보고 이력서와 자기소개서까지 쓰다 보면 면접까지는 준비할 여유가 없는 것이 사실이다. 또한 서류전형과 인·적성검사를 통과해야만 면접을 볼 수 있기 때문에 자연스럽게 면접은 취업 시험 과정에서 그 비중이 적어질 수밖에 없다. 하지만 아이러니하게도 위의 조사에서 나타난 것처럼 실제 채용 과정에서 면접이 차지하는 비중은 거의 절대적이라고 해도 과언이 아니다.

요즈음 기업들은 채용 과정에서 토론 면접, 인성 면접, 프레젠테이션 면접, 역량 면접 등의 다양한 면접을 실시하고 있다. 1차 커트라인이라고 할 수 있는 서류전형을 통과한 지원자들의 스펙이나 능력은 서로 엇비슷하다고 판단되기 때문에 서류상 보이는 자격증이나 토익 성적보다는 지원자의 인성을 더 파악하기 위해 면접을 강화하는 것이다. 일부 기업은 의도적으로 압박면접을 실시하기도 한다. 지원자가 당황할 수 있는 질문을 던져 그것에 대한 지원자의 반응을 살펴보는 것이다.

면접을 통과해 최종 합격을 하기 위해서는 면접을 어렵게 생각하는 마음부터 바꿔야 한다. 면접을 다르게 생각한다면 '나는 누구인가?'에 대한 물음에 쉽게 답할 수 있을 것이다. 취업난 속에 자격증을 취득하고 토익 성적을 올리기 위해 앞만 보고 달려온 지원자들은 자신에 대해서 고민하고 탐구할 수 있는 시간을 평소 쉽게 가질 수 없었을 것이다. 하지만 자신을 잘 알고 있어야 자신에 대해서 자신감 있게 말할 수 있다. 대체로 사람들은 자신에게 관대한 편이기 때문에 자신에 대한 어떤 기대와 환상을 가지고 있는 경우가 많다. 하지만 면접은 제3자에 의해 개인의 능력을 객관적으로 평가받는 시험이다.

어떤 지원자들은 다른 사람에게 자신을 표현하는 것을 어려워하는 경향이 있다. 평소에 잘 사용하지 않는 용어를 내뱉으면서 거창하게 포장하는 지원자도 많다. 면접에서의 기본은 자기 자신을 면접관에게 알기 쉽게 표현하는 것이다. 이러한 표현을 바탕으로 자신이 앞으로 하고자 하는 것과 그 이유를 설명해야 한다. 최근에는 자신감을 향상시키거나 말하는 능력을 기르기 위한 스피치 학원도 많기 때문에 얼마든지 자신의 단점을 극복할 수 있다.

안심Touch

(1) 회사가 나에게 확인하고 싶은 것들

① 회사에서 원하는 능력과 지식을 가지고 있는지
② 필요한 기술을 능숙하게 사용할 수 있는지
③ 일하는 자세나 태도가 좋은지
④ 회사에 적응할 수 있는 성격인지
⑤ 업무에 맞는 경험이나 경력을 가지고 있는지
⑥ 필요한 자격을 갖추고 있는지
⑦ 회사에 오래 근무할 수 있는 사람인지

(2) 면접 전날 준비사항

① 면접장 위치, 교통편, 소요시간 확인
② 옷, 구두 상태 점검
③ 이력서와 기타 제출 서류 챙기기

(3) 가상면접 평가표

면접 평가표

면접관	면접일시	지원분야	지원자

평가요소	평가 주안점	탁월	우수	보통	미흡	불가
외모/태도	밝은 표정인가? (첫인상)	5	4	3	2	1
	면접 태도와 자세가 호감을 주는가?	5	4	3	2	1
	깔끔한 면접복장과 차림새인가?	5	4	3	2	1
조직적합성	회사에 입사하고자 하는 열정과 적극성이 보이는가?	5	4	3	2	1
	지원동기와 목표가 명확한가?	5	4	3	2	1
직무적합성	직무에 적합한 전문성을 갖추고 있는가?	5	4	3	2	1
	직무와 관련된 경험을 갖추고 있는가?	5	4	3	2	1
평가 합계						
평가자 의견						

CHAPTER 03 삼성그룹 실제 면접

1. 인성 면접

최근 들어 대기업의 인성 면접 비중이 점차 늘어나고 있다. 삼성그룹 또한 예외는 아니다. 인성 면접에서 주로 다루는 내용은 지원자가 제출한 자기소개서를 기본으로 하며, 자기소개 후 면접관의 질문에 대답하는 방식으로 진행된다. 인성 면접의 목적은 지원자의 성격 및 역량을 파악하는 것이다. 질문에 대해 알고 모르는 것도 평가하지만 그것에 대처하는 태도를 더욱 중요하게 평가하므로, 공격성 질문 또는 잘 알지 못하는 질문을 받더라도 당황하지 말고, 자신감 있는 모습으로 대답하는 것이 중요하다. 면접관은 이러한 질문들을 통해 지원자가 앞으로 업무에 얼마나 잘 적응해 나갈 수 있는 사람인지, 돌발 상황에 대한 대처능력이 어느 정도인 사람인지를 판단하게 된다. 실전에서 당황하지 않으려면, 사전에 예상 질문을 만들어 선생님이나 친구들과 연습하면서 자주 이런 상황을 접하다 보면 면접 시에 긴장감을 풀게 되고, 면접관들을 어렵게 느끼지 않을 수 있다.

2. 기술 면접

기술 면접은 삼성그룹의 기술직군에 지원한 지원자에 한하여 진행되는 면접으로, 주로 실무와 관련된 기술을 평가하는 면접이다. 대표적으로 프로그래밍 코딩이나, 기술용어·이론과 같은 내용의 질문들이 주어지므로 평소에 자신이 앞으로 지원하게 될 부분의 용어 및 이론, 코딩 작업을 연습해 두는 것이 중요하다.

3. 기출 면접 엿보기

(1) 삼성전기

① 인성 면접

- 삼성전기가 당신을 왜 채용해야 하는가?
- 삼성전기 외의 다른 기업은 어디에 지원했는가?
- 자기를 표현할 수 있는 단어는 무엇이라 생각하는가?
- 최근 들은 농담 중에 인상 깊은 것은 어떤 것인가?
- 자기소개를 해 보시오.
- 전에 일을 하면서 곤란하거나 난감했던 적은? 어떻게 극복하였는가?
- 자신의 신조나 좌우명은 무엇인가?
- 무슨 일을 하고 싶은가?
- 술을 먹을 때 주로 무엇을 하면서 먹는가? 주량은 얼마인가?
- (남자의 경우) 군대는 어디로 갔다 왔는가?
- 살면서 가장 힘들었던 적은?
- 취미가 구기 종목이 된 이유는?
- 상사가 불합리한 일을 시키는 경우 어떻게 할 것인가? 회사에 불이익이 가는 일이라도 할 것인가?
- 마지막으로 하고 싶은 말은?

② 기술 면접

- 다이오드는 무엇인가?
- 파워서플라이는 무엇인가?
- 아날로그와 디지털이 무엇이고 차이는 무엇인가?

(2) 삼성SDI

- 자신이 다니고 있는 회사 SNS에 친구가 악플을 올렸다. 당신은 어떻게 행동하겠는가?
- 전기자동차의 전망에 대하여 말해 보시오.
- 2020년에 일회용 쓰레기로 인한 환경오염이 완전히 사라진다면, 그 이유는 무엇이라고 생각하는가?
- 기업의 사회적 책임을 어떻게 생각하는가?
- 종교가 있는가? 일요일에 근무를 해야 한다면 어떻게 하겠는가?
- 삼성SDI에 대해 아는 것이 있는가? 있다면 말해 보시오.
- 자신의 꿈이나 비전은 무엇인가?
- 왜 삼성SDI에 들어오려고 하는가?
- (전에 다니던 회사가 있을 경우) 이직 사유는 무엇인가?

(3) 삼성웰스토리

- 단체급식에서 중요한 점이 무엇이라고 생각하는가?
- 스트레스 관리는 어떻게 하는가?
- 직장 생활 중 불화가 생긴다면 어떻게 대처할 것인가?
- 원가관리 방법에는 무엇이 있는지 말해 보시오.
- 인건비 관리방안에 대해서 말해 보시오.
- 교차 오염의 정의에 대해서 말해 보시오.
- 지금껏 받았던 서비스 중 좋았던 경험을 말해 보시오.
- 실온, 상온, 냉장의 온도 기준 차이에 대해서 말해 보시오.
- 자신이 삼성웰스토리에 기여할 수 있는 방안은 무엇인가?
- 매출을 올릴 수 있는 자신의 방안이 있는가?
- 상사와 생각이 다를 때 어떻게 하는 편인가?
- 단체급식을 하고 싶은 이유는 무엇인가?
- 살면서 가장 힘들었던 경험은 무엇인가?

(4) 삼성전자판매

- 면접관이 고객이라고 생각하고 물건을 팔아 보시오.
- 자기소개를 해 보시오.
- 자신은 어떠한 영업적인 마인드를 가지고 있는가?
- 이직이 잦은 이유는 무엇인가?
- 삼성 가전제품 5가지를 말해 보시오.
- 합격 이후 목표는 무엇인가?

(5) 호텔신라

- 자기소개를 해 보시오.
- 해외여행을 가본 경험이 있는가?
- 면세점을 이용해본 경험이 있는가?
- (영어면접) 온라인면세점 이용방법을 외국인에게 전화로 설명해 보시오.
- 언제부터 면세점에 관심을 가지게 되었는가?
- 자신의 롤모델과 그 이유를 말해 보시오.
- 봉사활동을 한 경험이 있는가?
- 팀워크에 대해 어떻게 생각하는 지 말해 보시오.
- 팀에서 일을 하다가 개인의 성향에 맞지 않은 경우는 어떻게 할 것인가?
- 개인의 성과와 팀의 성과 중 어떤 것을 더 중요하게 생각하는가?
- 여러 면세점 중 호텔신라 면세점에 관심을 가진 이유는 무엇인가?

(6) 삼성 디스플레이

① 인성 면접

- 학창시절 자신에 대해 말해 보시오.
- 부모님은 어떤 사람인지 이야기해 보시오.
- 가장 존경하는 사람이 있는가? 있다면 누구이며, 존경하는 이유를 말해 보시오.
- 자기소개를 해 보시오.
- 지원한 동기가 무엇인가?
- 고교 졸업 후 공백기에 무엇을 했는가?
- 나이가 일반 지원자보다 많을 경우) 나이가 많은데 나이 어린 상사와의 관계는 어떻게 할 것인가?
- (인턴경험이 있는 경우) 최근 인턴으로 일한 회사는 어떤 회사이며, 어떤 업무를 했는가?
- 만약 입사 후 본인이 출장을 가야 한다. 근데 만삭인 아내가 곧 출산을 할 것 같다. 출장은 본인밖에 못가는 상황이다. 어떻게 하겠는가?
- 자기소개서에 설비직을 선호한다고 했는데 이유는 무엇인가?
- 일하면서 생긴 부조리함이나 불만을 해결한 경험이 있는가?
- 회사에 합격하게 되면 혼자 올라와서 일할 수 있는가?
- 기업의 사회적 책임은 무엇인가?
- 삼성 디스플레이에서 생산하고 있는 제품을 말해 보시오.
- 삼성과 현대의 장점과 단점을 말해 보시오.
- 살면서 가장 힘들었던 순간은? 그때 어떻게 극복하였는가?
- 3년 또는 1년 선배가 있는데 나보다 일을 못한다. 어떻게 하겠는가?
- 일주일짜리 프로젝트, 월요일 아침 일찍부터 퇴근 없이 일요일 저녁 늦게까지 끝내야 하는 프로젝트를 맡는다면 어떻게 하겠는가?
- 한 달 전부터 친구들과 주말에 1박 2일 여행이 잡혀있는데, 금요일 퇴근 직전 급한 미팅이 생겼다. 어떻게 하겠는가?
- 존경하는 인물은 누구인가? 그 이유는?
- 가장 인상 깊게 읽었던 책 제목은 무엇인가? 그 이유는?
- 가장 슬펐던 일과 가장 기뻤던 일은 무엇인가?
- 주로 보는 TV프로그램은 무엇인가?
- 성격의 장·단점은 무엇인가?
- 해외에 가보고 싶은 곳이 있는가?
- 직장 상사가 부당한 요구를 한다면 어떻게 하겠는가?
- 살면서 좌절했던 경험은 어떤 것이 있나?
- 일과 자기 생활을 몇 대 몇으로 나눌 수 있는가?
- 시험 시간에 옆에 있던 친구가 보여 달라고 하면 보여주겠나?
- 회사 생활에 꼭 필요한 한 가지는 무엇이라고 생각하나?
- 인생에서 가장 실패한 일은 무엇인가?
- 인문계 고등학교를 나왔는데 4년제 대학에 진학하지 않고, 2·3년제 대학교에 진학한 이유는 무엇인가?
- 마지막으로 하고 싶은 말은?

② 기술 면접

- 퀀텀닷의 크기에 대해 설명해 보시오.
- 중국이 최근 디스플레이 분야에서 무섭게 따라붙고 있다. 이에 대하여 삼성디스플레이에서 해야할 일은 무엇이라고 보는가?
- 트랜지스터의 종류에 대하여 설명해 보시오.
- LG에서 OLED TV 제품은 Flexible한건지 Rigid한건지 설명해 보시오.
- LCD/OLED/QLED 구조 차이가 무엇인지 설명해 보시오.
- OLED와 LCD의 풀네임을 말해 보시오.
- 반도체 공정 중에 가장 중요한 공정은 무엇인가?
- 금속의 정의는 무엇인가?

(7) 삼성모바일 디스플레이

- 이때까지 살아오면서 가장 힘들었던 일은 무엇이며, 그것을 어떻게 극복했나?
- 왜 이 일을 하고 싶은가? 이 일을 하기 위해서 무엇을 준비했나?
- 사이가 안 좋은 동료가 있다면 어떻게 극복할 것인가?
- 고등학교 시절 조퇴가 잦은데, 그 이유가 무엇인가?
- 삼성모바일 디스플레이 사장님 성함이 어떻게 되는가?
- 우리가 왜 당신을 뽑아야 하는가?
- 삼성모바일 디스플레이를 알게 된 동기는 무엇인가?
- 자신에게 불합리한 상황이 발생했을 때 어떻게 대처하겠나?
- 삼성모바일 디스플레이가 뭐 하는 곳인가?
- 말을 잘하는데 면접을 많이 봤나?
- 이전 직장 퇴사 이유는 무엇인가? 또 무슨 일을 했나?
- LCD와 AMOLED의 차이점이 무엇인가?
- 자신이 이 회사에 입사할 만한 경력을 가지고 있다고 생각하나?
- 주위 친구들이 자신의 단점은 무엇이라고 하는가?
- 삼성모바일 디스플레이는 삼성계열 중에서도 작고 비전이 없는 회사이다. 지원한 이유는 무엇인가?
- 회사 상사의 부정행위를 목격했는데 어떻게 하겠는가?
- 회사에 입사하게 된다면 자신의 목표가 있을 텐데 10년 뒤 목표가 무엇인가?
- 이 회사 말고 다른 회사도 지원했던 경험이 있을 텐데 어느 회사였나?

(8) 삼성에버랜드

- 삼성에버랜드를 지원하는 데 영향을 준 사람이 있다면, 누구인가? 그 이유는?
- 삼성에버랜드를 가 본 적이 있는가? 불편한 점이나 개선할 점은 무엇인가?
- 봉사활동 경험을 말해 보시오.
- 회사를 선택하는 기준이 무엇인지 말해 보시오.
- 개인의 가치와 회사의 가치가 반대되는 경우 어떻게 하겠는가?
- 가장 인상 깊게 읽었던 책은 무엇인가? 그 이유는?
- 회사 생활에 꼭 필요한 한 가지는 무엇이라고 생각하나?
- 전공이 다른데 삼성에버랜드에 지원한 이유는 무엇인가?
- 생활신조가 무엇인가?
- 자신의 강점은 무엇이라고 생각하는가?
- 삼성에버랜드에 자신을 어필한다면 어떤 것이 있는가?
- 간단한 자기소개를 해 보시오.
- 가족자랑을 해 보시오.
- 조직생활에서 자신의 위치는 어디인가?
- 공백 기간 중 무엇을 하였는가?
- 앉아서 하는 일과 활동적인 일 중 어떤 것이 자신에게 맞는가?

(9) 삼성LED

① 인성 면접

- 지금 전공하고 있는 과가 적성에 맞는가?
- 지금 전공하고 있는 학과에서는 정확히 무엇을 배우는가?
- 지원 동기가 무엇인가?

② 기술 면접

- 기계공학과 선반의 차이를 말해 보시오.
- LED 공정에 대해서 아는 것이 있는가?
- 삼성LED에서 자신이 하고 싶은 분야가 있는가?

시대고시만의 특별한 학습 서비스!

시대고시기획에서는 수험생 여러분의 합격을 끝까지 책임지기 위하여

"시대PLUS" 서비스를 통해

약 100개 분야에 걸쳐 약 2,500개 강의 & 2,000개 자료를 무료로 제공합니다.

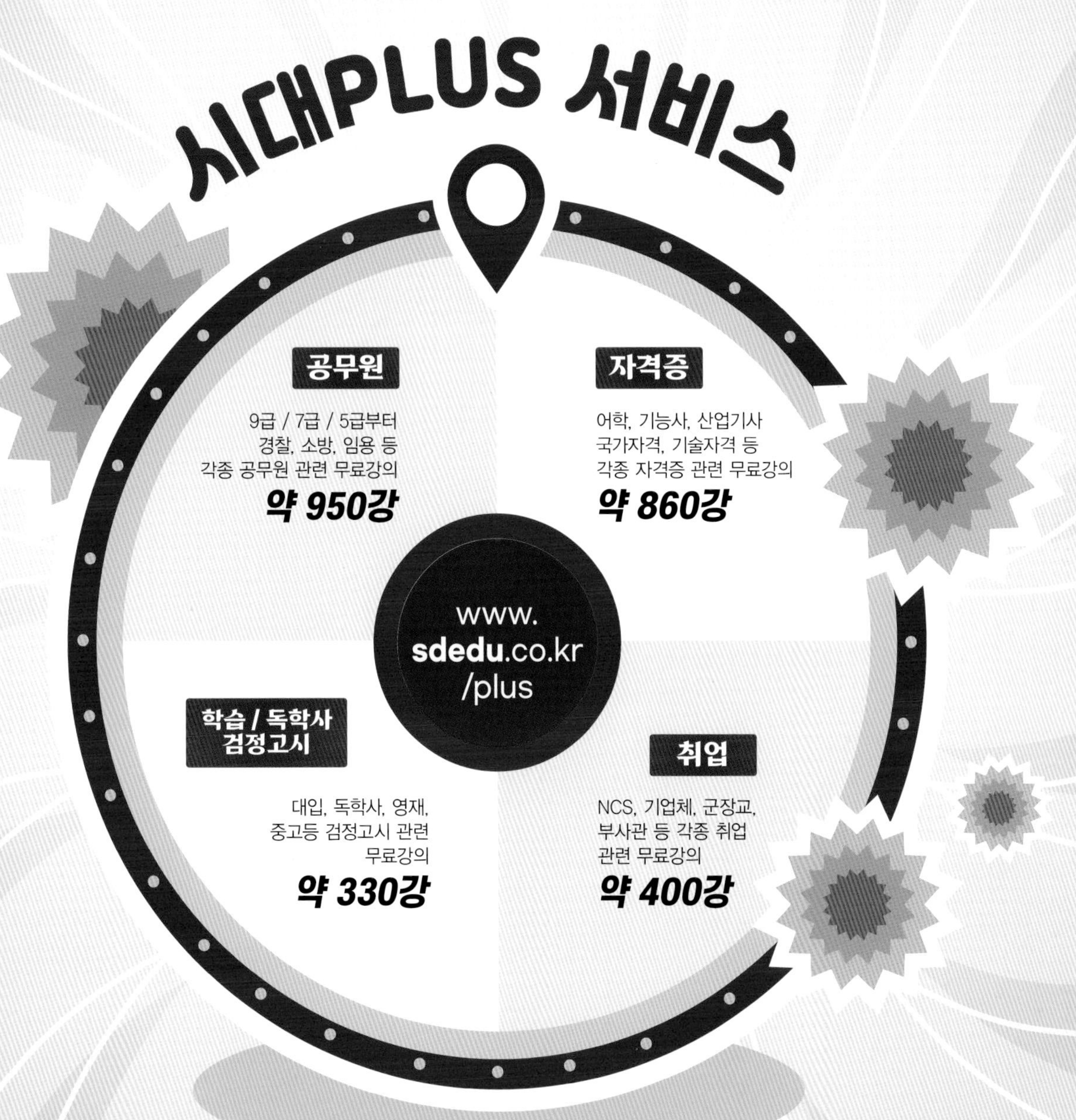

더 이상의 고졸/전문대졸 필기시험 시리즈는 없다!

알차다
꼭 알아야 할 내용을
담고 있으니까

친절하다
핵심 내용을 쉽게
설명하고 있으니까

핵심을 뚫는다
시험 유형과 유사한
문제를 다루니까

명쾌하다
상세한 풀이로 완벽하게
익힐 수 있으니까

성공은
나를 응원하는 사람으로부터 시작됩니다.

(주)시대고시기획이 당신을 힘차게 응원합니다.

All-New 100% 전면 개정!

2022
채 용 대 비

Global Samsung Aptitude Test

GSAT

삼성온라인 직무적성검사

5급 | 고졸채용

단기완성

5개년 기출문제+무료5급특강

[정답 및 해설]

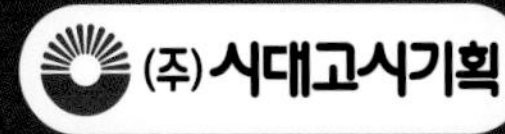

PART 1

2021년 상반기 ~ 2017년 상반기 최신기출문제 정답 및 해설

CONTENTS

도서 관련 최신 정보 및 정오사항이 있는지
우측 QR을 통해 확인해 보세요!

CHAPTER 01
2021년 상반기

최신기출문제 정답 및 해설

01 수리능력검사

01	02	03	04	05	06	07	08	09	10
③	①	②	①	④	③	③	①	①	③

01 정답 ③

$\frac{10}{37} \div 5 + 2 = \frac{10}{37} \times \frac{1}{5} + 2 = \frac{2}{37} + 2 = \frac{76}{37}$

02 정답 ①

$493 - 24 \times 5 = 493 - 120 = 373$

03 정답 ②

$9.4 \times 4.8 \div 1.2 = 45.12 \div 1.2 = 37.6$

04 정답 ①

$\frac{2}{3} \div 5 + \frac{2}{5} \times 2 = \frac{2}{3} \times \frac{1}{5} + \frac{4}{5} = \frac{2}{15} + \frac{12}{15} = \frac{14}{15}$

05 정답 ④

$1,462 + 1,305 \times 24 = 1,462 + 31,320 = 32,782$

06 정답 ③

$(3,000 - 1,008) \div 664 = 1,992 \div 664 = 3$

07 정답 ③

$454,469 \div 709 + 879 = 641 + 879 = 1,520$

08 정답 ①

$(48+48+48+48) \times \frac{11}{6} \div \frac{16}{13} = 48 \times 4 \times \frac{11}{6} \times \frac{13}{16} = 2 \times 11 \times 13$

$= 286$

09 정답 ①

$5.5 \times 4 + 3.6 \times 5 = 22 + 18 = 40$

10 정답 ③

$746 \times 650 \div 25 = 484,900 \div 25 = 19,396$

02 추리능력검사

01	02	03	04	05	06	07	08	09	10
④	①	①	②	①	②	③	②	④	④

01 정답 ④

제시된 〈조건〉에 따르면 ⌘=✈✈=🕓🕓🕓🕓🕓🕓이므로 ?에 들어갈 도형은 🕓🕓🕓🕓🕓🕓✈✈이다.

02 정답 ①

제시된 〈조건〉에 따르면 ☼=🕓🕓🕓=✈이므로 ?에 들어갈 도형은 ✈🕓🕓🕓이다.

03 정답 ①

제시된 〈조건〉에 따르면 $=฿฿=₦₦₦₦이므로 ?에 들어갈 도형은 ฿₦₦₦₦이다.

04 정답 ②

제시된 〈조건〉에 따르면 &=₦₦₦₦=฿฿이므로 ?에 들어갈 도형은 ฿฿฿฿이다.

05 정답 ①

제시된 〈조건〉에 따르면 ≠≠=₩=±±이므로 ?에 들어갈 도형은 ±₩±이다.

06 정답 ②

제시된 〈조건〉에 따르면 ÷=±, ÷÷=±±=₩이므로 ?에 들어갈 도형은 ±±±±이다.

07 정답 ③

제시된 〈조건〉에 따르면 ○○=⚔⚔=⇪이므로 ?에 들어갈 도형은 ⚔⚔⚔⚔이다.

08 정답 ②

제시된 〈조건〉에 따르면 ↦=⚔⚔=⇪이므로 ?에 들어갈 도형은 ⚔⚔⚔⚔이다.

09 정답 ④

제시된 〈조건〉에 따르면 ãã=бб, ãããã=бббб=ɯ이므로 ?에 들어갈 도형은 ɯббббן이다.

10 정답 ④

제시된 〈조건〉에 따르면 ƺƺ=ɯ=бббб이므로 ?에 들어갈 도형은 бббббббб이다.

안심Touch

03 지각능력검사

01	02	03	04	05	06	07	08		
①	③	④	②	②	①	③	④		

01 정답 ①

♤은 첫 번째에 제시된 도형이므로 정답은 ①이다.

02 정답 ③

♡은 세 번째에 제시된 도형이므로 정답은 ③이다.

03 정답 ④

♥은 네 번째에 제시된 도형이므로 정답은 ④이다.

04 정답 ②

♠은 두 번째에 제시된 도형이므로 정답은 ②이다.

05 정답 ②

▷은 두 번째에 제시된 도형이므로 정답은 ②이다.

06 정답 ①

▷은 첫 번째에 제시된 도형이므로 정답은 ①이다.

07 정답 ③

△은 세 번째에 제시된 도형이므로 정답은 ③이다.

08 정답 ④

△은 네 번째에 제시된 도형이므로 정답은 ④이다.

CHAPTER 02 2020년 하반기

최신기출문제 정답 및 해설

01 수리능력검사

01	02	03	04	05	06				
①	③	①	①	④	④				

01 정답 ①

$(984-216)\div48=768\div48=16$

02 정답 ③

$27\times36+438=972+438=1,410$

03 정답 ①

$1,113\div371+175=3+175=178$

04 정답 ①

열차의 이동 거리는 $200+40=240$이고, $(\text{속력})=\frac{(\text{거리})}{(\text{시간})}$이므로 열차의 속력은 $\frac{240}{10}=24$이다.

따라서 길이가 320m인 터널을 통과한다고 하였으므로, 총 이동 거리는 $320+40=360$이고, 속력은 24이므로, 열차가 터널을 통과하는데 걸리는 시간은 $\frac{360}{24}=15$초이다.

05 정답 ④

제시문을 식으로 나타내면 다음과 같다.

$\frac{1}{3}\times(\frac{1}{3}\times\frac{2}{3}\times2)=\frac{4}{27}$

따라서 확률은 $\frac{4}{27}$이다.

06 정답 ④

2017년 인구성장률은 0.63%, 2020년 인구성장률 0.39%이다. 2020년 인구성장률은 2017년 인구성장률에서 40% 감소한 값인 $0.63\times(1-0.4)=0.378$%보다 값이 크므로 40% 미만으로 감소하였다.

오답분석

① 표를 보면 2017년 이후 인구성장률이 매년 감소하고 있으므로 옳은 설명이다.
② 인구성장률과 합계출산율은 모두 2016년에는 전년 대비 감소하고, 2017년에는 전년 대비 증가하였으므로 옳은 설명이다.
③ 인구성장률이 높은 순서로 나열하면 2017년 – 2015년, 2018년 – 2016년 – 2019년 – 2020년이다. 합계출산율이 높은 순서로 나열하면 2015년 – 2018년 – 2017년 – 2016년 – 2019년 – 2020년이다.
따라서 인구성장률과 합계출산율이 두 번째로 높은 해는 2018년이다.

안심Touch

02 추리능력검사

01	02	03	04	05	06	07			
④	③	③	④	④	③	①			

01 정답 ④

+3, ×2를 반복하는 수열이다.
따라서 ( )=25×2=50이다.

02 정답 ③

나열된 수를 각각 A, B, C라고 하면
$\underline{A\ B\ C} \rightarrow (A+C)\times 2=B$
따라서 ( )=(2+4)×2=12이다.

03 정답 ③

'(앞의 항)+(뒤의 항)=(다음 항)'인 피보나치 수열이다.

A	B	C	E	H	(M)
1	2	3	5	8	13

04 정답 ④

'(앞의 항)−3=(다음 항)'인 수열이다.

W	T	Q	(N)	K	H
23	20	17	14	11	8

05 정답 ④

고객만족도 점수를 정리하면 A회사는 90점, B회사는 95점, C회사는 (90+95)÷2=92.5점이므로 A회사의 점수가 가장 낮은 것을 알 수 있다.

06 정답 ③

제시된 〈조건〉에 따르면 ¥¥¥¥=₩₩=$₩이므로 ?에 들어갈 기호는 ③이다.

07 정답 ①

제시된 〈조건〉에 따르면 ₩=¥¥, ¥=£이므로 ?에 들어갈 기호는 ①이다.

03 지각능력검사

01	02	03	04	05	06	07	08	09	
②	④	①	④	④	①	④	②	④	

01 정답 ②

제시된 문자를 오름차순으로 나열하면 'ㅁ－ㅇ－I－ㅌ－M－T'이므로 2번째 오는 문자는 'ㅇ'이다.

02 정답 ④

제시된 문자를 내림차순으로 나열하면 'ㅋ－ㅣ－ㅈ－ㅠ－ㄹ－ㄱ'이므로 1번째 오는 문자는 'ㅋ'이다.

03 정답 ①

제시된 문자를 내림차순으로 나열하면 '하－자－아－바－마－다'이므로 3번째에 오는 문자는 '아'이다.

04 정답 ④

HS1245는 2017년 9월에 생산된 엔진의 시리얼 번호를 의미한다.

오답분석

① 제조년 번호에 O는 해당되지 않는다.
② 제조월 번호에 I는 해당되지 않는다.
③ 제조년 번호에 S는 해당되지 않는다.

05 정답 ④

DU6548 → 2013년 10월에 생산된 엔진이다.

오답분석

① FN4568 → 2015년 7월에 생산된 엔진이다.
② HH2314 → 2017년 4월에 생산된 엔진이다.
③ WS2356 → 1998년 9월에 생산된 엔진이다.

06 정답 ①

1층 : 10개, 2층 : 3개, 3층 : 1개
∴ 14개

07 정답 ④

1층 : 10개, 2층 : 7개, 3층 : 3개
∴ 20개

08 정답 ②

♡은 두 번째에 제시된 문자이므로 정답은 ②이다.

09 정답 ④

♫은 네 번째에 제시된 문자이므로 정답은 ④이다.

CHAPTER 03 2020년 상반기

최신기출문제 정답 및 해설

01 수리능력검사

01	02	03	04	05	06				
④	④	①	①	③	④				

01 정답 ④

$14.9\times(3.56-0.24)=14.9\times3.32=49.468$

02 정답 ④

$342\div6\times9-120=57\times9-120=513-120=393$

03 정답 ①

$211\times5-75\div15+30=1,055-5+30=1,080$

04 정답 ①

작년 사과의 개수를 x개라고 하면, 배의 개수는 $(500-x)$개이다.

$\frac{1}{2}x+2\times(500-x)=700 \rightarrow \frac{3}{2}x=300 \rightarrow x=200$

따라서 올해 생산한 사과의 개수는 $\frac{1}{2}\times200=100$개이다.

05 정답 ③

두 사람이 x시간 후에 만난다고 하자.

$3x+5x=24 \rightarrow x=3$

따라서 두 사람은 3시간 후에 만나게 된다.

06 정답 ④

2011년 대비 2019년 신장 증가량은 A가 22cm, B가 21cm, C가 28cm로 C가 가장 많이 증가하였다.

오답분석

① B의 2019년 체중은 2015년에 비해 감소하였다.
② 2019년의 신장 순위는 C, B, A 순서이지만, 체중 순위는 C, A, B로 동일하지 않다.
③ 2011년 대비 2015년 체중 증가는 A, B, C 모두 6kg으로 같다.

02 추리능력검사

01	02	03	04	05	06				
②	③	③	②	②	①				

01 정답 ②

홀수 항은 +4, 짝수 항은 −7인 수열이다.
따라서 (　)=27+4=31이다.

02 정답 ③

앞의 항에 ×2−1을 하는 수열이다.

C	E	I	Q	G	(M)
3	5	9	17	33=(26+7)	65=(52+13)

03 정답 ③

제시된 조건을 정리하면 냉장고>세탁기, 에어컨>냉장고, 세탁기>컴퓨터(3년)이므로 이를 A/S 기간이 짧은 순서로 나열하면 '컴퓨터 – 세탁기 – 냉장고 – 에어컨'이다. 따라서 컴퓨터의 A/S 기간이 가장 짧은 것을 알 수 있다.

04 정답 ②

p=계획을 세움, q=시간을 단축, r=야식을 먹음, s=공연을 봄, t=일을 빨리 마침일 때, 조건을 정리하면 '$p \rightarrow q \rightarrow t \rightarrow s \rightarrow r$'이다. 따라서 '$p \rightarrow r$'이므로 '계획을 세웠어도 야식을 먹지 못할 수 있다.'는 거짓이다.

05 정답 ②

제시된 〈조건〉에 따르면 ▦▦=▣=♣이므로 ?에 들어갈 도형은 ②이다.

06 정답 ①

제시된 〈조건〉에 따르면 ▦▦=∞∞=▣이므로 ?에 들어갈 도형은 ①이다.

03 지각능력검사

01	02	03	04	05	06	07	08		
②	①	④	①	③	②	③	④		

01 정답 ②

AutumnCrisp – AutummCrisp

02 정답 ①

제시된 문자열 같음

03 정답 ④

• 알파벳 모음을 변환하면 다음과 같다.

a	e	i	o	u
ㄲ	ㄸ	ㅃ	ㅆ	ㅉ

• 알파벳 자음을 변환하면 다음과 같다.

b	c	d	f	g	h	j	k	l	m	n	p	q	r	s	t	v	w	x	y	z
ㄱ	ㄴ	ㄷ	ㄹ	ㅁ	ㅂ	ㅅ	ㅇ	ㅈ	ㅊ	ㅋ	ㅌ	ㅍ	ㅎ	1	2	3	4	5	6	7

예 f=ㄹ, i=ㅃ, n=ㅋ, d=ㄷ, m=ㅊ, e=ㄸ
find와 me 사이에 0을 추가하고, 각각 자음 쌍자음마다 ㅏ, ㅑ, ㅓ, ㅕ, ㅗ, ㅛ를 추가하면, '라빠커뎌0초뚀'이다.

04 정답 ①

1따꺄1써켜 → 1ㄸㄲ1ㅆㅋ → season으로 봄 · 여름 · 가을 · 겨울의 계절이름이 아닌 계절 자체를 뜻하므로 적절하지 않다.

오답분석

② 1타햐뻐켜모 → 1ㅌㅎㅃㅋㅁ → spring, 봄
③ 1짜챠처뗘호 → 1ㅉㅊㅊㄸㅎ → summer, 여름
④ 라꺄저져 → ㄹㄲㅈㅈ → fall, 가을

05 정답 ③

오답분석

꺄0랴뻐켜또0됴꾸6 → ㄲ0ㄹㅃㅋㄸ0ㄷㄲ6 → a fine day

06 정답 ②

Disney Frozen → ㄷㅃsㅋㄸy0ㄹㅎㅆzㄸㅋ
→ 다빠s커뗘y0로효쑤z뜌크

07 정답 ③

□은 세 번째에 제시된 도형이므로 정답은 ③이다.

08 정답 ④

◐은 네 번째에 제시된 도형이므로 정답은 ④이다.

최신기출문제 정답 및 해설

01 수리능력검사

01	02	03	04	05	06				
④	①	③	②	②	③				

01 정답 ④

$(156-13)\div 11=143\div 11=13$

02 정답 ①

$46\times 51-63=2,346-63=2,283$

03 정답 ③

$0.46\times 1.5+4.46=0.69+4.46=5.15$

04 정답 ②

서울에서 부산까지 무정차로 갈 때 걸리는 총 시간을 x라고 하면

$x=\frac{400}{120}=\frac{10}{3}$ → 3시간 20분

9시에 출발해서 13시 10분에 도착했으므로 걸린 시간은 4시간 10분이다. 즉, 무정차일 때 시간과 비교하면 50분이 더 걸렸고, 각 역마다 정차한 시간은 10분이므로 정차한 역의 수는 50÷10=5개이다.

05 정답 ②

- 둘 다 흰 공을 꺼낼 확률 : $\frac{5}{9}\times\frac{4}{8}=\frac{5}{18}$
- 둘 다 검은 공을 꺼낼 확률 : $\frac{4}{9}\times\frac{3}{8}=\frac{1}{6}$

$\therefore \frac{5}{18}+\frac{1}{6}=\frac{5+3}{18}=\frac{4}{9}$

06 정답 ③

2014 ~ 2018년의 남성 근로자 수와 여성 근로자 수 차이를 구하면 다음과 같다.

- 2014년 : 9,061−5,229=3,832천 명
- 2015년 : 9,467−5,705=3,762천 명
- 2016년 : 9,633−5,902=3,731천 명
- 2017년 : 9,660−6,103=3,557천 명
- 2018년 : 9,925−6,430=3,495천 명

즉, 2014 ~ 2018년 남성과 여성의 근로자 수 차이는 매년 감소한다.

오답분석

① 제시된 자료를 통해 알 수 있다.

② 성별 2014년 대비 2018년 근로자 수의 증가율은 다음과 같다.

- 남성 : $\frac{9,925-9,061}{9,061}\times 100 ≒ 9.54\%$
- 여성 : $\frac{6,430-5,229}{5,229}\times 100 ≒ 22.97\%$

따라서 여성의 증가율이 더 높다.

④ 제시된 자료를 통해 전체 근로자 중 여성 근로자 수의 비중이 가장 큰 해는 2018년임을 알 수 있다.

안심Touch

02 추리능력검사

01	02	03	04	05					
④	①	③	④	④					

01 정답 ④

홀수 항은 +6을, 짝수 항은 −3을 한 수열이다.
따라서 ( )=10−3=7이다.

02 정답 ①

나열된 수를 각각 A, B, C라고 하면
$\underline{A\ B\ C} \rightarrow A+C=B$
따라서 ( )=9−4=5이다.

03 정답 ③

1, 2, 2, 3, 3, 3, 4, 4, 4, 4, …로 이루어진 수열이다.

A	ㄴ	B	三	ㄷ	C	iv	四	(ㄹ)	D
1	2	2	3	3	3	4	4	4	4

04 정답 ④

홀수 항은 2씩 빼고, 짝수 항은 4씩 더하는 수열이다.

ㅜ	ㄷ	(ㅗ)	ㅅ	ㅓ	ㅋ
7	3	5	7	3	11

05 정답 ④

제시된 조건을 읽고 빠른 순서대로 나열하면 다음과 같다.
독수리>곰>노루>멧돼지
따라서 멧돼지가 가장 느리다.

03 지각능력검사

01	02	03	04	05	06	07			
④	①	②	①	③	②	①			

01 정답 ④

문자는 다음과 같이 대응하는 수로 바꾸어 생각한다.

1	2	3	4	5	6	7	8	9	10	11	12	13	14	15	16	17	18	19	20	21	22	23	24	25	26
A	B	C	D	E	F	G	H	I	J	K	L	M	N	O	P	Q	R	S	T	U	V	W	X	Y	Z
ㄱ	ㄴ	ㄷ	ㄹ	ㅁ	ㅂ	ㅅ	ㅇ	ㅈ	ㅊ	ㅋ	ㅌ	ㅍ	ㅎ												
ㅏ	ㅑ	ㅓ	ㅕ	ㅗ	ㅛ	ㅜ	ㅠ	ㅡ	ㅣ																

오름차순은 수를 점점 커지는 순서로 나열하는 것을 말하고, 내림차순은 그 반대이다.
제시된 문자를 오름차순으로 나열하면 'C－F－G－L－Q－W'이므로 6번째에 오는 문자는 'W'이다.

02 정답 ①

제시된 문자를 내림차순으로 나열하면 'm － ㅡ － e － ㅕ － ㅓ － a'이므로 4번째에 오는 문자는 'ㅕ'이다.

03 정답 ②

제시된 문자를 내림차순으로 나열하면 '호－코－보－모－로－도'이므로 2번째에 오는 문자는 '코'이다.

04 정답 ①

제조번호가 S1725030인 상품은 17년도에 제조되었으므로 기준일로부터 3년을 넘지 않아 처분대상이 아니다.

05 정답 ③

제조번호에서 마지막 두 자리가 생산라인을 의미하므로 마지막 두 자리가 '30'인 S13200030이 처분대상이다.

06 정답 ②

1층 : 8개, 2층 : 2개, 3층 : 1개
∴ 11개

07 정답 ①

1층 : 7개, 2층 : 2개, 3층 : 1개
∴ 10개

최신기출문제 정답 및 해설

01 수리능력검사

01	02	03	04	05	06				
③	①	③	①	③	②				

01 정답 ③

$33+42\div3=33+14=47$

02 정답 ①

$76-16\times3=76-48=28$

03 정답 ③

$0.6\times0.24\div3=0.144\div3=0.048$

04 정답 ①

막내의 나이를 x살, 서로 나이가 같은 3명의 멤버 중 한 명의 나이를 y살이라 하면

$y=105\div5=21$(∵ y=5명의 평균 나이)

$24+3y+x=105 \rightarrow x+3\times21=81$

$\therefore\ x=18$

따라서 막내의 나이는 18살이다.

05 정답 ③

두 지점 A, B 사이의 거리를 $x$km라 하면, (시간)$=\frac{(거리)}{(속력)}$이므로

$\frac{x}{60}-\frac{x}{80}=\frac{1}{2}$

$\therefore\ x=120$

따라서 두 지점 사이의 거리는 120km이다.

06 정답 ②

2016년과 2017년의 전년 대비 소각 증가율은 다음과 같다.

- 2016년 : $\frac{11,604-10,609}{10,609}\times100 \fallingdotseq 9.4\%$
- 2017년 : $\frac{12,331-11,604}{11,604}\times100 \fallingdotseq 6.3\%$

전년 대비 2016년 소각 증가율은 2017년 소각 증가율의 2배인 약 12.6%보다 작으므로 옳지 않다.

오답분석

① 재활용량은 매년 전체 생활 폐기물 처리량 중 50% 이상을 차지한다.

③ 5년간 소각량 대비 매립량 비율은 다음과 같다.

- 2014년 : $\frac{9,471}{10,309}\times100 \fallingdotseq 91.9\%$
- 2015년 : $\frac{8,797}{10,609}\times100 \fallingdotseq 82.9\%$
- 2016년 : $\frac{8,391}{11,604}\times100 \fallingdotseq 72.3\%$
- 2017년 : $\frac{7,613}{12,331}\times100 \fallingdotseq 61.7\%$
- 2018년 : $\frac{7,813}{12,648}\times100 \fallingdotseq 61.8\%$

따라서 매년 소각량 대비 매립량 비율은 60% 이상임을 알 수 있다.

④ 2014년과 2017년 사이에 매립량은 계속 감소하고 있다.

안심Touch

02 추리능력검사

01	02	03	04	05	06				
②	①	④	④	②	①				

01 정답 ②

앞의 항에 뒤의 항을 더한 값이 다음 항인 수열이다.
따라서 ( )=28+45=73이다.

02 정답 ①

×3과 -2가 번갈아 적용되는 수열이다.
따라서 ( )=57−2=55이다.

03 정답 ④

나열된 수를 각각 A, B, C라고 하면
$\underline{A\ B\ C} \rightarrow A+5=B+C$
따라서 ( )=24−12=12이다.

04 정답 ④

제시문을 다음과 같이 가정하자.
- A : 낚시를 좋아한다.
- B : 회를 좋아한다.
- C : 매운탕을 좋아한다.
- D : 생선구이를 좋아한다.
- E : 술을 좋아한다.

A → B, ~C → ~A, D → ~E, B → D이고, 다시 정리하면 A → B → D → ~E, A → C가 성립한다. 따라서 ④는 ~C → ~E이고, 제시된 명제만으로는 매운탕(C)과 술(E)의 연관성을 구할 수 없으므로 옳지 않다.

05 정답 ②

- B서점이 문을 열지 않으면 A서점이 문을 연다(~B → A).
- B서점이 문을 열면 D서점은 문을 열지 않는다(B → ~D).
- A서점이 문을 열면 C서점은 문을 열지 않는다(A → ~C).
- C서점이 문을 열지 않으면 E서점이 문을 연다(~C → E).

모든 명제를 하나로 연결하면, D서점이 문을 열면 B서점이 문을 열지 않고, B서점이 문을 열지 않으면 A 서점은 문을 열고, A서점이 문을 열면 C서점은 문을 열지 않고, C서점이 문을 열지 않으면 E서점은 문을 연다.
즉, D → ~B → A → ~C → E가 참이고, 명제가 참일 경우 그 대우도 참이므로 ~E → C → ~A → B → ~D도 참이다.
따라서 E서점이 공휴일에 문을 열지 않는다면, 위의 명제를 참고했을 때 C와 B서점만이 문을 열게 되므로 공휴일에 문을 여는 서점은 2곳이다.

06 정답 ①

제시문을 다음과 같이 가정하자.
- A : 커피를 마신다.
- B : 치즈케이크를 먹는다.
- C : 마카롱을 먹는다.
- D : 요거트를 먹는다
- E : 초코 케이크를 먹는다.
- F : 아이스크림을 먹는다.

따라서 C → ~D → A → B → ~E → F가 성립하므로 마카롱을 먹으면 아이스크림을 먹는다.

03 지각능력검사

01	02	03	04	05	06				
①	②	②	④	③	②				

01 정답 ①

제시된 문자열 같음

02 정답 ②

♩♬♬<u>♪♩</u>♭♪♭♪ – ♩♬♬<u>♩♪</u>♭♪♭♪

03 정답 ②

あか<u>さだ</u>なぷゆるんだ – あか<u>ざた</u>なぷゆるんだ

04 정답 ④

GKQRU<u>b</u>DL<u>n</u>MFQN

05 정답 ③

위이우<u>이</u>잉외이윙옹윙

06 정답 ②

Ⅷ Ⅸ Ⅲ Ⅱ <u>Ⅴ</u> Ⅱ Ⅵ Ⅶ

CHAPTER 06

2018년 하반기

최신기출문제 정답 및 해설

01 수리능력검사

01	02	03	04	05	06				
②	③	①	①	④	④				

01 정답 ②

$26+84\div7=26+12=38$

02 정답 ③

$11\times13-70=143-70=73$

03 정답 ①

$0.8\times0.17\div4=0.136\div4=0.034$

04 정답 ①

사탕을 만드는 데 걸린 시간을 x분이라 하면

$15,000=100\times x+150\times x$이므로

$\therefore x=60$

따라서 두 기계를 동시에 가동하여 총 15,000개의 사탕을 만드는 데 걸리는 시간은 1시간이다.

05 정답 ④

기차의 총 이동 거리는 $200+40=240$m이고, $(속력)=\frac{(거리)}{(시간)}$이므로,

열차의 속력은 $\frac{240}{10}=24$m/s이다.

따라서 길이가 440m인 터널을 통과한다고 하였으므로, 총 이동 거리는 $440+40=480$m이고, 걸린 시간은 $\frac{480}{24}=20$초이다.

06 정답 ④

수험생은 15,000원의 할인을 받을 수 있고, 12세와 10세인 친동생은 어린이이므로 야간권으로 계산하면 다음과 같다.

(32,000원−15,000원)+(28,000원−12,000원)×2=49,000원

따라서 ④가 적절하다.

오답분석

① (40,000원−15,000원)+(46,000원−12,000원)=59,000원

② (32,000원−15,000원)×2=34,000원

③ (40,000원−15,000원)+(46,000원−12,000원)×2=93,000원

02 추리능력검사

01	02	03	04	05	06				
④	②	③	①	③	③				

01 정답 ④

'(앞의 항)+(뒤의 항)=(다음 항)'인 수열이다.
따라서 (　)$=8+13=21$이다.

02 정답 ②

홀수 항은 $+25$, 짝수 항은 $\times 2$인 수열이다.
따라서 (　)$=55+25=80$이다.

03 정답 ③

나열된 수를 각각 A, B, C라고 하면
$\underline{A\ B\ C} \rightarrow A-C=B$
따라서 (　)$=19-8=11$이다.

04 정답 ①

제시문을 다음과 같이 가정하자.
- 편식을 하는 사람 : p
- 건강하지 않음 : q
- 얼굴빛이 좋음 : r

따라서 미소 $\rightarrow \sim q \rightarrow \sim p \rightarrow r$이므로 '미소는 얼굴빛이 좋다.'는 항상 참이다.

오답분석

② A화장품을 사용하면 얼굴빛이 좋아지지만, 미소가 얼굴빛이 좋다고 해서 A화장품을 사용하는지 아닌지는 알 수 없다.
③ 첫 번째 명제의 가정과 결론을 부정한 것으로 원래의 명제가 참이라고 해서 부정한 명제가 참인지 거짓인지는 알 수 없다.
④ 음식을 골고루 먹거나 A화장품을 사용하면 얼굴빛이 좋아진다.

05 정답 ③

D는 B보다 큰 신발을 신을 수도, 아닌 것을 신을 수도 있다.

〈경우1〉	220	230	240	250	260
	D	B	C	A	E
〈경우2〉	220	230	240	250	260
	D	B	E	A	C
〈경우3〉	220	230	240	250	260
	E	B	D	A	C

06 정답 ③

'너무 많이 먹으면 둔해진다.'가 참이 되려면 '살이 찌면 둔해진다.'라는 명제가 필요하다.

03 지각능력검사

01	02	03	04	05	06				
②	②	①	④	②	④				

01 정답 ②

토트르틀트톡톨통 – 토타르태트톡티통

02 정답 ②

£¥₠£$₱₩₤€ – £¥¥£$₱₩₤€

03 정답 ①

제시된 문자열 같음

04 정답 ④

실시릿이라이실랄샃실시릿

05 정답 ②

SSkalflasKRopKSAMW

06 정답 ④

▨▦▩▤▥▨▦▧▨▤▥▧▤

CHAPTER 07 2018년 상반기

최신기출문제 정답 및 해설

01 수리능력검사

01	02	03	04	05	06				
②	③	①	④	①	③				

01 정답 ②

$20+12\times35=20+420=440$

02 정답 ③

$11\times3\times22=33\times22=726$

03 정답 ①

$\frac{3}{4}+\frac{2}{5}-\frac{1}{10}=\frac{23}{20}-\frac{1}{10}=\frac{21}{20}=1\frac{1}{20}$

04 정답 ④

$\frac{(100\times0.03)+(200\times0.06)}{100+200+x}\times100=2$

$2(300+x)=1,500 \rightarrow 2x=900$

$\therefore\ x=450$

따라서 넣은 물의 양은 450g이다.

05 정답 ①

분속 100m로 걸은 거리를 x라 하면

$\frac{x}{100}+\frac{3,000-x}{120}=28 \rightarrow \frac{x+15,000}{600}=28$

$\therefore\ x=1,800$

따라서 분속 100m로 걸은 거리는 1.8km이다.

06 정답 ③

청년통장 사업에 참여한 근로자 수가 70%이면 $6,500\times0.7=4,550$명이 되는데, 정규직 근로자의 수는 4,591명이므로 옳은 내용이다.

오답분석

① 제조업과 서비스업에 종사하는 4,127명(=1,280+2,847) 전체가 정규직 근로자에 포함된다고 가정하면 이들을 제외한 나머지 정규직 근로자 4,591−4,127=464명은 제조업과 서비스업 외 직종 근로자에 해당하게 된다.
따라서 정규직 근로자 중 제조업과 서비스업 외의 직종에 종사하는 사람의 수는 최소 464명이 되는 셈이므로 그 수가 450명 미만이라는 내용은 옳지 않다.

② 청년통장 사업별 참여인원 대비 유지인원의 비율을 비교하기 위해서는 수치가 가장 큰 청년통장Ⅲ의 참여인원 5,000명을 기준으로 정하고, 청년통장Ⅰ과 청년통장Ⅱ의 참여인원을 그 기준에 맞춘 후 비교하는 것이 좋다.
따라서 청년통장Ⅰ은 $\frac{476}{500}=\frac{4,760}{5,000}$, 청년통장Ⅱ는 $\frac{984}{1,000}=\frac{4,920}{5,000}$, 청년통장Ⅲ은 $\frac{4,984}{5,000}$이므로 참여인원 대비 유지인원 비율이 높은 순서대로 나열하면 청년통장Ⅲ → 청년통장Ⅱ → 청년통장Ⅰ이 된다.

④ 근무연수가 2년 이상인 근로자가 모두 비정규직에 해당된다고 가정할 경우 2,044−1,909=135명이 남게 되는데, 이들은 정규직에 해당하는 최소 인원이라 할 수 있다. 그리고 정규직 근로자의 2%이면 $4,591\times0.02=91.82$명인데, 근무연수가 2년 이상이며 정규직인 사람의 최소 인원은 이보다 많다.
따라서 청년통장 사업에 참여한 정규직 근로자 중 근무연수가 2년 이상인 근로자의 비율은 2% 이상이라 할 수 있다.

안심Touch

02 추리능력검사

01	02	03	04	05					
④	④	②	②	①					

01 정답 ④

앞의 두 항을 더하면 다음 항이 되는 피보나치 수열이다.
따라서 ( )=2.1+3.4=5.5이다.

02 정답 ④

×1, +2, ×3, +4, ×5, +6, ×7의 규칙을 가지는 수열이다.
따라서 ( )=116×7=812이다.

03 정답 ②

나열된 수를 각각 A, B, C라고 하면
$\underline{A\ B\ C} \rightarrow A\times C=2B$
따라서 ( )=2×3=6이다.

04 정답 ②

주어진 명제를 기호를 활용하여 나타내면 이탈리아>독일=프랑스>영국 순으로 좋아한다.
따라서 영주는 독일보다 이탈리아를 더 좋아한다.

05 정답 ①

제시문을 다음과 같이 가정하자.
- A : 팝콘을 좋아한다.
- B : 영화관에 자주 간다.
- C : 책을 많이 읽지 않는다.
- D : 치매에 걸릴 확률이 높다.

제시문 A를 간단히 정리하면 A → B, C → D, ~C → ~B(=B → C)이므로 A → B → C → D가 성립한다.
따라서 ~D → ~A(=A → D)인 제시문 B는 참이다.

03 지각능력검사

01	02	03	04	05	06				
②	①	②	④	②	③				

01 정답 ②

PODJEKSJFVME – PODJEKSJFRME

02 정답 ①

제시된 문자열 같음

03 정답 ②

1382RELㄷㄴㄱㄹ$& – 1382RELㄷㄴㄱE$&

04 정답 ④

dkfdkDKFEHJI2984

05 정답 ②

소리아랴다니랴아타추

06 정답 ③

9384%_•&·!•$

최신기출문제 정답 및 해설

01 수리능력검사

01	02	03	04	05	06	07			
③	①	③	④	②	③	④			

01 정답 ③

$13+14\times9=13+126=139$

02 정답 ①

$4\times31\times11=124\times11=1,364$

03 정답 ③

$0.2+2.6+4.5+8.9=2.8+4.5+8.9=7.3+8.9=16.2$

04 정답 ④

$21-4\times16+23\times9=21-64+207=164$

05 정답 ②

$\frac{2}{3}\times\frac{2}{5}\div\frac{8}{15}+\frac{1}{6}=\frac{4}{15}\times\frac{15}{8}+\frac{1}{6}=\frac{1}{2}+\frac{1}{6}=\frac{2}{3}$

06 정답 ③

84는 $2^2\times3\times7$과 같으므로 y의 제곱인 수가 나오기 위해서는 반드시 3, 7이 각각 하나씩 포함되어야 하고 그 외 제곱수를 더 곱할 수 있다. 따라서 315는 3×7에 제곱수가 아닌 3×5만 곱했으므로 x가 될 수 없다.

오답분석

① $21=3\times7$

② $189=3\times7\times3^2$

④ $525=3\times7\times5^2$

07 정답 ④

2015년 4대 범죄 발생 건수 대비 검거 건수 비율은 $\frac{16,630}{19,670}\times100≒84.5(\%)$ 이상이다.

오답분석

① 2013년 인구 10만 명당 발생 건수를 구하면 $\frac{18,258}{49,346}\times100≒37.0$(건)이다.
따라서 인구 10만 명당 발생 건수는 매년 증가하고 있다.

② 발생 건수의 증가량을 살펴보면 2015년의 전년 대비 발생 건수 증가량이 가장 적으므로 이 해의 증가율이 가장 낮을 것으로 추정할 수 있다. 또한, 검거 건수의 증가량을 보았을 때 2014년과 2015년의 전년 대비 증가량이 가장 적으므로 이 두 해의 전년 대비 증가율을 살펴보면 다음과 같다.

- 2014년 : $\frac{16,404-16,125}{16,125}\times100≒1.8(\%)$
- 2015년 : $\frac{16,630-16,404}{16,404}\times100≒1.4(\%)$

따라서 발생 건수와 검거 건수 모두 전년 대비 증가율이 가장 낮은 해는 2015년이다.

③ 2016년 발생 건수 대비 검거 건수 비율이 가장 낮은 범죄 유형은 발생 건수 대비 발생 건수와 검거 건수 간의 차이가 가장 큰 절도이다. 또한 절도는 4대 범죄 발생 건수의 $\frac{14,778}{22,310}\times100≒66.3(\%)$로 60% 이상이다.

안심Touch

02 추리능력검사

01	02	03							
③	④	②							

01 정답 ③

$\frac{3}{16}$씩 더하는 수열이다.

따라서 ( )$=\frac{17}{16}+\frac{3}{16}=\frac{20}{16}=\frac{5}{4}$이다.

02 정답 ④

-1, $+6$, $\div 2$가 반복되는 수열이다.
따라서 ( )$=3.5+6=9.5$이다.

03 정답 ②

나열된 수를 각각 A, B, C라고 하면
$\underline{A\ B\ C} \rightarrow A\times B+2=C$
따라서 ( )$=4+2=6$이다.

03 지각능력검사

01	02	03	04	05	06	07	08		
①	②	①	④	②	②	④	③		

01 정답 ①

제시된 문자열 같음

02 정답 ②

●¥♨♣◐■▲*P*℃↓※ – ●¥♨♣◐■▶*P*℃↓※

03 정답 ①

제시된 문자열 같음

04 정답 ④

3942723928742

05 정답 ②

Å₡℃×☆★○◆◇

06 정답 ②

07 정답 ④

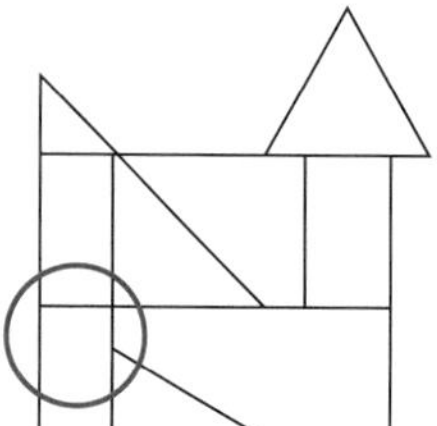

08 정답 ③

가장 왼쪽에 있는 열을 1열, 가장 오른쪽에 있는 열을 5열이라 하고 각 열의 블록 수를 세어 보면 다음과 같다.

- 1열 : 1+3+3+3+3=13개
- 2열 : 1+3+3=7개
- 3열 : 1+3+4+4=12개
- 4열 : 4+3+4+3+3=17개
- 5열 : 1+2+3+2+5=13개

∴ 13+7+12+17+13=62개

CHAPTER 09

2017년 상반기

최신기출문제 정답 및 해설

01 수리능력검사

01	02	03	04	05	06	07	08	09	10
④	④	②	②	①	①	③	①	②	①
11	12								
②	③								

01 정답 ④

$65-117\div13=65-9=56$

02 정답 ④

$68\times5+229=340+229=569$

03 정답 ②

$7-84\times0.25=7-21=-14$

04 정답 ②

$6.73\times0.5+4.5=3.365+4.5=7.865$

05 정답 ①

$\frac{5}{6}\times\left(\frac{3}{2}+\frac{6}{7}\right)-1=\frac{5}{6}\times\frac{33}{14}-1=\frac{55}{28}-1=\frac{27}{28}$

06 정답 ①

$640\times0.023=14.72$

07 정답 ③

$1,248\times\frac{35}{100}=436.8$

08 정답 ①

$\frac{185,960+182,298+178,346+180,605}{4}=181,802.25≒181,802$

따라서 평균 총 사교육비는 약 181,802억 원이다.

09 정답 ②

고등학교의 총 사교육비를 고등학교 1인당 사교육비로 나누어 대략적인 학생의 수를 계산해 보면 다음과 같다.

- 2013년 : $\frac{507,540,000}{268.1}≒1,893,099.5$명
- 2014년 : $\frac{506,710,000}{275.5}≒1,839,237.7$명
- 2015년 : $\frac{506,750,000}{283.4}≒1,788,108.6$명
- 2016년 : $\frac{550,650,000}{314.4}≒1,751,431.2$명

따라서 고등학교 학생 수는 점점 감소하고 있다.

오답분석

① 초등학교는 2015년, 중학교는 2016년에 감소하였다.

③ • 2013년 : $\frac{77,375}{185,960}\times100≒41.60\%$

• 2014년 : $\frac{75,949}{182,298}\times100≒41.66\%$

• 2015년 : $\frac{75,287}{178,346}\times100≒42.21\%$

• 2016년 : $\frac{77,438}{180,605}\times100≒42.87\%$

따라서 총 사교육비 중 초등학교 사교육비의 비율은 점점 증가한다.

④ 2016년 총 사교육비는 초등학교>고등학교>중학교, 2015년과 2016년 1인당 사교육비는 중학교>고등학교>초등학교 순이다.

10 정답 ①

섞은 소금물의 농도를 x라고 하면

$\frac{12}{100}\times500+\frac{x}{100}\times300=\frac{10.5}{100}\times800 \rightarrow 60+3x=84$

$\therefore x=8$

따라서 섞은 소금물의 농도는 8%이다.

11 정답 ②

A가로등이 켜지는 주기는 3분, B가로등이 켜지는 주기는 5분이다. 3과 5의 최소공배수는 15이므로, 15분 동안 A가로등과 B가로등이 동시에 켜져 있는 시간은 3+2+1+2=8분이다.

따라서 1시간 동안 동시에 켜져 있던 시간은 8×4=32분이다.

12 정답 ③

n명을 원형 테이블에 앉히는 경우의 수는 $(n-1)!$이므로, 남자와 여자를 원형 테이블에 배치하는 방법은 각각 3!이다. 또한, 동성끼리 이웃하지 않으면서 남자의 자리 배치와 여자의 자리 배치를 조합하는 방법은 4가지이므로 3!×3!×4=144가지이다.

02 추리능력검사

01	02	03	04						
②	①	②	③						

01 정답 ②

2^0, 2^1, 2^2, 2^3, 2^4 …을 더하는 수열이다.

따라서 ( )$=20+2^4=36$이다.

02 정답 ①

×2, +2가 반복되는 수열이다.

따라서 ( )=44+2=46이다.

03 정답 ②

나열된 숫자를 각각 A, B, C라고 하면

$\underline{A\ B\ C} \rightarrow \frac{A+B}{2}=C$

따라서 ( )$=\frac{5+7}{2}=6$이다.

04 정답 ③

앞의 항에 3씩 더하는 수열이다.

ㄴ	ㅁ	ㅇ	ㅋ	(ㅎ)	ㄷ
2	5	8	11	14	17(3)

안심Touch

03 지각능력검사

01	02	03	04	05	06	07	08	09	10
①	②	②	④	③	②	①	①	②	②
11									
①									

01 정답 ①

제시된 문자열 같음

02 정답 ②

◎▨▷<u>◑</u>♣♧●◈♨▦☎ – ◎▨▷<u>◐</u>♣♧●◈♨▦☎

03 정답 ②

티키타리듬에맞춰스핀칸<u>타</u>타 – 티키타리듬에맞춰스핀칸<u>티</u>타

04 정답 ④

582903<u>6</u>828132671

05 정답 ③

Ⅷ Ⅹ Ⅷ Ⅵ Ⅲ Ⅰ Ⅹ <u>Ⅰ</u> Ⅹ Ⅵ Ⅴ Ⅷ

06 정답 ②

07 정답 ①

제시된 도형을 180도 회전한 모습이다.

08 정답 ①

09 정답 ②

- 1층 : 3×7−1=20개
- 2층 : 21−2=19개
- 3층 : 21−5=16개
- 4층 : 21−10=11개
- 5층 : 8개

∴ 20+19+16+11+8=74개

10 정답 ②

1층 : 28개, 2층 : 18개, 3층 : 9개, 4층 : 3개
∴ 28+18+9+3=58개

11 정답 ①

1층 : 4개, 2층 : 2개, 3층 : 2개
∴ 4+2+2=8개

PART 2

기초능력검사 정답 및 해설

CONTENTS

CHAPTER 01 수리능력검사

적중예상문제

정답 및 해설

01	02	03	04	05	06	07	08	09	10
②	③	④	②	④	④	②	①	①	①
11	12	13	14	15	16	17	18	19	20
④	②	②	④	④	③	③	①	③	④
21	22	23	24	25	26	27	28	29	30
④	③	④	①	②	①	②	③	④	③
31	32	33	34	35	36	37	38	39	40
②	③	③	③	②	③	③	③	③	②
41	42	43	44	45	46	47	48	49	50
④	④	④	④	①	②	③	②	①	③

01 정답 ②

$40.5\times0.23+1.185=9.315+1.185=10.5$

02 정답 ③

$27\times\frac{12}{9}\times\frac{1}{3}\times\frac{3}{2}=3\times12\times\frac{1}{2}=3\times6=18$

03 정답 ④

앞의 두 수와 그 다음 두 수를 묶어서 계산하면 다음과 같다.
$(14,465-3,354)+(1,989-878)+1=11,111+1,111+1=12,223$

04 정답 ②

$4\times9\times16\times25\times36\div100=2^2\times3^2\times4^2\times5^2\times6^2\div100$
$=720^2\div100=5,184$

05 정답 ④

$3,684-62.48\div0.55=3,684-113.6=3,570.4$

06 정답 ④

$206+644+677=850+677=1,527$

07 정답 ②

$(182,100-86,616)\div146=95,484\div146=654$

08 정답 ①

$(984-216)\div48=768\div48=16$

09 정답 ①

$(200,000-15,140)\div237=184,860\div237=780$

10 정답 ①

$15\times108-303\div3+7=1,620-101+7=1,526$

11 정답 ④

$4,355-23.85\div0.15=4,355-159=4,196$

12 정답 ②

$206+310+214=516+214=730$

13 정답 ②

$0.28+2.4682-0.9681=2.7482-0.9681=1.7801$

14 정답 ④

$315\times69\div5=21,735\div5=4,347$

15 정답 ④

$572 \div 4+33-8=143+33-8=168$

16 정답 ③

$7-\left(\frac{5}{3} \div \frac{21}{15} \times \frac{9}{4}\right)=7-\frac{21}{4}=\frac{28}{4}-\frac{21}{4}=\frac{7}{4}$

17 정답 ③

$491 \times 64-(2^6 \times 5^3)=31,424-(2^6 \times 5^3)=31,424-8,000$
$=23,424$

18 정답 ①

$4.7+22 \times 5.4-2=4.7+118.8-2=121.5$

19 정답 ③

$0.35 \times 3.12-0.5 \div 4=1.092-0.125=0.967$

20 정답 ④

$2,620+1,600 \div 80=2,620+20=2,640$

21 정답 ④

$7,832 \div 44 \times 6-1,060=178 \times 6-1,060=1,068-1,060=8$

22 정답 ③

$679 \div 7 \times 5=97 \times 5=485$

23 정답 ④

$\frac{4}{13}-\frac{6}{26}-\frac{3}{39}+\frac{8}{52}=\frac{4}{13}-\frac{3}{13}-\frac{1}{13}+\frac{2}{13}=\frac{4-3-1+2}{13}$
$=\frac{2}{13}$

24 정답 ①

$212-978 \div 6-3^3=212-163-27=22$

25 정답 ②

$4 \times 4 \times 3 \times 3=16 \times 9=144$

26 정답 ①

$214-675+811-302=350-302=48$

27 정답 ②

$1,244+7,812-9,785+3,371=12,427-9,785=2,642$

28 정답 ③

$\frac{4}{5}+\frac{6}{20}+\frac{7}{15}=\frac{48+18+28}{60}=\frac{94}{60}=\frac{47}{30}$

29 정답 ④

$8^2+5^2-80=64+25-80=9$

30 정답 ③

$23,128 \div 56+27,589 \div 47=413+587=1,000$

31 정답 ②

시침은 1시간에 30°, 1분에 0.5°씩 움직이고, 분침은 1분에 6°씩 움직인다.

- 시침 : $30° \times 4+0.5° \times 20=120°+10°=130°$
- 분침 : $6° \times 20=120°$

따라서 시침과 분침이 이루는 작은 각의 각도는 $130-120=10°$이다.

32 정답 ③

2주 동안 듣는 강연은 총 5회이다. 그러므로 금요일 강연이 없는 주의 월요일에 첫 강연을 들었다면 5주차 월요일 강연을 듣기 전까지 10개의 강연을 듣게 된다. 5주차 월요일, 수요일 강연을 듣고 6주차 월요일의 강연이 13번째 강연이 된다.
따라서 6주차 월요일이 13번째 강연을 듣는 날이므로 8월 1일 월요일을 기준으로 35일 후가 된다. 8월은 31일까지 있기 때문에 $1+35-31=5$일, 즉 9월 5일이 된다.

33 정답 ③

7시간이 지났다면 용민이는 $7\times7=49$km, 효린이는 $3\times7=21$km를 걸은 것인데 용민이는 호수를 한 바퀴 돌고 나서 효린이가 걸은 21km까지 더 걸은 것이므로 호수의 둘레는 $49-21=28$km이다.

34 정답 ③

$(\text{시간})=\frac{(\text{거리})}{(\text{속력})}=\frac{2}{4}=\frac{1}{2}$이므로, 민석이는 30분 만에 회사에 도착한다.

35 정답 ②

240, 400의 최대공약수가 80이므로, 구역 한 변의 길이는 80m가 된다.
따라서 가로에는 3개, 세로에 5개 들어가므로 총 타일의 개수는 15개이다.

36 정답 ③

올해 지원부서원 25명의 평균 나이는 38세이므로, 내년 지원부서원 25명의 평균 나이는 $\frac{25\times38-52+27}{25}+1=37$세이다.

37 정답 ③

1월의 난방요금을 $7k$, 6월의 난방요금을 $3k$라 하면(단, k는 비례상수)
$(7k-2):3k=2:1 \rightarrow k=2$
따라서 1월의 난방요금은 14만 원이다.

38 정답 ③

5명이 입장할 때 추가 1명이 무료이기 때문에 6명씩 팀으로 계산하면 $6\times8=48$명으로 총 8팀이 구성된다. 53명 중 팀을 이루지 못한 5명은 할인을 받을 수 없다.
따라서 $5,000\times8=40,000$원의 할인을 받을 수 있게 된다.

39 정답 ③

작은 톱니바퀴가 x바퀴 돌았다고 하면, 큰 톱니바퀴와 작은 톱니바퀴가 돈 길이는 같으므로
$27\pi\times10=15\pi\times x$
$\therefore x=18$
따라서 작은 톱니바퀴는 분당 18바퀴를 돌았다.

40 정답 ②

A, B가 하루에 할 수 있는 일의 양은 각각 $\frac{1}{4}$, $\frac{1}{6}$이다. B가 x일 동안 일한다고 하면,
$\frac{1}{4}\times2+\frac{1}{6}\times x=1$
$\therefore x=3$
따라서 B는 3일 동안 일을 해야 한다.

41 정답 ④

5% 설탕물에 들어있는 설탕의 양은 $100\times\frac{5}{100}=5$g이다. xg의 물을 증발시켜 10%의 농도가 되게 하려면 $\frac{5}{100-x}\times100=10$%이므로, 50g만큼 증발시켜야 한다.
따라서 한 시간에 2g씩 증발된다고 했으므로 $50\div2=25$시간이 소요된다.

42 정답 ④

넣어야 하는 설탕의 양을 x라고 했을 때
6%의 설탕물 100g에 녹아있는 설탕의 양은 $\frac{6}{100}\times100=6$g이므로
$\frac{6+x}{100+x}\times100=10 \rightarrow 600+100x=1,000+10x$
$\therefore x=\frac{40}{9}$
따라서 $\frac{40}{9}$g의 설탕을 더 넣어야 한다.

43 정답 ④

A, B 두 주머니에서 검정 공을 뽑을 확률은 전체 확률에서 흰 공만 뽑을 확률을 뺀 것과 같다.
따라서 두 주머니에서 흰 공을 뽑을 확률은 $\frac{3}{5}\times\frac{1}{5}=\frac{3}{25}$이므로 A, B 두 주머니에서 검은 공을 한 개 이상 꺼낼 확률은 $1-\frac{3}{25}=\frac{22}{25}$이다.

44 정답 ④

i) 둘 다 호텔 방을 선택하는 경우 : ${}_3P_2=3\times2=6$가지

ii) 둘 중 한 명만 호텔 방을 선택하는 경우 : 호텔 방을 선택하는 사람은 A, B 둘 중에 한 명이고, 한 명이 호텔 방을 선택할 수 있는 경우의 수는 3가지이므로 $2\times3=6$가지

따라서 두 명이 호텔 방을 선택하는 경우의 수는 두 명 다 선택 안 하는 경우까지 $6+6+1=13$가지이다.

45 정답 ①

2014년 대비 2015년 기업체 수 증가율은 $\frac{360-344}{344}\times100=\frac{16}{344}\times100\fallingdotseq4.7\%$이며, 2015년 대비 2016년 기업체 수 증가율은 $\frac{368-360}{360}\times100=\frac{8}{360}\times100\fallingdotseq2.2\%$이다.

따라서 두 증가율의 차이는 $4.7-2.2=2.5\%$p이다.

46 정답 ②

각 연도의 전년 대비 기업체 수의 증감량을 계산하면 다음과 같다.

- 2014년 : $344-346=-2$천 개
- 2015년 : $360-344=16$천 개
- 2016년 : $368-360=8$천 개
- 2017년 : $368-368=0$개
- 2018년 : $372-368=4$천 개
- 2019년 : $375-372=3$천 개

따라서 2014 ~ 2019년까지 전년 대비 기업체 수 증감량의 절댓값을 모두 합하면 $2+16+8+0+4+3=33$천 개다.

47 정답 ③

인천광역시와 광주광역시는 전년 대비 2021년에 헌혈률이 감소하였다.

48 정답 ②

헌혈률의 공식을 헌혈 인구를 구하는 공식으로 변형하면 '(헌혈 인구)=(헌혈률)×(광역시별 인구)÷100'이다. 대구광역시와 인천광역시의 헌혈 인구를 구하면 다음과 같다.

- 대구광역시 헌혈 인구 : $4.8\times2,400,000\div100=115,200$명
- 인천광역시 헌혈 인구 : $5.4\times3,000,000\div100=162,000$명

49 정답 ①

해상 교통서비스 수입액이 많은 국가부터 차례대로 나열하면 '인도 – 미국 – 한국 – 브라질 – 멕시코 – 이탈리아 – 터키' 순이다.

50 정답 ③

해상 교통서비스 수입보다 항공 교통서비스 수입이 더 높은 국가는 미국과 이탈리아이다.

오답분석

① 터키의 교통서비스 수입에서 항공 수입이 차지하는 비중은 $\frac{4,003}{10,157}\times100\fallingdotseq39.4\%$이다.

② 교통서비스 수입액이 첫 번째(미국)와 두 번째(인도)로 높은 국가의 차이는 $94,344-77,256=17,088$백만 달러이다.

④ 제시된 자료를 통해 확인할 수 있다.

안심Touch

CHAPTER 02
추리능력검사

적중예상문제

정답 및 해설

01	02	03	04	05	06	07	08	09	10
③	④	①	②	②	④	②	③	②	③
11	12	13	14	15	16	17	18	19	20
④	②	④	④	②	①	④	③	①	①
21	22	23	24	25	26	27	28	29	30
②	②	①	③	①	④	②	④	②	③
31	32	33	34	35	36	37	38	39	40
②	②	①	①	①	③	①	①	③	②
41	42	43	44	45	46	47	48	49	50
①	③	②	①	④	③	③	④	③	③

01 정답 ③

제시된 〈조건〉에 따르면 ⍁⍂=⍁⍁=⍂⍂⍂⍂이므로 ?에 들어갈 도형은 ③이다.

02 정답 ④

제시된 〈조건〉에 따르면 ⍂=⍁⍁=⍂⍂⍂⍂이므로 ?에 들어갈 도형은 ④이다.

03 정답 ①

제시된 〈조건〉에 따르면 ♩♩=♪♪♪♪=♬♬♬♬=♩♬♬이므로 ?에 들어갈 도형은 ①이다.

04 정답 ②

제시된 〈조건〉에 따르면 ♩=♪♪=♪♪♪♪=♪♪♪이므로 ?에 들어갈 도형은 ②이다.

05 정답 ②

제시된 〈조건〉에 따르면 ⬆=⬇⬇=➡이므로 ?에 들어갈 도형은 ②이다.

06 정답 ④

제시된 〈조건〉에 따르면 ➡=⬇⬇=⬅⬅⬅⬅이므로 ?에 들어갈 도형은 ④이다.

07 정답 ②

제시된 〈조건〉에 따르면 ◘=◈◈, ◘=◙◙, ◈=◙이므로 ?에 들어갈 도형은 ②이다.

08 정답 ③

제시된 〈조건〉에 따르면 ◘=◈◈=◇이므로 ?에 들어갈 도형은 ③이다.

09 정답 ②

제시된 〈조건〉에 따르면 ●=◓◓=□□이므로 ?에 들어갈 도형은 ②이다.

10 정답 ③

제시된 〈조건〉에 따르면 ●=◓◓=◇이므로 ?에 들어갈 도형은 ③이다.

11 정답 ④

제시된 〈조건〉에 따르면 æ=ǢǢ=ə이므로 ?에 들어갈 도형은 ④이다.

12 정답 ②

제시된 〈조건〉에 따르면 ØØ=ǢǢ=ə이므로 ?에 들어갈 도형은 ②이다.

13 정답 ④

제시된 〈조건〉에 따르면 Ħ=ȽȽȽ=Đ이므로 ?에 들어갈 도형은 ④이다.

14 정답 ④

제시된 〈조건〉에 따르면 Ĳ=ĐŁŁŁ=ŁŁŁŁŁŁ이므로 ?에 들어갈 도형은 ④이다.

15 정답 ②

제시된 〈조건〉에 따르면 И=З=ф ф이므로 ?에 들어갈 도형은 ②이다.

16 정답 ①

제시된 〈조건〉에 따르면 Б=З З=ф ф ф ф이므로 ?에 들어갈 도형은 ①이다.

17 정답 ④

제시된 〈조건〉에 따르면 ヤヤ=プ=キキ이므로 ?에 들어갈 도형은 ④이다.

18 정답 ③

제시된 〈조건〉에 따르면 ア=プ=キキ이므로 ?에 들어갈 도형은 ③이다.

19 정답 ①

제시된 〈조건〉에 따르면 ㈔=㈕㈕=㈗이므로 ?에 들어갈 도형은 ①이다.

20 정답 ①

제시된 〈조건〉에 따르면 ㈓=㈕㈕=㈗이므로 ?에 들어갈 도형은 ①이다.

21 정답 ②

제시된 〈조건〉에 따르면 €€=ⓀⓀⓀⓀ=㈜㈜㈜㈜=㈜㈜ⓀⓀ이므로 ?에 들어갈 도형은 ②이다.

22 정답 ②

제시된 〈조건〉에 따르면 €=ⓀⓀ=ⓇⓇⓇⓇ=ⓀⓇⓇ이므로 ?에 들어갈 도형은 ②이다.

23 정답 ①

제시된 〈조건〉에 따르면 @=&&=‰‰‰‰이므로 ?에 들어갈 도형은 ①이다.

24 정답 ③

제시된 〈조건〉에 따르면 @@=&&&&=℉℉℉℉=@℉℉이므로 ?에 들어갈 도형은 ③이다.

25 정답 ①

제시된 〈조건〉에 따르면 Ø=ŒŒ=ĐĐĐĐ이므로 ?에 들어갈 도형은 ①이다.

26 정답 ④

제시된 〈조건〉에 따르면 Œ=ĐĐ=ŦŦŦŦ=ŦŦĐ이므로 ?에 들어갈 도형은 ④이다.

27 정답 ②

제시된 〈조건〉에 따르면 ℝℝ=ℚℚℚℚ=ℙℙ이므로 ?에 들어갈 도형은 ②이다.

28 정답 ④

제시된 〈조건〉에 따르면 ℙ=ℚℚ=ℍ이므로 ?에 들어갈 도형은 ④이다.

29 정답 ②

제시된 〈조건〉에 따르면 i=ℲℲ=ЗЗ이므로 ?에 들어갈 도형은 ②이다.

30 정답 ③

제시된 〈조건〉에 따르면 i=ℲℲ=○이므로 ?에 들어갈 도형은 ③이다.

31 정답 ②

바실리카의 측랑 지붕 위에 창문이 설치된다고 했고, 회중석은 측랑보다 높은 곳에 위치한다고 했으므로 측랑과 창문이 회중석보다 높은 곳에 설치된다는 것은 거짓이다.

32 **정답** ②

황도 12궁은 태양의 겉보기 운동경로인 황도가 통과하는 12개 별자리이며, 황도 전체를 30°씩 12등분 하였다고 했으므로 360°의 공간에 위치한다고 설명하는 것이 옳다.

33 **정답** ①

아메리카노를 좋아하면 카페라테를 좋아하고, 카페라테를 좋아하면 에스프레소를 좋아하기 때문에, 결국 아메리카노를 좋아하는 진실이는 에스프레소도 좋아한다.

34 **정답** ①

안구 내 안압이 상승하면 시신경 손상이 발생하고, 시신경이 손상되면 주변 시야가 좁아지기 때문에 안구 내 안압이 상승하면 주변 시야가 좁아진다.

35 **정답** ①

세 번째 조건에 따라 양 옆에 다른 사원이 앉아 있는 B, C, D사원만 자전거로 출근할 수 있다. 이때, A사원은 도보로 출근하므로 옆자리에 앉는 B사원은 자전거 출근자에서 제외되며, 자전거로 출근하지 않는 D사원 역시 제외된다. 따라서 C사원이 자전거로 출근하는 것을 알 수 있다.

36 **정답** ③

C사원이 자전거로 출근하므로 C사원 양옆에 앉는 B, D사원이 시내버스 또는 시외버스로 출근하는 것을 알 수 있다. 그러나 B사원은 시내버스 또는 시외버스로 출근할 수 있으므로 B사원이 시내버스로 출근하는지는 알 수 없다.

37 **정답** ①

A사원은 도보로, B사원과 D사원은 버스로, C사원은 자전거로 출근하므로 E사원은 지하철로 출근하는 것을 알 수 있다.

38 **정답** ①

네 사람과 다른 상을 받은 D가 1명만 받는 최우수상을 받았음을 알 수 있다.

39 **정답** ③

D가 최우수상을 받았으므로 A는 우수상 또는 장려상을 받았음을 알 수 있다. 그러나 A는 B, C와 다른 상을 받았을 뿐, 주어진 조건만으로 그 상이 우수상인지 장려상인지는 알 수 없다.

40 **정답** ②

D가 최우수상을 받고, A는 B, C와 서로 다른 상을 받았으므로 B, C가 서로 같은 상을 받았음을 알 수 있다. 따라서 나머지 E는 B가 아닌 A와 같은 상을 받았음을 알 수 있다.

41 **정답** ①

②·③·④ 등수는 알 수 있지만 각 점수는 알 수 없기 때문에 점수 간 비교는 불가능하다.
따라서 영희가 전체 평균 점수로 1등을 했으므로 총점이 가장 높다.

42 **정답** ③

명제가 참이면 대우 명제도 참이다. 즉, '유민이가 좋아하는 과일은 신혜가 싫어하는 과일이다.'가 참이면 '신혜가 좋아하는 과일은 유민이가 싫어하는 과일이다.'도 참이다. 따라서 신혜는 딸기를 좋아하고, 유민이는 사과와 포도를 좋아한다.

43 **정답** ②

참인 명제는 그 대우 명제도 참이므로 두 번째 가정의 대우 명제인 '배를 좋아하지 않으면 귤을 좋아하지 않는다.' 역시 참이다. 이를 첫 번째, 세 번째 명제를 통해 '사과를 좋아함 → 배를 좋아하지 않음 → 귤을 좋아하지 않음 → 오이를 좋아함'이 성립한다. 따라서 '사과를 좋아하면 오이를 좋아한다.'가 성립한다.

44 **정답** ①

'어떤 마케팅팀 사원 → 산을 좋아함 → 여행 동아리 → 솔로'이므로 '어떤 마케팅팀 사원 → 솔로'가 성립한다.

45 **정답** ④

정현>재현(1997)으로 정현이가 1997년 이전에 태어났음을 알 수 있으며, 제시된 사실만으로는 민현이와 정현이의 출생 순서를 알 수 없다.

46 정답 ③

명제가 참이면 대우 명제도 참이다. 즉, '을이 좋아하는 과자는 갑이 싫어하는 과자이다.'가 참이면 '갑이 좋아하는 과자는 을이 싫어하는 과자이다.'도 참이다. 따라서 갑은 비스킷을 좋아하고, 을은 비스킷을 싫어한다.

47 정답 ③

a는 'A가 외근을 나감', b는 'B가 외근을 나감', c는 'C가 외근을 나감', d는 'D가 외근을 나감', e는 'E가 외근을 나감'이라고 할 때, 네 번째 조건과 다섯 번째 조건의 대우인 $b \rightarrow c$, $c \rightarrow d$에 따라 $a \rightarrow b \rightarrow c \rightarrow d \rightarrow e$가 성립한다. 따라서 'A가 외근을 나가면 E도 외근을 나간다.'는 항상 참이 된다.

48 정답 ④

측정 결과를 토대로 정리하면 A별의 밝기 등급은 3등급 이하이며, C별의 경우 A, B, E별보다 어둡고 D별보다는 밝으므로 C별의 밝기 등급은 4등급이다. 따라서 A별의 밝기 등급은 3등급이며, D별은 5등급, 나머지 E별과 B별은 각각 1등급, 2등급이 된다. 별의 밝기 등급에 따라 순서대로 나열하면 'E－B－A－C－D'의 순서가 된다.

49 정답 ③

영수와 재호의 시력을 비교할 수 없으므로 시력이 높은 순서대로 나열하면 '정수－영호－영수－재호－경호' 또는 '정수－영호－재호－영수－경호'가 된다.
따라서 어느 경우라도 정수의 시력이 가장 높은 것을 알 수 있다.

50 정답 ③

가장 큰 B종 공룡보다 A종 공룡은 모두 크다. 일부의 C종 공룡은 가장 큰 B종 공룡보다 작다.
따라서 일부의 C종 공룡은 A종 공룡보다 작다.

안심Touch

CHAPTER 03 지각능력검사

적중예상문제 정답 및 해설

01	02	03	04	05	06	07	08	09	10
④	③	①	②	①	④	③	②	③	④
11	12	13	14	15	16	17	18	19	20
②	①	①	②	③	④	②	③	①	④
21	22	23	24	25	26	27	28	29	30
②	④	③	①	①	④	②	③	④	②
31	32	33	34	35	36	37	38	39	40
①	④	④	③	③	④	①	④	④	③
41	42	43	44	45	46	47	48	49	50
②	③	③	①	②	③	①	②	①	②

01 정답 ④

은 네 번째에 제시된 도형이므로 정답은 ④이다.

02 정답 ③

은 세 번째에 제시된 도형이므로 정답은 ③이다.

03 정답 ①

은 첫 번째에 제시된 도형이므로 정답은 ①이다.

04 정답 ②

은 두 번째에 제시된 도형이므로 정답은 ②이다.

05 정답 ①

은 첫 번째에 제시된 도형이므로 정답은 ①이다.

06 정답 ④

은 네 번째에 제시된 도형이므로 정답은 ④이다.

07 정답 ③

은 세 번째에 제시된 도형이므로 정답은 ③이다.

08 정답 ②

은 두 번째에 제시된 도형이므로 정답은 ②이다.

09 정답 ③

은 세 번째에 제시된 도형이므로 정답은 ③이다.

10 정답 ④

은 네 번째에 제시된 도형이므로 정답은 ④이다.

11 정답 ②

은 두 번째에 제시된 도형이므로 정답은 ②이다.

12 정답 ①

은 첫 번째에 제시된 도형이므로 정답은 ①이다.

13 정답 ①

은 첫 번째에 제시된 도형이므로 정답은 ①이다.

14 정답 ②

은 두 번째에 제시된 도형이므로 정답은 ②이다.

15 정답 ③

은 세 번째에 제시된 도형이므로 정답은 ③이다.

16 정답 ④

⩘은 네 번째에 제시된 도형이므로 정답은 ④이다.

17 정답 ②

⊖은 두 번째에 제시된 도형이므로 정답은 ②이다.

18 정답 ③

⊕은 세 번째에 제시된 도형이므로 정답은 ③이다.

19 정답 ①

⊗은 첫 번째에 제시된 도형이므로 정답은 ①이다.

20 정답 ④

⊘은 네 번째에 제시된 도형이므로 정답은 ④이다.

21 정답 ②

≪은 두 번째에 제시된 도형이므로 정답은 ②이다.

22 정답 ④

◆은 네 번째에 제시된 도형이므로 정답은 ④이다.

23 정답 ③

■은 세 번째에 제시된 도형이므로 정답은 ③이다.

24 정답 ①

◎은 첫 번째에 제시된 도형이므로 정답은 ①이다.

25 정답 ①

⌀은 첫 번째에 제시된 도형이므로 정답은 ①이다.

26 정답 ④

♀은 네 번째에 제시된 도형이므로 정답은 ④이다.

27 정답 ②

⊾은 두 번째에 제시된 도형이므로 정답은 ②이다.

28 정답 ③

⧉은 첫 번째에 제시된 도형이므로 정답은 ③이다.

29 정답 ④

오답분석

①
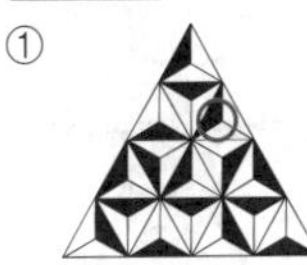
②
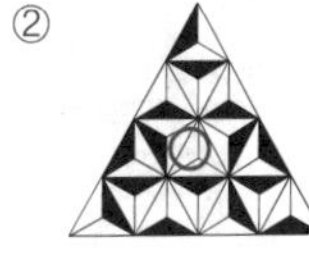
③
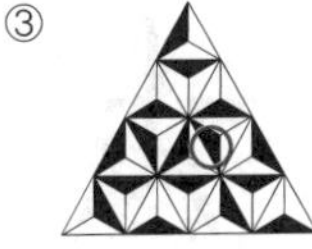

30 정답 ②

오답분석

①

③
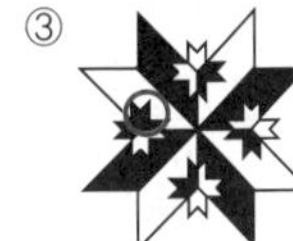
④

31 정답 ①

오답분석

②
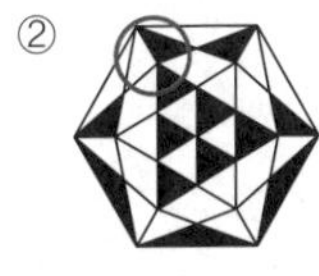
③

④
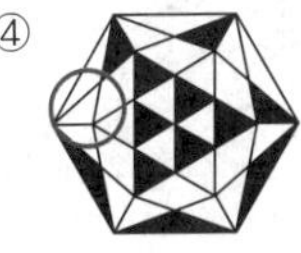

32 정답 ④

오답분석

①

②

③

안심Touch

33 정답 ④

오답분석

①

②

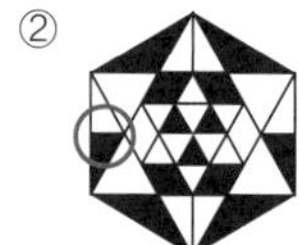

③

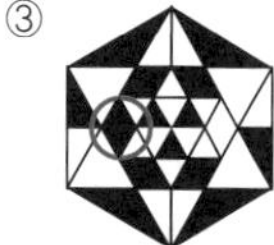

34 정답 ③

오답분석

①

②

④

35 정답 ③

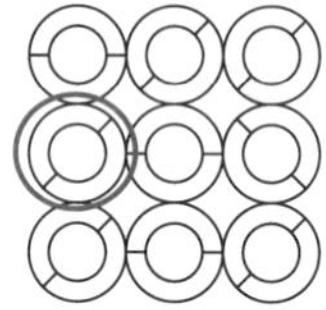

36 정답 ④

37 정답 ①

38 정답 ④

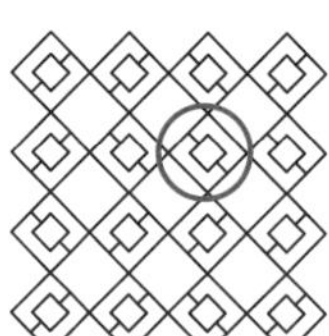

39 정답 ④

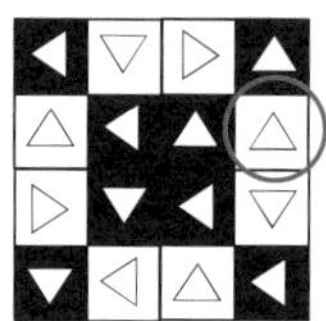

40 정답 ③

1층 : 9개, 2층 : 2개, 3층 : 1개
∴ 12개

41 정답 ②

1층 : 5개, 2층 : 3개, 3층 : 1개
∴ 9개

42 정답 ③

1층 : 7개, 2층 : 4개, 3층 : 3개
∴ 14개

43 정답 ③

1층 : 9개, 2층 : 6개, 3층 : 2개
∴ 17개

44 정답 ①

1층 : 6개, 2층 : 5개, 3층 : 3개, 4층 : 1개
∴ 15개

45 정답 ②

1층 : 5개, 2층 : 3개, 3층 : 1개
∴ 9개

46 정답 ③

1층 : 7개, 2층 : 4개, 3층 : 1개
∴ 12개

47 정답 ①

1층 : 7개, 2층 : 2개, 3층 : 1개
∴ 10개

48 정답 ②

1층 : 7개, 2층 : 3개, 3층 : 1개
∴ 11개

49 정답 ①

1층 : 5개, 2층 : 4개, 3층 : 1개
∴ 10개

50 정답 ②

1층 : 7개, 2층 : 2개
∴ 9개

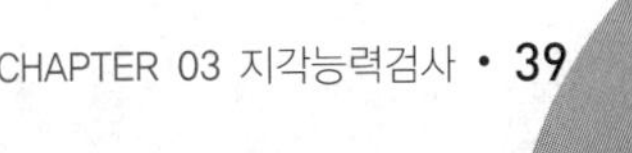

I wish you the best of luck!

시면접은 win 시대로 www.winsidaero.com

PART 3

최종점검 모의고사 정답 및 해설

CONTENTS

제1회 최종점검 모의고사 정답 및 해설

01 수리능력검사

01	02	03	04	05	06	07	08	09	10
②	④	④	③	②	②	①	④	①	④
11	12	13	14	15	16	17	18	19	20
②	①	①	②	③	①	①	③	③	①
21	22	23	24	25	26	27	28	29	30
①	②	③	②	④	②	③	②	④	②
31	32	33	34	35	36	37	38	39	40
③	③	①	③	②	④	③	④	④	②

01 정답 ②

$6\times\frac{32}{3}\times2\times\frac{11}{2}=64\times11=704$

02 정답 ④

$342\div6\times13-101=57\times13-101=741-101=640$

03 정답 ④

$(6^3-3^4)\times15+420=(216-81)\times15+420=135\times15+420$
$=2,025+420=2,445$

04 정답 ③

$(0.9371-0.3823)\times25=0.5548\times25=13.87$

05 정답 ②

$(59,378-36,824)\div42=22,554\div42=537$

06 정답 ②

$0.901+5.468-2.166=6.369-2.166=4.203$

07 정답 ①

연속하는 5개의 정수의 합은 중간 값의 5배와 같다.
$(102+103+104+105+106)\div5=104\times5\div5=104$

08 정답 ④

$14.9\times(3.56-0.24)=14.9\times3.32=49.468$

09 정답 ①

$291-14\times17+22=291-238+22=75$

10 정답 ④

$(79+79+79+79)\times25=79\times4\times25=79\times100=7,900$

11 정답 ②

$12\times8-4\div2=96-2=94$

12 정답 ①

$a^2-b^2=(a+b)(a-b)$를 이용한다.
$15\times15-300\div3+7=15^2-100+7=(15^2-10^2)+7$
$=(15+10)(15-10)+7=125+7=132$

13 정답 ①

$\frac{27}{8}\times\frac{42}{9}+\frac{21}{8}\times\frac{36}{49}=\frac{63}{4}+\frac{27}{14}=\frac{441}{28}+\frac{54}{28}=\frac{495}{28}$

14 정답 ②

$79=80-1$, $799=800-1$, $7,999=8,000-1$, $79,999=80,000-1$
임을 이용한다.
$79,999+7,999+799+79=(80,000-1)+(8,000-1)+(800-1)$
$+(80-1)=88,876$

15 정답 ③

$(78,201+76,104)\div 405=154,305\div 405=381$

16 정답 ①

$1,113\div 371+175=3+175=178$

17 정답 ①

$214-9\times 13=214-117=97$

18 정답 ③

$(14+4\times 3)\div 2=(14+12)\div 2=26\div 2=13$

19 정답 ③

$(16+4\times 5)\div 4=(16+20)\div 4=36\div 4=9$

20 정답 ①

$2,170+1,430\times 6=2,170+8,580=10,750$

21 정답 ①

시침은 1시간에 30°, 1분에 0.5°씩 움직이고, 분침은 1분에 6°씩 움직인다. 현재 시간이 7시 20분이므로

- 시침이 움직인 각도 : $30\times 7+0.5\times 20=210+10=220°$
- 분침이 움직인 각도 : $6\times 20=120°$

따라서 7시 20분의 작은 각의 각도는 (시침의 각도)−(분침의 각도)이므로 $220-120=100°$이다.

22 정답 ②

배의 일정 속력을 x라고 가정하고 내려올 때의 속력이 올라갈 때의 속력의 1.5배와 같다는 방정식을 세우면 다음과 같다.

$x+10=1.5\times(x-10) \rightarrow x+10=1.5x-15 \rightarrow 0.5x=25$

$\therefore x=50$

따라서 유진이가 탑승한 배 자체의 속력은 50m/s이다.

23 정답 ③

x년 후의 아버지, 아들의 나이는 각각 $35+x$, $10+x$이다.

$\rightarrow 35+x=2(10+x) \rightarrow 35+x=20+2x$

$\therefore x=15$

따라서 아버지 나이가 아들 나이의 2배가 되는 것은 15년 후이다.

24 정답 ②

1에서 200까지의 숫자 중 소수인 수는 약수가 2개이다.

따라서 소수의 제곱은 약수가 3개이므로 2, 3, 5, 7, 11, 13의 제곱인 4, 9, 25, 49, 121, 169 총 6개이다.

25 정답 ④

$\text{농도}=\frac{\text{소금}}{\text{소금물}}\times 100=\frac{\text{소금}}{\text{소금}+\text{물}}\times 100$이므로

20% 식염수 200g에 들어있는 소금의 양은 $\frac{20}{100}\times 200=40$이다.

따라서 $\frac{100+40}{200+100+200}\times 100=28$이므로 28%의 식염수가 된다.

26 정답 ②

구입한 제품 A의 수를 a개, 제품 B의 개수를 b개라고 하자(a, $b\geq 0$).

$600a+1,000b=12,000 \rightarrow 3a+5b=60$

a와 b를 (a, b)의 순서쌍으로 나타내면 다음과 같다.

(0, 12), (5, 9), (10, 6), (15, 3), (20, 0)

따라서 모두 5가지의 방법이 있다.

27 정답 ③

- 다섯 사람이 일렬로 줄을 서는 경우의 수 : $5!=5\times 4\times 3\times 2\times 1=120$가지
- 현호, 진수가 양 끝에 서는 경우의 수 : $2\times$(민우, 용재, 경섭이가 일렬로 줄을 서는 경우의 수)$=2\times 3!=12$가지

양 끝에 현호와 진수가 줄을 설 확률은 $\frac{12}{120}=\frac{1}{10}$이다.

따라서 $a+b=11$이다.

28 정답 ②

움직인 시간을 x라고 하면 두 사람이 마주치는 층은 일차방정식을 통해 계산을 할 수 있다.

$x=15-2x \rightarrow 3x=15$

$\therefore x=5$

따라서 두 사람이 같은 층이 되는 층은 5층이다.

29 정답 ④

구입한 볼펜의 개수를 x, 색연필 개수는 y라고 가정하면

$x+y=12$ ⋯ ㉠

$500x+700y+1,000=8,600 \rightarrow 5x+7y=76$ ⋯ ㉡

㉠과 ㉡을 연립방정식으로 계산하면 $x=4$, $y=8$이다.

따라서 볼펜은 4자루, 색연필은 8자루를 구입했다.

30 정답 ②

- A씨의 주차요금 : $2,000+3x=5,000 \rightarrow x=1,000$
- B씨의 주차요금 : $2,000+6\times1,000+2y=11,000 \rightarrow y=1,500$

따라서 $x+y=2,500$이다.

31 정답 ③

일본은 2021년도 평균 교육기간이 2020년 평균 교육기간보다 12.8−12.7=0.1년 높다.

오답분석

① 한국은 2019 ~ 2021년까지 평균 교육기간은 12.1년으로 동일하다.
② 2019년보다 2020년의 평균 교육기간이 높아진 국가는 중국, 인도, 인도네시아, 일본, 터키이다.
④ 2019 ~ 2021년 동안 항상 평균 교육기간이 8년 이하인 국가는 중국, 인도, 인도네시아, 터키이다.

32 정답 ③

2019년도 평균 교육기간이 8년 이하인 국가는 중국, 인도, 인도네시아, 터키로 네 국가의 평균 교육기간의 평균은 $\frac{7.7+6.3+7.9+7.8}{4}$ $=\frac{29.7}{4}=7.425$년이다.

33 정답 ①

60대 이상은 '읽음'의 비율이 '읽지 않음' 비율보다 낮다.

오답분석

② 여성이 남성보다 종이책 독서를 하는 비율이 61.5−58.2=3.3%p 높다.
③ 사례 수가 가장 적은 연령대는 20대이고, '읽지 않음'을 선택한 인원은 $1,070\times0.265=283.55 \fallingdotseq 284$명이다.
④ 40대의 '읽음'과 '읽지 않음'을 선택한 인원의 차이는 $1,218\times(0.619-0.381)=289.884 \fallingdotseq 290$명이다.

34 정답 ③

$3,000\times(0.582+0.615)=3,000\times1.197=3,591$명

35 정답 ②

과학 분야를 선호하는 남학생 비율은 10%, 여학생은 4%이다.

따라서 과학 분야를 선호하는 총 학생 수는 $500\times0.1+450\times0.04=50+18=68$명이다.

36 정답 ④

기타를 제외한 도서 선호 분야 중 비율이 가장 낮은 분야는 남학생은 예술 분야 1%, 여학생은 철학 분야 2%이다.

따라서 두 분야의 총 학생 수의 10배는 $(500\times0.01+450\times0.02)\times10=(5+9)\times10=140$명이다.

37 정답 ③

역사 분야의 남학생 비율은 13%로, 여학생 비율의 2배인 $8\times2=16\%$보다 낮다.

오답분석

① 여학생은 철학 분야(2%)보다 예술 분야(4%)를 더 선호한다.
② 과학 분야는 남학생 비율(10%)이 여학생 비율(4%)보다 높다.
④ 동화 분야의 여학생 비율은 12%로, 남학생 비율의 2배인 $7\times2=14\%$보다 낮다.

38 정답 ④

전체 학생의 월간 총 교육비 대비 초등학생의 월간 총 교육비의 비율은 $\frac{800\times25.3}{1,500\times27.2}\times100=\frac{202.4}{408}\times100 \fallingdotseq 49.6\%$이다.

39 정답 ④

ㄱ. 2020년 대비 2021년 고등학생 1인당 월평균 교육비 증가율은 $\frac{32.1-28.5}{28.5}\times100 \fallingdotseq 12.6\%$이다.
ㄷ. 2020년 사교육 참여학생 1인당 월평균 사교육비가 높은 순서대로 나열하면 '고등학교 – 중학교 – 초등학교'이고, 2021년에도 '고등학교 – 중학교 – 초등학교' 순이다. 따라서 2020 ~ 2021년 동안 사교육 참여학생 1인당 월평균 사교육비는 학력이 높을수록 많다고 할 수 있다.

오답분석

ㄴ. 사교육 참여학생 중 2021년 중학생 1인당 월평균 사교육비(44.8만 원)는 2020년 고등학생 1인당 월평균 사교육비(51만 원)보다 적다.

40 정답 ②

$\frac{600\times0.4\times44.8}{600\times31.2}\times100=\frac{0.4\times44.8}{31.2}\times100 \fallingdotseq 57.4\%$

02 추리능력검사

01	02	03	04	05	06	07	08	09	10
④	③	①	②	③	④	④	②	④	④
11	12	13	14	15	16	17	18	19	20
①	①	④	②	②	③	②	①	③	④
21	22	23	24	25	26	27	28	29	30
①	①	①	②	①	③	①	①	②	②
31	32	33	34	35	36	37	38	39	40
②	④	④	②	③	④	③	④	①	④

01 정답 ④

제시된 〈조건〉에 따르면 ⓔ=ⓕ=ⓑⓑ이므로 ?에 들어갈 도형은 ④이다.

02 정답 ③

제시된 〈조건〉에 따르면 ⓙ=ⓑⓑ=ⓔ이므로 ?에 들어갈 도형은 ③이다.

03 정답 ①

제시된 〈조건〉에 따르면 ㎞=㎜㎜=㎝이므로 ?에 들어갈 도형은 ①이다.

04 정답 ②

제시된 〈조건〉에 따르면 ㎚=㎞=㎝이므로 ?에 들어갈 도형은 ②이다.

05 정답 ③

제시된 〈조건〉에 따르면 W=VV=UU이므로 ?에 들어갈 도형은 ③이다.

06 정답 ④

제시된 〈조건〉에 따르면 Y=VV=UU이므로 ?에 들어갈 도형은 ④이다.

07 정답 ④

제시된 〈조건〉에 따르면 6=99=8888이므로 ?에 들어갈 도형은 ④이다.

08 정답 ②

제시된 〈조건〉에 따르면 33=99=8888, 3=9=88이므로 ?에 들어갈 도형은 ②이다.

09 정답 ④

제시된 〈조건〉에 따르면 ☎=☜☜=♨이므로 ?에 들어갈 도형은 ④이다.

10 정답 ④

제시된 〈조건〉에 따르면 ☏=♨=☜☜이므로 ?에 들어갈 도형은 ④이다.

11 정답 ①

제시된 〈조건〉에 따르면 ♥♥=♠♠=♡♣♡♣이므로 ?에 들어갈 도형은 ①이다.

12 정답 ①

제시된 〈조건〉에 따르면 ♧=♡♣=♠이므로 ?에 들어갈 도형은 ①이다.

13 정답 ④

제시된 〈조건〉에 따르면 ♩=♬♬=♪이므로 ?에 들어갈 도형은 ④이다.

14 정답 ②

제시된 〈조건〉에 따르면 ♭=♬♬=♪이므로 ?에 들어갈 도형은 ②이다.

15 정답 ②

제시된 〈조건〉에 따르면 Σ=∀∀=∈∈이므로 ?에 들어갈 도형은 ②이다.

16 정답 ③

제시된 〈조건〉에 따르면 ℉=∀∀=∈∈이므로 ?에 들어갈 도형은 ③이다.

17 정답 ②

제시된 〈조건〉에 따르면 ⧗=⧨=++이므로 ?에 들어갈 도형은 ②이다.

18 정답 ①

제시된 〈조건〉에 따르면 ΩΩ=⧨⧨=++++이므로 ?에 들어갈 도형은 ①이다.

19 정답 ③

제시된 〈조건〉에 따르면 ☯☯=⧩⧩=▣▣▣▣이므로 ?에 들어갈 도형은 ③이다.

20 정답 ④

제시된 〈조건〉에 따르면 ○=⧩⧩=▣▣▣▣이므로 ?에 들어갈 도형은 ④이다.

21 정답 ①

- a : 수박과 참외
- b : 과즙이 많은 과일
- c : 갈증해소와 이뇨작용에 좋다.

a → b, b → c가 성립한다.
따라서 a → c이므로 [제시문 B]는 참이다.

22 정답 ①

- a : 아침잠이 많은 사람
- b : 지각을 자주하는 사람
- c : 지각 벌점이 높은 사람

a → b, b → c가 성립한다.
따라서 a → c이므로 [제시문 B]는 참이다.

23 정답 ①

- a : 영화관에 간다.
- b : 팝콘을 먹는다.
- c : 놀이동산에 간다.

a → b, c → ~b이며, 두 번째 명제의 대우는 b → ~c가 성립한다.
따라서 a → ~c이므로 [제시문 B]는 참이다.

24 정답 ②

차가운 물로 샤워를 하면 순간적으로 몸의 체온이 내려가나, 몸의 체온이 내려가면 다시 일정한 체온을 유지하기 위해 열이 발생하므로 몸의 체온을 낮게 유지할 수는 없다.

25 정답 ①

월요일은 A사원과 C사원이 휴가로 사용할 예정이므로 세 번째 조건에 따라 더 이상 다른 사원이 휴가로 선택할 수 없다. 따라서 'B사원은 월요일에 휴가를 쓸 수 없다.'는 참이 된다.

26 정답 ③

주어진 조건에 따라 A ~ D사원이 휴가를 사용할 수 있는 날을 정리하면 다음과 같다.

1) 경우 1

구분	월	화	수	목	금
A	○	○	×	×	×
B	×	○	×	○	×
C	○	×	×	×	○
D	×	×	×	○	○

2) 경우 2

구분	월	화	수	목	금
A	○	○	×	×	×
B	×	×	×	○	○
C	○	×	×	×	○
D	×	○	×	○	×

경우 1에 따르면 B사원이 목요일에 휴가를 사용하더라도 또 다른 휴가를 화요일에 사용한다면, D사원은 목요일, 금요일 연달아 이틀을 휴가로 사용할 수 있다. 그러나 B사원이 남은 하루의 휴가를 어느 요일에 사용할지 알 수 없으므로 D사원이 연달아 이틀을 휴가로 사용할 수 없는지 역시 알 수 없다.

27 정답 ①

26번 해설에 따라 D가 화요일에 휴가를 사용한다면 〈경우 2〉에 해당하므로 B는 목요일, 금요일을 연달아 휴가로 사용할 수 있다.

28 정답 ①

목요일은 수요일보다 1시간 연장하여 진료하므로 진료 시간이 오후 7시까지임을 알 수 있다. 따라서 목요일은 오후 6시 이후에도 진료하므로 '목요일은 야간 진료를 한다.'는 참이 된다.

29 정답 ②

토요일은 진료 시간이 6시까지인 금요일보다 4시간 빨리 진료를 마감하므로 진료 시간이 오후 2시까지임을 알 수 있다.

30 정답 ②

주어진 조건에 따라 병원의 요일별 진료 시간을 정리하면 다음과 같다.

월	화	수	목	금	토
~18:00	~19:30	~18:00	~19:00	~18:00	~14:00

따라서 가장 늦은 시간까지 진료하는 요일은 진료 시간이 오후 7시 30분까지인 화요일이다.

31 정답 ②

창조적인 기업은 융통성이 있고, 융통성이 있는 기업 중의 일부는 오래 간다. 즉, 창조적인 기업이 오래 갈지 아닐지 알 수 없다.

32 정답 ④

'사람'을 p, '빵도 먹고 밥도 먹음'을 q, '생각을 함'을 r, '인공지능'을 s, 'T'를 t라 하면, 순서대로 $p \rightarrow q$, $\sim p \rightarrow \sim r$, $s \rightarrow r$, $t \rightarrow s$이다. 두 번째 명제의 대우와 첫 번째 · 세 번째 · 네 번째 명제를 연결하면 $t \rightarrow s \rightarrow r \rightarrow p \rightarrow q$이므로, $t \rightarrow q$가 성립한다. 따라서 ⑤는 참이다.

오답분석

① $t \rightarrow p$의 역이므로 참인지 거짓인지 알 수 없다.
② $s \rightarrow r$의 역이므로 참인지 거짓인지 알 수 없다.
③ $s \rightarrow q$의 이이므로 참인지 거짓인지 알 수 없다.

33 정답 ④

명제를 기호로 나타내면 다음과 같다.

- p : 도보로 걸음
- q : 자가용 이용
- r : 자전거 이용
- s : 버스 이용

$p \rightarrow \sim q$, $r \rightarrow q$, $\sim r \rightarrow s$이며, 두 번째 명제의 대우인 $\sim q \rightarrow \sim r$이 성립함에 따라 $p \rightarrow \sim q \rightarrow \sim r \rightarrow s$가 성립한다.
따라서 '도보로 걷는 사람은 버스를 탄다.'는 명제는 반드시 참이다.

34 정답 ②

주어진 조건에 따라 머리가 긴 순서대로 나열하면 '슬기 – 민경 – 경애 – 정서 – 수영'이 된다.
따라서 슬기의 머리가 가장 긴 것을 알 수 있으며, 경애가 단발머리인지는 주어진 조건만으로 알 수 없다.

35 정답 ③

주어진 조건에 따라 A ~ E의 시험 결과를 정리하면 다음과 같다.

	맞힌 문제의 수	틀린 문제의 수
A	19개	1개
B	10개	10개
C	20개	0개
D	9개 이하	11개 이상
E	16개 이상 19개 이하	1개 이상 4개 이하

따라서 B는 D보다 많은 문제의 답을 맞혔지만, E보다는 적게 답을 맞혔다.

36 정답 ④

오답분석

① 1번째 명제와 2번째 명제로 알 수 있다.
② 3번째 명제의 대우와 1번째 명제를 통해 추론할 수 있다.
③ 1번째 명제와 4번째 명제로 추론할 수 있다.

37 정답 ③

- 운동을 좋아하는 사람 → 담배를 좋아하지 않음 → 커피를 좋아하지 않음 → 주스를 좋아함
- 과일을 좋아하는 사람 → 커피를 좋아하지 않음 → 주스를 좋아함

오답분석

① 1번째 명제와 2번째 명제의 대우로 추론할 수 있다.
② 3번째 명제의 대우와 2번째 명제로 추론할 수 있다.
④ 1번째 명제, 2번째 명제 대우, 3번째 명제로 추론할 수 있다.

38 정답 ④

- 깔끔한 사람 → 정리정돈을 잘함 → 집중력이 좋음 → 성과 효율이 높음
- 주변이 조용함 → 집중력이 좋음 → 성과 효율이 높음

오답분석

① 3번째 명제와 1번째 명제로 추론할 수 있다.
② 2번째 명제와 4번째 명제로 추론할 수 있다.
③ 3번째 명제, 1번째 명제, 4번째 명제로 추론할 수 있다.

39 정답 ①

'p : 딸기를 좋아한다, q : 가지를 좋아한다, r : 바나나를 좋아한다, s : 감자를 좋아한다'라 하자.

제시된 명제를 정리하면

- 첫 번째 명제 : p → ~q
- 두 번째 명제 : r → q
- 세 번째 명제 : ~q → s

즉, p → ~q → ~r 또는 p → ~q → s는 반드시 참이다.

r과 s의 관계를 알 수 없으므로 ①이 답이다.

40 정답 ④

명제들을 통해서 적극적인 사람은 활동량이 많으며 활동량이 많을수록 잘 다치고 면역력이 강화된다는 것을 알 수 있다. 활동량이 많지 않은 사람은 적극적이지 않은 사람이며, 적극적이지 않은 사람은 영양제를 챙겨먹는다는 것을 알 수 있다. 즉, 영양제를 챙겨먹으면 면역력이 강화되는지는 알 수 없다.

오답분석

① 1번째 명제, 2번째 명제 대우를 통해 추론할 수 있다.
② 1번째 명제, 3번째 명제를 통해 추론할 수 있다.
③ 2번째 명제, 1번째 명제 대우, 4번째 명제를 통해 추론할 수 있다.

03 지각능력검사

01	02	03	04	05	06	07	08	09	10
①	③	②	④	①	③	④	②	③	④
11	12	13	14	15	16	17	18	19	20
①	②	②	④	③	①	②	①	③	④
21	22	23	24	25	26	27	28	29	30
②	①	④	④	③	③	①	③	③	④
31	32	33	34	35	36	37	38	39	40
①	③	②	③	①	②	③	③	④	③

01 정답 ①

∵은 첫 번째에 제시된 도형이므로 정답은 ①이다.

02 정답 ③

∷은 세 번째에 제시된 도형이므로 정답은 ③이다.

03 정답 ②

∶은 두 번째에 제시된 도형이므로 정답은 ②이다.

04 정답 ④

∴은 네 번째에 제시된 도형이므로 정답은 ④이다.

05 정답 ①

♯은 첫 번째에 제시된 도형이므로 정답은 ①이다.

06 정답 ③

𝄞은 세 번째에 제시된 도형이므로 정답은 ③이다.

07 정답 ④

♮은 네 번째에 제시된 도형이므로 정답은 ④이다.

08 정답 ②

♭은 두 번째에 제시된 도형이므로 정답은 ②이다.

09 정답 ③

♬은 세 번째에 제시된 도형이므로 정답은 ③이다.

10 정답 ④

♩은 네 번째에 제시된 도형이므로 정답은 ④이다.

11 정답 ①

♩은 첫 번째에 제시된 도형이므로 정답은 ①이다.

12 정답 ②

♩은 두 번째에 제시된 도형이므로 정답은 ②이다.

13 정답 ②

◈은 두 번째에 제시된 도형이므로 정답은 ②이다.

14 정답 ④

◒은 네 번째에 제시된 도형이므로 정답은 ④이다.

15 정답 ③

◓은 세 번째에 제시된 도형이므로 정답은 ③이다.

16 정답 ①

▣은 첫 번째에 제시된 도형이므로 정답은 ①이다.

17 정답 ②

◭은 두 번째에 제시된 도형이므로 정답은 ②이다.

18 정답 ①

▣은 첫 번째에 제시된 도형이므로 정답은 ①이다.

19 정답 ③

▣은 세 번째에 제시된 도형이므로 정답은 ③이다.

20 정답 ④

★은 네 번째에 제시된 도형이므로 정답은 ④이다.

21 정답 ②

②는 제시된 도형을 시계 방향으로 90° 회전한 것이다.

22 정답 ①

①은 제시된 도형을 시계 방향으로 90° 회전한 것이다.

23 정답 ④

④는 제시된 도형을 180° 회전한 것이다.

24 정답 ④

별도의 회전 없이 제시된 도형과 같음을 확인할 수 있다.

25 정답 ③

③은 제시된 도형을 시계 반대 방향으로 90° 회전한 것이다.

26 정답 ③

27 정답 ①

28 정답 ③

29 정답 ③

30 정답 ④

31 정답 ①

- 1층 : 5×4－4=16개
- 2층 : 20－10=10개
- 3층 : 20－17=3개

∴ 16+10+3=29개

32 정답 ③

- 1층 : 4×4－2=14개
- 2층 : 16－8=8개
- 3층 : 16－11=5개

∴ 14+8+5=27개

33 정답 ②

- 1층 : 5×4－2=18개
- 2층 : 20－5=15개
- 3층 : 20－8=12개
- 4층 : 20－12=8개

∴ 18+15+12+8=53개

34 정답 ③

- 1층 : 5×4=20개
- 2층 : 20－5=15개
- 3층 : 20－8=12개
- 4층 : 20－11=9개

∴ 20+15+12+9=56개

35 정답 ①

- 1층 : 4×5－1=19개
- 2층 : 20－6=14개
- 3층 : 20－8=12개
- 4층 : 20－10=10개

∴ 19+14+12+10=55개

36 정답 ②

- 1층 : 5×5=25개
- 2층 : 25－4=21개
- 3층 : 25－9=16개
- 4층 : 25－10=15개

∴ 25+21+16+15=77개

37 정답 ③

- 1층 : 5×5－1=24개
- 2층 : 25－4=21개
- 3층 : 25－7=18개
- 4층 : 25－13=12개

∴ 24+21+18+12=75개

38 정답 ③

- 1층 : 6×3=18개
- 2층 : 18－4=14개
- 3층 : 18－5=13개
- 4층 : 18－10=8개

∴ 18+14+13+8=53개

39 정답 ④

- 1층 : 6×4－2=22개
- 2층 : 24－5=19개
- 3층 : 24－6=18개
- 4층 : 24－12=12개

∴ 22+19+18+12=71개

40 정답 ③

• 1층 : 7×4−2=26개
• 2층 : 28−9=19개
• 3층 : 28−14=14개
∴ 26+19+14=59개

PART 3
제1회
제2회

안심Touch

제2회 최종점검 모의고사 정답 및 해설

01 수리능력검사

01	02	03	04	05	06	07	08	09	10
②	③	①	①	④	①	④	④	④	③
11	12	13	14	15	16	17	18	19	20
③	①	①	②	④	④	①	④	①	④
21	22	23	24	25	26	27	28	29	30
①	③	④	①	④	④	①	③	③	②
31	32	33	34	35	36	37	38	39	40
②	③	①	②	③	④	③	③	④	②

01 정답 ②

$17\times409\times23=6,953\times23=159,919$

02 정답 ③

$27\times36+438=972+438=1,410$

03 정답 ①

$32\times\frac{4,096}{256}-26\times\frac{361}{19}=32\times16-26\times19=512-494=18$

04 정답 ①

$5,634+1,341+4,604+2,497=6,975+7,101=14,076$

05 정답 ④

$678+1,485\div55-587=91+27=118$

06 정답 ①

$43\times34-1,020-45=1,462-1,020-45=397$

07 정답 ④

$16=4^2$임을 이용한다.

$48^2=(4\times12)^2=4^2\times12^2$, $16^2=4^2\times4^2$

$(48^2+16^2)\div16+88=(12^2+4^2)+88=(144+16)+88$
$=160+88=248$

08 정답 ④

$543+34\times34-354=189+1,156=1,345$

09 정답 ④

$41+414+4,141-141=4,596-141=4,455$

10 정답 ③

$44+121\div11+14=44+11+14=69$

11 정답 ③

$1,495\div23\times3\div15=65\times3\div15=195\div15=13$

12 정답 ①

$655\div5\times3+27=131\times3+27=393+27=420$

13 정답 ①

$456\times2\times2^2=456\times8=3,648$

14 정답 ②

$64+11-3\times(12\div6)=75-3\times2=75-6=69$

15 정답 ④

$65+6\times34+56=121+204=325$

16 정답 ④

$4,587-5\times6\times7-77=4,510-210=4,300$

17 정답 ①

$5.6-0.3\times6-1.5\div3=5.6-1.8-0.5=3.8-0.5=3.3$

18 정답 ④

$65\div5-45\div5=13-9=4$

19 정답 ①

$\frac{1}{4}+\frac{1}{9}+\frac{5}{6}=\frac{9+4+30}{36}=\frac{43}{36}$

20 정답 ④

$7\times9+3\times7\times2=63+42=105$

21 정답 ①

정주가 걸어서 간 시간을 x분이라고 하면 자전거를 타고 간 시간은 $(30-x)$분이다.

$150(30-x)+50x=4,000 \rightarrow 100x=500$

$\therefore x=5$

따라서 정주가 걸어간 시간은 5분이다.

22 정답 ③

13% 식염수의 양을 xg이라고 하면 8% 식염수의 양은 $(500-x)$g이다.

$\frac{8}{100}\times(500-x)+\frac{13}{100}\times x=\frac{10}{100}\times500$

$4,000-8x+13x=5,000$

$5x=1,000$

$\therefore x=200$

따라서 13g의 식염수는 200g이 필요하다.

23 정답 ④

정가를 x원이라고 하자.

$0.8x\times6=8(x-400)$

$4.8x=8x-3,200$

$3.2x=3,200$

$\therefore x=1,000$

따라서 상품의 정가는 1,000원이다.

24 정답 ①

현재 현식이의 나이를 x세라고 하면 아버지의 나이는 $(x+18)$세이다.

$3(x+4)=x+18+4$

$\therefore x=5$

따라서 현식이의 2년 전 나이는 3세이다.

25 정답 ④

합격한 사람의 수를 x명, 불합격한 사람의 수를 $(200-x)$명이라 하자.

$55\times200=70\times x+40\times(200-x) \rightarrow 11,000=30x+8,000$

$\rightarrow 30x=3,000$

$\therefore x=100$

따라서 합격한 사람은 100명이다.

26 정답 ④

지하철이 A, B, C역에 동시에 도착하였다가 다시 동시에 도착하는 데까지 걸리는 시간은 3, 2, 4의 최소공배수인 12분이다.

따라서 세 지하철역에서 5번째로 지하철이 동시에 도착한 시각은 $12\times4=48$분 후인 5시 18분이다.

27 정답 ①

- 두 개의 주사위를 던지는 경우의 수 : $6\times6=36$가지
- 나온 눈의 곱이 홀수인 경우(홀수×홀수)의 수 : $3\times3=9$가지

따라서 주사위의 눈의 곱이 홀수일 확률은 $\frac{9}{36}=\frac{1}{4}$이다.

28 정답 ③

책의 전체 쪽수를 x쪽이라고 하면

$x-\frac{1}{3}x-\frac{1}{4}\left(x-\frac{1}{3}x\right)-100=92$

$\therefore x=384$

따라서 책의 전체 쪽수는 384쪽이다.

29 정답 ③

B톱니바퀴와 C톱니바퀴의 톱니 수를 각각 b개, c개라 하자.
A톱니바퀴는 B, C톱니바퀴와 서로 맞물려 돌아가므로 A, B, C톱니바퀴의 (톱니 수)×(회전수)의 값은 같다.
즉, $90\times8=15b=18c$이므로
$15b=720 \rightarrow b=48$
$18c=720 \rightarrow c=40$
$\therefore\ b+c=88$
따라서 톱니 수의 합은 88개이다.

30 정답 ②

백의 자리에 올 수 있는 숫자는 0을 제외한 4개이다.
십의 자리와 일의 자리에 0이 몇 개 포함되는지를 기준으로 경우를 나누어 계산한다.
i) 0이 포함되지 않거나 1개 포함될 때 : ${}_4P_2$
ii) 0이 2개 포함될 때 : 1
따라서 세 자리 수는 $4\times({}_4P_2+1)=4\times13=52$개를 만들 수 있다.

31 정답 ②

1991년 대비 2021년 벼농사 작업별로 가장 크게 기계화율이 증가한 작업은 건조 / 피복(93.9−9.5=84.4%p)이며, 가장 낮게 증가한 작업은 방제(98.1−86.7=11.4%p)이다.
따라서 두 증가량의 차이는 84.4−11.4=73%p이다.

32 정답 ③

2021년 밭농사 작업의 기계화율 평균은
$\frac{99.8+9.5+71.1+93.7+26.8}{5}=60.18$%이다.

33 정답 ①

65세 이상 인구 비중이 높은 지역은 '전남 – 경북 – 전북 – 강원 – 충남 – …' 순서이다. 따라서 전북의 64세 이하 비중은 100−19=81%이다.

34 정답 ②

인천 지역의 총 인구가 300만 명이라고 할 때, 65세 이상 인구는 300×0.118=35.4만 명이다.

오답분석

① 울산의 40세 미만 비율과 대구의 40세 이상 64세 이하 비율 차이는 48.5−40.8=7.7%p이다.
③ 40세 미만 비율이 높은 다섯 지역을 차례로 나열하면 '세종(56.7%) – 대전(49.7%) – 광주(49.4%) – 경기(48.8%) – 울산(48.5%)'이다.
④ 조사 지역의 인구가 모두 같을 경우 40세 이상 64세 이하 인구가 두 번째로 많은 지역은 그 비율이 두 번째로 높은 지역을 찾으면 된다. 따라서 첫 번째는 41.5%인 울산이며, 두 번째는 40.8%인 대구이다.

35 정답 ③

2017년도에 이동한 총 인구수를 x천 명이라 하자.
$\frac{628}{x}\times100=14.4 \rightarrow x=\frac{62,800}{14.4} \rightarrow x\fallingdotseq4,361$
따라서 총 인구수는 4,361천 명이다.

36 정답 ④

8월 이동률이 16% 이상인 연도는 2009년과 2011년이다.

오답분석

① 2017 ~ 2019년 동안 8월 이동자 평균 인원은 $\frac{628+592+566}{3}=\frac{1,786}{3}\fallingdotseq595$명이다.
② 8월 이동자가 700천 명 이상인 연도는 704천 명인 2011년이다.
③ 2019년 8월 이동률은 13%이다.

37 정답 ③

5만 미만에서 10만 ~ 50만 미만의 투자건수 비율을 합하면 된다.
따라서 28+20.9+26=74.9%이다.

38 정답 ③

100만 ~ 500만 미만에서 500만 미만의 투자건수 비율을 합하면 11.9+4.5=16.4%이다.

39 정답 ④

ㄴ. 2016년 대비 2017년 외국인 관람객 수의 감소율 :
$\frac{3,849-2,089}{3,849}\times100\fallingdotseq45.73$%
따라서 2017년 외국인 관람객 수는 전년 대비 43% 이상 감소하였다.

ㄹ. 제시된 그래프를 보면 2015년과 2017년 전체 관람객 수는 전년보다 감소했으며, 증가폭은 2014년이 2016년보다 큼을 확인할 수 있다.
그래프에 제시되지 않은 2011년, 2012년, 2013년의 전년 대비 전체 관람객 수 증가폭과 2014년의 전년 대비 전체 관람객 수 증가폭을 비교하면 다음과 같다.
- 2011년 : (6,805+3,619)−(6,688+3,355)=381천 명
- 2012년 : (6,738+4,146)−(6,805+3,619)=460천 명

• 2013년 : (6,580+4,379)−(6,738+4,146)=75천 명
• 2014년 : (7,566+5,539)−(6,580+4,379)=2,146천 명
따라서 전체 관람객 수가 전년 대비 가장 많이 증가한 해는 2014년이다.

오답분석

ㄱ. 제시된 자료를 통해 확인할 수 있다.
ㄷ. 제시된 그래프를 보면 2014 ~ 2017년 전체 관람객 수와 유료 관람객 수는 증가 − 감소 − 증가 − 감소의 추이를 보인다.

40 정답 ②

• 2018년 예상 유료 관람객 수 : 5,187×1.24≒6,431천 명
• 2018년 예상 무료 관람객 수 : 3,355×2.4=8,052천 명
∴ 2018년 예상 전체 관람객 수 : 6,431+8,052=14,483천 명
• 2018년 예상 외국인 관람객 수 : 2,089+35=2,124천 명

02 추리능력검사

01	02	03	04	05	06	07	08	09	10
①	③	④	③	④	③	②	④	④	②
11	12	13	14	15	16	17	18	19	20
①	④	④	①	③	①	④	③	③	③
21	22	23	24	25	26	27	28	29	30
③	②	①	①	②	①	①	②	①	③
31	32	33	34	35	36	37	38	39	40
①	④	④	①	④	①	②	④	④	②

01 정답 ①

제시된 〈조건〉에 따르면 ‼=※=⁂⁂이므로 ?에 들어갈 도형은 ①이다.

02 정답 ③

제시된 〈조건〉에 따르면 ※=○○=⁂⁂이므로 ?에 들어갈 도형은 ③이다.

03 정답 ④

제시된 〈조건〉에 따르면 예=≒≒=∴∴이므로 ?에 들어갈 도형은 ④이다.

04 정답 ③

제시된 〈조건〉에 따르면 ㉾=∴∴=≒≒이므로 ?에 들어갈 도형은 ③이다.

05 정답 ④

제시된 〈조건〉에 따르면 ↑↑=↓=↔↔이므로 ?에 들어갈 도형은 ④이다.

06 정답 ③

제시된 〈조건〉에 따르면 ↓=↑↑=←이므로 ?에 들어갈 도형은 ③이다.

PART 3 제1회 제2회

07 정답 ②

제시된 〈조건〉에 따르면 ÷±=±÷=±××이므로 ?에 들어갈 도형은 ②이다.

08 정답 ④

제시된 〈조건〉에 따르면 +=÷÷=××××이므로 ?에 들어갈 도형은 ④이다.

09 정답 ④

제시된 〈조건〉에 따르면 ♡=◉◉=♥♥이므로 ?에 들어갈 도형은 ④이다.

10 정답 ②

제시된 〈조건〉에 따르면 ♡♡=◉◉◉◉=♧♧이므로 ?에 들어갈 도형은 ②이다.

11 정답 ①

제시된 〈조건〉에 따르면 ◑◑=▣▣=▣◑=◐◐◐◐이므로 ?에 들어갈 도형은 ①이다.

12 정답 ④

제시된 〈조건〉에 따르면 ∀=◑◑=◐◐◐◐이므로 ?에 들어갈 도형은 ④이다.

13 정답 ④

제시된 〈조건〉에 따르면 ==∫∫=∬∬∬∬=∫∬∬이므로 ?에 들어갈 도형은 ④이다.

14 정답 ①

제시된 〈조건〉에 따르면 ==∬∬=ΣΣ이므로 ?에 들어갈 도형은 ①이다.

15 정답 ③

제시된 〈조건〉에 따르면 あ=かかさ=かかかか이므로 ?에 들어갈 도형은 ③이다.

16 정답 ①

제시된 〈조건〉에 따르면 さ=かか=やややや이므로 ?에 들어갈 도형은 ①이다.

17 정답 ④

제시된 〈조건〉에 따르면 O=ㅋㅋ=Q이므로 ?에 들어갈 도형은 ④이다.

18 정답 ③

제시된 〈조건〉에 따르면 Q=ㅋㅋ=PP이므로 ?에 들어갈 도형은 ③이다.

19 정답 ③

제시된 〈조건〉에 따르면 ∩=∪∪=∧∧이므로 ?에 들어갈 도형은 ③이다.

20 정답 ③

제시된 〈조건〉에 따르면 ∩∩=∪∪∪∪=∪∪∨이므로 ?에 들어갈 도형은 ③이다.

21 정답 ③

효진이는 화분을 수진이보다는 많이 샀지만 지은이보다는 적게 샀으므로 효진이는 3~5개를 샀을 것이다. 그러나 주어진 제시문만으로는 몇 개의 화분을 샀는지 정확히 알 수 없다.

22 정답 ②

D보다 등급이 높은 사람은 2명 이상이므로 D는 3등급 또는 4등급을 받을 수 있다. 그러나 D는 B보다 한 등급이 높아야 하므로 3등급만 가능하며, B는 4등급이 된다. 나머지 1, 2등급에서는 C보다 한 등급 높은 A가 1등급이 되며, C는 2등급이 된다.
따라서 'C는 수리 영역에서 3등급을 받았다.'는 거짓이다.

23 정답 ①

주어진 명제를 정리하면 다음과 같다.

- a : 바이올린을 연주할 수 있는 사람
- b : 피아노를 연주할 수 있는 사람
- c : 플루트를 연주할 수 있는 사람
- d : 트럼펫을 연주할 수 있는 사람

a → b, c → d, ~b → ~d로 ~b → ~d의 대우는 d → b이므로 c → d → b에 따라 c → b가 성립한다.

따라서 '플루트를 연주할 수 있는 사람은 피아노를 연주할 수 있다.'는 참이 된다.

24 정답 ①

주어진 명제를 정리하면 다음과 같다.

- a : 단거리 경주에 출전한다.
- b : 장거리 경주에 출전한다.
- c : 농구 경기에 출전한다.
- d : 배구 경기에 출전한다.

a → b, b → ~c, c → d로 대우는 각각 ~b → ~a, c → ~b, ~d → ~c이다. c → ~b → ~a에 따라 c → ~a가 성립한다.
따라서 '농구 경기에 출전한 사람은 단거리 경주에 출전하지 않는다.'는 참이 된다.

25 정답 ②

이 대리의 퇴근 시간을 x분이라고 할 때, 주어진 조건에 따라 퇴근 시간을 정리하면 다음과 같다.

- 김 사원 : $x-30$분
- 박 주임 : $x-30+20$분
- 최 부장 : $x-10$분
- 임 차장 : $x-30$분 이전

따라서 임 차장은 이 대리보다 30분 이상 먼저 퇴근하였으므로 거짓이 된다.

26 정답 ①

보건용 마스크의 'KF' 뒤 숫자가 클수록 미세입자 차단 효과가 더 크므로 KF80보다 KF94 마스크의 미세입자 차단 효과가 더 크다. 또한 모든 사람들은 미세입자 차단 효과가 더 큰 마스크를 선호하므로 '민호는 KF80의 보건용 마스크보다 KF94의 보건용 마스크를 선호한다.'는 참이 된다.

27 정답 ①

B는 A보다 위층에 살고 있고, C와 D가 이웃한 층에 살고 있으려면 3 ~ 5층 중에 두 층을 차지해야 하므로 1층에 사는 것은 E이다.

28 정답 ②

B가 4층에 살면 C와 D가 이웃한 층에 살 수 없다. 따라서 B는 4층에 살 수 없다.

29 정답 ①

D가 4등일 경우에는 C – E – A – D – F – B 순서로 들어오게 된다.

30 정답 ③

29번 문제와 같이 D가 4등이라는 조건이 있다면 C가 1등이 되지만, 주어진 제시문으로는 C가 1등 또는 4등이기 때문에 알 수 없다.

31 정답 ①

제시된 조건을 나열하면 '효주>지영', '효주>채원'임을 알 수 있다. 따라서 지영이와 채원이의 나이는 알 수 없지만 효주의 나이가 가장 많다는 것을 알 수 있다.

32 정답 ④

- 내구성을 따지지 않는 사람 → 속도에 관심이 없는 사람 → 디자인에 관심 없는 사람
- 연비를 중시하는 사람 → 내구성을 따지는 사람

따라서 내구성을 따지지 않는 사람은 디자인에도 관심이 없다.

33 정답 ④

재호의 월별 관리비를 지출액이 적은 순으로 나열하면 '2월 – 4월 – 3월'이므로 2월에 가장 적은 관리비를 낸 것을 알 수 있다.

34 정답 ①

천자포의 사거리는 1,500보, 현자포의 사거리는 800보, 지자포의 사거리는 900보로, 사거리 길이가 긴 순서에 따라 나열하면 '천자포 – 지자포 – 현자포'의 순이다.
따라서 천자포의 사거리가 가장 긴 것을 알 수 있다.

35 정답 ④

B를 주문한 손님들만 D를 추가로 주문할 수 있으므로 A를 주문한 사람은 D를 주문할 수 없다. 즉, 이와 같은 진술인 ④가 옳은 추론이다.

36 정답 ①

체내에 수분이 많으면 술에 잘 취하지 않지만, 역의 성립 여부를 알 수 없으므로 술에 잘 취하지 않는다고 해서 체내에 수분이 많은 것은 아니다.

오답분석

② 1번째 명제, 2번째 명제를 통해 추론할 수 있다.
③ 1번째 명제, 2번째 명제, 3번째 명제의 대우를 통해 추론할 수 있다.
④ 1번째 명제의 대우를 통해 추론할 수 있다.

37 정답 ②

• 여름은 겨울보다 비가 많이 내림 → 비가 많이 내리면 습도가 높음 → 습도가 높으면 먼지와 정전기가 잘 일어나지 않음

따라서 비가 많이 내리면 습도가 높고 습도가 높으면 먼지가 잘 나지 않으므로 비가 많이 오지 않는 겨울이 여름보다 먼지가 잘 난다.

38 정답 ④

명제들을 통해서 컴퓨터 게임과 모바일 게임을 잘하면 똑똑하고, 똑똑한 사람은 상상력이 풍부하고, 상상력이 풍부하면 수업에 방해되는 것을 알 수 있다. 따라서 컴퓨터 게임을 잘하는 사람은 수업에 방해가 되므로 ④는 참이 아니다.

오답분석

① 2번째 명제, 1번째 명제, 3번째 명제, 4번째 명제를 통해 추론할 수 있다.
② 3번째 명제, 4번째 명제를 통해 추론할 수 있다.
③ 2번째 명제, 1번째 명제를 통해 추론할 수 있다.

39 정답 ④

• 자유시간이 많음 → 책을 읽음 → 어휘력이 풍부함 → 발표를 잘함
• 끝말잇기를 잘하는 사람 → 어휘력이 풍부함 → 발표를 잘함

따라서 자유시간이 많으면 끝말잇기를 잘하는 것은 아니다.

40 정답 ②

명제와 대우를 이용해서 풀어야 하는 문제이다.
셋째 조건에서 규민이가 수정과를 마시면 경화는 커피를 마시지 않는데 넷째 조건에서 규민이가 수정과를 마시므로 경화는 커피를 마시지 않는다. 따라서 시험기간인지 아닌지는 알 수 없으며 민환이가 도서관에 간다고 반드시 시험기간인 것은 아니므로 반드시 참은 아니다.

오답분석

① 둘째 조건의 대우인 '경화가 커피를 마시면 시험기간이다.'가 성립하므로 언제나 참이다.
③ 위의 ①과 동일하게 둘째 조건의 대우인 '경화가 커피를 마시면 시험기간이다.'가 성립하므로 언제나 참이다.
④ ②에 의해서 증명이 된 명제이다.

03 지각능력검사

01	02	03	04	05	06	07	08	09	10
②	④	③	①	④	③	①	②	③	②
11	12	13	14	15	16	17	18	19	20
④	①	①	③	④	②	③	②	④	①
21	22	23	24	25	26	27	28	29	30
④	④	②	④	④	①	②	④	①	④
31	32	33	34	35	36	37	38	39	40
③	④	④	②	①	①	③	④	③	③

01 정답 ②

⇨은 두 번째에 제시된 도형이므로 정답은 ②이다.

02 정답 ④

⇩은 네 번째에 제시된 도형이므로 정답은 ④이다.

03 정답 ③

⇦은 세 번째에 제시된 도형이므로 정답은 ③이다.

04 정답 ①

⇧은 첫 번째에 제시된 도형이므로 정답은 ①이다.

05 정답 ④

π은 네 번째에 제시된 도형이므로 정답은 ④이다.

06 정답 ③

θ은 세 번째에 제시된 도형이므로 정답은 ③이다.

07 정답 ①

ε은 첫 번째에 제시된 도형이므로 정답은 ①이다.

08 정답 ②

β은 두 번째에 제시된 도형이므로 정답은 ②이다.

09 정답 ③

v은 세 번째에 제시된 도형이므로 정답은 ③이다.

10 정답 ②

iv은 두 번째에 제시된 도형이므로 정답은 ②이다.

11 정답 ④

xii은 네 번째에 제시된 도형이므로 정답은 ④이다.

12 정답 ①

ix은 첫 번째에 제시된 도형이므로 정답은 ①이다.

13 정답 ①

◔은 첫 번째에 제시된 도형이므로 정답은 ①이다.

14 정답 ③

◒은 세 번째에 제시된 도형이므로 정답은 ③이다.

15 정답 ④

◐은 네 번째에 제시된 도형이므로 정답은 ④이다.

16 정답 ②

◕은 두 번째에 제시된 도형이므로 정답은 ②이다.

17 정답 ③

⊡은 세 번째에 제시된 도형이므로 정답은 ③이다.

18 정답 ②

⊟은 두 번째에 제시된 도형이므로 정답은 ②이다.

19 정답 ④

⊞은 네 번째에 제시된 도형이므로 정답은 ④이다.

20 정답 ①

⊠은 첫 번째에 제시된 도형이므로 정답은 ①이다.

21 정답 ④

오답분석

① 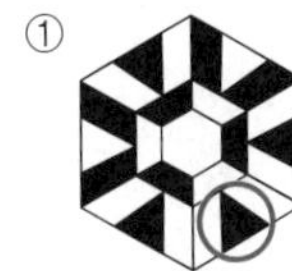 ② 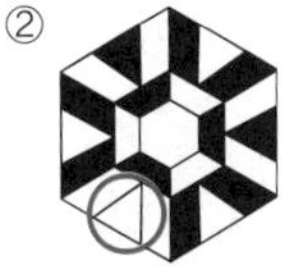 ③ 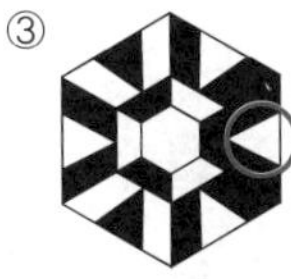

22 정답 ④

오답분석

① 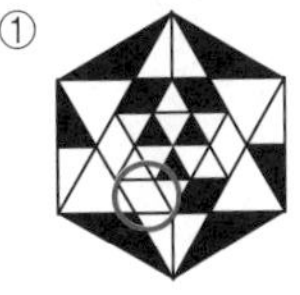 ②  ③ 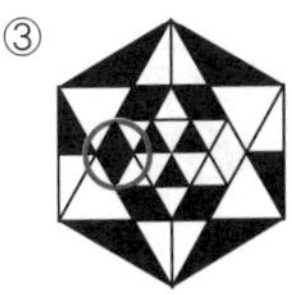

23 정답 ②

오답분석

① 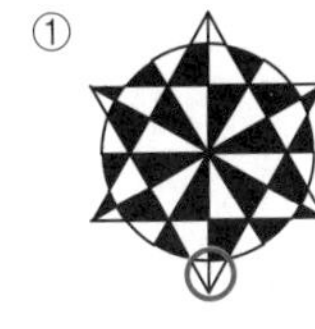 ③ 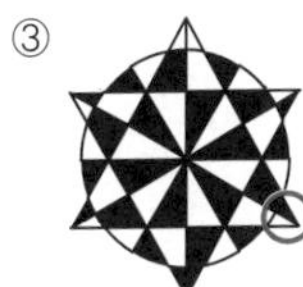 ④ 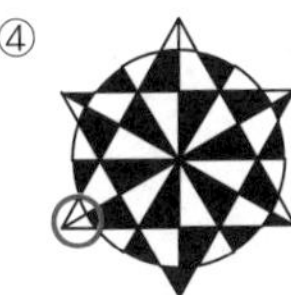

24 정답 ④

오답분석

① 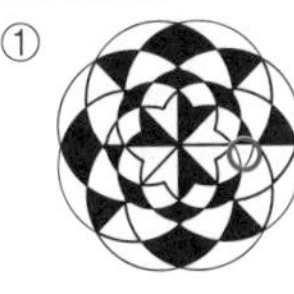 ② 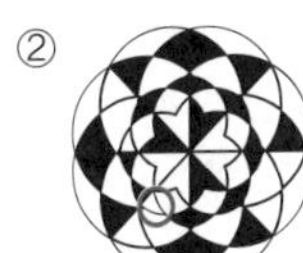 ③ 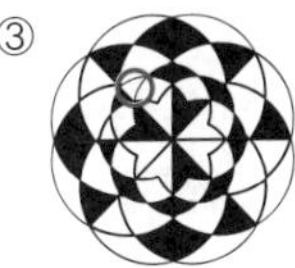

25 정답 ④

오답분석

①  ② 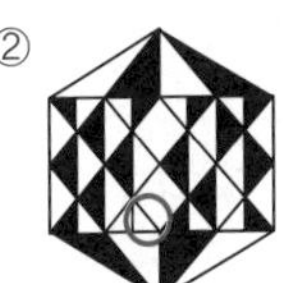 ③ 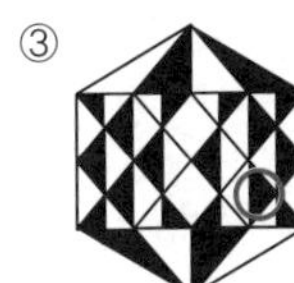

안심Touch

26 정답 ①

①은 제시된 도형을 시계 반대 방향으로 90° 회전한 것이다.

27 정답 ②

②는 제시된 도형을 시계 방향으로 90° 회전한 것이다.

28 정답 ④

④는 제시된 도형을 180° 회전한 것이다.

29 정답 ①

①은 제시된 도형을 시계 반대 방향으로 90° 회전한 것이다.

30 정답 ④

④는 제시된 도형을 180° 회전한 것이다.

31 정답 ③

- 1층 : 4×5−4=16개
- 2층 : 20−9=11개
- 3층 : 20−15=5개

∴ 16+11+5=32개

32 정답 ④

- 1층 : 5×4−3=17개
- 2층 : 20−4=16개
- 3층 : 20−11=9개

∴ 17+16+9=42개

33 정답 ④

- 1층 : 5×5−6=19개
- 2층 : 25−11=14개
- 3층 : 25−19=6개
- 4층 : 25−21=4개
- 5층 : 25−23=2개

∴ 19+14+6+4+2=45개

34 정답 ②

- 1층 : 3×4−1=11개
- 2층 : 12−3=9개
- 3층 : 12−5=7개
- 4층 : 12−8=4개

∴ 11+9+7+4=31개

35 정답 ①

- 1층 : 3×4=12개
- 2층 : 12−3=9개
- 3층 : 12−4=8개
- 4층 : 12−7=5개

∴ 12+9+8+5=34개

36 정답 ①

- 1층 : 4×4−2=14개
- 2층 : 16−4=12개
- 3층 : 16−5=11개
- 4층 : 16−9=7개

∴ 14+12+11+7=44개

37 정답 ③

- 1층 : 4×4−1=15개
- 2층 : 16−3=13개
- 3층 : 16−5=11개
- 4층 : 16−10=6개

∴ 15+13+11+6=45개

38 정답 ④

- 1층 : 4×4−2=14개
- 2층 : 16−3=13개
- 3층 : 16−8=8개
- 4층 : 16−12=4개

∴ 14+13+8+4=39개

39 정답 ③

- 1층 : 6개
- 2층 : 2개
- 3층 : 1개

∴ 6+2+1=9개

40 정답 ③

• 1층 : 6개
• 2층 : 4개
• 3층 : 2개
∴ 6+4+2=12개

I wish you the best of luck!

시면접은 win 시대로 www.winsidaero.com

GSAT 5급 고졸채용 단기완성 문제풀이용지

성명 : 수험번호 :

※ 본 문제풀이 용지는 온라인 GSAT 수검용으로 온라인 모의고사 응시 시 활용하기 바랍니다.

GSAT 5급 고졸채용 단기완성 문제풀이용지

성명 : 수험번호 :

※ 본 문제풀이 용지는 온라인 GSAT 수검용으로 온라인 모의고사 응시 시 활용하기 바랍니다.

GSAT 5급 고졸채용 단기완성 문제풀이용지

성명 : **수험번호 :**

※ 본 문제풀이 용지는 온라인 GSAT 수검용으로 온라인 모의고사 응시 시 활용하기 바랍니다.

GSAT 5급 고졸채용 단기완성 문제풀이용지

성명 :

수험번호 :

※ 본 문제풀이 용지는 온라인 GSAT 수검용으로 온라인 모의고사 응시 시 활용하기 바랍니다.

GSAT 5급 고졸채용 단기완성 문제풀이용지

성명 : **수험번호 :**

※ 본 문제풀이 용지는 온라인 GSAT 수검용으로 온라인 모의고사 응시 시 활용하기 바랍니다.

GSAT 5급 고졸채용 단기완성 문제풀이용지

성명 :

수험번호 :

※ 본 문제풀이 용지는 온라인 GSAT 수검용으로 온라인 모의고사 응시 시 활용하기 바랍니다.

GSAT 5급 고졸채용 단기완성 문제풀이용지

성명 : 　　　　　　　　　　　　　　　　수험번호 :

※ 본 문제풀이 용지는 온라인 GSAT 수검용으로 온라인 모의고사 응시 시 활용하기 바랍니다.

GSAT 5급 고졸채용 단기완성 문제풀이용지

성명 : **수험번호 :**

※ 본 문제풀이 용지는 온라인 GSAT 수검용으로 온라인 모의고사 응시 시 활용하기 바랍니다.

좋은 책을 만드는 길
독자님과 함께하겠습니다.

도서나 동영상에 궁금한 점, 아쉬운 점, 만족스러운 점이
있으시다면 어떤 의견이라도 말씀해 주세요.
시대고시기획은 독자님의 의견을 모아 더 좋은 책으로 보답하겠습니다.

www.sidaegosi.com

2022 최신판 All-New 삼성 온라인 GSAT 직무적성검사 5급 고졸채용 단기완성 + 5개년 기출 + 무료5급특강

개정17판2쇄	2022년 03월 10일 (인쇄 2021년 11월 23일)
초 판 발 행	2012년 04월 20일 (인쇄 2012년 03월 19일)
발 행 인	박영일
책 임 편 집	이해욱
편 저	SD적성검사연구소
편 집 진 행	이근희
표지디자인	김도연
편집디자인	김지수 · 안아현
발 행 처	(주)시대고시기획
출 판 등 록	제 10-1521호
주 소	서울시 마포구 큰우물로 75 [도화동 538 성지 B/D] 9F
전 화	1600-3600
팩 스	02-701-8823
홈 페 이 지	www.sidaegosi.com
I S B N	979-11-383-0482-5 (13320)
정 가	22,000원

※ 이 책은 저작권법의 보호를 받는 저작물이므로 동영상 제작 및 무단전재와 배포를 금합니다.
※ 잘못된 책은 구입하신 서점에서 바꾸어 드립니다.

Global Samsung Aptitude Test

GSAT

삼성온라인 직무적성검사

5급 | 고졸채용

단기완성

5개년 기출문제+무료5급특강

고졸/전문대졸 취업 기초부터 합격까지! 취업의 문을 여는 Master Key!

고졸/전문대졸 필기시험 시리즈

• 삼성 제조직

• GS칼텍스

• SK 이노베이션
생산직/기술직/교육 · 훈련생

• SK하이닉스 Operator/Maintenance

• GSAT 5급

• PAT 포스코그룹 생산기술직/직업훈련생

※도서의 이미지 및 구성은 변동될 수 있습니다.

혼공하는 취린이들을 위해 준비했어~!

취업을 준비하거나 이직을 준비하는 분들을 위해 만들어진 취업 정보 종합커뮤니티 카페

취업 달성 프로젝트!

대기업&공기업 취업 온라인 스터디 카페

NAVER 카페

취달프를 검색하세요!

01

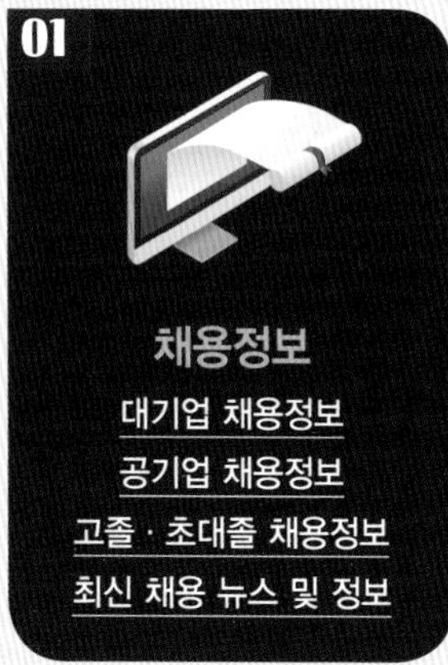

채용정보

대기업 채용정보
공기업 채용정보
고졸 · 초대졸 채용정보
최신 채용 뉴스 및 정보

02

무료 온라인 스터디

대기업 스터디
공기업 NCS 스터디
강의 동영상 제공
열정참여자 특별 혜택

03

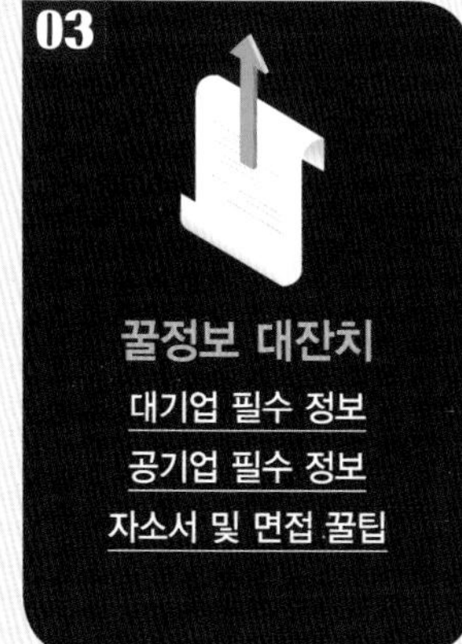

꿀정보 대잔치

대기업 필수 정보
공기업 필수 정보
자소서 및 면접 꿀팁

04

무료 자료 제공

생생 취업 자료
최신 시사상식
1일 1한자성어

※ 도서 학습 관련 문의는 '도서 학습문의' 게시판에 남겨주세요.
※ 도서의 정오사항은 '신속처리 정오표' 게시판에 업데이트 됩니다.

취달프 카페 가입 이벤트

★ 가입인사 시 추첨을 통해 시대고시 취업 관련 도서 1권 제공 ★

※추첨은 매달 진행됩니다.